作者简介

高　建　西南政法大学法学硕士。曾从事行政执法、刑事审判工作，现任职于纪检监察机关。在《中国人民公安大学学报（社会科学版）》《中国刑事法杂志》《法律适用》《南通大学学报（社会科学版）》等刊物发表论文近十篇。出版《刑事重点疑难问题二十八讲》《国有企业纪检监察实务一本通》。

黄雀艳　北京师范大学法学硕士。从事审判工作多年，现任职于纪检监察机关。出版《刑事重点疑难问题二十八讲》。

罗　文　现任职于纪检监察机关。

我们提供专业图书策划和有价值的阅读

欢迎投稿

电话：010 – 83938071

邮箱：619698818@qq.com

第一版序言

纪检监察机关历来高度重视程序建设。纪检监察体制改革以来，先后印发了《中华人民共和国监察法》《中国共产党纪律检查机关监督执纪工作规则》《中华人民共和国监察法实施条例》《中国共产党处分违纪党员批准权限和程序规定》等系列包含程序性规定的规范性文件，为纪检监察机关开展执纪执法工作提供了重要遵循。然而，上述程序性规定体系庞大又分散于不同规范性文件中，给纪检监察干部全面系统学习、严格贯彻落实程序规定造成了诸多困恼。

2020年上半年，我们开始思考，如何才能让纪检监察干部简单、便捷、全面地掌握主要办案程序呢？我们萌生了写一本关于办案程序工具书的想法，并以自己为样本，从工作需求入手，将纪检监察机关的执纪执法程序分为问题线索管理、问题线索处置、审查调查、案件审理、处分执行、“后半篇文章”等六大环节，通过图解、实务指引、案例解读、法规索引速查、重点疑难问题解读等形式，全面梳理并总结了纪检监察机关执纪执法的一般性程序及容易产生困惑的疑难问题。

本书主要有如下特点：

第一，内容全面、要点齐全。全书由80余个重要程序性专题组成，读者可以通过本书一站式、系统化、立体化了解纪检监察机关执纪执法工作全貌。

第二，图解翔实、直观简明。全书每一个程序性专题均有图解呈现，读者通过图解可快速了解该程序的基本流程和关键内容，并借助文字深化理解、强化认识。

第三，案例权威、解读透彻。全书的案例主要来自各级纪检监察机关发布或通报的指导性案例和典型案例，并以省级以上纪检监察机关发布的案例为主，同时注重时效性，通过案例还原并解读相关规定，做到以案释纪、以案说法，生动透彻。

第四，依据规范、检索便捷。在每一个程序性专题后面，都全面收录了公开发布的与此相关的党内法规、法律法规等规范性文件，方便读者快速查找，知其然并知其所以然。

第五，梳理疑难、提供方案。全书直面执纪执法实务中的难题与困惑，从纪法、实务探索方面提出了参考意见，有助于开拓工作思路。

在本书写作过程中，谭丽玲、徐鑫、吴庆国给我们提出了很多宝贵的意见，书稿从结构、内容、行文等方面都因此得以改进。在此致谢！

由于全书涵盖的内容较多，又是利用零散时间写作，虽经多次审核校订，仍不免存在诸多纰漏，敬请各位读者、同仁予以批评和指正。

编　者

2023 年 8 月 26 日

目　录

第一章　问题线索管理

第三章　审查调查

第四章　案件审理

第五章 处分执行

第六章 后半篇文章

第一章　问题线索管理

第一节　问题线索的概念

一、基本定义

（一）图解

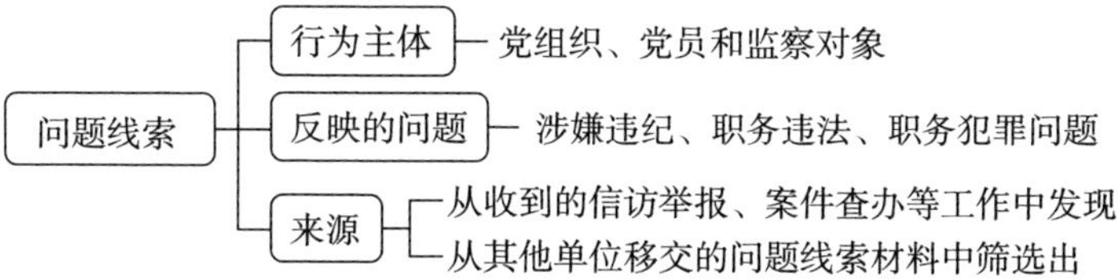

图1－1　问题线索

（二）实务指引

1. 概念

纪检监察机关的问题线索是指纪检监察机关从收到的信访举报和监督检查、审查调查等工作中发现以及从巡视巡察机构等单位移交的问题线索材料中，筛选出的反映党组织和党员、监察对象涉嫌违纪、职务违法、职务犯罪问题的材料。

纪检监察机关问题线索的行为主体必须是党组织、党员和监察对象，如不是党组织、党员和监察对象则纪检监察机关无法受理；违反的也应当是党的纪律以及《中华人民共和国公职人员政务处分法》中规定的职务违法行为以及《中华人民共和国监察法实施条例》中规定的职务犯罪行为，特殊情况下也可以调查公职人员的其他违法行为。

2. 特殊情况

（1）公职人员的其他违法行为。

根据《中华人民共和国监察法》《中华人民共和国公职人员政务处分法》的有关规定，需要依法给予公职人员政务处分的行为并不限于职务违法行为，而是对违法的公职人员均可以给予政务处分。《中华人民共和国监察法实施条例》第二十七条规定："监察机关发现公职人员存在其他违法行为，具有下列情形之一的，可以依法进行调查、处置：（一）超过行政违法追究时效，或者超过犯罪追诉时效、未追究刑事责任，但需要依法给予政务处分的；（二）被追究行政法律责任，需要依法给予政务处分的；（三）监察机关调查职务违法或者职务犯罪时，对被调查人实施的事实简单、清楚，需要依法给予政务处分的其他违法行为一并查核的。监察机关发现公职人员成为监察对象前有前款规定的违法行为的，依照前款规定办理。"

（2）司法工作人员损害司法公正的犯罪行为。

根据《中华人民共和国监察法实施条例》以及《关于人民检察院立案侦查司法工作人员相关职务犯罪案件若干问题的规定》，司法工作人员涉嫌非法拘禁罪，非法搜查罪，刑讯逼供罪，暴力取证罪，虐待被监管人罪，滥用职权罪，玩忽职守罪，徇私枉法罪，民事、行政枉法裁判罪，执行判决、裁定失职罪，执行判决、裁定滥用职权罪，私放在押人员罪，失职致使在押人员脱逃罪，徇私舞弊减刑、假释、暂予监外执行罪等 14 个罪名是由监察机关和检察机关共同管辖；司法工作人员如仅涉及上述 14 个罪名而不涉及其他贪污贿赂等职务犯罪，一般应当由设区的市级以上人民检察机关管辖，必要时监察机关也可以管辖；如除涉及上述 14 个罪名以外还涉及贪污贿赂等其他职务犯罪行为，监察机关与检察机关协商确定管辖，一般应当以监察机关为主管辖。

（3）与公安机关的共管罪名。

《中华人民共和国监察法实施条例》规定了 101 个监察机关管辖的罪名，但这 101 个罪名并不是监察机关专属管辖，其中有部分为监察机关和公安机关共管罪名，如职务侵占罪、挪用资金罪等。就这些共管罪名而言，监察对象涉嫌有关犯罪由监察机关管辖，监察对象以外的人员涉嫌有关犯罪则依法由公安机关等进行侦查。区分由哪个机关管辖的标准，主要是看涉嫌相关犯罪的主体是否为监察对象。

（三）示例①

王某某，非中共党员，某小学教师。举报反映王某某利用教师身份多次接受学生家长宴请，收受家长礼品、礼金等问题。

解读

判断被检举控告人是否属于监察对象，关键分析其是否行使公权力、履行公务。

示例中，王某某只是从事业务性工作的普通教师，而且不是中共党员，不具有组织、监督和管理的职权，不行使公权力，不能将其纳入监察对象范围。对于不担任任何管理职务的普通教师、医生等，如果其出现收受“红包”等问题，应当由其主管部门进行管理和监督处置。所以示例中反映的问题线索，纪检监察机关的信访举报部门按照规定不予受理，建议转教育主管部门或引导反映人向教育主管部门反映。

二、问题线索办理要求

（一）图解

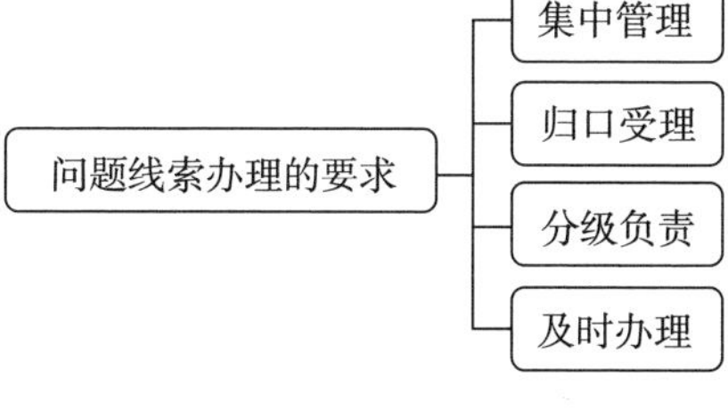

图 1－2　问题线索办理的要求

① 本书中的“示例”是作者根据知识要点编写而成。

（二）实务指引

1. 集中管理

纪检监察机关的问题线索应当由本机关案件监督管理部门集中管理，案件监督管理部门应当建立台账、定期更新办理进度、及时督促承办部门办结。对于派驻（出）机构的问题线索是否应当由派出机关案件监督管理部门集中管理，各地的做法不一，也未有明确规定，各地应当按照本地区的有关规定和做法管理派驻（出）机构的问题线索。

2. 归口受理

信访部门归口受理相关信访举报，经信访举报部门筛选，属于本级受理的初次检举控告，应当按程序审批后移送本机关监督检查部门或者相关部门。

案件监督管理部门统一接收巡视巡察机构、执法司法、审计机关以及其他单位发现的党员干部和监察对象涉嫌违纪或职务违法、职务犯罪的问题线索。

纪检监察机关各部门在监督检查、审查调查中发现的相关问题线索，属于本部门受理范围的，送案件监督管理部门备案；不属于的，及时移送。各部门应当指定专人负责管理问题线索，逐件编号登记、建立管理台账；线索管理处置各环节应当由经手人员签名，全程登记备查；做好线索处置归档工作，归档材料齐全完整，载明领导批示和处置过程。

涉及纪检监察机关和纪检监察干部的问题线索，由纪检监察干部监督部门、机关党委（机关纪委）等部门受理。

3. 分级负责

（1）中央纪委国家监委负责监督检查和审查调查中央委员、候补中央委员，中央纪委委员，中央管理的领导干部，党中央工作部门、党中央批准设立的党组（党委），各省、自治区、直辖市党委、纪委等党组织的涉嫌违纪或者职务违法、职务犯罪问题。

（2）地方各级纪委监委负责监督检查和审查调查同级党委委员、

候补委员，同级纪委委员，同级党委管理的党员、干部以及监察对象，同级党委工作部门、党委批准设立的党组（党委），下一级党委、纪委等党组织的涉嫌违纪或者职务违法、职务犯罪问题。

（3）基层纪委负责监督检查和审查同级党委管理的党员、同级党委下属的各级党组织的涉嫌违纪问题；未设立基层纪委的，由党的基层委员会负责监督执纪工作。

实践中，不少同志对“同级党委管理干部”存在认知误区，“同级党委管理的正职领导干部”主要是指同级党委管理的干部中担任正职领导职务的干部，“同级党委管理的副职领导干部”主要是指同级党委管理的干部中担任副职领导职务的干部。这里的“正职”“副职”是指《中华人民共和国公务员法》第十八条规定的领导职务层次，如厅局级正职、厅局级副职、县处级正职、县处级副职、乡科级正职、乡科级副职。简言之，确定是否为同级党委管理干部，看该干部所任职务的层次，而非该干部本身的级别。

需要注意的是，干部管理权限并不完全与职务层次挂钩，在实践中，以下几种特殊情况应当把握：

一是职务高配的按照高配的职务层次确定，职级高配的不按照高配职级的层次确定。如：某市委宣传部分管日常工作的副部长一般情况下属于高配职务，是市管正职干部。其他副部长（如不兼任其他职务），无论本人是何职级，均是市管副职。

二是纳入省管的县处级干部属于省管副职，纳入市管的乡科级干部属于市管副职。如：区县委书记、设区的市纪委副书记，虽是正处职，但属于省管干部，按照省管副职的权限把握。

三是副省级城市的部门正职虽属于副厅级，但绝大部分不纳入其所在省份的省管干部，因此，仍然属于副省级城市党委管理正职干部。

四是职务职级并行后晋升职级的不属于同级党委管理干部。如，实行职务职级并行后，晋升的四级调研员不属于市管干部，但职务职级并行前提任的副调研员在职务职级并行后套转为四级调研员的属于市管干部。

五是对“改非”干部、免职待安排的干部、退休干部应当从严把握。根据《公务员职务与职级并行规定》第二十七条“县处级副职以上领导成员因换届不再提名、机构改革等原因免去领导职务转任职级的，保留原待遇，不改变干部管理权限”的规定，对待县处级以上的此类干部原则上审批权限均应按照“改非”以及免职、退休前的最高职务的干部管理权限对待；对待县处级以下的此类干部，虽没有明确规定与要求，但实践中，如涉及的问题线索反映的是原任职务期间的问题，仍应当从严把握问题线索处置与审查调查有关事宜。

4. 及时办理

（1）问题线索处置的时限规定。承办部门收到或受理问题线索后应当在1个月内提出处置方式。

（2）谈话函询的时限规定。对于采取谈话函询方式处置的问题线索，应当在谈话函询结束后1个月内提出处置建议。

（3）初步核实或暂存待查的时限规定。对于采取初步核实或暂存待查方式处置的问题线索，目前没有相关文件规定具体的办结时限，但为了保证监督执纪执法工作的严肃性，初步核实和暂存待查的线索也应当及时办结。初核线索一般超过6个月应当被纳入督办范围。

（4）检举控告的时限规定。下级纪检监察机关接到交办的检举控告后，一般应当在3个月内办结，并报送核查处理情况；经本机关主要负责人批准，可以延长3个月，并向上级纪检监察机关报告。特殊情况需要再次延长办理期限的，应当报上级纪检监察机关批准。

（三）示例

2019年，S省委巡视组在巡视G市D县期间，接到群众信访举报，反映G市农牧农村局党组成员、副局长李某某在担任D县人民政府副县长期间，通过向时任D县交通运输局局长罗某某打招呼，让工程承建商何某、张某等人承建了D县“通村通畅”交通工程，并收受了何某、张某等人的大额贿赂。巡视组依据干部管理权限将反映李某某的问题线索移交G市纪检监察机关。G市纪检监察机关信访举报部门进行审核后，履行了受理程序。

解读

示例中，因李某某系G市党委管理的干部，反映其涉嫌违纪或者职务违法、职务犯罪问题的信访举报应由G市纪委监委信访举报部门归口受理。这里需要注意的是，如果示例中的问题线索是巡视发现的，按照规定，应当由G市纪委监委案件监督管理部门统一办理。示例中，巡视组将反映李某某的问题线索移交给G市纪检监察机关信访举报部门，不符合《中国共产党纪律检查机关监督执纪工作规则》第二十条第二款之规定，应当将问题线索移交给G市纪检监察机关的案件监督管理部门。案件监督管理部门经领导审批之后再分办给监督检查室或审查调查室。

承办部门在履行审批手续时要特别注意被举报人的身份情况，对反映同级党委委员、候补委员，纪委常委、监委委员，同级党委管理正职（在职）的问题线索和线索处置情况，应当及时向上级纪检监察机关报告。将反映“关键少数”的问题线索及时上报上级纪检监察机关也是掌握特定地区或单位政治生态的需要。

第二节　问题线索的受理与移送

一、问题线索来源

（一）来源方式

问题线索的来源渠道多种多样，而且随着纪检监察体制改革的持续推进，以后问题线索的来源将会越来越广，为便于操作与理解，本节根据线索的来源以及处理方式的不同，将问题线索的来源方式主要分为四类。一是信访举报，包括群众来信来访中的检举控告、网络舆情事件中发现的问题线索等；二是工作中发现，包括纪检监察机关在日常监督检查中发现、在审查调查中发现的问题线索等；三是移交转送，包括党委政法委、公检法机关、审计机关等部门以及其他纪检监察机关（机构）移送，同级党委交办、上级纪委监委交办或指定管辖的问题线索等；四是主动投案，包括本人以及他人受本人委托到纪检监察机关、巡视巡察机构等主动投案。

（二）问题线索材料的形式

问题线索材料主要有四种形式①。

（1）书面形式。书面形式是控告人或者检举人以文字或文字加图片的方式，提供涉嫌违纪或者职务违法、职务犯罪的控告或举报材料，这也是目前纪检监察机关受理问题线索材料的最主要形式。

（2）口头形式。口头形式是控告人或者检举人以口述或者电话的方式提供涉嫌违纪或者职务违法、职务犯罪的信息。

（3）视听资料形式。视听资料形式是检举控告人以录音、录像的方式提供涉嫌违纪或者职务违法、职务犯罪的信息。

（4）电子数据形式。电子数据形式是检举控告人向特定的电子邮箱、手机号码以发送邮件或短信等方式提供涉嫌违纪或者职务违法、职务犯罪的材料。

二、问题线索移送

（一）移送途径

（1）承办部门发现的非本地区党组织、党员和监察对象的问题线索统一移送案件监督管理部门，由其按照同级对等移送的方式移送有管辖权的纪检监察机关（机构）。发现的非本部门受理范围内但本委其他部门受理范围内同级党委管理干部的问题线索，移交案件监督管理部门，由其分办至相关承办部门。

（2）承办部门发现的本部门联系单位党委（党组）管理干部的问题线索，直接交办或转办下级纪委监委或派驻（派出）机构；发现的其他部门联系单位党委（党组）管理干部的问题线索，移送该部门，由该部门交办或转办有管辖权的下级纪委监委或派驻（派出）机构。

---

① 参见佚名：《问题线索受理的形式有哪些》，载《中国纪检监察报》2016年10月19日，第8版。

(3) 派驻（出）机构按照同级移送原则自行移送，需要移送至上级纪检监察机关（机构）的，通过案件监督管理部门办理。

(二) 移送的有关要求

(1) 在监督检查、审查调查中发现的非本部门受理的问题线索，应当在审批后移送、移交。

(2) 如果案件重大、敏感，在审查调查期间移送可能泄露案情、影响审查调查工作正常开展的，经审批后可推迟移送，待特殊原因消除后应当及时移送。

三、几类特殊人群问题线索的管辖主体

实践中，下列三类人员在管辖权上存在一定争议，一般情况下可以按照下列方式进行处置，如有特殊情况可以由有管辖权争议的纪检监察机关（机构）双方进行协商来确定管辖，不能协商一致的报请共同的上级纪委监委确定管辖。

(一)“双管”公职人员

对反映工作地点（党的组织关系）在地方、管理权限在主管部门公职人员的违纪违法问题线索，一般按照“谁主管谁负责”的原则处理；涉嫌职务犯罪问题线索一般以属地管辖为主，但双方应当沟通一致，沟通不一致的应当报请共同的上级确定管辖。

(二) 国企退休人员

2020 年年底，国有企业退休人员实行社会化管理后，国有企业新办理退休人员管理服务工作与原企业分离。但根据《中国共产党处分违纪党员批准权限和程序规定》第四十四条的有关规定，其问题主要发生在国有企业工作期间或者与国有企业工作期间的职务有密切关系的，一般根据其退休前的管理权限确定。国企纪检监察机构或派驻机构作出党纪处分决定后，由党组织关系所在的街道纪工委予以执行，执行到位后抄告国企或派驻纪检监察机构。

（三）退役军官、军士

根据《中国共产党处分违纪党员批准权限和程序规定》第四十七条的规定，退役军官、军士的违纪行为主要发生在服役期间或与服役期间的职务有密切关联的，可以由退役前有管辖权的军队纪检监察机关管辖，作出处分决定后抄告所在县级党委和纪委予以执行。

（四）案例

2019年，经鞍钢集团党委批准，鞍钢集团纪委对鞍钢集团原专职董（监）事办公室主任袁某某严重违纪问题进行了纪律审查；经中央纪委国家监委指定，辽宁省监委对袁某某严重违法问题进行了监察调查。经查，袁某某严重违反党的政治纪律、组织纪律、廉洁纪律、群众纪律、工作纪律、生活纪律，构成职务违法并涉嫌犯罪。鞍钢集团党委决定给予袁某某开除党籍处分、行政开除处分；辽宁省监委决定将袁某某涉嫌犯罪问题移送检察机关依法审查起诉。①

解读

案例中，鞍钢集团原专职董（监）事办公室主任袁某某是中管企业党组（党委）管理的党员干部，属于“工作单位在地方、干部管理权限在主管部门”的“双管”干部。因国家监委驻鞍钢监察专员办已经成立，其管理干部的职务违法、职务犯罪问题线索可以由鞍钢监察专员办处置，也可以按照属地管辖原则将职务违法和职务犯罪问题移交所在地监察机关处置，还可以请上级纪委监委将该问题指定地方纪委监委管辖。在该案例中，中央纪委国家监委通过指定管辖将涉嫌职务违法、职务犯罪的线索移交给地方纪检监察机关办理，能够充分发挥地方纪检监察机关在审查调查措施权

① 参见中共鞍钢集团有限公司纪律检查委员会、辽宁省监察委员会：《鞍钢集团原专职董（监）事办公室主任袁某某被“双开”》，载中央纪委国家监委网站，https：//www.ccdi.gov.cn/scdcn/zyyj/djcf/201909/t20190916_39806.html。

限、人员力量等方面的优势。实践中，也可以采取联合办案的模式，由国有企业纪检监察机构为主审查调查其违纪违法问题，由地方监委调查其犯罪问题。根据监察体制改革以来的实践经验，笔者更推荐这种联合办案模式，既能充分发挥地方监委在办案能力、办案力量、审查调查措施方面的优势，又能发挥国有企业纪检监察机构案情熟悉、做好后续党纪政务处分以及后半篇文章的优势。

此外，部分主管部门没有监察权，其发现监督对象存在职务违法、职务犯罪问题时只能按照属地管辖原则将问题线索移交给地方纪委监委或通过上级纪委监委办理指定管辖交其他地方纪检监察机关管辖。

四、分办程序

（一）基本程序

信访举报部门收到信访件后，应当在信访管理系统中，详细录入举报信息、分类摘要举报内容，经研判后填写拟办单，提出拟办意见，与原件一并呈报审批。经审批后，信访室将拟办单和举报原件移送委机关相关部门、派驻（出）机构，并做好登记、签收工作。

案件监督管理部门收到问题线索之后，对于同级党委管理领导干部的问题线索，及时提出分办意见，按程序审批后履行好交接手续。

目前各地信访举报件的流转程序并不一致，有的地方信访举报件由信访部门研判属于问题线索的转案件监督管理部门进行分办，有的由信访部门直接转监督检查等部门后向案件监督管理部门备案。但无论哪种流转模式，都要由案件监督管理部门集中管理，以便案件监督管理部门加强对问题线索全程跟踪、闭环管理。

（二）示例

H 市纪委监委信访举报部门收到问题线索后，经集体研究同意，将问题线索摘录后交下级 A 县纪检监察机关办理。4 个月后，H 市纪委监委信访举报部门梳理问题线索后，发现交办A县纪检监察机关办理的问题线索还未反馈情况。经电话询问后，A县纪检监察机关答复交办的问题线索已予以了结。

解读

交办工作应当严格履行审批程序。H市纪委监委信访举报部门集体研判问题线索后未提出交办建议经本机关分管领导批准，而且其只将“问题线索摘录”，未将检举控告原件转交的做法不符合检举控告交办程序要求。此外，H市纪委监委信访举报部门未严格履行督办职责，A县纪检监察机关也没有按照要求及时向检举控告件交办单位报送办理结果，这都不利于问题线索的集中管理和有效办理。

实践中，承办机关应当优先组织人员力量办理交办的信访件，且一般应当在3个月内办结，报送核查处理情况。特殊情况需要延长办理期限的，应当经本机关主要负责人批准，并报交办机关同意。而A县纪检监察机关收到交办件后，未在规定时限内办结，未主动报告办理情况，未按要求办理延长手续的做法，违反了检举控告交办件的办理程序要求。

（三）法规索引速查

《中国共产党纪律检查机关监督执纪工作规则》（中共中央办公厅印发，2019年1月1日起施行）

第七条 监督执纪工作实行分级负责制：

（一）中央纪委国家监委负责监督检查和审查调查中央委员、候补中央委员，中央纪委委员，中央管理的领导干部，党中央工作部门、党中央批准设立的党组（党委），各省、自治区、直辖市党委、纪委等党组织的涉嫌违纪或者职务违法、职务犯罪问题。

（二）地方各级纪委监委负责监督检查和审查调查同级党委委员、候补委员，同级纪委委员，同级党委管理的党员、干部以及监察对象，同级党委工作部门、党委批准设立的党组（党委），下一级党委、纪委等党组织的涉嫌违纪或者职务违法、职务犯罪问题。

（三）基层纪委负责监督检查和审查同级党委管理的党员，同级党委下属的各级党组织的涉嫌违纪问题；未设立纪律检查委员会的党的基层委员会，由该委员会负责监督执纪工作。

地方各级纪委监委依照规定加强对同级党委履行职责、行使权力情况的监督。

第八条　对党的组织关系在地方、干部管理权限在主管部门的党员、干部以及监察对象涉嫌违纪违法问题，应当按照谁主管谁负责的原则进行监督执纪，由设在主管部门、有管辖权的纪检监察机关进行审查调查，主管部门认为有必要的，可以与地方纪检监察机关联合审查调查。地方纪检监察机关接到问题线索反映的，经与主管部门协调，可以对其进行审查调查，也可以与主管部门组成联合审查调查组，审查调查情况及时向对方通报。

第二十三条　案件监督管理部门对问题线索实行集中管理、动态更新、定期汇总核对，提出分办意见，报纪检监察机关主要负责人批准，按程序移送承办部门。承办部门应当指定专人负责管理问题线索，逐件编号登记、建立管理台账。线索管理处置各环节应当由经手人员签名，全程登记备查。

《纪检监察机关处理检举控告工作规则》（中共中央办公厅印发，2020年1月21日起施行）

第十一条　检举控告工作按照管理权限实行分级受理：

（一）中央纪委国家监委受理反映中央委员、候补中央委员，中央纪委委员，中央管理的领导干部，党中央工作机关、党中央批准设立的党组（党委），各省、自治区、直辖市党委、纪委等涉嫌违纪或者职务违法、职务犯罪问题的检举控告。

（二）地方各级纪委监委受理反映同级党委委员、候补委员，同级纪委委员，同级党委管理的党员、干部以及监察对象，同级党委工作机关、党委批准设立的党组（党委），下一级党委、纪委等涉嫌违纪或者职务违法、职务犯罪问题的检举控告。

（三）基层纪委受理反映同级党委管理的党员，同级党委下属的各级党组织涉嫌违纪问题的检举控告；未设立纪律检查委员会的党的基层委员会，由该委员会受理检举控告。

各级纪委监委按照管理权限受理反映本机关干部涉嫌违纪或者职务违法、职务犯罪问题的检举控告。

第十二条 对反映党的组织关系在地方、干部管理权限在主管部门的党员、干部以及监察对象涉嫌违纪或者职务违法、职务犯罪问题的检举控告，由设在主管部门、有管辖权的纪检监察机关受理。地方纪检监察机关接到检举控告的，经与设在主管部门、有管辖权的纪检监察机关协调，可以按规定受理。

第十三条 纪检监察机关对反映的以下事项，不予受理：

（一）已经或者依法应当通过诉讼、仲裁、行政裁决、行政复议等途径解决的；

（二）依照有关规定，属于其他机关或者单位职责范围的；

（三）仅列举出违纪或者职务违法、职务犯罪行为名称但无实质内容的。

对前款第一项、第二项所列事项，通过来信反映的，应当及时转有关机关或者单位处理；通过来访、来电、网络举报受理平台等方式反映的，应当告知检举控告人依规依法向有权处理的机关或者单位反映。

第二十条 纪检监察机关信访举报部门对属于下级纪检监察机关受理的检举控告，有以下情形之一，经本机关分管领导批准，可以发函交办：

（一）在落实党中央决策部署中，存在明显违纪违法问题的；

（二）问题典型、群众反映强烈的；

（三）对检举控告问题久拖不办，造成不良影响的；

（四）其他需要交办的情形。

第二十一条 下级纪检监察机关接到交办的检举控告后，一般应当在3个月内办结，并报送核查处理情况；经本机关主要负责人批准，可以延长3个月，并向上级纪检监察机关报告。特殊情况需要再次延长办理期限的，应当报上级纪检监察机关批准。

第二十二条 对交办的检举控告，有以下情形之一，经交办机关分管领导批准，可以采取发函、听取汇报、审阅案卷、检查督促等方式督办：

（一）超过期限仍未办结的；

（二）组织不力、核查处理不认真，或者推诿敷衍的；

（三）需要补充核查、重新研究处理意见或者补报有关材料的；

（四）其他需要督办的情形。

《中国共产党纪律检查机关控告申诉工作条例》（中共中央纪律检查委员会印发，1993 年 9 月 1 日起施行）

第七条　中央纪律检查委员会收到对中央委员会、中央纪律检查委员会成员违犯党的纪律行为的检举、控告，应进行初步核实，需要立案检查的，报中央委员会批准。中央以下各级纪律检查委员会收到对上述成员的检举、控告，应及时报告中央纪律检查委员会。

第八条　中央以下各级纪律检查委员会收到对同级党的委员会、纪律检查委员会成员违犯党的纪律行为的检举、控告，应进行初步核实，需要立案检查的，报同级党的委员会批准；涉及常务委员的，经报告同级党的委员会后报上级纪律检查委员会批准。

第九条　对第七、第八条所列范围以外的党员干部违犯党的纪律行为的检举、控告，按照干部管理权限，属于哪一级党的委员会管理的党员干部的问题，就由哪一级纪律检查委员会调查处理。重要的问题，应向上级纪律检查委员会报告，上级纪律检查委员会认为需要时可以直接调查处理。

《中华人民共和国监察法实施条例》（国家监察委员会公告第 1 号公布，2021 年 9 月 20 日起施行，2025 年 6 月 1 日修订公布）

第四十八条　监察机关开展监督、调查、处置，按照管理权限与属地管辖相结合的原则，实行分级负责制。

第四十九条　设区的市级以上监察委员会按照管理权限，依法管辖同级党委管理的公职人员涉嫌职务违法和职务犯罪案件。

县级监察委员会和直辖市所辖区（县）监察委员会按照管理权限，依法管辖本辖区内公职人员涉嫌职务违法和职务犯罪案件。

地方各级监察委员会按照本条例第十三条、第五十二条规定，可以依法管辖工作单位在本辖区内的有关公职人员涉嫌职务违法和职务犯罪案件。

监察机关调查公职人员涉嫌职务犯罪案件，可以依法对涉嫌行贿犯罪、介绍贿赂犯罪或者共同职务犯罪的涉案人员中的非公职人员一并管辖并进行调查处置。非公职人员涉嫌利用影响力受贿罪的，监察机关按照其所利用的公职人员的管理权限确定管辖并进行调查处置。

第五十二条 工作单位在地方、管理权限在主管部门的公职人员涉嫌职务违法和职务犯罪，一般由驻在主管部门、有管辖权的监察机构、监察专员管辖；经协商，监察机构、监察专员可以按规定移交公职人员工作单位所在地的地方监察委员会调查，或者与地方监察委员会联合调查。地方监察委员会在工作中发现上述公职人员有关问题线索，应当向驻在主管部门、有管辖权的监察机构、监察专员通报，并协商确定管辖。

前款规定单位的其他公职人员涉嫌职务违法的，可以由公职人员工作单位所在地的地方监察委员会管辖。涉嫌职务犯罪的，一般由公职人员工作单位所在地的地方监察委员会管辖；因涉及主管部门管理的公职人员等特殊情形，驻在主管部门的监察机构、监察专员认为由自己管辖或者其他地方监察委员会管辖更为适宜的，经与公职人员工作单位所在地的地方监察委员会协商，可以自行调查或者依法办理指定管辖。

地方监察委员会调查前两款规定案件，应当按程序将立案、留置、移送审查起诉、撤销案件等重要情况通报相关监察机构、监察专员。

第一百九十九条第二款 监察机关可以向下级监察机关发函交办检举控告，并进行督办，下级监察机关应当按期回复办理结果。

第二百零二条第三款 监督检查部门、调查部门在工作中发现的相关问题线索，属于本部门受理范围的，应当报送案件监督管理部门备案；属于本机关其他部门受理范围的，经审批后移交案件监督管理部门分办。

《党组讨论和决定党员处分事项工作程序规定》（中共中央办公厅印发，2019 年 1 月 1 日起施行，2025 年 5 月 26 日修订发布）

第十二条 对于党的组织关系在地方、干部管理权限在主管部门党组的党员干部违纪案件，由派驻机构立案审查的，由主管部门党组讨论决定党员处分事项，并向地方党组织通报处理结果；由地方纪委立案审查的，由地方纪委按照程序作出党纪处分决定，并向主管部门党组通报处理结果。

前款所涉党员干部同时担任地方党委委员、候补委员或者地方纪委委员职务的，由地方纪委按照有关规定履行处分审批程序，并将党纪处分决定抄告主管部门党组。其中，地方纪委立案审查的，应当通过有监督执纪权限的相应派驻机构或者主管部门机关纪委征求主管部门党组意见后履行处分审批程序。

《中华人民共和国监察法》（主席令第3号公布，2018年3月20日起施行，2024年12月25日修正公布）

第三十八条　监察机关对于报案或者举报，应当接受并按照有关规定处理。对于不属于本机关管辖的，应当移送主管机关处理。

《中国共产党处分违纪党员批准权限和程序规定》（中共中央印发，2022年9月22日起施行）

第四十四条　给予党员组织关系转入相应党的街道工作委员会和所辖社区（村）党组织并实行社会化管理的国有企业退休人员党纪处分，按照党员组织隶属关系，由党的街道纪检监察工作委员会审查批准，其中给予撤销党内职务、留党察看或者开除党籍处分的还须报同级党的街道工作委员会审议批准，给予开除党籍处分的还须依照本规定呈报派出党的街道纪检监察工作委员会的地方纪委常委会审查批准。

前款规定的国有企业退休人员，其违纪行为主要发生在在职期间或者与在职期间的职务有密切关联的，有监督执纪权限的相应纪委监委、派驻纪检监察组或者国有企业内设纪检组织审查后认为应当给予党纪处分的，可以按照其退休前的干部人事管理权限确定处分批准权限、履行处分审批程序。党纪处分决定作出后，应当抄告相应党的街道工作委员会、党的街道纪检监察工作委员会予以执行。对于受到留党察看处分的，由党的街道纪检监察工作委员会依照本规定第二十一条第一款至第三款规定的条件，经其所在党支部党员大会讨论形成决议，报请党的街道工作委员会审议同意后，作出恢复其党员权利、延长一年留党察看期限或者给予其开除党籍处分的决定，并抄告原作出党纪处分决定的党组织；其中给予开除党籍处分的还须依照本规定呈报派出党的街道纪检监察工作委员会的地方纪委常委会审查批准。

给予党员组织关系转入相应乡镇（街道）党委和所辖村（社区）党组织并实行社会化管理的国有企业退休人员党纪处分，参照前两款规定执行。

第四十七条 本规定第四十五条、第四十六条规定中的退役军官、军士的违纪行为主要发生在服役期间或者与服役期间的职务有密切关联，由军队纪律检查机关审查的，军队纪律检查机关可以依照其退役前的职务对应的处分批准权限履行处分审批程序并作出党纪处分决定，抄告退役军官、军士组织关系所在地县级党委、纪委予以执行。

前款规定中的违纪行为由地方纪律检查机关立案审查的，地方纪律检查机关可以依照本规定第四十五条、第四十六条规定履行处分审批程序。

第三节 线索处理

一、四类主要问题线索来源方式的处理流程

（一）处理信访举报的流程

1. **图解**

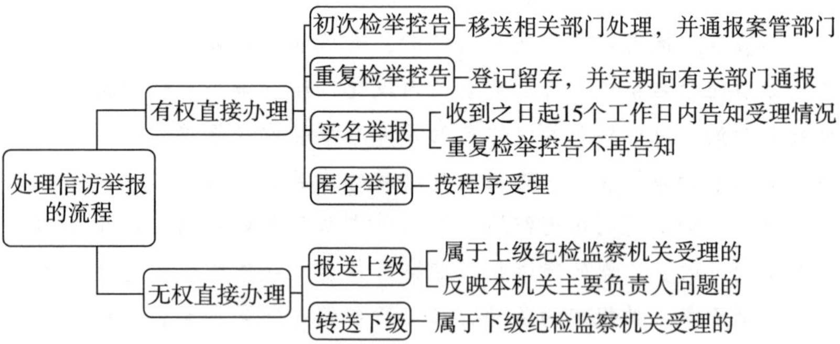

图1-3 处理信访举报的流程

2. 实务指引

（1）概念及要求。

处理信访举报是纪检监察机关通过接收群众来信、接待群众来访、接听举报电话、接收网络举报及网络热点事件发现等渠道，受理对党员、党组织及监察对象的检举、控告、申诉以及批评建议，按照纪检监察机关的职能和规定的程序处理信访举报问题的工作。

信访部门统一接收反映同级党委管理的党组织和党员、干部以及监察对象的信访举报。纪检监察机关领导、部门、直属单位和巡视（察）机构及工作人员收到的信访举报，统一移送信访部门。地方纪检监察机关收到反映管理权限在主管部门的党员、监察对象违纪、职务违法犯罪行为的检举控告，由信访举报部门移交负责该主管部门负责纪检监察工作的相关机构处理，或者与其沟通后确定办理方式。信访部门应当按照规定，做好信访举报的登记、统计和移送等工作。

（2）文书制作。

来访、来电反映问题的，应当制作信访举报登记表，要客观记录反映的内容，尽量要求提供更多材料；接访人员至少为 2 人，均需在登记表上签字。来信、网络反映问题的，应当制作信访举报台账，要及时登记基础信息，包括收件时间、信访编号、信访方式、来源、函号、反映人和被反映人姓名及单位职务等。填写拟办单，并报领导签署意见后，再完善台账其他内容。办结后，填写处理结果。

（3）办理程序。

执纪执法实践中，对属于上级纪检监察机关受理的检举控告，信访举报部门应当立即呈报本机关主要负责人阅知（涉及本人的除外），并自收到之日起 5 个工作日内将原件附函报送上级信访举报部门。对反映本机关主要负责人的检举控告，直接将原件附函报送上级信访举报部门。

对属于本纪检监察机关受理的检举控告，信访举报部门应当在信访管理系统中，详细录入举报信息、分类摘要举报内容后，将原件移送本机关有关部门。

对属于下级纪检监察机关受理的检举控告，信访举报部门应当在信访管理系统中录入被反映人（单位）姓名（名称）、职级、问题类型和问题属地等基本信息后，将原件转送下一级纪检监察机关。下级纪检监察机关未部署信访管理系统的，信访举报部门应当在信访管理系统中详细录入举报信息。

对上级信访举报部门转送的检举控告，下级信访举报部门应当自收到之日起5个工作日内完成分流。属于本纪检监察机关受理的，按照有关规定办理；属于下级纪检监察机关受理的，转送下一级纪检监察机关。

对属于其他纪检监察机关受理的检举控告，信访举报部门将原件移交有管辖权的纪检监察机关。有关信息不录入信访管理系统，接收、移交情况可另行登记。

（4）注意事项。

执纪执法实践中，对反映下列事项的信访举报，应当立即报告并采取应急处置措施：①被举报人准备实施或者正在实施违纪、职务违法犯罪行为，需要立即制止的。②被举报人或者其他涉案人员企图自杀、逃跑或者毁灭、伪造证据、串供的。③准备或者正在打击报复举报人，可能造成其人身伤害的。④准备或者正在危害公共安全、国家和集体利益、需要立即制止的。

信访举报反映的内容可能只是被举报人的部分违纪违法问题，对问题线索进行初步核实并对相关人员立案审查调查之后，其他问题会逐步浮出水面。对于每一件信访举报件都要重视、认真研判，不能遗漏任何一条线索。

信访举报件是问题线索来源的主渠道，信访举报件转到案件监督管理部门或者按照干部管理权限转到下级或上级纪检监察机关时，就转化为问题线索，而不再是信访举报件。

3. 案例

2015年5月，S省C市一家幼儿园里一名姓严的女孩打了其他小朋友，老师想处罚她单独就座，可当女孩妈妈知道后，在微信群里要求老师马上道歉，并表示："否则，我通知你们集团领导来给我解释，你对严书记的女儿说这话是什么意思?"这段话引起其他家长强烈反感，更有人把截图发到网络，顿时引起舆论风暴。

时任S省G市委副书记的严某某，安排工作人员起草了一份情况说明向组织解释此事件是前妻擅自打着自己的名号惹是生非，与他本人无关。随后该情况说明也传到了网络上，让网友们确定了“严书记”就是他。网络舆论很快演变成举报严某某的具体问题线索。

幼儿园风波发生仅一周之后，2018年5月18日，S省纪委监委宣布对G市委副书记严某某严重违纪违法问题进行立案审查调查。后经S省委批准，S省纪委监委给予严某某开除党籍、开除公职处分；将其涉嫌犯罪问题移送检察机关依法审查起诉。①

解读

案例中，当“幼儿园风波”的舆情持续在互联网发酵，演变成反映S省G市委副书记严某某涉嫌违法违纪的问题线索时，S省纪委监委信访举报部门发现网络举报反映的内容已在互联网一定范围内传播且产生不良影响，便按照即收即办要求，履行相关审批程序，及时将问题线索移送办案部门处理，并督促其有效处置。办案部门对问题线索仅仅初步核实数天，便发现严某某存在严重违纪违法的问题。

“幼儿园风波”最初反映的是严某某对家庭成员失管失教的问题，审查调查之后发现严某某违反了政治纪律、组织纪律、廉洁纪律、生活纪律并涉嫌受贿犯罪，这也再次说明家风不正必致“廉线”失守，领导干部要加强家庭家教家风建设。

4. 法规索引速查

《中国共产党纪律检查机关监督执纪工作规则》（中共中央办公厅印发，2019年1月1日起施行）

第二十条第一款　纪检监察机关应当加强对问题线索的集中管理、分类处置、定期清理。信访举报部门归口受理同级党委管理的党组织

① 参见马洪萌、马惟：《正风反腐就在身边·追剧也普法④这些“治家不严”问题当警惕》，载中央纪委国家监委网站，https：//www. ccdi. gov. cn/toutun/202101/t20210124_ 89875. html。

和党员、干部以及监察对象涉嫌违纪或者职务违法、职务犯罪问题的信访举报，统一接收有关纪检监察机关、派驻或者派出机构以及其他单位移交的相关信访举报，移送本机关有关部门，深入分析信访形势，及时反映损害群众最关心、最直接、最现实的利益问题。

《纪检监察机关处理检举控告工作规则》（中共中央办公厅印发，2020年1月21日起施行）

第七条 纪检监察机关应当接收检举控告人通过以下方式提出的检举控告：

（一）向纪检监察机关邮寄信件反映的；

（二）到纪检监察机关指定的接待场所当面反映的；

（三）拨打纪检监察机关检举控告电话反映的；

（四）向纪检监察机关的检举控告网站、微信公众平台、手机客户端等网络举报受理平台发送电子材料反映的；

（五）通过纪检监察机关设立的其他渠道反映的。

对其他机关、部门、单位转送的属于纪检监察机关受理范围的检举控告，应当按规定予以接收。

第十四条第一款 纪检监察机关信访举报部门经筛选，对属于本级受理的初次检举控告，应当移送本机关监督检查部门或者相关部门，并按规定将移送情况通报案件监督管理部门；对于重复检举控告，按规定登记后留存备查，并定期向有关部门通报情况。

第十五条 纪检监察机关信访举报部门收到属于上级纪检监察机关受理的检举控告，应当径送本机关主要负责人，并在收到之日起5个工作日内报送上一级纪检监察机关信访举报部门；收到反映本机关主要负责人问题的检举控告，应当径送上一级纪检监察机关信访举报部门。

对属于上级纪检监察机关受理的检举控告，不得瞒报、漏报、迟报，不得扩大知情范围，不得复制、摘抄检举控告内容，不得将有关信息录入检举举报平台。

第十六条第一款 纪检监察机关信访举报部门收到属于下级纪检监察机关受理的检举控告，应当及时予以转送。

《信访工作条例》（2022年2月25日中共中央、国务院发布，2022年5月1日起施行）

第二十三条 党委和政府信访部门以外的其他机关、单位收到信访人直接提出的信访事项，应当予以登记；对属于本机关、单位职权范围的，应当告知信访人接收情况以及处理途径和程序；对属于本系统下级机关、单位职权范围的，应当转送、交办有权处理的机关、单位，并告知信访人转送、交办去向；对不属于本机关、单位或者本系统职权范围的，应当告知信访人向有权处理的机关、单位提出。

对信访人直接提出的信访事项，有关机关、单位能够当场告知的，应当当场书面告知；不能当场告知的，应当自收到信访事项之日起15日内书面告知信访人，但信访人的姓名（名称）、住址不清的除外。

对党委和政府信访部门或者本系统上级机关、单位转送、交办的信访事项，属于本机关、单位职权范围的，有关机关、单位应当自收到之日起15日内书面告知信访人接收情况以及处理途径和程序；不属于本机关、单位或者本系统职权范围的，有关机关、单位应当自收到之日起5个工作日内提出异议，并详细说明理由，经转送、交办的信访部门或者上级机关、单位核实同意后，交还相关材料。

政法部门处理涉及诉讼权利救济事项、纪检监察机关处理检举控告事项的告知按照有关规定执行。

第三十条第一款 对信访人提出的检举控告类事项，纪检监察机关或者有权处理的机关、单位应当依规依纪依法接收、受理、办理和反馈。

《中华人民共和国监察法实施条例》（国家监察委员会公告第1号公布，2021年9月20日起施行，2025年6月1日修订公布）

第二百零二条第一款 信访举报部门归口受理本机关管辖监察对象涉嫌职务违法和职务犯罪问题的检举控告，统一接收有关监察机关以及其他单位移送的相关检举控告，移交本机关监督检查部门或者相关部门，并将移交情况通报案件监督管理部门。

（二）处理工作中发现线索的流程

1. 图解

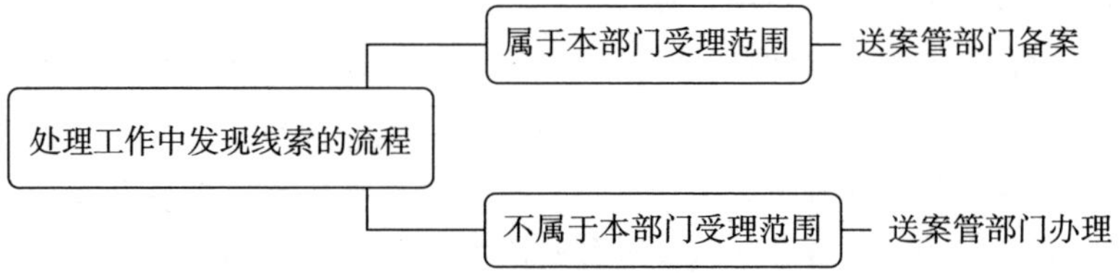

图1－4　处理工作中发现线索的流程

2. 实务指引

（1）概念及要求。

工作中发现指纪检监察机关相关部门在履行工作职责时掌握反映党组织和党员、干部及监察对象的问题线索。包括纪检监察机关开展日常监督、审查调查或专项工作等过程中发现的问题线索。

纪检监察机关是政治机关，应当紧扣党委中心、服务大局，加强对党员、干部、公职人员的日常监督，尽可能在工作中发现倾向性、苗头性问题，防止小问题变成大问题。发现的问题线索要统一管理、集体研究，不能擅自启动处置程序。问题线索属于本部门受理范围的，应当移送案件监督管理部门备案；不属于本部门受理范围的，经审批后移送案件监督管理部门，由其按程序转交相关部门办理。

（2）文书制作。

纪检监察机关相关部门在开展工作过程中发现问题线索的，要及时登记于问题线索台账中，详细记录问题线索的关键节点、关键环节和重要事项等。问题线索属于本部门受理范围的，及时研究并提出处置意见，按程序审批后，向案件监督管理部门备案。不属于本部门受理范围的，经审批后，与问题线索材料原件一并移送案件监督管理部门，由其按程序转交相关部门办理。

（3）办理程序。

根据现有地方纪检监察机关的做法，纪检监察机关监督检查、审查调查等部门发现问题线索后，要按照分级管理的原则流转，对不属于本部门管理的问题线索，登记后移送。监督检查部门在处置新发现且有管辖权的问题线索时，认为与审查调查部门正在初步核实或审查调查的案件有关联的，应当提出转审查调查部门处置的意见，经审批后移送审查调查部门，并向案件监督管理部门备案。实践中，绝大部分地区的审查调查部门没有具体联系分工，监督检查部门因并不掌握审查调查部门的办案力量和线索存量情况，一般采取由案件监督管理部门提出具体分办意见报批后进行转接。案件监督管理部门应当加强问题线索的统筹，避免出现反映同一对象的问题线索由不同部门分别处置的情况。

审查调查部门处置新发现的问题线索，如果该问题线索与本部门正在核查或审查调查的案件直接关联的，按有关程序报批后，由审查调查部门处置，但必须向案件监督管理部门备案，以便于问题线索的集中管理；与本部门正在办理的案件或线索无关联的，按程序报批后移送。

（4）注意事项。

审查调查部门收到由监督检查室转来的问题线索后，可以召开线索沟通会，向监督检查部门全面了解问题线索背景、以其他方式处置问题线索的情况、日常监督情况、干部廉政档案等相关内容。

纪检监察机关相关部门工作中发现的问题线索都要编号登记、建立管理台账，实行查阅线索登记制度。《问题线索处理呈批表》填写完毕，并报领导签批后，再完善台账信息。此类问题线索是不是属于本部门受理范围，都要将情况反馈至案件监督管理部门集中管理。

监督检查、审查调查过程中需要交下级纪检监察机关办理的问题线索，以及案件监督管理部门收到上级、外地纪检监察机关、系统外单位移来的属于下级纪检监察机关管理的问题线索，目前没有统一规定。实践中，一般采取由联系该被反映人所在单位（地区）的监督检查室向相关纪检监察机关（机构）转办或交办的做法。

3. 示例

2018年，G省G市纪委监委相关监督检查室在查办某开发区企业建设和服务局原局长谭某某案件过程中，发现开发区管委会原巡视员郭某某涉嫌职务犯罪问题线索。该监督检查室按照规定，及时将问题线索材料原件移送案件监督管理室。案件监督管理室收到相关线索后，立即进行分析研判。鉴于线索反映的内容涉及黑恶势力和“保护伞”问题，比较重大复杂，被列为红色等级线索，该室提出分办意见并按程序报批后将问题线索转相关审查调查室重点处理。郭某某的相关问题被严查快办，已被开除党籍、取消退休待遇，涉嫌犯罪问题被移送检察机关依法审查起诉。

解读

示例中，由于G市是副省级城市，根据相关规定，G市纪委监委对发现开发区管委会原巡视员郭某某涉嫌职务犯罪问题线索有管辖权限。G市纪委监委相关监督检查室将发现的问题线索编号登记，经发现问题线索的部门集体研究并履行签批程序后，将问题线索移交案件监督管理室，由其按程序转交审查调查室办理。

4. 法规索引速查

《中国共产党纪律检查机关监督执纪工作规则》（中共中央办公厅印发，2019年1月1日起施行）

第二十条第三款 监督检查部门、审查调查部门、干部监督部门发现的相关问题线索，属于本部门受理范围的，应当送案件监督管理部门备案；不属于本部门受理范围的，经审批后移送案件监督管理部门，由其按程序转交相关监督执纪部门办理。

第五十七条第三款 审理工作完成后，对涉及的其他问题线索，经批准应当及时移送有关纪检监察机关处置。

《中华人民共和国监察法实施条例》（国家监察委员会公告第1号公布，2021年9月20日起施行，2025年6月1日修订公布）

第二百零二条第三款 监督检查部门、调查部门在工作中发现的相关问题线索，属于本部门受理范围的，应当报送案件监督管理部门备案；属于本机关其他部门受理范围的，经审批后移交案件监督管理部门分办。

（三）处理移交转送线索的流程

1. 图解

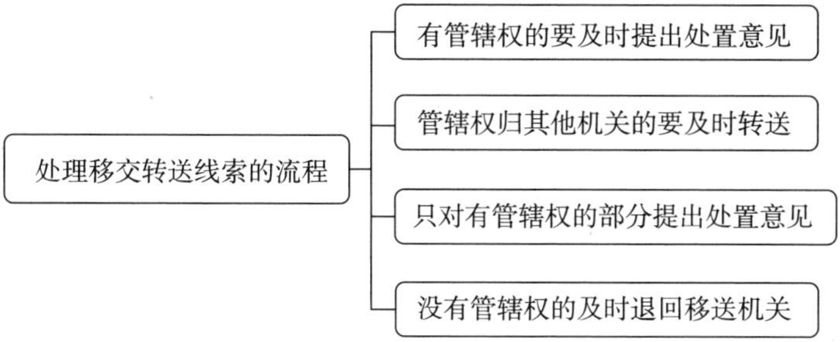

图1－5　处理移交转送线索的流程

2. 实务指引

（1）概念及要求。

问题线索移交转送是指公检法、审计、巡视巡察等机关在工作中发现党员、监察对象涉嫌违犯党纪或者职务违法、职务犯罪的问题线索移送移交纪检监察机关。当然，纪检监察机关在执纪执法中发现属于其他机关管辖的问题线索时，也应当按照有关协作规定，向有管辖权的机关移送移交问题线索。

向纪检监察机关移送的问题线索主要包括四类：一是党员涉嫌违犯党纪的问题线索；二是监察对象涉嫌职务违法的问题线索；三是监察对象涉嫌职务犯罪的问题线索；四是对反映的问题虽不明显属于违纪违法问题，但属于领导干部履职明显违背常理等对纪检监察机关开展工作有一定参考价值的线索，也可以移送纪检监察机关参考。

（2）文书制作。

实践中，有的司法机关、审计机关、其他执法机关对需要移送的问题线索制作问题线索函，并进行统一登记、编号、盖章，密封后向纪检监察机关案件监督管理部门移送。案件监督管理部门收到后，填写《受理登记表》，记明材料来源、反映的主要问题、收件时间等。

（3）办理程序。

第一，《执法机关和司法机关向纪检监察机关移送问题线索工作办法》规定了执法机关和司法机关移送问题线索的有关事宜。[①] 最高人民法院、最高人民检察院、公安部、审计署等中央国家机关在工作中发现的问题线索，按照线索所涉人员的管理权限向相应纪检监察机关移送。地方执法机关、司法机关在工作中发现的问题线索，原则上向本地区同级纪委监委移送。垂直管理单位在工作中发现的问题线索，原则上向本地区相当于同级的纪委监委移送。必要时，地方执法机关、司法机关以及垂直管理单位的下级机关可以报请其上级机关向相应纪检监察机关移送。

在问题线索的接收方面，该办法明确由纪检监察机关案件监督管理部门负责统一接收移送的问题线索。纪检监察机关收到移送的问题线索后，应当及时进行审核，并按照以下方式办理：本单位有管辖权的，应当及时研究提出处置意见；本单位没有管辖权但其他纪检监察机关有管辖权的，应当及时转送有管辖权的纪检监察机关；本单位对部分问题线索有管辖权的，应当对有管辖权的部分提出处置意见，并及时将其他问题线索转送有管辖权的机关；纪检监察机关没有管辖权的，应当及时退回移送机关。同时，纪检监察机关办理执法机关、司法机关移送的问题线索，需要由发现问题线索的机关协助进行调查核实的，有关机关应当予以依法协助。

实践中，不少同志对公检法机关移送问题线索与公检法机关案件通报有所混淆，公检法机关问题线索移送是指公检法机关在工作中发现的党组织、党员、监察对象涉嫌违纪、职务违法、职务犯罪的材料向纪检监察机关移送。如：某公安局在查办一起赌博案件中，发现该赌场老板向辖区派出所所长送了 2 万元钱，依据规定，该公安局应当在发现后及时向其同级的纪检监察机关移送，具体由案件监督管理部门负责接收。

---

① 参见周根山：《执法机关和司法机关向纪检监察机关移送问题线索工作办法印发 明确移送范围　规范办理程序》，载《中国纪检监察报》2019 年 12 月 10 日，第 1 版。

案件通报是指公检法机关在查办其管辖的案件中，如发现被查人员为党员、监察对象，应当根据有关规定向有关单位进行通报。如：某公安局交警支队在办理一起醉驾案件中，发现该醉驾人员是某局副局长，该公安局在立案侦查并作出行政处罚或移送起诉后及时向有管辖权的纪检监察机关（机构）通报。

公检法机关移送问题线索与公检法机关案件通报的不同点在于，一是接收主体不同。①问题线索移送需要由发现的执法司法机关向同级纪检监察机关案件监督管理部门移送。案件监督管理部门区分不同情况处理。②案件通报可以由案件查办、侦办、审判机关直接向有管辖权的纪检监察机关（机构）进行通报，也可以向该党员和监察对象所在党组织或单位通报，同时向有管辖权的纪检监察机关报备。二是处理方式不同。①执法司法机关移送的问题线索，需要按照问题线索处置的四种方式予以处置。②执法司法机关通报的案件，通常可以直接立案，甚至可以跳过立案直接移送审理。

第二，巡视（察）移交的问题线索。对被巡视（察）地区（单位）领导班子中的非派出巡视（察）组的党组织管理的干部问题线索应当实行“双移交”，即原件移交对其有管理权限的纪检监察机关办理，复印件移交巡视（察）组同级纪检监察机关掌握。如果检举控告的是被巡视（察）党组织管理的下一级主要负责人，其相应的材料也要实行“双移交”，即原件移交被巡视（察）党组织纪律检查机关办理，复印件移交上一级纪律检查机关掌握。

如果是反映被巡视（察）党组织管理的下一级副职及以下干部的问题线索，由巡视（察）组移交被巡视（察）党组织纪检监察机关办理。纪检监察机关案件监督管理部门负责统一接收移交的问题线索，并按程序办理。

第三，审计移送的问题线索。审计机关在审计中发现党员、监察对象涉嫌违纪或者职务违法、职务犯罪问题线索的，以《审计事项移送处理书》方式移送；在审计中发现的虽未直接涉及党员、监察对象，但可能对纪检监察工作有一定参考价值的事项，作为疑点线索以函件方式移送，并列明参考掌握的情况。审计委员会领导在各专项审计报告、综合性审计报告、审计专报等材料上批示，要求向纪检监察机关提供有关情况的，由审计委员会办公室相关部门提供问题线索清单。纪检监察机关案件监督管理部门负责接收，并对相关材料进行研判，对属于问题线索的移送承办部门，对不属于问题线索的按规定移送相关部门掌握。

（4）注意事项。

纪检监察机关发现依法应当由其他机关处理的问题线索，应当及时移送有管辖权的机关处理。有管辖权的机关应当及时依法作出处理，并在作出处理决定之日起 15 个工作日内书面通知纪检监察机关；对线索管辖权有异议的，有关机关应当及时进行会商。向司法机关、执法机关移送涉嫌违法犯罪行为线索的，应当出具函件，并提供相关证据材料。

3. 案例

2009 年，审计署济南特派办的审计人员在对京沪高铁建设项目审计过程中发现一家建设单位 B 公司的主业竟然不是铁路建设企业，其承建高铁项目建设的资格存在疑点；且该公司从 2008 年年底到 2009 年年初，以委托对方代为采购设备的名义，累计将 5000 万元汇给实际控制人为丁某某的东润公司，但没有进行任何招投标程序，对方也未开具发票。更为蹊跷的是，东润公司是在 2000 年注册成立的企业，2008 年 10 月已经被吊销营业执照。B 公司汇入上述 5000 万元设备采购款，又恰恰是在东润公司吊销营业执照之后。审计组反复跟踪查证，发现这起 5000 万元虚假设备采购行为，表面上看是一般性的违规问题，但背后可能隐藏着侵吞国有资金的重大职务犯罪问题。2009 年 12 月，审计署将问题线索移送给中央纪委。中央纪委就此成立了专案组。2011 年 2 月，中纪委证实原铁道部部长刘某某因涉嫌严重违纪接受调查。①

① 参见刘世昕：《审计揭开丁某某与刘某某间的黑色利益链》，载《中国青年报》2015 年 7 月 20 日，第 5 版。

解读

案例中，审计署济南特派办的审计人员在对京沪高铁建设项目审计过程中发现该项目背后可能隐藏着重大经济犯罪案件。按照移送涉嫌犯罪案件的相关规定，涉嫌职务犯罪的问题线索需符合“发现违法事实涉及的金额、违法事实的情节、违法事实造成的后果等涉嫌构成犯罪”的标准，对于审计署授权由审计机关组织实施的项目以及涉案金额较大、涉案人员级别较高、性质恶劣或有一定社会影响的重大案件，则由审计署按照线索所涉人员的管理权限向相应纪检监察机关统一移送。

4. 法规索引速查

《中国共产党党内监督条例》（中国共产党中央委员会通过，2016年10月27日起施行）

第三十七条 各级党委应当支持和保证同级人大、政府、监察机关、司法机关等对国家机关及公职人员依法进行监督，人民政协依章程进行民主监督，审计机关依法进行审计监督。有关国家机关发现党的领导干部违反党规党纪、需要党组织处理的，应当及时向有关党组织报告。审计机关发现党的领导干部涉嫌违纪的问题线索，应当向同级党组织报告，必要时向上级党组织报告，并按照规定将问题线索移送相关纪律检查机关处理。

在纪律审查中发现党的领导干部严重违纪涉嫌违法犯罪的，应当先作出党纪处分决定，再移送行政机关、司法机关处理。执法机关和司法机关依法立案查处涉及党的领导干部案件，应当向同级党委、纪委通报；该干部所在党组织应当根据有关规定，中止其相关党员权利；依法受到刑事责任追究，或者虽不构成犯罪但涉嫌违纪的，应当移送纪委依纪处理。

第四十条 党组织应当如实记录、集中管理党内监督中发现的问题和线索，及时了解核实，作出相应处理；不属于本级办理范围的应当移送有权限的党组织处理。

第四十一条 党组织对监督中发现的问题应当做到条条要整改、

件件有着落。整改结果应当及时报告上级党组织，必要时可以向下级党组织和党员通报，并向社会公开。

对于上级党组织交办以及巡视等移交的违纪问题线索，应当及时处理，并在3个月内反馈办理情况。

《中国共产党巡视工作条例》（中共中央印发，2015年8月3日起施行，2024年2月8日修订发布）

第二十五条第二款 巡视期间，对反映集中的党员、干部涉嫌违纪违法的问题线索，巡视组可以按程序移交有关纪检监察机关及时处置。

第三十条第一款 对巡视发现的问题和反映党员、干部涉嫌违纪违法的问题线索，巡视工作领导小组办公室和巡视组依据干部管理权限和职责分工，按程序分别移交纪检监察机关、组织部门或者有关单位。

第三十五条第一款第四项 开展巡视工作的党组织的同级纪检监察机关承担巡视整改监督责任，全面监督被巡视党组织落实巡视整改任务。主要职责是：

（四）依规依纪依法处置巡视移交的问题线索，自收到移交问题线索之日起6个月内，向巡视工作领导小组办公室反馈处置进展情况；

《中国共产党纪律检查机关监督执纪工作规则》（中共中央办公厅印发，2019年1月1日起施行）

第二十条第二款 巡视巡察工作机构和审计机关、行政执法机关、司法机关等单位发现涉嫌违纪或者职务违法、职务犯罪问题线索，应当及时移交纪检监察机关案件监督管理部门统一办理。

《中华人民共和国监察法》（主席令第3号公布，2018年3月20日起施行，2024年12月25日修正公布）

第三十七条第一款 人民法院、人民检察院、公安机关、审计机关等国家机关在工作中发现公职人员涉嫌贪污贿赂、失职渎职等职务违法或者职务犯罪的问题线索，应当移送监察机关，由监察机关依法调查处置。

《中华人民共和国监察法实施条例》（国家监察委员会公告第1号公布，2021年9月20日起施行，2025年6月1日修订公布）

第二百零一条 监察机关对于执法机关、司法机关等其他机关移送的问题线索，应当及时审核，并按照下列方式办理：

（一）本单位有管辖权的，及时研究提出处置意见；

（二）本单位没有管辖权但其他监察机关有管辖权的，在五个工作日以内转送有管辖权的监察机关；

（三）本单位对部分问题线索有管辖权的，对有管辖权的部分提出处置意见，并及时将其他问题线索转送有管辖权的机关；

（四）监察机关没有管辖权的，及时退回移送机关。

第二百零二条第二款 案件监督管理部门统一接收巡视巡察机构和审计机关、执法机关、司法机关等其他机关移送的职务违法和职务犯罪问题线索，按程序移交本机关监督检查部门或者相关部门办理。

《中共中央纪委、监察部、审计署关于纪检监察机关和审计机关在查处案件中加强协作配合的通知》（中共中央纪律检查委员会印发，2003 年 8 月 26 日起施行）

四、审计机关在审计监督中，发现有关单位和人员有违反党纪政纪的行为，属于纪检监察机关管辖范围的，应当将案件线索及时移送纪检监察机关，任何人不得隐瞒或者阻挠。

《人民法院有关部门配合监察部门核查违纪违法线索暂行办法》（最高人民法院印发，2009 年 11 月 24 日起施行）

第二条 人民法院有关部门及工作人员收到的违纪违法线索材料，应当交由监察部门统一处理。

（四）处理主动投案线索的流程

1. **图解**

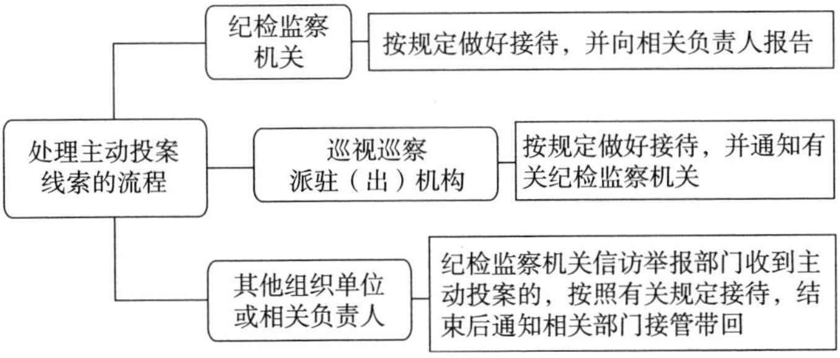

图 1－6 处理主动投案线索的流程

2. 实务指引

（1）概念及要求。

党员、监察对象的涉嫌违纪或者职务违法、职务犯罪问题以及涉案人员的涉嫌行贿犯罪或者共同职务违法、职务犯罪问题，未被纪检监察机关掌握，或者虽被掌握但尚未受到纪检监察机关的审查调查谈话、讯问、询问或者尚未被采取留置措施时，主动向纪检监察机关投案的行为。此外，有关人员主动向其所在的党组织、单位或者有关负责人员投案，向有关巡视巡察机构、公安机关、人民检察院、人民法院投案，也视为主动投案。①

对于主动投案的，要深入收集投案对象有关案件信息，仔细甄别其交代，并精准运用“四种形态”政策策略分类处置。对于主动投案后不能如实交代自己的主要违纪职务违法犯罪问题，或者主动投案并如实供述自己的违纪职务违法犯罪问题后又翻供的，不能认定为主动投案。

（2）文书制作。

对于主动投案人员应当填写登记表，接待主动投案人员不能低于2名人员，并客观记录反映的内容。

（3）办理程序。

根据执纪执法的工作要求及各地的经验做法，有关人员向纪检监

① 根据有关规定，主动投案既包括涉嫌违纪或者职务违法人员向纪检监察机关投案的情形，也包括涉嫌职务犯罪人员向监察机关自动投案的情形。《中华人民共和国监察法实施条例》第二百四十五条第一款对自动投案作出了更为详尽的规定，具体包括：“（一）职务犯罪问题未被监察机关掌握或者监察机关正在就有关问题线索进行适当了解时，向监察机关投案的；（二）在监察机关谈话、函询过程中，如实交代监察机关未掌握的涉嫌职务犯罪问题的；（三）在初步核实阶段，尚未受到监察机关谈话时投案的；（四）职务犯罪问题虽被监察机关立案，但尚未受到讯问或者采取监察强制措施，向监察机关投案的；（五）因伤病等客观原因无法前往投案，先委托他人代为表达投案意愿，或者以书信、网络、电话、传真等方式表达投案意愿，后到监察机关接受处理的；（六）涉嫌职务犯罪潜逃后又投案，包括在被通缉、抓捕过程中投案的；（七）经查实确已准备去投案，或者正在投案途中被有关机关抓获的；（八）经他人规劝或者在他人陪同下投案的；（九）虽未向监察机关投案，但向其所在党组织、单位或者有关负责人员投案，向有关巡视巡察机构投案，以及向公安机关、人民检察院、人民法院投案的；（十）具有其他应当视为自动投案的情形的。”

察机关信访举报、监督检查、审查调查等部门主动投案的，受理部门应当立即安排2名以上工作人员接待，核实其身份信息，简要了解投案事由、拟交代的问题等，做好简要记录、研判风险，并向本纪检监察机关相关负责人报告。主动投案人员如交代的问题涉嫌严重职务违法和职务犯罪，或者有较高风险的，可视情采取管护等措施。

涉嫌违纪或者职务违法犯罪人员，还可能向纪检监察机关以外的组织、单位或者有关负责人主动交代问题，相关单位或负责人应当按照干部管理权限及时将情况通知纪检监察机关，并办理交接手续。

（4）注意事项。

主动交代是指涉嫌违纪的党员在组织谈话函询、初步核实前向有关组织交代自己的问题，或者在谈话函询、初步核实和立案审查期间交代组织未掌握问题的行为。自首是指犯罪以后自动投案，如实供述自己的罪行的行为。被采取强制措施的犯罪嫌疑人、被告人和正在服刑的罪犯，如实供述司法机关还未掌握的本人其他罪行的，也以自首论。通过对自首、主动投案、主动交代的概念辨析可以发现，主动投案并非当然能够构成主动交代或自首，主动交代和自首都含有如实说明问题的情形，而主动投案后可能出现"投而不供""以小掩大"等情况，此时因并非基于真诚反思悔错而到案，不能认定主动投案，也就更不能认定自首。那么能否认定主动交代呢？如果"以小掩大"而主动说明的问题是组织未掌握的，可以对此问题认定主动交代；"投而不供"等不如实交代自己问题的，不能认定主动交代。实践中还要注意，如果主动到案后，因对事实性质的认识问题，在初期未全面说明问题，后经组织教育能够如实、彻底交代问题，仍然可以考虑按主动投案认定。

实践中，认定主动投案还应注意以下几种情况。① 一是接受有关党组织主要负责人谈话时主动交代问题，能否认定为主动投案。我们认为，根据《中国共产党纪律检查机关监督执纪工作规则》第二十七条、第二十八条的规定，纪检监察机关采取谈话函询方式处置问题线

① 参见张涛：《如何准确把握主动投案、主动交代等宽大处理情节》，载《中国纪检监察》2021年第18期。

索时，可以委托被反映人所在党委（党组）主要负责人对其进行谈话。该委托谈话是由纪检监察机关发起，其后果应当与纪检监察机关谈话相同。如果被反映人此时主动交代了纪检监察机关未掌握的涉嫌职务犯罪问题，应当视为主动投案。二是在单位主动投案案件中，个人是否应认定为主动投案。我们认为根据相关规定，单位集体研究决定主动投案的，参与集体研究并同意投案的人员均应当认定为主动投案。反之，参与集体研究但没有表示同意投案的人员，包括反对、弃权、未表态等，都不能认定为主动投案。但根据相关规定，单位自首的，直接负责的主管人员和直接责任人员在集体研究过程中即使没有表示同意投案，只要如实交代自己知道的犯罪事实，也可以视为自首。

3. 案例

2018 年 7 月，H 省政协原副主席艾某某先后 4 次主动到中央纪委国家监委交代有关问题，并带来了 3 个箱子，其中有行李箱也有纸箱还有编织袋，这些物品都是他过去收受的一些涉案款物和其他礼品、礼金。上交涉案款物的同时，艾某某也主动交代了自己的违纪违法行为。经查，艾某某违反组织纪律，不按规定报告个人有关事项；违反廉洁纪律，收受不法商人礼品礼金，违规从事营利活动，伙同家人大肆敛财，要求他人为其在北京购房；违反生活纪律。利用职务上的便利，为他人谋取利益并收受巨额财物涉嫌受贿犯罪。经中央纪委常委会会议研究并报中共中央批准，决定给予艾某某开除党籍处分，按规定取消其享受的待遇；收缴其违纪违法所得；将其涉嫌犯罪问题移送检察机关依法审查起诉，并提出减轻处罚的建议，所涉财物随案移送。①

解读

案例中，H 省政协原副主席艾某某携带赃款赃物主动到中央纪委国家监委投案，根据规定，信访举报部门应当安排 2 名以上工作

① 参见佚名：《河北省政协原党组副书记、副主席艾某某严重违纪违法被开除党籍》，载中央纪委国家监委网站，https：//www. ccdi. gov. cn/scdcn/zggb/djcf/201810/t201810 19_ 40192. html。

人员做好接待工作，及时了解信息、做好简要记录，认为其交代的问题属于本机关管辖的，报本纪检监察机关相关负责人批准后，通知相关部门将主动投案人接管。

一审法院经审理查明：2006 年至 2014 年，艾某某直接或者通过特定关系人收受有关单位和个人给予的财物共计折合 6478 万余元。根据《中华人民共和国刑法》及司法解释规定，受贿金额在 300 万元以上就可以判处 10 年以上有期徒刑，艾某某受贿金额达到了数千万元，一审法院实际判处有期徒刑 8 年，判决结果低于基准刑，减轻处罚的重要依据是，监察机关根据艾某某主动投案等情节向检察机关提出了减轻处罚的建议。本案也充分说明了，纪检监察机关办案始终坚持惩前毖后、治病救人的原则，注重对被审查调查对象的教育挽救。

4. 法规索引速查

《中华人民共和国监察法实施条例》（国家监察委员会公告第 1 号公布，2021 年 9 月 20 日起施行，2025 年 6 月 1 日修订公布）

第二百条　对于涉嫌职务违法或者职务犯罪的公职人员自动投案的，应当依法接待和办理。

二、实名检举控告的处理流程

（一）图解

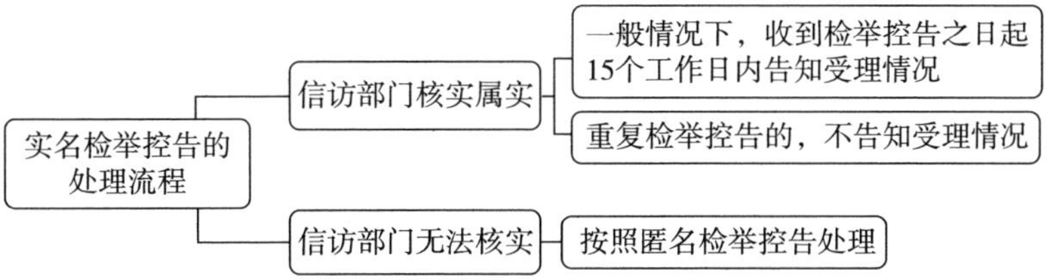

图 1－7　实名检举控告的处理流程

（二）实务指引

1. 概念与要求

实名举报是指举报人使用自己的真实姓名，通过来信、来访、电话、传真、电子邮件等形式，向纪检监察机关检举、控告党员、党组织及监察对象违纪、职务违法、职务犯罪问题的行为。

检举控告人使用本人真实姓名或者本单位名称，有电话等具体联系方式的，属于实名检举控告。虽未署名或未使用真实姓名、名称，但留有电话等具体联系方式，联系后愿意提供真实姓名、名称，认同检举控告事项的，视同实名检举控告。冒用他人姓名、其他单位名称及联系方式进行检举控告且拒不提供真实信息的，或者本人否认检举控告的，或者本人明确提出不作为实名检举控告的，或者虽有署名但无法验证的，不属于实名检举控告。

2. 文书制作

信访部门收到检举控告后，应当先行核实是否为实名举报，核实过程要做好记录，填制《实名检举控告实名核实情况》；对确定为实名检举控告的，应当向实名检举控告人告知受理情况，填制《实名检举控告受理告知情况》。承办部门应当在办结之日起 15 个工作日内将处理结果向检举控告人反馈，反馈情况应当记录在《实名检举控告处理结果反馈情况》中。

3. 办理程序

信访部门承办人对留有电话等具体联系方式的信访件等，先行核实是否为实名检举控告。核实过程中，不得主动透露举报信息，应当就检举控告人姓名、身份证件名称与号码、联系方式、是否举报和反映问题主要内容等依次进行询问。检举控告人陈述内容符合检举控告件所载信息的，即认定为实名检举控告。确认为实名检举控告的，将举报信息详细录入信访信息管理系统，在拟办单“拟办意见”一栏中注明“属于实名举报”，报领导审批后移送本机关有关部门。信访部门应当在收到检举控告之日起 15 个工作日内向检举控告人告知信访件的接收和处置情况。

承办部门收到检举控告问题线索后应当及时提出处置意见并履行审批手续，对反映属本级监督管理对象，且反映的违纪或职务违法、职务犯罪问题较为严重的实名检举控告，优先进行初步核实，确有违纪、职务违法、犯罪事实并需追究纪律或法律责任的，优先立案审查调查。对上级交办要求报结果的实名检举控告，必须提高工作效率，确保按期优质办结；对交下级纪检监察机关办理并要求报结果的实名检举控告，应当加强督办工作。

对被检举控告人作出审查调查结论或党纪政务处分决定之后15个工作日内向检举控告人反馈线索办理情况。反馈办理情况应当函告信访举报部门。检举控告人对处理结果不满意的，承办部门应当认真听取理由，对其不同意见做详细记录，并作出说明。

4. 注意事项

纪检监察机关受理、承办实名举报事项的工作人员，符合有关法律、法规规定的回避条件的，应当主动提出回避。

实名检举控告人重复检举控告，无新情况新问题的，不再进行核实和告知；重复问询受理情况的，按照规定登记，不再移送材料。重复检举控告和重复问询定期向有关部门通报情况。

实名举报反映情况轻微的一般问题，需要责成被举报的单位、个人作出说明的，只转反映具体问题的摘要，不得将原信（或复印件）转给被举报单位或个人。

检举控告反映多名同级党委管理的干部问题，并由2个及以上部门分别承办的，由承办职务最高的被检举控告人的部门牵头，会同其他承办部门反馈。因反馈可能对其他工作开展造成不利影响或其他原因，在规定时限内确实无法向实名检举控告人反馈的，经委领导同意，可以在影响因素消除后，再向实名检举控告人反馈。反馈时，主要反馈处理结果，包括：经核查，实名检举控告反映问题的属实情况；依规依纪依法作出的处理等。检举控告人提出异议的，应当如实记录，并做好解释说明和思想疏导工作；提供新的证据材料的，应当及时提出补充核查意见，经履行审批手续，予以核查处理，并在办结之日起15个工作日内再次反馈。

实践中，对多人署名的来信和网络举报，可选择其中1人进行沟通，向其推选的代表进行核实告知反馈。集体访和来电按照相关规定办理。向推选的代表进行核实告知反馈，视同向全体实名检举控告人核实告知反馈。开展核实告知反馈工作的，应当进行录音。采取面谈方式进行的，应当有2名以上工作人员在场，并对全过程进行录音录像。录音和录像应当告知实名检举控告人，音像资料留存备查。

（三）案例

2013年7月1日，网上出现了一份《实名举报某省某市市长王某某受贿索贿行为》的举报信，并迅速成为网民关注的热点。原来该事件系L公司的法定代表人陆某某通过网络实名举报某省某市原市长王某某。材料中写明了9项内容，包括陆某某向王某某多次行贿、王某某向陆某某索贿、陆某某出资安排王某某及家人赴三亚过春节、王某某用“打招呼”的方式销售白酒等内容。材料同时写明，以上举报全部属实，如有虚假本人愿负一切法律责任。2013年7月9日，该省纪委组成联合调查组对举报所反映的问题进行调查；7月11日，该省纪委宣布王某某涉嫌违纪。①

解读

案例中，L公司的法定代表人陆某某通过网络实名举报某省某市原市长王某某，该省纪委信访部门在发现反映的材料后，及时核实是否属于实名检举控告，实名举报事项如果同时涉及纪检监察业务范围内和范围外问题的，要区别情况分别处理。本案检举控告反映的是纪检监察业务范围内的问题，且某省纪委对王某某有管辖权，因此组成联合调查组对举报所反映的问题进行调查。

调查结束后，调查组应当在办结之日起15个工作日内反馈情况，但不得将被检举控告人个人隐私、有关组织研究处理决定的过程、调查取证中的证人证言等情况泄露给检举控告人。

---

① 参见白皓：《政商关系不清终结“光明仕途”》，载《中国青年报》2015年4月22日，第1版。

（四）法规索引速查

《纪检监察机关处理检举控告工作规则》（中共中央办公厅印发，2020 年 1 月 21 日起施行）

第二十四条　检举控告人使用本人真实姓名或者本单位名称，有电话等具体联系方式的，属于实名检举控告。

纪检监察机关信访举报部门可以通过电话、面谈等方式核实是否属于实名检举控告。

第二十五条　纪检监察机关提倡、鼓励实名检举控告，对实名检举控告优先办理、优先处置、给予答复。

第二十六条　纪检监察机关信访举报部门对属于本机关受理的实名检举控告，应当在收到检举控告之日起 15 个工作日内告知实名检举控告人受理情况。重复检举控告的，不再告知。

第二十七条　承办的监督检查、审查调查部门应当将实名检举控告的处理结果在办结之日起 15 个工作日内向检举控告人反馈，并记录反馈情况。检举控告人提出异议的，承办部门应当如实记录，并予以说明；提供新的证据材料的，承办部门应当核查处理。

第二十八条　实名检举控告经查证属实，对突破重大案件起到重要作用，或者为国家、集体挽回重大经济损失的，纪检监察机关可以按规定对检举控告人予以奖励。

第二十九条　匿名检举控告，属于受理范围的，纪检监察机关应当按程序受理。

对匿名检举控告材料，不得擅自核查检举控告人的笔迹、网际协议地址（IP 地址）等信息。对检举控告人涉嫌诬告陷害等违纪违法行为，确有需要采取上述方式追查其身份的，应当经设区的市级以上纪委监委批准。

第三十条　虽有署名但不是检举控告人真实姓名（单位名称）或者无法验证的检举控告，按照匿名检举控告处理。

《中国共产党党员权利保障条例》（中共中央印发，2004 年 9 月 22 日起施行，2020 年 12 月 25 日修订发布）

第三十二条第二款　党组织应当保障检举控告人的权益，对检举控告人的信息以及检举控告内容必须严格保密，严禁将检举控告材料转给被检举控告的组织和人员。提倡和鼓励实名检举控告，对实名检举控告优先办理、优先处置，告知受理情况、反馈处理结果；对于检举控告严重违纪违法问题经查证属实的，应当给予表扬。

《中华人民共和国监察法实施条例》（国家监察委员会公告第1号公布，2021年9月20日起施行，2025年6月1日修订公布）

第二百零九条 检举控告人使用本人真实姓名或者本单位名称，有电话等具体联系方式的，属于实名检举控告。监察机关对实名检举控告应当优先办理、优先处置，依法给予答复。虽有署名但不是检举控告人真实姓名（单位名称）或者无法验证的检举控告，按照匿名检举控告处理。

信访举报部门对属于本机关受理的实名检举控告，应当在收到检举控告之日起十五个工作日以内按规定告知实名检举控告人受理情况，并做好记录。

调查人员应当将实名检举控告的处理结果在办结之日起十五个工作日以内向检举控告人反馈，并记录反馈情况。对检举控告人提出异议的应当如实记录，并向其进行说明；对提供新证据材料的，应当依法核查处理。

三、诬告陷害和澄清正名的处理流程

（一）图解

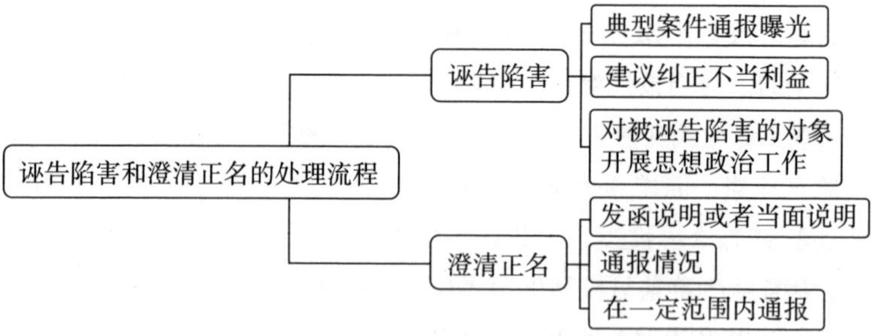

图1-8　诬告陷害和澄清正名的处理流程

（二）实务指引

1. 相关概念辨析

诬告是指检举控告人为实现不正当目的，以刻意捏造事实、伪造材料等方式反映问题，意图使他人受到不良政治影响、名誉损失或者责任追究。

错告是指检举控告人为维护正当权益，将自认为真实的事实或材料作为依据反映问题，实质系因不了解或不完全了解真实情况、认识存在偏差而检举失实。

认定构成诬告的，应当对诬告人依规依纪依法追究责任；认定属于错告的，视情形可以对检举控告人进行批评教育。认定属于诬告或错告，同时又具备一定情形的，应当对诬告人或被错告人予以澄清正名。一定情形主要包括：被反映人在评先评优、选拔任用、换届选举等工作中受到或可能受到影响的；被反映人人身权利、财产权利或正常工作生活等受到不良影响的；纪检监察机关（机构）已作出明确结论，被反映人仍因同一事项受到反复举报，造成不良影响的；组织认为需要澄清正名的其他情形。

2. 办理程序

根据云南、青海等地方纪检监察机关的做法，对涉嫌存在诬告或错告，需要调查核实的，由县级纪检监察机关、市（州）级以上纪检监察机关及其派驻（派出）机构实施。县级纪检监察机关拟启动调查程序的，应当在发现之日起10个工作日内报请市（州）级纪检监察机关批准；市（州）级以上纪检监察机关及其派驻（派出）机构拟启动调查程序的，应当按照干部管理权限报请审批。

调查工作应当在收到批复同意后60日内完成。情况复杂的，经本机关主要负责人批准后，可以适当延长办理期限，延长期限最多不得超过30日。必要时，经调查工作分管领导批准后，可提请有关部门协助调查。

经调查认为确属诬告错告行为的，应当在调查结束后20个工作日内将调查结果报请市（州）级以上党委或者纪检监察机关予以会议研究认定。认定机关应当在收到报请材料之日起20个工作日内作出批复。经调查，认为不构成诬告错告的，终止调查。若发现新的证据，经批准可重新启动调查程序。

经报请认定系诬告错告行为的，应当结合被反映人综合情况，集体评估确定澄清正名的诬告或错告，并提出澄清正名请示和工作方案，报经本机关主要负责人批准后实施。重大敏感案件，须报同级党委主要负责人审批。澄清正名工作只对举报不实的具体问题进行澄清，不对澄清对象作出全面评价；澄清内容主要是调查核实结果，不涉及核查工作细节。澄清正名工作结束后，应当及时将相关材料归入干部廉政档案。①

3. 注意事项

《纪检监察机关处理检举控告工作规则》的印发通知中规定，要严肃查处诬告陷害行为。实践中，经认定构成诬告陷害的，如果系中共党员的，根据《中国共产党纪律处分条例》等有关规定，视情节轻重，给予相应组织处理或党纪处分。系监察对象的，根据《中华人民共和国监察法》《中华人民共和国公职人员政务处分法》等有关规定，视情节轻重，给予相应组织处理或政务处分。系非中共党员和非监察对象的，视情节轻重，由其所在单位或移送公安机关处理。违反《中华人民共和国治安管理处罚法》《中华人民共和国刑法》等法律法规的，移送有关部门依法处理。

诬告陷害具有下列情形之一的，从重处理：手段恶劣，造成不良影响的；严重干扰换届选举或者干部选拔任用工作的；经调查已有明确结论，仍诬告他人的；强迫、唆使他人诬告的；其他造成严重后果的。诬告具有下列情形之一的，可从轻或免予处理：在启动调查诬告行为之前，主动认识错误并停止诬告行为，主动挽回损失、消除不良影响或有效阻止危害结果发生的；积极配合调查，如实说明本人错误行为的；确系初犯，且未造成严重损害后果的；得到被诬告人书面谅

---

① 参见云南省纪委监委：《云南省纪检监察机关查处诬告陷害行为及失实检举控告澄清工作办法（试行）》，载云南省纪委监委网站 2020 年 5 月 18 日，http：//www.ynjjjc.gov.cn/html/2020/dangguidangji_0518/86017.html。

解的；其他可以从轻或免予处理情形的。

对通过诬告错告获得的职务、职级、职称、学历、学位、奖励、资格等利益，纪检监察机关（机构）应当建议有关组织、部门、单位按规定予以纠正。对因被诬告错告而受到错误处理、处分的，纪检监察机关（机构）应当在职权范围内予以纠正，或者向有权机关提出纠正建议。

一般不予澄清正名的情形主要包括：举报问题不实，但组织已掌握被反映人其他方面违纪违法问题，开展澄清正名可能造成不良影响的；因客观条件所限，对举报问题一时难以核实清楚，不能明确排除的；举报问题不实，但未造成不良影响的；其他原因不宜澄清正名的。

纪检监察机关（机构）及澄清正名对象所在单位党组织应当把思想政治工作贯穿始终，加强与澄清对象的沟通，开展谈心谈话、消除顾虑，保护干事创业积极性。根据需要可以适时回访，了解澄清对象的工作表现、思想认识等情况，巩固澄清正名工作效果，推动履职尽责、担当作为。

（三）案例

案例一 诬告陷害案例

贺某某因个人私心杂念，恶意在村民家的外墙上张贴侮辱该村两委班子成员包括新任村干部的大字报，在村民中造成不良影响。

经镇纪委核查，所反映问题属凭空捏造，构成诬告陷害行为，公安机关给予其行政拘留3日的行政处罚，镇纪委给予其党内严重警告处分。①

案例二 澄清正名案例

2019年3月，某县纪委监委收到反映G镇C中学校长马某1利用经费吃喝、酒后性骚扰女教师等问题的来信和反映M镇L小学校长马

① 参见央秀达珍：《青海通报数起处置诬告陷害典型案例》，载新华网2019年11月19日，https://baijiahao.baidu.com/s?id=1650619763005408964&wfr=spider&for=pc。

某2贪污学校经费、冒用学生家长身份证虚开发票等问题的举报。经县纪委监委安排派驻县教育局纪检监察组核查，举报反映的问题失实。

根据《某县纪委监委关于对信访举报失实的干部澄清正名暂行规定》，某县纪委监委会同县教育局党委、派驻县教育局纪检监察组分别在G镇C中学和M镇L小学召开教师会议，通报核查结果，对不实举报给予澄清。①

解读

诬告陷害行为破坏政治生态，污染社会风气，损害党员、干部干事创业积极性，应当严肃查处。案例一中贺某某因个人私心杂念，恶意张贴侮辱党员干部的大字报，意图使他人受到不良政治影响、名誉损失，影响恶劣，属于诬告陷害。根据《纪检监察机关处理检举控告工作规则》规定，属于诬告陷害的，依规依纪依法严肃处理，或者移交有关机关依法处理。案例一中镇纪委在核查过程中将问题线索移交公安机关，公安机关给予贺某某行政拘留3日的行政处罚，镇纪委给予其党内严重警告处分。本案需注意认定诬告陷害，应当经设区的市级以上党委或者纪检监察机关批准。案例一中镇纪委认定贺某某诬告陷害应当层报市委或市纪委批准。

经核查认定检举控告失实，同时又具备一定情形的，应当予以澄清。案例二中某县纪委监委安排派驻县教育局纪检监察组核查，举报反映马某1和马某2的有关问题失实。根据《纪检监察机关处理检举控告工作规则》的规定，可以采取向被检举控告人所在地区、部门、单位党委（党组）主要负责人以及本人发函说明或者当面说明等方式予以澄清。某县纪委监委会同有关部门到被检举控告人所在单位召开教师会议，通报核查结果，对不实举报给予澄清，有力保护了被检举控告人干事创业的积极性。

① 参见央秀达珍：《青海通报数起处置诬告陷害典型案例》，载新华网2019年11月19日，https：//baijiahao. baidu. com/s？id = 1650619763005408964&wfr = spider&for = pc。

（四）法规索引速查

《中国共产党党员权利保障条例》（中共中央印发，2004 年 9 月 22 日起施行，2020 年 12 月 25 日修订发布）

第三十四条 对于诬告陷害行为，党组织应当依规依纪严肃处理。对于经核查认定党员受到失实检举控告、确有必要澄清的，应当按照规定对检举控告失实的具体问题进行澄清。

《中国共产党纪律检查机关监督执纪工作规则》（中共中央办公厅印发，2019 年 1 月 1 日起施行）

第三十条第一款第四项 承办部门应当在谈话结束或者收到函询回复后 1 个月内写出情况报告和处置意见，按程序报批。根据不同情形作出相应处理：

（四）对诬告陷害者，依规依纪依法予以查处。

《纪检监察机关处理检举控告工作规则》（中共中央办公厅印发，2020 年 1 月 21 日起施行）

第五条第三项 纪检监察机关处理检举控告工作应当遵循以下原则：

（三）保障合法权利。贯彻“三个区分开来”要求，既保障检举控告人的监督权利，又查处诬告陷害行为，保护党员、干部干事创业积极性。

第二十九条 匿名检举控告，属于受理范围的，纪检监察机关应当按程序受理。

对匿名检举控告材料，不得擅自核查检举控告人的笔迹、网际协议地址（IP 地址）等信息。对检举控告人涉嫌诬告陷害等违纪违法行为，确有需要采取上述方式追查其身份的，应当经设区的市级以上纪委监委批准。

第三十六条第一项 检举控告人应当履行以下义务：

（一）如实提供所掌握的全部情况和证据，对检举控告内容的真实性负责，不得夸大、歪曲事实，不得诬告陷害他人；

第三十九条 采取捏造事实、伪造材料等方式反映问题，意图使他人受到不良政治影响、名誉损失或者责任追究的，属于诬告陷害。

认定诬告陷害，应当经设区的市级以上党委或者纪检监察机关批准。

第四十条 纪检监察机关应当加强对检举控告的分析甄别，注意发现异常检举控告行为，有重点地进行查证。属于诬告陷害的，依规依纪依法严肃处理，或者移交有关机关依法处理。

第四十一条 诬告陷害具有以下情形之一，应当从重处理：

（一）手段恶劣，造成不良影响的；

（二）严重干扰换届选举或者干部选拔任用工作的；

（三）经调查已有明确结论，仍诬告陷害他人的；

（四）强迫、唆使他人诬告陷害的；

（五）其他造成严重后果的。

第四十二条 纪检监察机关应当将查处的诬告陷害典型案件通报曝光。

第四十三条 纪检监察机关对通过诬告陷害获得的职务、职级、职称、学历、学位、奖励、资格等利益，应当建议有关组织、部门、单位按规定予以纠正。

第四十四条 对被诬告陷害的党员、干部以及监察对象，纪检监察机关、所在单位党组织应当开展思想政治工作，谈心谈话、消除顾虑，保护干事创业积极性，推动履职尽责、担当作为。

第四十五条 纪检监察机关应当区分诬告陷害和错告。属于错告的，可以对检举控告人进行教育。

第五十条 纪检监察机关核查认定检举控告失实、有必要予以澄清的，经本机关主要负责人批准后，可以采取以下方式予以澄清：

（一）向被检举控告人所在地区、部门、单位党委（党组）主要负责人以及本人发函说明或者当面说明；

（二）向被检举控告人所在地区、部门、单位党委（党组）通报情况；

（三）在一定范围内通报。

第四节　重点疑难问题

一、交办、转办、指定管辖、委托核实（调查）的区别

（一）交办

交办是指将较为重要的问题线索交由有管辖权的下级纪委监委或派驻（出）机构办理，一般情况下重要事项需要向交办单位报告办理结果和办理过程，接受交办单位的指导。

（二）转办

转办是指将一般性问题线索交由有管辖权的下级纪委监委或派驻（出）机构办理，一般情况下被转办单位可自行处置，按相关要求向转办单位反馈办理结果即可。

（三）指定管辖

指定管辖是指将较为重要的问题线索或有不适宜由有管辖权的纪检监察机关（机构）办理的情形的问题线索交由没有管辖权的下级纪检监察机关办理，指定单位应当全程指导被指定单位办理。

（四）委托核实（调查）

委托核实（调查）是指将管辖权在本单位的问题线索或案件（或其中某一个具体问题）委托下级纪委监委或派驻（出）机构核查（调查），被委托单位只负责初核（调查）该事实是否属实等事宜，其余事宜均由委托单位办理。

二、在信访举报中，发现有些公职人员业务内外交织的问题材料如何处理？

（1）属于初次信访事项的，在检举举报平台中登记，告知信访人向有权处理的机关、单位提出。

（2）能够当场告知的，应当当场书面告知；不能当场告知的，应当自收到信访事项之日起 15 日内书面告知，但信访人姓名（名称）、联系方式不清的除外。书面告知可以采取告知书、手机短信、网络举报受理平台留言等方式。

（3）属于重复信访事项的，按照有关规定在检举举报平台中统计，不再告知。

（4）有关信访材料留存备查，一般不再转送党委和政府信访部门或其他机关、单位。

（5）对其中可能造成社会影响的重大、紧急信访事项和信访信息，应当及时通报有关主管部门、单位，并在职责范围内依法及时采取措施，防止不良影响的产生、扩大。

对党委和政府信访部门转送的信访事项，纪检监察机关经甄别属于业务范围外的，应当自收到之日起 5 个工作日内提出异议、说明理由，与转送的信访部门协商后，交还有关材料。

三、村党支部书记担任市委候补委员的如何确定管辖？

（1）《中国共产党纪律检查机关监督执纪工作规则》第七条第一款规定，地方各级纪委监委负责监督检查和审查调查同级党委委员、候补委员，同级纪委委员，同级党委管理的党员、干部以及监察对象，同级党委工作部门、党委批准设立的党组（党委），下一级党委、纪委等党组织的涉嫌违纪或者职务违法、职务犯罪问题。根据该规定，担任市委候补委员的村党支部书记的问题线索由市纪委管辖办理。

（2）《中国共产党纪律检查机关监督执纪工作规则》第九条还规定，上级纪检监察机关可以将其直接管辖的事项指定下级纪检监察机关进行审查调查。因此根据该规定，该市纪委有权将该线索交由乡镇纪委或者县纪委管辖办理。

（3）该村党支部书记立案应按照市委候补委员的审批层级报批，具体按照《中国共产党纪律检查机关监督执纪工作规则》第三十八条，报市委书记审批。

第二章　问题线索处置

第一节　处置方式和要求

一、处置方式

（一）图解

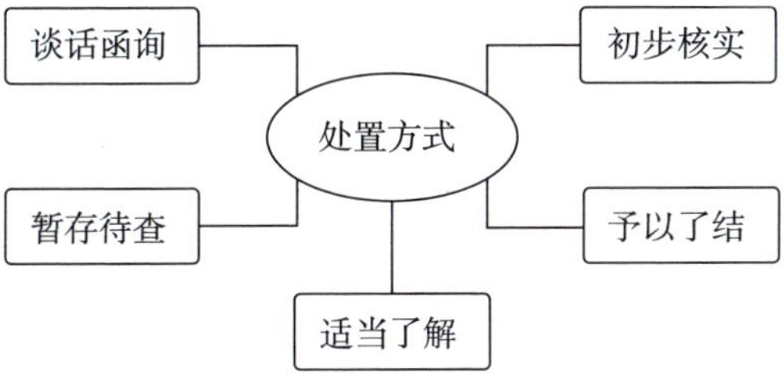

图 2-1　处置方式

（二）实务指引

1. 程序性分办与实质性分办

实践中，案件监督管理部门归口受理问题线索后，按照监督检查、审查调查部门的联系范围和职责权限提出分流方案，报批后将问题线索移送相关部门处理。由监督检查、审查调查部门分析研判问题线索之后提出处置意见的，是程序性分办；案件监督管理部门在提出分流方案时，对问题线索明确提出处置意见再移送相关部门办理的，是实质性分办。两种分办方式都存在于执纪执法实践中，各级纪检监察机关可以结合自身实际情况选择分办方式。

2. 五类线索处置方式

《中国共产党纪律检查机关监督执纪工作规则》明确规定了谈话函询、初步核实、暂存待查、予以了结四类问题线索处置方式。2025年修订的《中华人民共和国监察法实施条例》第二百零四条将适当了解新增为问题线索处置方式。① 《纪检监察机关处理检举控告工作规则》等规范性文件及实践探索还提出了退回信访室、综合分析等处置方式，本章主要阐述《中华人民共和国监察法实施条例》明确的五类处置方式。

（1）适当了解。“适当了解”是纪检监察机关为了提高线索研判的准确性，在问题线索反映的问题较为模式、真假难辨等情况下，提出的外围了解的处置方式，为其他线索处置方式或处理建议的提出提供决策参考。

（2）谈话函询。如果反映的问题属于一般性问题，通常进行谈话函询。谈话函询包含谈话和函询两种方式，其中谈话是面对面的，函询则是书面的。谈话函询给予被反映人向组织如实说明或澄清问题的机会，目的是让被谈话函询的党员、干部本着对党忠诚老实的态度讲清问题，有利于组织准确研判、及时有效地处置问题线索，督促纠正和处理存在的问题，发挥咬耳扯袖、红脸出汗作用。承办部门根据谈话函询情况作出予以了结、谈话提醒、批评教育、责令检查、诫勉谈话或者再次谈话函询、初步核实以及立案等处置、处理建议。

（3）初步核实。初步核实主要是在涉嫌违纪或者职务违法、职务犯罪问题线索比较具体、具有可查性，需要追究纪律和法律责任的情况下采取的线索处置方式；目的是对问题线索进行了解与核查，判明和掌握问题线索的真假、虚实和大小，以决定是否立案审查，避免立案审查的盲目性，维护监督执纪的严肃性和准确性。

（4）暂存待查。暂存待查主要是指线索反映的问题虽具有一定的

---

① 《中华人民共和国监察法实施条例》第二百零四条规定，监督检查部门应当结合问题线索所涉及地区、部门、单位总体情况进行综合分析，提出处置意见并制定处置方案，经审批按照适当了解、谈话、函询、初步核实、暂存待查、予以了结等方式进行处置，或者按照职责移送调查部门处置。

可查性，但由于时机、现有条件尚不成熟或不适宜等原因，暂不具备核查的条件而存放备查，对确定暂存待查的线索，一旦条件成熟应立即开展核查工作。

（5）予以了结。予以了结主要是指线索反映的问题失实或者没有可能开展核查工作而采取的线索处置方式，包括虽有违纪事实但情节轻微不需追究党纪责任，已建议有关党组织作出恰当处理等情况。①

3. 重点提醒

实践中，针对同一个被反映人有不同层级、不同来源、不同时间的检举控告件，为了让线索处置运行高效节约，要区分不同阶段的处置方式。一是在问题线索处置阶段，可以将收到交办件未满 1 个月的问题线索，经分类摘录、精准研判后，一并提出处置意见后报批；二是在初步核实和立案审查调查阶段收到反映新的问题线索，要做到件件有着落，分别提出并件初核或立案审查调查的处置意见后报批。两种情形的报批都要严格按照中央纪委国家监委最低审批权限执行，特别是涉及需要报请同级党委主要负责人同意的，不能因为被反映人之前的问题线索已向同级党委主要负责人履行报批手续，而对之后新反映的问题不再按要求执行。另外，对于上级纪委监委或巡视（察）交办已在办理的同一反映人问题线索，按照相关规定履行办理情况反馈等程序。

（三）示例

A 市纪委监委监督检查部门陆续收到案件监督管理部门移交的一些市管干部涉嫌违纪违法问题线索，监督检查部门认真分析掌握的情况，经集体研究后提出处置意见。一是反映 A 市交通局副局长李某收受工程承建商 600 元红包的问题线索，监督检查部门经分析认为该线索反映的问题性质比较轻微，拟向本人函询，请其作出说明；二是反映 A 市医院向某公司采购医疗设备时，医院院长张某收受回扣上百万元的问题线索，监督检查部门认为反映的问题线索内容具体、可查性

① 参见本书编写组：《纪检监察机关办案常见问题解答》，中国方正出版社 2020 年版，第 97－98 页。

较强，拟对反映张某的问题线索进行初步核实；三是反映A市B县副县长王某多年前，与个体工商户张女士多次发生不正当性关系的问题线索，监督检查部门经分析认为该问题线索时间跨度大，且主要证人张女士目前下落不明，证据无法查实，拟对反映王某的问题线索予以暂存，待条件成熟时再办理；四是反映A市医院副院长陈某某外出未履行请假手续的问题线索，监督检查部门发现陈某某系接到朋友紧急邀约，通过电话向领导汇报后，立即赶往武汉支援防疫工作，监督检查部门拟对该问题线索予以了结。

解读

示例中，为了体现组织的关心爱护，让被举报的党员、干部能够主动交代问题，监督检查部门采取函询方式处置反映A市交通局副局长李某收受小额红包的问题线索。李某接受函询之后，被函询情况及组织采信情况要在年度民主生活会上进行说明、接受监督。

对反映A市医院院长张某的问题线索因涉嫌职务犯罪，需要调查核实的问题较多，所以监督检查部门对该问题线索提出初步核实的处置意见，并且经初步核实存在涉嫌职务犯罪的问题时应按程序移交审查调查部门处理。

反映A市B县副县长王某与他人发生不正当性关系的问题线索，因时间跨度大、证人无法联系等原因，致使该问题线索无法查证，可以先予暂存，待有必要时再作核查。

A市医院副院长陈某某虽未履行书面请假手续，但其外出已向领导口头汇报，且外出事由系紧急支援防疫工作，该问题线索反映失实，予以了结。

（四）法规索引速查

《中国共产党巡视工作条例》（中共中央印发，2015年8月3日起施行，2024年2月8日修订发布）

第三十五条第一款第四项 开展巡视工作的党组织的同级纪检监

察机关承担巡视整改监督责任，全面监督被巡视党组织落实巡视整改任务。主要职责是：

（四）依规依纪依法处置巡视移交的问题线索，自收到移交问题线索之日起6个月内，向巡视工作领导小组办公室反馈处置进展情况；

《中国共产党纪律检查机关监督执纪工作规则》（中共中央办公厅印发，2019年1月1日起施行）

第二十一条第一款　纪检监察机关应当结合问题线索所涉及地区、部门、单位总体情况，综合分析，按照谈话函询、初步核实、暂存待查、予以了结4类方式进行处置。

《纪检监察机关处理检举控告工作规则》（中共中央办公厅印发，2020年1月21日起施行）

第十七条第二款　监督检查部门对属于本级受理的检举控告，应当结合日常监督掌握的情况，进行综合分析、适当了解，经集体研究并履行报批程序后，以谈话函询、初步核实、暂存待查、予以了结等方式处置，或者按规定移送审查调查部门处置。

《中华人民共和国监察法》（主席令第3号公布，2018年3月20日起施行，2024年12月25日修正公布）

第四十条　监察机关对监察对象的问题线索，应当按照有关规定提出处置意见，履行审批手续，进行分类办理。线索处置情况应当定期汇总、通报，定期检查、抽查。

《中华人民共和国监察法实施条例》（国家监察委员会公告第1号公布，2021年9月20日起施行，2025年6月1日修订公布）

第二百零四条第一款　监督检查部门应当结合问题线索所涉及地区、部门、单位总体情况进行综合分析，提出处置意见并制定处置方案，经审批按照适当了解、谈话、函询、初步核实、暂存待查、予以了结等方式进行处置，或者按照职责移送调查部门处置。

二、处置时限要求

（一）图解

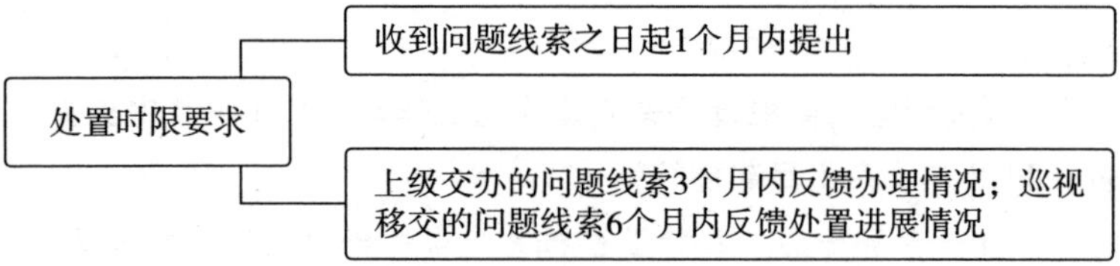

图 2－2　处置时限要求

（二）实务指引

纪检监察机关坚持有案必查、有腐必惩，承办部门在收到问题线索之日起 1 个月内提出处置意见，并制定处置方案，履行审批手续。如果是上级交办的问题线索应该在 3 个月内反馈办理情况，巡视移交的问题线索应在 6 个月内反馈处置进展情况。

需要强调的是，提出线索处置意见的期限与线索处置期限是不同的概念，前者由《中国共产党纪律检查机关监督执纪工作规则》明确规定了 1 个月的时间，没有延期的规定。《中国共产党纪律检查机关监督执纪工作规则》没有规定线索处置的具体期限，即使是上级交办及巡视移交的问题线索也仅要求在规定的时间内汇报办理情况，而不是要求必须在期限之内予以办结。部分监督检查和审查调查室同时处置的问题线索较多，将所有线索均限定在规定时间内办结不符合现实情况，但是各级纪检监察机关要建立健全线索处置机制，细化工作措施，该优先处理的要抓紧办理，不得拖延办理问题线索。

（三）示例

2019 年 2 月 15 日，某市纪委监委第一监督检查室收到案管室分办的反映该市住建局党委书记、局长张某超标准为其儿子举办婚宴的问题线索；2 月 25 日，经批准，第一监督检查室延长线索处置期限 1 个月；3 月 24 日，第一监督检查室经集体研究后对该问题线索提出了初步核实的处置意见。

解读

> 该市纪委监委第一监督检查室于2月15日收到案管室分办的问题线索，按照规定应当最迟于3月15日提出问题线索处置方式，该期限是法律的硬性规定，必须按照要求执行。该室通过批准延长提出线索处置意见的时间，看似符合程序规定，实则违反了法律规定，系超期处置问题线索，应该予以纠正。

（四）法规索引速查

《中国共产党党内监督条例》（中国共产党中央委员会通过，2016年10月27日起施行）

第四十一条第二款 对于上级党组织交办以及巡视[①]等移交的违纪问题线索，应当及时处理，并在3个月内反馈办理情况。

《中国共产党巡视工作条例》（中共中央印发，2015年8月3日起施行，2024年2月8日修订发布）

第三十五条第一款第四项 开展巡视工作的党组织的同级纪检监察机关承担巡视整改监督责任，全面监督被巡视党组织落实巡视整改任务。主要职责是：

（四）依规依纪依法处置巡视移交的问题线索，自收到移交问题线索之日起6个月内，向巡视工作领导小组办公室反馈处置进展情况；

《中国共产党纪律检查机关监督执纪工作规则》（中共中央办公厅印发，2019年1月1日起施行）

第二十一条第二款 线索处置不得拖延和积压，处置意见应当在收到问题线索之日起1个月内提出，并制定处置方案，履行审批手续。

---

① 2024年2月8日修订印发的《中国共产党巡视工作条例》将巡视移交问题线索反馈办理进展的期限从3个月修改为6个月。

三、处置报告要求

（一）图解

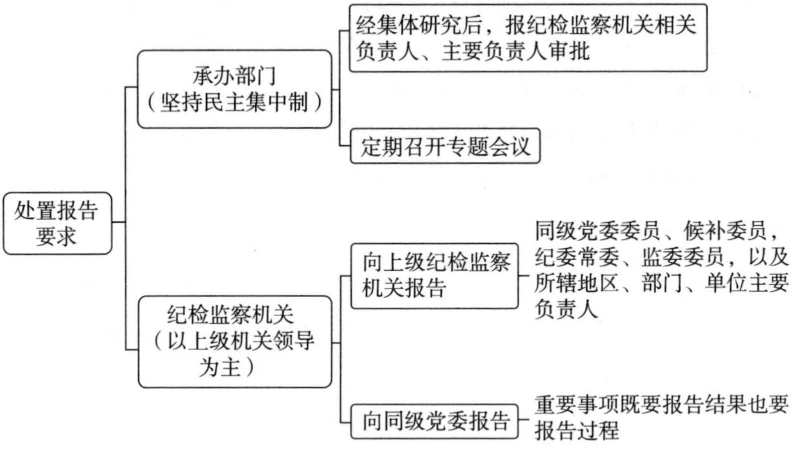

图2－3　处置报告要求

（二）实务指引

问题线索处置方式必须由线索承办部门召开专题会议集体研究提出，实践中，对急办的问题线索可以由承办部门先行提出处置方式后报批，事后在专题会上通报。问题线索处置专题会议的具体形式、参加人员、时间安排，目前尚无统一的规范性文件进行规定；一般由承办部门主要负责人主持，研究重要、敏感的问题线索还可请委领导参加。专题会议研究是问题线索处置的重要程序，必须做好会议记录，必要时形成会议纪要，记录研究问题线索处置的全过程。

纪检监察机关要通过定期召开专题会议的方式集中排查存量线索，对具有可查性的问题线索要及时提出处置意见。实践中，一般由纪检监察机关负责人主持召开专题会议，会议的具体形式、参加人员、部门范围、时间安排由各级纪检监察机关结合实际确定。

（三）示例

某市纪委监委第八审查调查室经集体研究后，对反映该市交通局党组书记、局长李某某涉嫌收受巨额贿赂的问题线索提出初步核实的处置意见，并成立初核组、制订初核方案和外查方案。因该问题线索涉及下一级党组、部门主要负责人，第八审查调查室层报市纪委监委主要领导审批后，报市委书记批准。同时还将该问题线索和处置情况报省级纪检监察机关。

解读

示例中，因该市交通局党组书记、局长李某某系市委管理的部门的主要负责人，是市管正职领导干部。如果对李某某进行初步核实，应当将初核工作方案经纪委监委主要负责人审批之后呈报同级党委主要负责人批准。初步核实工作结束之后，初核情况报告经纪委监委主要负责人审批之后，同样需要将相关情况报告同级党委主要负责人。这就是"一案双报告"要求，既要向同级党委主要负责人报告过程，也要报告结果。同时，纪委监委接受双重领导，执纪执法工作向同级党委报告的同时还需要向上级纪委监委汇报。

（四）法规索引速查

《中国共产党党内监督条例》（中国共产党中央委员会通过，2016年10月27日起施行）

第二十六条第二项、第三项　党的各级纪律检查委员会是党内监督的专责机关，履行监督执纪问责职责，加强对所辖范围内党组织和领导干部遵守党章党规党纪、贯彻执行党的路线方针政策情况的监督检查，承担下列具体任务：

（二）落实纪律检查工作双重领导体制，执纪审查工作以上级纪委领导为主，线索处置和执纪审查情况在向同级党委报告的同时向上级纪委报告，各级纪委书记、副书记的提名和考察以上级纪委会同组织部门为主；

（三）强化上级纪委对下级纪委的领导，纪委发现同级党委主要领导干部的问题，可以直接向上级纪委报告；下级纪委至少每半年向上级纪委报告 1 次工作，每年向上级纪委进行述职。

第二十九条 认真处理信访举报，做好问题线索分类处置，早发现早报告，对社会反映突出、群众评价较差的领导干部情况及时报告，对重要检举事项应当集体研究。定期分析研判信访举报情况，对信访反映的典型性、普遍性问题提出有针对性的处置意见，督促信访举报比较集中的地方和部门查找分析原因并认真整改。

《中国共产党重大事项请示报告条例》（中共中央印发，2019 年 1 月 31 日起施行）

第十三条第一款第二项 党组织应当向上级党组织请示下列事项：

（二）重大改革措施、重大立法事项、重大体制变动、重大项目推进、重大突发事件、重大机构调整、重要干部任免、重要表彰奖励、重大违纪违法和复杂敏感案件处理等；

第十四条第一款第三项 党组织应当向上级党组织报告下列事项：

（三）加强党的建设，履行全面从严治党责任，包括集中学习教育活动、意识形态工作、党组织设置及隶属关系调整、民主生活会、党风廉政建设、落实中央八项规定精神、党员干部直接联系群众、巡视巡察整改、发现重大违纪违法问题等情况；

《中国共产党纪律检查机关监督执纪工作规则》（中共中央办公厅印发，2019 年 1 月 1 日起施行）

第三条第二项 监督执纪工作应当遵循以下原则：

（二）坚持纪律检查工作双重领导体制，监督执纪工作以上级纪委领导为主，线索处置、立案审查等在向同级党委报告的同时应当向上级纪委报告；

第十条 纪检监察机关应当严格执行请示报告制度。中央纪委定期向党中央报告工作，研究涉及全局的重大事项、遇有重要问题以及作出立案审查调查决定、给予党纪政务处分等事项应当及时向党中央请示报告，既要报告结果也要报告过程。执行党中央重要决定的情况应当专题报告。

地方各级纪检监察机关对作出立案审查调查决定、给予党纪政务处分等重要事项，应当向同级党委请示汇报并向上级纪委监委报告，形成明确意见后再正式行文请示。遇有重要事项应当及时报告。

纪检监察机关应当坚持民主集中制，对于线索处置、谈话函询、初步核实、立案审查调查、案件审理、处置执行中的重要问题，经集体研究后，报纪检监察机关相关负责人、主要负责人审批。

第二十二条　纪检监察机关对反映同级党委委员、候补委员，纪委常委、监委委员，以及所辖地区、部门、单位主要负责人的问题线索和线索处置情况，应当及时向上级纪检监察机关报告。

第二十四条　纪检监察机关应当根据工作需要，定期召开专题会议，听取问题线索综合情况汇报，进行分析研判，对重要检举事项和反映问题集中的领域深入研究，提出处置要求，做到件件有着落。

《纪检监察机关处理检举控告工作规则》（中共中央办公厅印发，2020 年 1 月 21 日起施行）

第十七条第二款　监督检查部门对属于本级受理的检举控告，应当结合日常监督掌握的情况，进行综合分析、适当了解，经集体研究并履行报批程序后，以谈话函询、初步核实、暂存待查、予以了结等方式处置，或者按规定移送审查调查部门处置。

《中华人民共和国监察法实施条例》（国家监察委员会公告第 1 号公布，2021 年 9 月 20 日起施行，2025 年 6 月 1 日修订公布）

第二百零三条第一款　案件监督管理部门应当对问题线索实行集中管理、动态更新，定期汇总、核对问题线索及处置情况，向监察机关主要负责人报告，并向相关部门通报。

四、承办部门线索管理要求

（一）图解

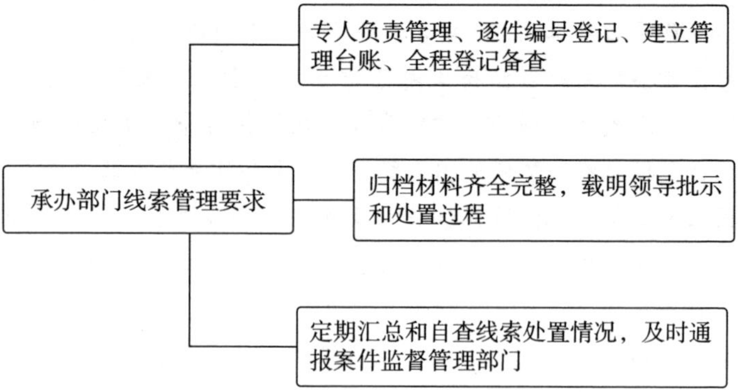

图 2－4　承办部门线索管理要求

（二）实务指引

办案部门对问题线索流转各环节都要签字留痕、登记备查，防止问题线索在处置过程中因知晓线索的人员过多造成泄密或者因经手人员过多造成材料遗失。

办案部门还应将所形成的证据材料进行梳理、校验，并装订成卷，有利于以后案件评查、党风廉政意见回复等工作的开展。

（三）示例

反映某市人力资源和社会保障局党组书记、局长王某涉嫌违纪的问题线索由市纪委监委案件监督管理部门移交给监督检查部门处理。监督检查部门负责人签收后，安排内勤人员编号登记在管理台账中，之后相关材料的借阅和归还等都由经手人签名备查。问题线索处置完结后，监督检查部门将处置情况及时反馈给了案件监督管理部门，并将所形成的证据材料进行梳理、校验，装订成卷。

解读

示例中，监督检查部门签收反映王某涉嫌违纪的相关材料后，由专人负责全程管理，将问题线索登记在册，并做好借阅等记录，督促相关人员签字留痕。这样不仅有利于加强承办部门的内部监督管理，也有利于案管部门从整体上全面掌握问题线索，一定程度上保障了定期汇总、专题研究等工作的顺利开展。

（四）法规索引速查

《中国共产党纪律检查机关监督执纪工作规则》（中共中央办公厅印发，2019年1月1日起施行）

第二十三条　案件监督管理部门对问题线索实行集中管理、动态更新、定期汇总核对，提出分办意见，报纪检监察机关主要负责人批准，按程序移送承办部门。承办部门应当指定专人负责管理问题线索，逐件编号登记、建立管理台账。线索管理处置各环节应当由经手人员签名，全程登记备查。

第二十五条　承办部门应当做好线索处置归档工作，归档材料齐全完整，载明领导批示和处置过程。案件监督管理部门定期汇总、核对问题线索及处置情况，向纪检监察机关主要负责人报告，并向相关部门通报。

《关于加强和改进新形势下案件管理工作的意见》（中共中央纪委办公厅印发，2005年8月17日起施行）

加强对重要案件的跟踪督办。对重要案件线索、领导交办案件和本级机关自办案件进行集中管理，全程跟踪督办，掌握案件的来源、去向、进展和结果，及时将案件查处情况向领导和有关部门反馈。明确责任，理顺关系，提高办案效率。

《中华人民共和国监察法实施条例》（国家监察委员会公告第1号公布，2021年9月20日起施行，2025年6月1日修订公布）

第二百零三条第二款　问题线索承办部门应当指定专人负责管理线索，逐件编号登记、建立管理台账。线索管理处置各环节应当由经手人员签名，全程登记备查，及时与案件监督管理部门核对。

第二节　五类处置方式

一、适当了解

（一）图解

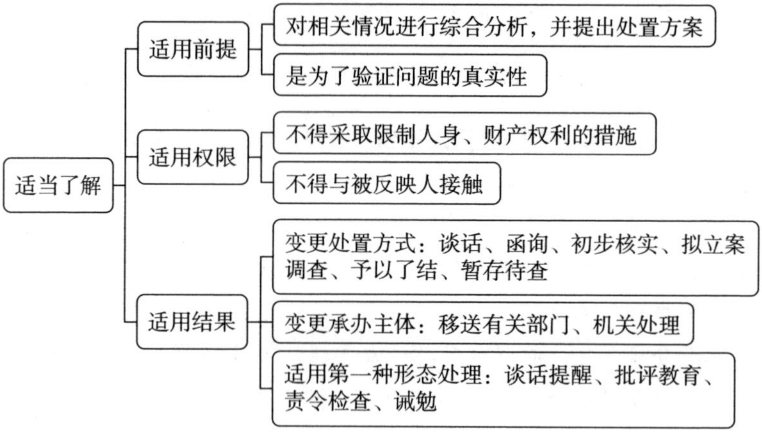

图 2－5　适当了解

（二）实务指引

纪检监察机关根据《纪检监察机关处理检举控告工作规则》等相关规定，在实践中早已运用“适当了解”方式研判、分析问题线索与信访举报件，本次《中华人民共和国监察法实施条例》将其明确为线索处置方式之一，更有利于纪检监察机关规范化运用“适当了解”方式。

1. 适用条件

《中华人民共和国监察法实施条例》没有明确“适当了解”的适用条件。根据实践需要，适当了解的目的是为研判问题线索的真实性提供参考，因此，决定是否适用该线索处置方式时，要遵循必要性原则，即问题线索的真实性是否已经初步清晰。如果问题已经初步清晰，可以通过其他方式处置时，应当适用其他方式处置；同时，如果确实无法综合研判反映的问题是否属实，可以首先通过适当了解做初步核查。

2. 提出时间

根据《中国共产党纪律检查机关监督执纪工作规则》等相关规定，“处置意见应当在收到问题线索之日起1个月内提出”，因此，适当了解意见也应当在收到问题线索之日起1个月内提出。同时，考虑到“适当了解”主要是研判问题线索真实性、为提出其他处置方式或处理意见提供参考，因此，如果需要对问题线索进行适当了解时应当及时启动，符合条件时可以及时转换处置方式或提出处理意见。

3. 适用要求

一是可以采取的措施。通常根据待查对象的干部管理权限，结合待查事项，按程序报请审批之后，可以依法依规向有关单位和个人了解情况。实践中，通常会考虑泄密风险、工作开展必要性等因素，通过查询金融财产（不建议查询待查对象名下所有金融财产）、调取特定书证、询问知情人等方式核实反映问题的真实性。

二是禁止采取的措施。一方面不得采取限制人身、财产权利的措施。如，搜查、扣押、冻结、管护等限制人身、财产权利的措施均不得在适当了解阶段适用。另一方面不得与被反映人接触。之所以不直接适用谈话、函询、初步核实、予以了结、暂存待查等处置方式，主要是对线索反映问题的真实性把握不准，可能是真的也可能是假的，为了做到不枉不纵且降低对被反映人的负面影响，才首先从外围了解反映问题的真实性。

4. 适用结果

适当了解只是问题线索处置过程中的一项过渡性处置方式，需要根据适当了解的情况提出其他处置方式或处理建议。一是重新提出其他处置方式。经过适当了解，如果认为问题线索符合谈话、函询、初步核实、立案、予以了结、暂存待查等适用条件，经审批之后，可以给该线索“画上句话”——予以了结、“按下暂停键”——暂存待查或“按下快进键”——通过谈话、函询、初步核实、立案等方式快速核查。二是移交给其他部门、机关处理。通过适当了解发现承办部门没有管辖权或者不适合继续调查核实，可以提出将线索移送给本单位其他部门或其他机关的建议。三是对被反映人提出处理建议。经过适当了解，发现被反映人有职务违法行为但情节较轻的，可以依法进行谈话提醒、批评教育、责令检查或者予以诫勉。此处的处理建议均是“第一种形态”的处理方式，如果需要给予党纪政务处分应当转为其他处置方式或立案调查。

（三）示例

A区纪委监委B纪检监察室收到本委案件监督管理室分办的，反映该区发改局C局长某日违规出差并接受异性有偿陪侍等问题，B纪检监察室经过集体讨论并报请区纪委书记、区委书记审批之后，对C局长启动初步核实。经初步核实，查明C局长在反映的时间段内没有出差记录，一直在单位正常上下班，并有考勤记录等资料为证。

解读

示例中，对反映C局长的问题是否属实，承办部门并没有掌握初步证据，如果首先选择适当了解的处置方式，外围调取A区发改局特定时间段的出差记录、酒店入住记录、财务报销记录等即能初步判断C局长是否存在违规出差并接受有偿陪侍的情况。相反，若在没有充分研判问题的真实性时即启动初步核实，调用大量的人力、物力、财力却效果不好，同时C局长的工作积极性可能因核查工作受到一定的影响。

（四）法规索引速查

《中华人民共和国监察法实施条例》（国家监察委员会公告第1号公布，2021年9月20日起施行，2025年6月1日修订公布）

第二百零四条 监督检查部门应当结合问题线索所涉及地区、部门、单位总体情况进行综合分析，提出处置意见并制定处置方案，经审批按照适当了解、谈话、函询、初步核实、暂存待查、予以了结等方式进行处置，或者按照职责移送调查部门处置。

第二百零五条 采取适当了解方式处置问题线索，应当按规定报批后，依法依规向有关单位和个人了解情况，验证问题的真实性，不得采取限制人身、财产权利的措施，不得与被反映人接触。

承办部门应当根据适当了解的情况，提出谈话、函询、初步核实、拟立案调查、予以了结、暂存待查，或者移送有关部门、机关处理等建议，按程序报批后办理。

第二百零八条　监察机关根据适当了解、谈话、函询或者初步核实情况，发现公职人员有职务违法行为但情节较轻的，可以按照本条例第二百三十一条规定处理，予以了结。

《纪检监察机关处理检举控告工作规则》（中共中央办公厅印发，2020年1月21日起施行）

第十七条第二款　监督检查部门对属于本级受理的检举控告，应当结合日常监督掌握的情况，进行综合分析、适当了解，经集体研究并履行报批程序后，以谈话函询、初步核实、暂存待查、予以了结等方式处置，或者按规定移送审查调查部门处置。

二、谈话函询

（一）谈话函询启动要求

1. 图解①

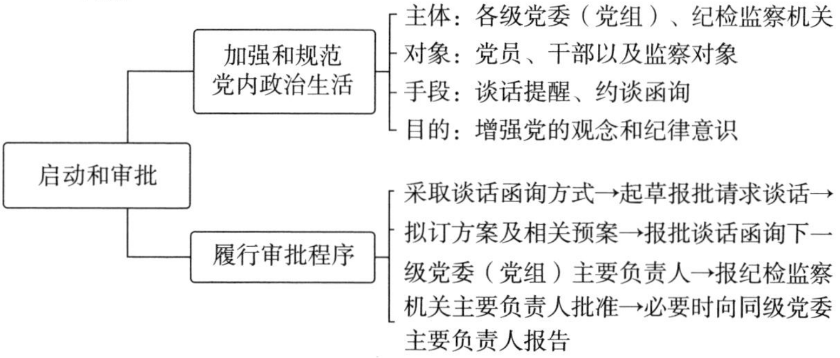

图2-6　启动和审批

---

① 《中国共产党纪律检查机关监督执纪工作规则》与《监察机关监督执法工作规定》对谈话程序的审批主体有不同的规定，实践中应当按照更高层级的审批权限报批。

2. 实务指引

一是适用谈话函询的情形。《中国共产党党内监督条例》第三十一条规定，“接到对干部一般性违纪问题的反映，应当及时找本人核实，谈话提醒、约谈函询，让干部把问题讲清楚”。该规定将谈话函询的适用条件限定为反映一般性违纪问题，适用“门槛”较低。实践中，谈话函询的适用情形主要包括两种：反映的问题具有一般性，查清了只能给予轻处分或批评教育的线索；反映问题不构成违纪违法但需要提醒被反映人的。

二是谈话函询的适用对象。《中国共产党纪律检查机关监督执纪工作规则》规定谈话函询的目的是“促使党员、干部以及监察对象增强党的观念和纪律意识”，该规定与《中华人民共和国监察法》第十九条“对可能发生职务违法的监察对象，监察机关按照管理权限，可以直接或者委托有关机关、人员进行谈话，或者进行函询，要求说明情况”的要求是一致的，谈话函询的对象不仅包括党员、干部，还包括所有的监察对象，范围比较广泛。扩大谈话函询适用对象范围，核心要义是抓早抓小，让“红红脸、出出汗”成为常态，推进全面从严治党。

三是审批事项。谈话需要按照干部管理权限呈报纪检监察机关承办部门负责人或分管领导、主要领导，甚至需要同级党委主要负责人批准。谈话审批什么内容呢？根据《中国共产党纪律检查机关监督执纪工作规则》及有关规定，采取谈话函询方式处置问题线索，应当起草报批请示，拟订谈话方案和相关工作预案。以谈话为例，通常承办部门需要呈报包含谈话内容、对象身体状况等“应知尽知”事项、医疗保障、保密、风险化解等内容的谈话方案，一旦审批同意上述方案，承办部门就应当严格执行。需要注意的是，在拟订谈话方案时，承办部门要对问题线索进行全面研判，也要对被反映人的个人基本情况、家庭情况、工作情况、性格特点等情况进行全面了解，确定的谈话内容与谈话方式既要能了解问题也要能保证谈话安全，避免谈话方案千篇一律。

3. 示例

某市纪委监委监督检查室召开工作例会，集体研究同级党委管理的某单位主要负责人王某某违规发放福利的问题线索，建议按规定启动谈话程序。鉴于王某某是下一级党组主要负责人，对其开展谈话应当报纪检监察机关主要负责人批准。监督检查室对王某某的工作、性格等基本情况进行摸查，研究拟订谈话内容，确定了主谈人员及陪同人员、拟谈话的时间及地点、通知方式、接送方式与人员等，明确了实施谈话的注意事项及要求。经市纪委监委主要负责人审批后，由1名市纪委副书记和1名监督检查室工作人员对王某某进行了谈话。

解读

示例中，王某某涉嫌违规发放福利的问题线索，经监督检查室集体讨论认为是一般性违纪问题，结合该单位的政治生态和党风廉政建设总体情况，监督检查室拟对王某某启动谈话程序，这有利于抓早抓小，发挥“红脸出汗、咬耳扯袖”作用，真正做到有问题早发现、早提醒、早解决。由于王某某是下一级党组主要负责人，《中国共产党纪律检查机关监督执纪工作规则》规定，“需要谈话函询下一级党委（党组）主要负责人的，应当报纪检监察机关主要负责人批准，必要时向同级党委主要负责人报告”。规范性文件规定的审批权限是最低审批权限，工作中根据需要可以按照更高层级的审批权限报批。对于示例中反映的问题，实践中通常找同级党委主要负责人审批谈话方案，批准同意之后才能与其谈话。

办理该线索的监督检查室集体讨论认为该线索系一般性违纪问题，换言之，即使问题线索查证属实，处理结果也不会太重。承办部门也可以考虑降低影响等因素对王某某进行函询。提出函询建议时，承办部门应当起草函询报批请示、明确函询的问题。

4. 法规索引速查

《中国共产党党内监督条例》（中国共产党中央委员会通过，2016年10月27日起施行）

第三十一条 接到对干部一般性违纪问题的反映，应当及时找本人核实，谈话提醒、约谈函询，让干部把问题讲清楚。约谈被反映人，可以与其所在党组织主要负责人一同进行；被反映人对函询问题的说明，应当由其所在党组织主要负责人签字后报上级纪委。谈话记录和函询回复应当认真核实，存档备查。没有发现问题的应当了结澄清，对不如实说明情况的给予严肃处理。

《中国共产党纪律检查机关监督执纪工作规则》（中共中央办公厅印发，2019年1月1日起施行）

第二十六条 各级党委（党组）和纪检监察机关应当推动加强和规范党内政治生活，经常拿起批评和自我批评的武器，及时开展谈话提醒、约谈函询，促使党员、干部以及监察对象增强党的观念和纪律意识。

第二十七条 纪检监察机关采取谈话函询方式处置问题线索，应当起草谈话函询报批请示，拟订谈话方案和相关工作预案，按程序报批。需要谈话函询下一级党委（党组）主要负责人的，应当报纪检监察机关主要负责人批准，必要时向同级党委主要负责人报告。

《关于对党员领导干部进行诫勉谈话和函询的暂行办法》（中共中央办公厅印发，2006年12月19日起施行）

第六条 纪律检查机关和组织（人事）部门针对群众反映的党员领导干部政治思想、道德品质、廉政勤政、选人用人等方面的问题，也可以用书面形式对被反映的党员领导干部进行函询。

第八条 对党员领导干部进行诫勉谈话和函询，要严格履行审批程序。一般应当按照干部管理权限，由纪律检查机关或者组织（人事）部门的有关单位提出意见，报本机关或者本部门领导批准。

（二）谈话实施

1. 图解

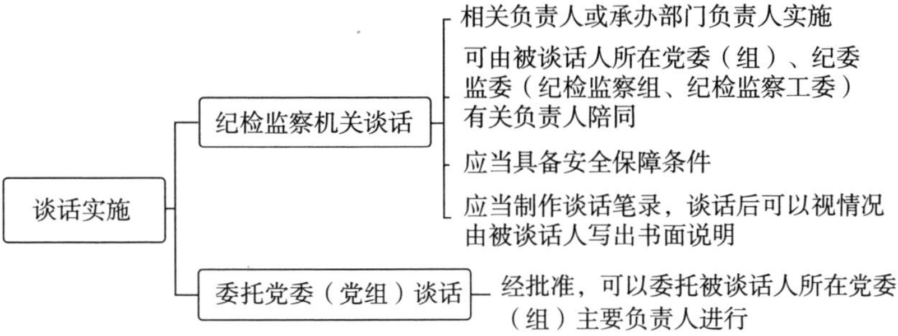

图 2－7　谈话实施

2. 实务指引

一是作用定位。此处的“谈话”是用来处置领导干部问题线索的一种方式，与审查调查中的谈话、日常谈心谈话、巡视巡察谈话等有所不同，它是一种严肃的思想政治工作，是党组织日常监督的重要方式。

二是谈话人员的组成。《中国共产党纪律检查机关监督执纪工作规则》规定了三种谈话人员的组成情形：纪检监察机关相关负责人；承办部门负责人；经批准可委托所在党委（党组）主要负责人进行。需要说明的是，第一，纪检监察机关相关负责人、承办部门负责人谈话时，可以由所在党委（党组）或纪委监委（纪检监察组、纪检监察工委）有关负责人陪同。第二，哪些情形由纪检监察机关相关负责人谈话，哪些情形由承办部门负责人谈话，需要根据问题线索和谈话对象的职务、岗位以及所在地区、部门的有关情况等具体安排。实践中，可以根据线索反映问题的严重程度由纪检监察机关部门主要负责人、分管领导甚至主要领导进行“首谈”之后，再由其他纪检监察机关工作人员谈具体的问题。第三，委托谈话需要经批准。委托谈话和直接谈话一样，都是谈话的不同形式，区别在于谈话的主体。委托谈话的审批权限应当与直接谈话保持一致，特殊情况下，如委托被反映人单位党委（党组）主要负责人谈话还应当适当提高。

三是谈话的内容。《中国共产党纪律检查机关监督执纪工作规则》没有明确谈话的具体内容，从谈话的宗旨出发，应当包括四方面内容：谈话人员提出纪律要求，说明谈话事由；被谈话人作出答复或者说明；谈话人提出针对性要求（可以视情况要求被谈话人作出书面说明）；被谈话人表明态度。为确保谈话的严肃性，谈话过程应当形成谈话记录，并由被谈话人签字确认。此类谈话是让被谈话的党员、干部本着对党忠诚老实的态度讲清问题的“同志式”谈话，因此被谈话对象可不在谈话笔录上按指印。

四是书面说明。《中国共产党纪律检查机关监督执纪工作规则》没有对被谈话人就谈话事由写出书面说明作硬性规定。考虑到谈话材料要存入个人廉政档案，建议要求被谈话人就谈话事项写出书面说明，并明确书面说明的具体内容和提交材料的具体要求，包括明确提交时间、提交方式、本人签字等要求。同时，书面说明作为谈话笔录的补充性材料，是证明被谈话行为性质及是否存在从轻、减轻行为的重要证据。

五是委托谈话。对于委托谈话，受委托党组织可以制作工作记录。谈话范围应当严格执行纪委监委主要负责人或同级党委主要负责人批准的范围；遇到特殊情况，经请示批准，可以了解方案以外的问题。

3. 示例

某市纪委监委监督检查室收到反映某乡镇党委书记组织党政班子到外地开春节总结会的问题线索。经研究，虽然该党委书记组织党政班子到外地开春节总结会是事出有因，但为了提醒教育，还是决定要对该乡镇党委书记采取谈话措施，并且由监督检查室负责人谈话。

解读

示例中，对该乡镇党委书记的谈话不仅是为了了解核实问题线索反映的问题，更是为了对被谈话人出现的苗头性、倾向性问题及时予以提醒、纠正。在谈话中要将思想政治工作贯穿始终，做到教育与惩戒相结合，体现党组织对党员干部的关心与爱护。

如果提出委托谈话的方式，是否合适呢？鉴于委托谈话需要由被谈话人所在党委（党组）主要负责人进行，但拟被谈话人就是该乡镇党委书记，是所在党委主要负责人，必然不能由其与自己谈话。因此，示例中的谈话主体实际上只能是该市纪检监察机关相关负责人或承办部门负责人，承办部门研判问题线索之后，提出由部门负责人主谈的建议，符合谈话主体的要求。

4. 法规索引速查

《中国共产党党内监督条例》（中国共产党中央委员会通过，2016年10月27日起施行）

第二十一条　坚持党内谈话制度，认真开展提醒谈话、诫勉谈话。发现领导干部有思想、作风、纪律等方面苗头性、倾向性问题的，有关党组织负责人应当及时对其提醒谈话；发现轻微违纪问题的，上级党组织负责人应当对其诫勉谈话，并由本人作出说明或者检讨，经所在党组织主要负责人签字后报上级纪委和组织部门。

《中国共产党纪律检查机关监督执纪工作规则》（中共中央办公厅印发，2019年1月1日起施行）

第二十八条　谈话应当由纪检监察机关相关负责人或者承办部门负责人进行，可以由被谈话人所在党委（党组）、纪委监委（纪检监察组、纪检监察工委）有关负责人陪同；经批准也可以委托被谈话人所在党委（党组）主要负责人进行。

谈话应当在具备安全保障条件的场所进行。由纪检监察机关谈话的，应当制作谈话笔录，谈话后可以视情况由被谈话人写出书面说明。

《中华人民共和国监察法》（主席令第3号公布，2018年3月20日起施行，2024年12月25日修正公布）

第十九条　对可能发生职务违法的监察对象，监察机关按照管理权限，可以直接或者委托有关机关、人员进行谈话，或者进行函询，要求说明情况。

《关于对党员领导干部进行诫勉谈话和函询的暂行办法》（中共中央办公厅印发，2006年12月19日起施行）

第四条　诫勉谈话时，应当向谈话对象说明谈话原因，认真听取其对有关问题的解释和说明，指出需要注意的问题，并要求其提出改正措施。

（三）函询实施

1. 图解

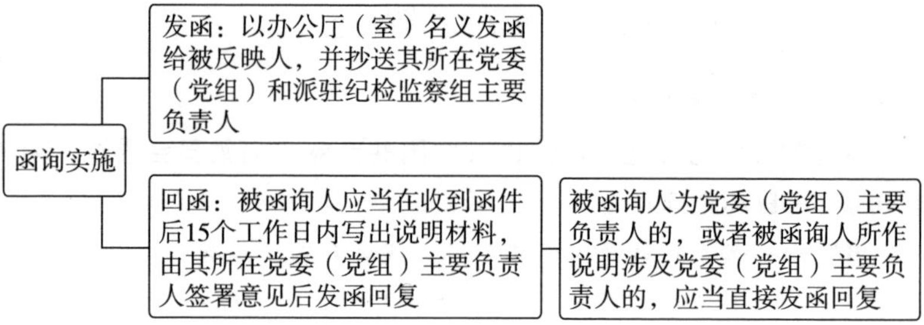

图 2－8　函询实施

2. 实务指引

一是作用定位。函询不是对党员的处分，而是党组织日常监督方式之一。纪检监察机关要本着对同志高度负责的态度，即使反映的问题线索比较笼统也不宜一律暂存待查或直接了结，要通过函询等方式给被反映人机会讲清问题、及时纠偏。需要注意的是，函询一定要让函询对象了解函询工作的政治性和严肃性，把不如实说明问题的后果讲清楚。

二是函询通知。函询获批准同意后，应当通过本委办公厅（室）制发函询通知书，通知被函询人，并且按照要求抄送被函询人所在党委（党组）和派驻纪检监察组主要负责人。需要注意的是，对地方“四大家”班子成员等函询时是否应当抄送地方纪委书记的问题，目前尚没有统一规定，实践中，为加强“同级监督”，不少地方选择了同时抄送地方纪委书记。

三是说明材料。被函询人在收到函询书后，在 15 个工作日内如实写出说明材料。被函询人的说明材料经所在党委（党组）和纪检监察组主要负责人签署意见后，径送或者径寄给承办部门。函询材料抄送党委（党组）主要负责人并由其对说明材料签署意见，能够督促党委（党组）主要负责人认真履行管党治党主体责任，发挥审核把关、监督提醒作用。

如果被函询人为派驻纪检监察组主要负责人，说明材料是否需要经过驻在单位党委（党组）主要负责人签署意见目前尚无明确规定。在函询说明材料上签署意见，是对函询材料的背书和监督“把关”，对派驻纪检监察组主要负责人的监督主要由派出的纪检监察机关负责，因此，由派出纪检监察机关的有关负责人签署意见更能有效发挥监督作用。当然，派驻纪检监察组主要负责人也是驻在单位的党委（党组）成员，其在民主生活会、组织生活会上要将函询情况进行说明，接受班子成员和支部成员的监督。

四是其他事项。函询过程中被反映人所在单位党委（党组）负责人实际上有两个环节参与：（1）发出函询通知时要抄送，同步了解函询内容。（2）被函询人完成《关于函询情况的说明》之后要将稿件送给所在负责人“背书”，接受监督。实践中，被函询人所在单位党委（党组）主要负责人还应当将履行全面从严治党的主体责任与函询结合，对函询的说明材料进行把关，审核、询问说明材料的真实性，与被函询人进行谈心谈话，尽力帮助被函询人主动向组织讲清问题。

3. 示例

A 市纪委监委案件监督管理室将反映 A 市 B 区副区长孙某违规提拔自己学生的问题线索移送给第二监督检查室。根据反映问题的内容，第二监督检查室经集体研究，决定函询孙某。市纪委办公室发函给孙某本人，要求其在 15 个工作日内就相关问题如实作出说明，写出书面材料，同时该函抄送 B 区委书记。10 天后，孙某的函询说明材料交由 B 区委书记签署意见后，发函回复给市纪委。孙某在函询回复中否认违规提拔自己学生，第二监督检查室对函询结果进行认真分析研判，认为孙某说明问题避重就轻，有回避躲闪之嫌，据此，第二监督检查室建议找孙某谈话。

解读

示例中，第二监督检查室收到问题线索后，从社会影响、被反映人一贯表现及过往问题线索处置情况等方面进行综合研判，决定发函给孙某本人，要求其如实作出说明。被函询的干部要把函询当作一次“政治体检”，珍惜、把握好机会，直接、如实地回答函询提纲中提到的有关问题，也要对被函询情况谈自己的认识。当然，除了函询提纲中提及的问题之外，被函询人有其他问题需要向组织说明的，也可以在材料中一并予以说明。

示例中，孙某对函询缺乏正确的认识，回应函询问题时避重就轻。对于该份函询材料，B 区党委书记和纪委书记在签署意见时也应当及时指出材料中存在的问题，敦促孙某端正态度，如实地说明问题。A 市纪委监委收到说明材料之后，可以再次对孙某谈话或者函询，如果发现被反映人涉嫌违纪或者职务违法、职务犯罪问题需要追究纪律和法律责任，应当提出初步核实的建议。

4. 法规索引速查

《中国共产党纪律检查机关监督执纪工作规则》（中共中央办公厅印发，2019 年 1 月 1 日起施行）

第二十九条 纪检监察机关进行函询应当以办公厅（室）名义发函给被反映人，并抄送其所在党委（党组）和派驻纪检监察组主要负责人。被函询人应当在收到函件后 15 个工作日内写出说明材料，由其所在党委（党组）主要负责人签署意见后发函回复。

被函询人为党委（党组）主要负责人的，或者被函询人所作说明涉及党委（党组）主要负责人的，应当直接发函回复纪检监察机关。

《关于对党员领导干部进行诫勉谈话和函询的暂行办法》（中共中央办公厅印发，2006 年 12 月 19 日起施行）

第七条 党员领导干部在收到函询的十五个工作日内，应当实事求是地作出书面回复。如有特殊情况不能如期回复的，应当在规定期限内说明理由。对函询问题未讲清楚的，可再次对其进行函询或者采取其他方式进行了解。对无故不回复的，应当责令其尽快回复。

《中华人民共和国监察法实施条例》（国家监察委员会公告第 1 号公布，2021 年 9 月 20 日起施行，2025 年 6 月 1 日修订公布）

第二百零六条第二款、第三款 函询应当以监察机关办公厅（室）名义发函给被反映人，并抄送其所在单位和派驻监察机构主要负责人。被函询人应当在收到函件后十五个工作日以内写出说明材料，由其所在单位主要负责人签署意见后发函回复。被函询人为所在单位主要负责人的，或者被函询人所作说明涉及所在单位主要负责人的，应当直接发函回复监察机关。

被函询人已经退休的，按照第二款规定程序办理。

（四）谈话函询后的处理

1. 图解

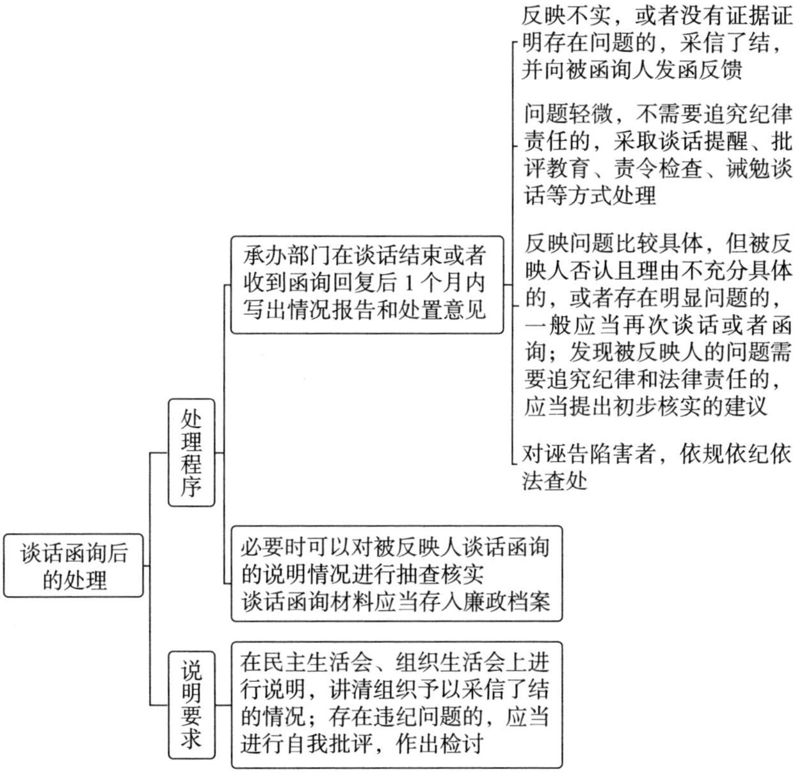

图 2－9　谈话函询后的处理

2. 实务指引

（1）时间要求。谈话结束或者收到函询回复后1个月内写出情况报告和处置意见，按程序报批。

（2）处理情形。第一类情形依据的是《中国共产党党内监督条例》第三十一条“谈话记录和函询回复应当认真核实，存档备查。没有发现问题的应当了结澄清”的规定。对函询回复采信了结的，了结情况应当向被函询人发函反馈，体现了对干部的信任和关心，有利于帮助其放下包袱轻装上阵。第二类情形依据的是《中国共产党章程》第四十条“坚持惩前毖后、治病救人，执纪必严、违纪必究，抓早抓小、防微杜渐，按照错误性质和情节轻重，给以批评教育、责令检查、诫勉直至纪律处分”的精神，以及《中国共产党纪律处分条例》第十九条“对于党员违犯党纪应当给予警告或者严重警告处分，但是具有本条例第十七条规定的情形之一或者本条例分则中另有规定的，可以给予批评教育、责令检查、诫勉或者组织处理，免予党纪处分”等规定。对问题轻微，不需要追究纪律责任的，采取谈话提醒、批评教育、责令检查、诫勉谈话等方式处理，体现了惩前毖后、治病救人的方针。第三类情形是再次谈话函询的情形，以及谈话函询过程中发现存在涉嫌违纪或者职务违法、职务犯罪问题需要追究纪律和法律责任的，转入初步核实阶段。第四类情形是针对举报人诬告陷害行为的规定，这样规定不仅是依据《关于新形势下党内政治生活的若干准则》《中国共产党纪律处分条例》《中国共产党党员权利保障条例》《中国共产党纪律检查机关控告申诉工作条例》等党内法规，也是针对实践中存在的诬告陷害行为。诬告陷害行为污染政治生态，严重影响党员干部干事创业的积极性，查处诬告陷害行为是组织关心厚爱党员干部的具体表现，也有利于形成依规依纪依法进行检举控告的正确导向。①

（3）第一种形态与谈话函询。为了落实全面从严治党要求，坚持惩前毖后、治病救人，把纪律挺在前面，精准有效运用监督执纪“四

---

① 参见本书编写组：《纪检监察机关办案常见问题解答》，中国方正出版社2020年版，第106－107页。

种形态”，各地纪检监察机关在总结运用“第一种形态”的实践基础上，结合自身实际出台了开展谈话函询的实施办法，比如阳江市纪委监委出台了《阳江市纪委监委谈话函询工作实施办法》，围绕谈什么、谁来谈、与谁谈、怎么谈以及如何防止谈话函询“走过场”等问题，对开展谈话函询工作提供明确指南，推动不断做实做细谈话函询工作，强化日常监督。① 有些地方纪检监察机关把谈话函询后的处理作为重中之重，比如对谈话函询后应当在民主生活会、组织生活会上作出说明的情形，不仅包括经谈话函询发现存在违纪问题的党员干部应当自我批评、作出检讨，也包括对谈话函询的说明情况予以了结的党员干部要讲清楚具体情况，严格落实“照镜子、正衣冠、洗洗澡、治治病”的要求。

（4）在民主生活会、组织生活会上作出说明。被谈话函询的党员干部应当在民主生活会、组织生活会上就本年度或者上年度谈话函询问题进行说明，讲清组织予以采信了结的情况；存在违纪问题的，应当进行自我批评，作出检讨。承办部门应当在反馈谈话函询结果时以适当形式告知被谈话函询对象如何在民主生活会、组织生活会上作出说明。

（5）其他事项。实践中，需注意为避免谈话函询“一谈了之、一函了之”，纪检监察机关在谈话函询结束后，要持续做好“后半篇文章”。比如，将函询情况记入干部廉政档案，动态更新，并向组织部门或派驻纪检监察组通报，为选人用人、专项整治、制度建设提供依据。对函询发现的普遍性问题定期梳理归纳，为综合研判政治生态状况和开展日常监督提供参考。为确保谈话函询的严肃性，还应抽取一定比例谈话函询的说明情况进行抽查核实，对在谈话函询中不如实说明问题的党员和监察对象给予相应处理。需要注意的是，本处的抽查核实不是采信了结之后的抽查，而是在决定是否采信之前，通过调查取证

---

① 参见佚名：《阳江：用好监督执纪“第一种形态” 让谈话函询有力度有温度》，载微信公众号“漠海扬清”，https：//static. nfapp. southcn. com/content/202007/20/c37893 79. html。

等方式对被谈话函询人的说明情况的真实性予以求证。

3. 案例

2018年，某省纪委监委先后3次就举报反映该省水利厅副厅长李某某有关问题对其函询，要求其说清“插手水利工程，将大部分工程给亲戚、朋友承建，其表弟杨某某在多个水利项目中标”等问题。李某某在提交的说明材料中以“没有”“不认识”“不存在”“不知情”“没插手”等敷衍应付，并且全部予以否认。办案部门又对李某某开展了11次谈话，要求其说清有关问题，谈话期间李某某不仅不如实说明情况，反而私下打探案情，订立攻守同盟。办案部门将该问题线索转为初步核实，后经审查调查发现，李某某利用职权影响，大肆插手干预工程项目建设，大搞权钱交易。2019年9月李某某受到开除党籍、开除公职处分，涉嫌犯罪问题移送检察机关审查起诉，违纪违法所得予以收缴。①

解读

案例中，李某某接受谈话函询期间，不仅没有认识自身错误，反而一边实施私下打探案情、订立攻守同盟等对抗组织审查调查的措施，一边完全否认问题，态度较为恶劣。李某某多次接受谈话函询之后，仍不能直面问题。该省纪委监委鉴于线索反映李某某存在严重违纪违法行为，便对该线索提出初步核实的建议，最终查清了李某某的严重违纪违法问题，追究其相应的纪法责任。

4. 法规索引速查

《中国共产党党内监督条例》（中国共产党中央委员会通过，2016年10月27日起施行）

第二十一条 坚持党内谈话制度，认真开展提醒谈话、诫勉谈话。发现领导干部有思想、作风、纪律等方面苗头性、倾向性问题的，有

① 参见云南省纪委监委：《云南通报5起漠视纪律规矩敷衍应付谈话函询典型案例》，载中央纪委国家监委网站，https：//www.ccdi.gov.cn/yaowen/202011/t20201127_230840.html。

关党组织负责人应当及时对其提醒谈话；发现轻微违纪问题的，上级党组织负责人应当对其诫勉谈话，并由本人作出说明或者检讨，经所在党组织主要负责人签字后报上级纪委和组织部门。

《中国共产党纪律检查机关监督执纪工作规则》（中共中央办公厅印发，2019年1月1日起施行）

第三十条 承办部门应当在谈话结束或者收到函询回复后1个月内写出情况报告和处置意见，按程序报批。根据不同情形作出相应处理：

（一）反映不实，或者没有证据证明存在问题的，予以采信了结，并向被函询人发函反馈。

（二）问题轻微，不需要追究纪律责任的，采取谈话提醒、批评教育、责令检查、诫勉谈话等方式处理。

（三）反映问题比较具体，但被反映人予以否认且否认理由不充分具体的，或者说明存在明显问题的，一般应当再次谈话或者函询；发现被反映人涉嫌违纪或者职务违法、职务犯罪问题需要追究纪律和法律责任的，应当提出初步核实的建议。

（四）对诬告陷害者，依规依纪依法予以查处。

必要时可以对被反映人谈话函询的说明情况进行抽查核实。

谈话函询材料应当存入廉政档案。

第三十一条 被谈话函询的党员干部应当在民主生活会、组织生活会上就本年度或者上年度谈话函询问题进行说明，讲清组织予以采信了结的情况；存在违纪问题的，应当进行自我批评，作出检讨。

《关于对党员领导干部进行诫勉谈话和函询的暂行办法》（中共中央办公厅印发，2006年12月19日起施行）

第五条 纪律检查机关和组织（人事）部门应当采取适当方式，对诫勉谈话对象存在的主要问题的改正情况进行了解。对于没有改正或者改正不明显的，应当根据党委（党组）的意见，予以批评教育并督促改正，或者作出组织处理。

第十条 党员领导干部的诫勉谈话记录（需经本人核实）和回复组织函询的材料，由进行诫勉谈话和函询的机关或者部门留存。

《中华人民共和国监察法》（主席令第3号公布，2018年3月20日起施行，2024年12月25日修正公布）

第五十二条第一款第一项 监察机关根据监督、调查结果，依法作出如下处置：

（一）对有职务违法行为但情节较轻的公职人员，按照管理权限，直接或者委托有关机关、人员，进行谈话提醒、批评教育、责令检查，或者予以诫勉；

《中华人民共和国监察法实施条例》（国家监察委员会公告第1号公布，2021年9月20日起施行，2025年6月1日修订公布）

第二百零六条第四款 监察机关根据工作需要，经审批可以对谈话、函询情况进行抽查核实。

三、初步核实

（一）初步核实启动要求

1. 图解

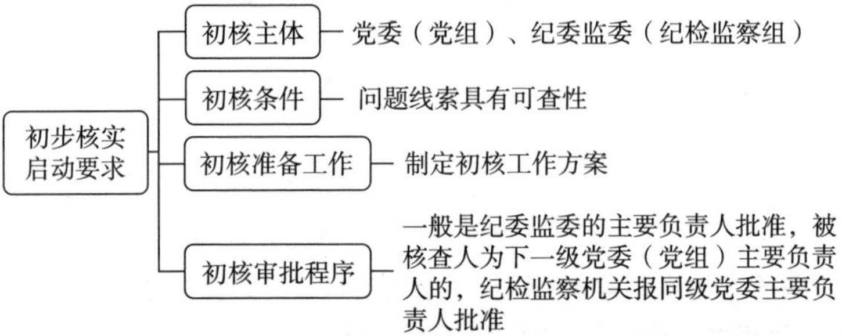

图2-10 初步核实启动要求

2. 实务指引

（1）启动事由。初步核实是在立案前对问题线索进行初步了解、核实的活动，是处置问题线索的重要方式、重要环节，通过初步核实确定问题线索的真实性、可靠性，为是否启动后续审查调查工作打牢基础。启动初步核实程序，必须是反映的问题涉嫌违纪或者职务违法、职务犯罪，且反映的问题具备可查性和开展初步核实的时机、条件。

（2）履行程序。启动初步核实，需要履行相应的报批程序，并制定工作方案、成立核查组。工作方案一般包括初核依据、违纪违法线索来源和被反映人的基本情况、所反映的主要问题、初核的方法及步骤、其他注意事项。核查组成员不得少于 2 人，骨干成员宜较有经验或者需要吸纳专门人才参加；核查组成员为 3 人以上的还可成立临时党支部，加强对核查组政治领导和对全组同志的思想政治工作，确保初核工作保质保量、按时完成。

（3）重点提醒。实践发现，对党员干部予以党纪政务处分过程中，初核程序不是必经程序。简单说，不是所有立案都必须初核。《中华人民共和国监察法》第四十二条第一款对纪委监委依法开展初核、经初核后达到立案标准应当办理立案手续等工作内容进行了明确规定。根据此规定，纪委监委对经过初步核实、达到立案标准的案件应当立案调查，要按照程序办理立案手续、依法调查取证，直至获取证据、查清事实、作出处理；同时也要看到，实践中，初核程序并不是案件办理的必经程序，立案才是必经程序。纪检监察干部要正确理解初核与立案之间的关系。

一方面，初核是开展审查调查、获取证据的重要手段，初核的目的是核清事实、核清责任，尽可能在外围获取足够多的证据、为下一步工作打下坚实的基础，是不断朝着事实清楚、责任清晰的方向在努力，这与立案审查调查的内容和方向是一致的。但是初核的结果却不仅仅只有立案一种。初核后案件属于哪种走向，主要取决于核清的事实和责任划分：如果被反映人确实存在严重问题而且需要追究相应责任，应当立案审查调查；如果被反映人不存在问题或不需要追究相应责任，应当实事求是予以了结，或追究其他应负责任人员的责任。

另一方面，立案往往是经过初核程序后才立案的，但初核并不是立案的必经程序。虽然实践中绝大多数案件在立案之前都会经过初核，但也有的案件不经过初核就会直接立案调查。比如，被网络曝光的恶性事件，因为曝光内容中已有证据直接证明当事人确实涉嫌严重违纪违法和职务犯罪，应当追究其法律责任，已经达到了可以立案的条件，如果还不及时立案审查调查、查清事实、回应社会关切，还要按部就班地去开展初核，就会贻误取证时机、陷入舆论被动，社会效果反而不好。又如，党员干部因普通刑事犯罪已经被追究刑事责任，纪检监察机关可以依据司法机关的生效法律文书及其认定的事实、性质和情节，作出相应处分，而没有必要对其违反刑法的相关行为进行核实。所以立案的条件只有两个：一个是被审查调查人已基本确信涉嫌违纪、职务违法和职务犯罪；另一个是需要追究被审查调查人的纪法责任。满足这两个条件，即可以立案审查调查。

3. 示例

某县纪委监委审查调查部门在查办其他案件时，在押人员交代该县国土局局长A某收受他人贿赂等严重违纪违法的问题线索。对此，该县纪委监委审查调查部门对涉及A某的问题线索进行了汇总整理、分析研究，认为A某涉嫌违纪违法的问题线索较多、内容较实、可查性强，决定对涉及A某的问题线索进行初步核实。鉴于被核查人县国土局局长A某系下一级党组主要负责人，经层报县委书记批准，审查调查部门立即组建核查组，在对相关问题线索认真分析研究基础上，形成了初核工作方案。同时，为加强对初核工作的管理和保密工作，初核组还决定成立临时党支部。

解读

示例中，在押人员交代该县国土局局长A某收受他人贿赂等严重违纪违法的问题线索，且对反映A某的问题线索进行汇总整理发现，问题线索多、反映集中、内容较实，线索具有可查性，A某违纪违法的可能性较大，所以该县纪委监委审查调查部门对反映A某的问题线索提出了初步核实的处置方式。

根据《中国共产党纪律检查机关监督执纪工作规则》的规定，A某作为同级党委管理的正职领导干部，对反映其的问题线索进行初步核实，除了需要同级党委主要负责人即县委书记的批准之外，线索处置情况还应当及时向上级纪检监察机关报告，也就是需要向市纪委监委汇报。该县纪委监委在处置问题线索过程中，只履行了向同级党委的报批程序，没有向上级纪委监委报告情况，不便于上级纪委监委及时掌握辖区内的政治生态和重要问题线索办理情况。

4. 法规索引速查

《中国共产党纪律检查机关监督执纪工作规则》（中共中央办公厅印发，2019 年 1 月 1 日起施行）

第三十二条　党委（党组）、纪委监委（纪检监察组）应当对具有可查性的涉嫌违纪或者职务违法、职务犯罪问题线索，扎实开展初步核实工作，收集客观性证据，确保真实性和准确性。

第三十三条　纪检监察机关采取初步核实方式处置问题线索，应当制定工作方案，成立核查组，履行审批程序。被核查人为下一级党委（党组）主要负责人的，纪检监察机关应当报同级党委主要负责人批准。

《中华人民共和国监察法》（主席令第 3 号公布，2018 年 3 月 20 日起施行，2024 年 12 月 25 日修正公布）

第四十一条　需要采取初步核实方式处置问题线索的，监察机关应当依法履行审批程序，成立核查组。初步核实工作结束后，核查组应当撰写初步核实情况报告，提出处理建议。承办部门应当提出分类处理意见。初步核实情况报告和分类处理意见报监察机关主要负责人审批。

《中华人民共和国监察法实施条例》（国家监察委员会公告第 1 号公布，2021 年 9 月 20 日起施行，2025 年 6 月 1 日修订公布）

第二百零七条第一款、第二款　监察机关对具有可查性的职务违法和职务犯罪问题线索，应当按规定报批后，依法开展初步核实工作。采取初步核实方式处置问题线索，应当确定初步核实对象，制定工作方案，明确需要核实的问题和采取的措施，成立核查组。

在初步核实中应当注重收集客观性证据，确保真实性和准确性。在初步核实中发现或者受理被核查人新的具有可查性的问题线索的，应当经审批纳入原初核方案开展核查。

（二）初步核实措施

1. 图解

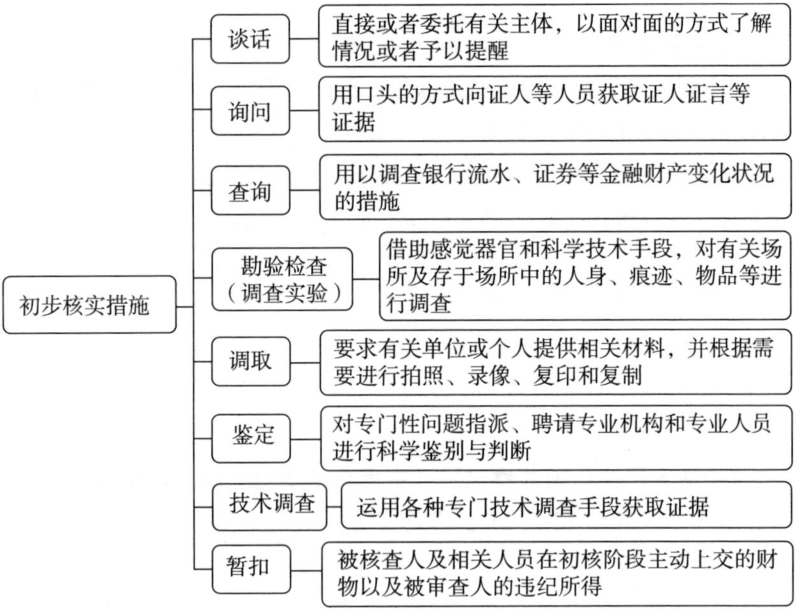

图 2－11　初步核实措施

2. 实务指引①

（1）措施适用。初步核实阶段，纪检监察机关可以采取的措施包括谈话、询问、查询、勘验检查、调查实验、鉴定、调取、技术调查（设区的市级及以下纪检监察机关在初步核实阶段不得采取）、暂扣，立案后可采取强制到案、责令候查、管护、留置、讯问、搜查、冻结、查封、扣押、通缉、禁闭措施。发现存在逃跑、自杀等重大安全风险，在立案前依法对《监察法》第二十五条第一款第一项、第二项规定的人员采取管护措施的，符合立案条件的应当及时立案。

---

① 初步核实措施在立案审查调查阶段也可以适用，具体适用要求将在本书第三章进行阐述。

对比立案审查调查阶段可以运用的取证方式，初步核实阶段严格遵循了取证必要性原则，主要进行外围取证，既是保密工作需要也是为了降低对被核查的人的影响，因此，适用的措施对被核查人员的人身、财产自由限制较小。初步核实期间，核查组要严格按照初步核实方案批准的措施进行调查取证，如果需要适用新的措施，必须重新按照审批权限履行报批手续。实践中，核查组在使用初核措施时采用的是“一事一审批”的方式，如果适用同一初步核实措施对同一线索中不同干部管理权限的人员进行核查，可因审批主体不同而分开报批。

（2）财物处置。初步核实阶段，核查组如果有必要对相关财物采取措施，应当予以暂扣，而不是扣押。扣押与暂扣是纪检监察机关常用的审查调查措施，二者的相关要求基本相同，但在适用主体、适用阶段以及适用对象等方面存在一定差异。第一，扣押措施应当以监委名义进行，而暂扣措施以纪委名义进行。第二，扣押应当在立案后进行，而暂扣可以在初核阶段使用。第三，被扣押的涉案财物应当为被调查人的违法及职务犯罪所得；而被暂扣的涉案财物为被核查人及相关人员在初步核实阶段主动上交的财物以及被审查人的违纪所得。第四，核查组对被核查人及相关人员主动上交的财物予以暂扣；在进入立案调查阶段后，查明财物涉及犯罪所得，审查调查组应变更措施，对涉案财物进行扣押并及时制作扣押财物清单，随案移送时，制作涉案财物移交清单。① 第五，扣押是法律强制手段，持有人拒绝交出的，可以强制扣押；暂扣则多适用于相关人员主动上交的相关财物或文件。

（3）重点提醒。第一，严格遵循取证标准。虽然核查组对初步核实的问题线索并不必然提出立案审查调查的建议，但是为了确保审查调查工作的规范性、严谨性，也为了符合案件审理甚至是司法机关对证据的要求，核查人员在初步核实阶段就应当按照违纪、职务违法和职务犯罪的证据标准开展调查取证工作，避免因证据不符合要求而重复取证、多次取证。第二，严格遵循初核范围。审查调查工作对程序

---

① 参见杨德森：《涉案财物如何查扣和处理》，载《中国纪检监察报》2020 年 10 月 21 日，第 8 版。

的要求极高，初核工作的范围、边界必须在方案中写明，不能突破。如果在初核工作中发现或者受理被核查人新的具有可查性的问题线索，应当经审批纳入原初核方案开展核查，未经审批不得同步开展核查工作。

3. 示例

某县纪委监委核查组在对该县国土局局长A某收受他人贿赂等严重违纪违法的问题线索制订初步核实工作方案时，决定采取调取个人有关事项报告、查阅复制涉案项目资料、查核A某银行交易明细、限制出境等措施。初核期间，核查组发现A某银行账户内有大笔疑似贿赂款的转入，经核查组长批准，核查组对该账户进行了冻结。

解读

示例中，某县纪委监委对反映该县国土局局长的问题线索进行研判之后提出了初步核实的处置方式，并制订了初步核实工作方案，提出了数种核查措施，基本符合工作要求，但还需要注意以下事项：

（1）初核方案应当呈报该县县委书记审批同意。A某是该县国土局局长，按照惯例也是该局党组书记，是县委管理的下一级党组主要负责人，除该县纪检监察机关主要负责人审批同意之外，对其进行初步核实的方案还应当报县委书记审批同意。

（2）适用核查措施应当审慎。除非存在非常明显的违纪违法问题且有一定的证据予以印证，一般不首先采用让被核查人知晓核查工作的措施，如，示例中提出的查阅项目资料、调取个人有关事项报告。这些措施如果适用不当，都可能让被核查人知晓核查状况，影响核查工作的顺利推进。

（3）提出的核查措施应当是初步核实阶段能够适用的。初步核实方案中提出的限制出境措施及核查中临时适用的冻结措施对被核查人的人身自由和财产影响较大，按照规定只能在启动立案程序之后才能适用。因此，在初核方案中提出此类措施或在初核阶段适用都是违反规定的，应当及时予以纠正。

4. 法规索引速查

《中国共产党纪律检查机关监督执纪工作规则》（中共中央办公厅印发，2019 年 1 月 1 日起施行）

第三十四条　核查组经批准可以采取必要措施收集证据，与相关人员谈话了解情况，要求相关组织作出说明，调取个人有关事项报告，查阅复制文件、账目、档案等资料，查核资产情况和有关信息，进行鉴定勘验。对被核查人及相关人员主动上交的财物，核查组应当予以暂扣。

需要采取技术调查或者限制出境等措施的，纪检监察机关应当严格履行审批手续，交有关机关执行。

《中华人民共和国监察法实施条例》（国家监察委员会公告第 1 号公布，2021 年 9 月 20 日起施行，2025 年 6 月 1 日修订公布）

第五十九条第一款　监察机关在初步核实中，可以依法采取谈话、询问、查询、调取、勘验检查、调查实验、鉴定措施；立案后可以采取讯问、强制到案、责令候查、管护、留置、禁闭、冻结、搜查、查封、扣押、通缉措施。发现存在逃跑、自杀等重大安全风险，在立案前依法对监察法第二十五条第一款第一项、第二项规定的人员采取管护措施的，符合立案条件的应当及时立案。需要采取技术调查、限制出境措施的，应当按照规定交有关机关依法执行。设区的市级以下监察机关在初步核实中不得采取技术调查措施。监察机关采取谈话、函询方式处置问题线索的，适用监察法和本条例关于采取该两项措施的相关规定。

第二百零七条第二款　在初步核实中应当注重收集客观性证据，确保真实性和准确性。在初步核实中发现或者受理被核查人新的具有可查性的问题线索的，应当经审批纳入原初核方案开展核查。

（三）初步核实后的处理

1. 图解

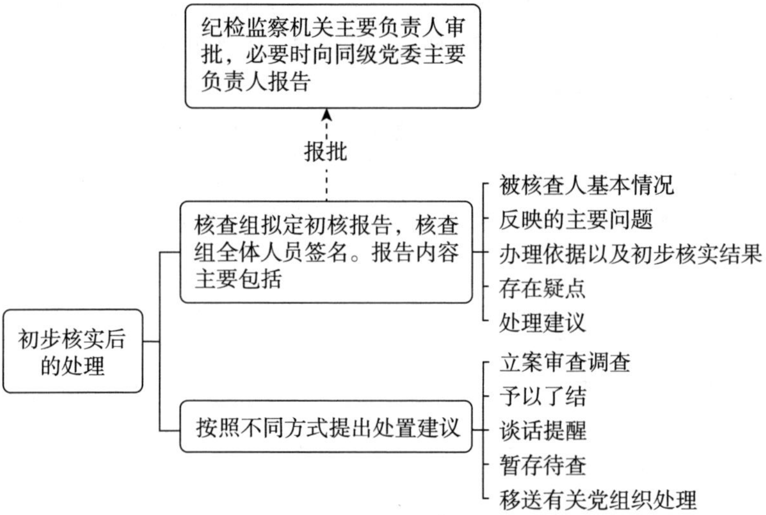

图 2－12　初步核实后的处理

2. 实务指引

（1）撰写初核报告。根据《中国共产党纪律检查机关监督执纪工作规则》的规定，初步核实工作结束后，核查组应当撰写初步核实情况报告，列明被核查人基本情况、反映的主要问题、办理依据以及初步核实结果、存在疑点、处理建议，由核查组全体人员签名备查。为体现权责一致、权责对等，核查组须全体成员签名备查，承办部门应对初步核实情况报告进行审议并提出处理建议，由承办部门负责人签名后按照干部管理权限呈报委领导审批。需要注意的是，对下一级党委（党组）主要负责人的初核方案需要报请同级党委主要负责人批准，初核报告在同级纪委监委主要负责人审批同意之后也应当报同级党委主要负责人批准。核查情况也应当按照要求报上级纪委监委。

（2）区分情况提出处置建议。纪检监察机关承办部门应当对初步核实情况进行综合分析，区分情况提出处置建议：第一，经过初步核实，发现被核查人确有违纪或职务违法、职务犯罪问题，需要追究纪律和法律责任的，按照规定程序报请立案。第二，问题不属实或者没有证据证明存在问题的，按照规定程序报批后予以了结。第三，问题轻微，不需要追究纪律和法律责任，但需要对本人谈话提醒的，按照规定程序报批后办理。第四，经初步核实，尚不能完全排除问题存在的可能性，在现有条件下难以进一步开展工作的，按照规定程序报批后予以暂存待查。第五，发现被核查人存在一定违纪问题但不需要给予党纪处分，可以视情提出诫勉或者给予组织处理等建议，按照规定报批后，通过移送有关党组织处理等程序办理。[①] 第六，经过初步核实，需要其他部门或机关处理的，应当按照程序移交有管理权限的主体处理。对于予以了结、谈话提醒、暂存待查、移送有关党组织处理的，一般在初核报告中写明工作意见。对于要进入立案程序的，要起草初核报告，待有关领导审批同意之后，起草立案（包括留置）的请示；基本事实已经查清、可以直接移送审理的，还要起草移送审理请示。

3. 示例

某县纪委监委审查调查部门成立的核查组经对该县国土局局长 A 某收受他人贿赂等严重违纪违法的问题线索进行初步核实后，发现 A 某存在利用职务之便为工程承建商张某（另案处理）在工程招投标等方面谋取不正当利益，并收受贿赂上百万元，其行为已涉嫌职务犯罪。经集体研究后，核查组撰写初步核实情况报告，提出对 A 某涉嫌职务犯罪问题予以立案调查，报告由核查组全体人员签名备查，并经县纪委书记审批后向县委书记报告。

解读

初步核实工作结束之后，核查组根据核查情况完成了初核报告，全体核查人员在初核报告上签名，体现了权责一致、权责对

① 参见本书编写组：《纪检监察机关办案常见问题解答》，中国方正出版社 2020 年版，第 112 页。

等，既强化了核查组的工作责任，也有利于发挥核查组主观能动性。

核查组提出对A某审查调查的处置建议，并经县纪委书记审批后呈报县委书记审批，符合初核报告的审批流程。如果县委书记同意了该县纪委监委提出的处置建议，县纪委监委还需要另行报送立案请示。实践中，一般采取初核报告和立案呈批报告同步报批的模式，以减少重复审批。另外，根据监督执纪工作以上级纪委监委为主领导的要求，对A某的初核报告和立案呈批报告，在报告同级党委书记的同时还应当向上级纪委监委报告。

4. 法规索引速查

《中国共产党纪律检查机关监督执纪工作规则》（中共中央办公厅印发，2019年1月1日起施行）

第三十五条 初步核实工作结束后，核查组应当撰写初步核实情况报告，列明被核查人基本情况、反映的主要问题、办理依据以及初步核实结果、存在疑点、处理建议，由核查组全体人员签名备查。

承办部门应当综合分析初步核实情况，按照拟立案审查调查、予以了结、谈话提醒、暂存待查，或者移送有关党组织处理等方式提出处置建议。

初步核实情况报告应当报纪检监察机关主要负责人审批，必要时向同级党委主要负责人报告。

《中华人民共和国监察法》（主席令第3号公布，2018年3月20日起施行，2024年12月25日修正公布）

第四十一条 需要采取初步核实方式处置问题线索的，监察机关应当依法履行审批程序，成立核查组。初步核实工作结束后，核查组应当撰写初步核实情况报告，提出处理建议。承办部门应当提出分类处理意见。初步核实情况报告和分类处理意见报监察机关主要负责人审批。

《中华人民共和国监察法实施条例》（国家监察委员会公告第1号公布，2021年9月20日起施行，2025年6月1日修订公布）

第二百零七条第三款、第四款 核查组在初步核实工作结束后应当撰写初步核实情况报告，列明被核查人基本情况、反映的主要问题、办理依据、初步核实结果、存在疑点、处理建议，由全体人员签名。

承办部门应当综合分析初步核实情况，提出拟立案调查、予以了结、暂存待查，或者移送有关部门、机关处理建议，按照批准初步核实的程序报批。

《关于人民检察院立案侦查司法工作人员相关职务犯罪案件若干问题的规定》（2018 年 11 月 24 日最高人民检察院印发）

一、案件管辖范围

人民检察院在对诉讼活动实行法律监督中，发现司法工作人员涉嫌利用职权实施的下列侵犯公民权利、损害司法公正的犯罪案件，可以立案侦查：

1. 非法拘禁罪（刑法第二百三十八条）（非司法工作人员除外）；

2. 非法搜查罪（刑法第二百四十五条）（非司法工作人员除外）；

3. 刑讯逼供罪（刑法第二百四十七条）；

4. 暴力取证罪（刑法第二百四十七条）；

5. 虐待被监管人罪（刑法第二百四十八条）；

6. 滥用职权罪（刑法第三百九十七条）（非司法工作人员滥用职权侵犯公民权利、损害司法公正的情形除外）；

7. 玩忽职守罪（刑法第三百九十七条）（非司法工作人员玩忽职守侵犯公民权利、损害司法公正的情形除外）；

8. 徇私枉法罪（刑法第三百九十九条第一款）；

9. 民事、行政枉法裁判罪（刑法第三百九十九条第二款）；

10. 执行判决、裁定失职罪（刑法第三百九十九条第三款）；

11. 执行判决、裁定滥用职权罪（刑法第三百九十九条第三款）；

12. 私放在押人员罪（刑法第四百条第一款）；

13. 失职致使在押人员脱逃罪（刑法第四百条第二款）；

14. 徇私舞弊减刑、假释、暂予监外执行罪（刑法第四百零一条）。

二、级别管辖和侦查部门

本规定所列犯罪案件，由设区的市级人民检察院立案侦查。基层人民检察院发现犯罪线索的，应当报设区的市级人民检察院决定立案侦查。设区的市级人民检察院也可以将案件交由基层人民检察院立案侦查，或者由基层人民检察院协助侦查……

三、案件线索的移送和互涉案件的处理

人民检察院立案侦查本规定所列犯罪时，发现犯罪嫌疑人同时涉嫌监察委员会管辖的职务犯罪线索的，应当及时与同级监察委员会沟通，一般应当由监察委员会为主调查，人民检察院予以协助。经沟通，认为全案由监察委员会管辖更为适宜的，人民检察院应当撤销案件，将案件和相应职务犯罪线索一并移送监察委员会；认为由监察委员会和人民检察院分别管辖更为适宜的，人民检察院应当将监察委员会管辖的相应职务犯罪线索移送监察委员会，对依法由人民检察院管辖的犯罪案件继续侦查。人民检察院应当及时将沟通情况报告上一级人民检察院。沟通期间，人民检察院不得停止对案件的侦查。监察委员会和人民检察院分别管辖的案件，调查（侦查）终结前，人民检察院应当就移送审查起诉有关事宜与监察委员会加强沟通，协调一致，由人民检察院依法对全案审查起诉。

四、暂存待查

（一）图解

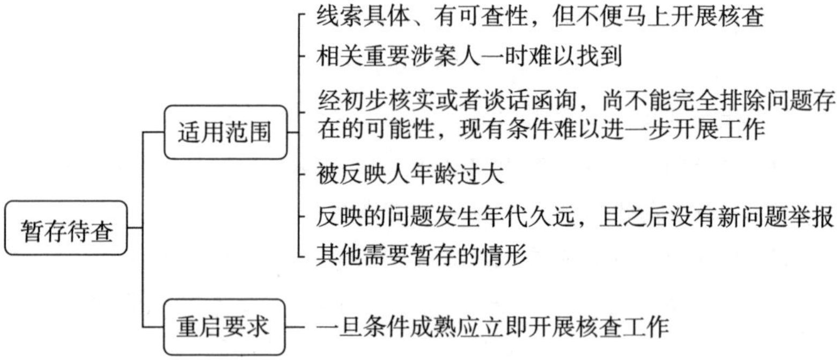

图 2－13　暂存待查

（二）实务指引

1. 暂存待查及启动事由

暂存待查主要是指线索反映的问题虽具有一定的可查性，但由于时机、现有条件、涉案人一时难以找到等原因，暂不具备核查的条件而存放备查，对确定暂存待查的线索，一旦条件成熟应立即开展核查工作。① 暂存待查是处置问题线索的一种方式，既可以在收到问题线索后提出，也可以在经过了解核实后提出，需要具体问题具体分析。

2. 适用范围

实际工作中，哪些线索可以暂存呢？（1）线索反映的问题具体、有可查性，但因其本人、所在部门、时机等因素，不便马上开展核查。例如，有线索举报某区一拆迁项目负责人，承办部门经过线索研判认为存在问题的可能性很大，但是立即进行初步核实显然时机不成熟，所以承办单位可以待该负责人工作完成后再进行查办。当然初步核实之前，也要加强对拆迁项目的监督管理，避免问题更大，给国家和人民造成更大的损失。(2）重要涉案人一时难以找到。例如，反映某村干部违纪问题，因反映问题时间跨度长，财务人员等主要证人长年在外打工、多年不回家，证据无法查实，造成一时难以查处。（3）经初步核实或者谈话函询，尚不能完全排除问题存在的可能性，在现有条件下难以进一步开展工作。例如，群众反映某厂问题中涉及的破产清算组长已退休且目前患肝癌晚期，不能配合组织调查，造成调查工作无法进一步开展。(4）被反映人年龄过大。例如，有线索反映一位担任了十多年村支书的老党员，长期在村里搞一言堂，确实在村集体资产管理上存在问题。调查时，被反映人已从村支书岗位退下来多年，现在年龄大且患有严重的疾病，不能立即调查。（5）反映的问题发生年代久远，且之后没有反映新问题。（6）其他需要暂存的情形。例如，信访举报可查性不强，道听途说、强加于人、没有实质内容的线索和信

---

① 参见中央纪委国家监委法规室编写：《〈中华人民共和国监察法〉释义》，中国方正出版社 2018 年版。

访举报，都可暂存。①

3. 重点提醒

暂存待查是基于节约有限的审查调查资源，高效开展审查调查工作的需要，待时机成熟再启动核查工作。为了避免出现有些地方纪委监委对问题线索存而不查的现象，要对暂存待查的问题线索在一定时限（如6个月）定期清理，核实是否具备开展初步核实等线索处置工作。对暂存待查时间超过1年的，承办部门应当向本机关主要负责人报告原因和下一步工作打算。

（三）示例

A市纪委监委收到反映A市交通局局长王某收受工程承建商张某现金50万元的问题线索。经了解，张某现已出国，无法取得联系。相关部门对该问题线索提出暂存待查处置意见。

解读

关于反映A市交通局局长收受工程承建商张某现金50万元，因收受大额现金通常是“一对一”的私下交易行为，缺少目击证人，如果王某对收受的现金藏而不用，在初步核实阶段较难直接查证。因此，送钱人张某是重要的证人，鉴于张某身处国外无法取得联系，直接联系也会增加不回国的风险，因此承办部门对线索和有关情况进行研判之后提出了暂存待查的处置建议，等张某回国或有新线索、新证据出现时，再对线索进行新的处置。

当然，出现示例中的问题并不必然都要进行暂存待查，具备条件时也可以从外围展开初步核实，查询银行流水、房产、车辆等财产变化情况，分析是否存在异常资金或异常财产变化情况。

---

① 参见王辉涛、李伟：《浅析〈监督执纪工作规则〉中规定的“暂存待查”：你理解把握对吗?》，载微信公众号“廉洁临江”2017年2月28日，https：//mp. weixin. qq. com/s/UP53aiW17fLMkom4kECasA。

五、予以了结

（一）图解

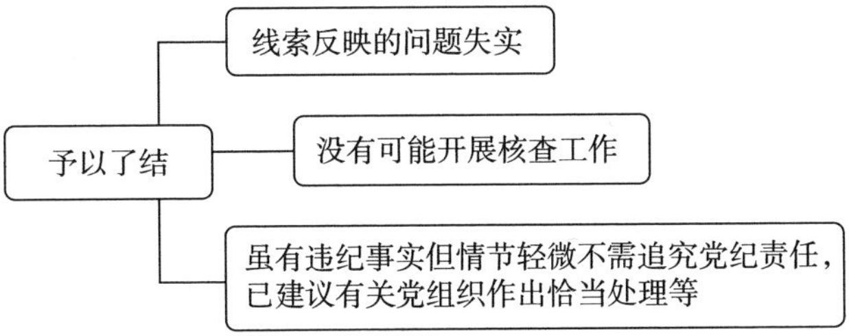

图2－14　予以了结

（二）实务指引

予以了结是指线索反映的问题失实或没有可能开展核查工作而采取的线索处置方式。包括虽有违纪、职务违法事实但情节轻微不需追究法律责任，已建议有关党组织、单位作出恰当处理的，以及被反映人已去世的等情况。①

1. 启动事由

对问题线索适用予以了结的处置方式，主要包括以下情形：反映的问题失实；反映的问题没有可能开展核查工作；反映的问题有违纪事实，但情节轻微不需要追究纪律和法律责任，已经采取组织措施或组织处理的；反映的问题已经由有关机关或纪检监察机关核实，并已经有明确结论；反映的问题是对原核查机关核处结果不认同，重复反映原问题的。

2. 直接了结

根据反映的问题线索情况，既可以通过谈话、函询或初步核实等

---

① 参见中央纪委国家监委法规室编写：《〈中国共产党纪律检查机关监督执纪工作规则〉释义》，中国方正出版社2019年版；中央纪委国家监委法规室编写：《〈中华人民共和国监察法〉释义》，中国方正出版社2018年版。

方式处理后予以了结，也可以提出直接了结的建议意见。一般情况下，符合以下条件之一，便可以直接了结：第一，被反映人已死亡，没有立案审查调查必要的；第二，被反映人及问题线索与已了结的一致，没有新的证据材料的；第三，转有关单位（部门）处理，且不需要回复处理结果的；第四，反映的问题线索笼统、被反映人不明确、明显不符合常理，无法开展核查工作的。

3. 集体研判

贵州、四川等地相继出台了予以了结类问题线索集体研判制度，此种制度主要是指纪检监察机关遵循民主集中制原则，对监督检查、审查调查等部门提请审议的拟予了结问题线索，通过召开专题会议，进行集体分析研判、共同审核把关的工作方式。

拟报请纪委监委专题会议集体会商、研判的，承办部门制定处置方案、提出上会建议后，按程序报委领导审签，会议由主要领导或者委托分管领导主持，案件监督管理室和相关承办室主要负责人参加，必要时可请审理室等部门负责人以及参与线索处置有关人员参加。

线索处置与谈话函询、初步核实中对问题线索的了结，虽然从结果上来看是相同的，但在办理程序上还是有明显区别的。线索处置中予以了结是对问题线索分析后作出的结论；而谈话函询和初步核实中的予以了结是对问题线索进行查证、核实后，发现所反映的问题不实或没有证据证明被举报人存在违纪违法行为的情形。此外，按照规定，针对反映不实，或者没有证据证明存在问题予以采信了结的，应当向被函询人发函反馈；被谈话函询的党员干部还应当在民主生活会、组织生活会上就本年度或者上年度谈话函询问题进行说明，讲清组织予以采信了结的情况。

（三）示例

某市纪委监委监督检查部门收到了反映该市市管干部、某区副区长A某违规安排驾驶员送其母亲回老家的问题线索。经核实发现该驾驶员一直出差在外，且A某母亲也一直未回老家。监督检查部门负责人对该问题线索组织召开会议，集体研判后决定予以了结。

解读

针对反映的问题线索情况，有些可以直接了结，有些要经过核查后才能予以了结。示例中，反映某区副区长A某违规公车私用的问题线索，不具有直接了结的情形，需要对反映的问题进行适当了解。办案人员核查发现，驾驶员一直出差在外且A某母亲也一直未回老家，所以研判后发现该问题线索明显失实，应当予以了结。

第三节　重点疑难问题

一、如何精准有效处置问题线索？

处置问题线索是纪检监察机关执纪执法的基础性工作，决定执纪执法工作的实际成效，为了精准有效处置问题线索，要做好以下工作。

要提升处置问题线索的政治意识，在分析研判具体问题线索时，要善于从政治视野审视并从一般中找出重点；同时要结合所联系地区、部门或单位的情况，把握好“树木”与“森林”的关系，不能只见“树木”不见“森林”。

要准确掌握好不同处置方式的内核与外延，有针对性地提出切实可行、积极稳妥的意见。纪委监委对问题线索进行处置的方式主要有适当了解、谈话函询、初步核实、暂存待查、予以了结五种。其中，初步核实是指涉嫌违纪或者职务违法、职务犯罪问题线索比较具体、具有可查性，且需要追究纪律和法律责任的情况下采取的处置方式。谈话函询主要适用于两类情形：一类是反映的问题具有一般性，查清了只能给予轻处分或批评教育，或者反映问题不实而予以澄清的线索；另一类是反映的问题笼统，多为道听途说或主观臆测，难以查证核实的线索。暂存待查是因为反映的问题线索因时机、现有条件、涉案人一时难以找到等种种原因，暂不具备核查的条件而对其存放备查。予以了结是反映的问题线索失实或没有可能开展核查工作而采取的处置方式。

处置问题线索要重点突出、有的放矢。既要坚持实事求是原则，又要充分运用“四种形态”提供的政策策略综合考量，严肃查处党的十八大以来不收敛、不收手，问题线索反映集中、群众反映强烈，政治问题和经济问题交织的腐败案件，违反中央八项规定精神的问题。对反映的一般性问题，要抓早抓小、动辄则咎，督促、引导党员干部守住纪律这条底线，最大限度服务于“有力削减存量、有效遏制增量”的目标。

二、在实践中如何开展诫勉工作?

反映党员领导干部的问题线索经分析研判虽不构成违纪，但造成了不良影响，或者虽然构成违纪但情节轻微，根据有关规定免予党纪政纪处分的，承办部门提出意见，呈报分管领导、主要领导批准后，按照干部管理权限对其以谈话方式或者书面方式进行诫勉。

1. 采用谈话诫勉的

（1）应当根据诫勉对象的职务层次和具体岗位确定适当的谈话人，一般情况下如果被谈话人是下一级党委（党组）主要负责人，可以由主要领导作为谈话人；如果被谈话人是下一级党委（党组）领导班子其他成员，可以由分管领导作为谈话人；如果被谈话人是其他人员，可以由承办部门负责人作为谈话人。（2）谈话人应当向诫勉对象说明诫勉的事由，认真听取其对有关问题的解释和说明，指出诫勉对象需要注意的问题，要求其提出改正措施，并明确其提交书面检查的时间。必要时可以邀请诫勉对象所在单位党委（党组）负责人参加谈话诫勉，谈话还应当制作笔录，如实详细记录谈话过程。（3）承办部门应当将谈话诫勉情况以书面形式通知诫勉对象所在单位党委（党组）。

2. 采用书面诫勉的

应当由承办部门以单位名义向诫勉对象发送书面诫勉决定。书面诫勉决定除了提出诫勉的事由和要求提交书面检查的时间外，还应该对诫勉对象提出针对性要求，明确记载诫勉决定的日期。承办部门应当将诫勉情况以书面形式通知同级党委组织部和诫勉对象所在单位党委（党组）。诫勉对象在诫勉期内不得提拔；诫勉期满，承办部门应当根据诫勉对象的整改情况提出解除诫勉、延长诫勉期的建议。对延长诫勉期后，仍然没有整改或者整改不符合要求的，承办部门应当提出纪律处分或者组织处理的建议。

值得注意的是，无论是谈话诫勉还是书面诫勉，因为诫勉有 6 个月的影响期，均需要出具诫勉处理的决定提供给组织人事部门作为依据。诫勉工作开展形成的谈话笔录、书面诫勉决定、书面检查材料等应当留存归档，并将有关情况作为党员领导干部考核、任免、奖惩的重要依据。

三、反映人请求撤回检举控告是否影响问题线索的处置？

检举控告是党章、宪法赋予党员、公民的重要权利，是纪检监察机关获取信息和案件线索的重要来源，也是我们党倾听党员和群众呼声的重要方式。纪检监察机关不同于司法机关，不能采取不告不理的原则对待问题线索，首先要站在政治的高度去把握，要让干部习惯在受监督和约束的环境中工作生活，因此纪检监察机关启动问题线索处置不以反映人是否请求撤回检举控告而停滞。

反映人可以撤回获得奖励、反馈调查情况等权利要求，但不可以撤回其检举控告，只要反映的问题线索属于纪检监察机关受理范围就应当按程序受理，其主导权在纪检监察机关，与检举人是否撤销检举控告无关，不能因此而影响纪检监察机关的正常工作秩序。实践中，可以向反映人了解请求撤回检举控告的原因，并做好记录。针对不同的原因要做好相应的处置工作。

第三章　审 查 调 查

第一节　审查调查启动程序

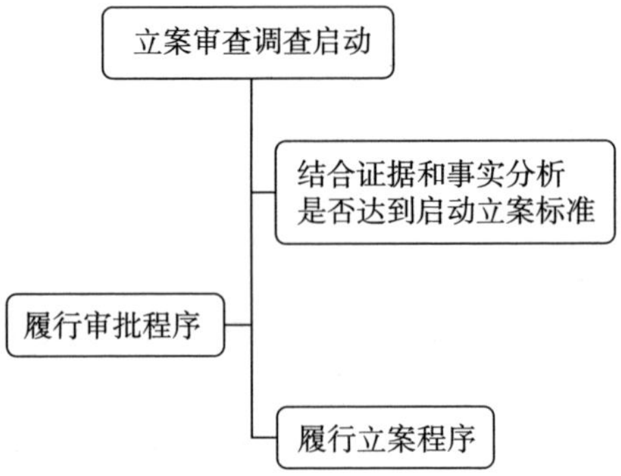

图 3－1　立案审查调查启动

一、立案标准

（一）图解

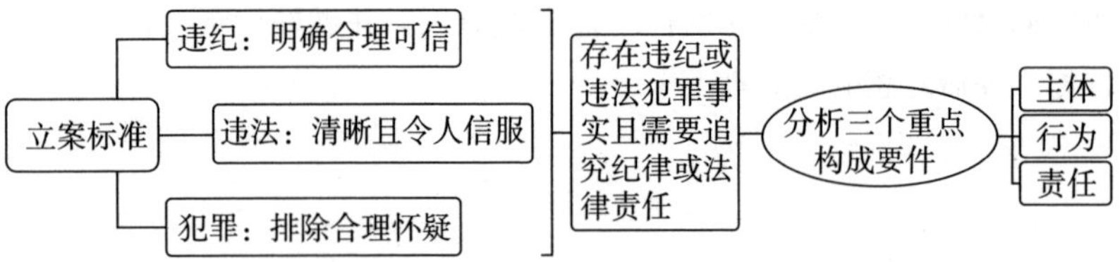

图 3－2　立案标准

（二）实务指引

1. 三种标准

立案是纪检监察机关审查调查违纪或者职务违法、职务犯罪案件的重要环节，标志着正式启动审查调查工作。“纪法罪”三类案件分别规制党员、公职人员、一般人员，其权利义务和承担的社会责任因身份不同而有所区别，结合有关法律法规“明确合理可信”“清晰且令人信服”“排除合理怀疑”的表述，三种类型案件在证据认定上应具有一定的差异性。

（1）明确合理可信。从宏观上看，违纪案件证据确凿的证明标准与刑事诉讼表述的“证据确实充分”一致，但并不意味着违纪案件可以套用刑事审判关于职务犯罪的证据要求，违纪案件在具体操作层面有着自身特殊性。由于违纪事实的认定是以党员对党忠诚的纪律要求为基础的，党章党规党纪的要求严于法律法规，违纪构成要件的标准低于职务违法犯罪，导致违纪案件的证据内容和要求有着自身的特点。具体而言，二者有以下区别：

第一，延伸性要求的区别。违纪案件的证据主要涉及两个方面的问题：一是哪些事实必须得到证据证明；二是证据应当证明到何种程度。违纪构成要件的标准低于职务违法犯罪，决定了违纪案件证据的延伸性要低一些，闭合证据链的直径和证明体系的规模要小一些，因此有些情形虽不构成职务违法犯罪，但可以构成违纪。

第二，证据量的区别。违纪案件证据种类与刑事诉讼证据基本一致。违纪案件延伸性要求决定了其证据量要小于涉刑案件，在同一种类的证据数量上，《中共中央纪律检查委员会关于查处党员违纪案件中收集、鉴别、使用证据的具体规定》也作了明确规定，比如第二十条规定：“在没有物证、书证的情况下，仅凭言词证据定案时，必须有两个以上（含两个）证据，才能定案。”即违纪案件中两个言词证据可以定案。但需要指出的是，这里的“两个”并不是指同一人的两份证言，而是指不同人员且不同来源的言词证据要相互印证。可见，在量方面，办理违纪案件既不能机械套用刑事审判关于职务犯罪的证据标准，不计成本，搞过度取证，也不能因为违纪案件证据没有庭审质证的程序，无原则放松要求，搞随意变通。

第三，取证方式上的区别。违纪案件的取证方式体现了纪律审查的特色。比如《中共中央纪律检查委员会关于查处党员违纪案件中收集、鉴别、使用证据的具体规定》第八条规定被审查人的陈述包括“受审查党员对自己所犯错误的交待或申辩”，这是由党员应对党忠诚老实，如实向党组织交待问题的义务和申辩的权利决定的。第七条关于证人证言的收集，首先规定由证人书写；没有书写能力的，由他人或调查取证人代写，核对后由证人签字、盖章或按手印。最后规定调查人员要做好询问笔录，并应由被询问人签字。刑事诉讼关于言词证据收集规定的顺序正好相反，笔录在先，自行书写在后，且证言不可以由别人代写。①

（2）清晰且令人信服。①“清晰”是针对证明对象和范围问题，即调查认定的与定性处置有关的主要职务违法事实，包括定性事实和情节事实有充分、足够的证据证实，如违法行为发生的时间、地点、手段、情节、后果等应清楚明确，但并不强求对细枝末节的印证；②“令人信服”是针对证明责任已经完成的心理状态，代表一种很高的确信程度，必须通过具有客观性、关联性、合法性的证据进行主观推理、判断，从而在调查人员内心形成这种确信。因此，“清晰且令人信服”是指调查人员在对全案证据进行综合考量后，通过逻辑和经验规则的判断，认为已有足够的证据认定案件事实。这种主观确信程度虽然不必达到“排除合理怀疑”的标准，但已然达到了一种很高程度的可能性。在具体认定方法上，主要包括正反两个方向的判断，正向判断是调查人员依据经验法则内心认为定案证据和认定事实“具有说服力”，反向判断是依据矛盾法则认为证据间不存在主要矛盾或者可以

---

① 参见荚恒武：《如何把握违纪案件的证据标准》，载《中国纪检监察报》2020年1月8日，第8版。

对矛盾作出合理解释。①

（3）排除合理怀疑。职务犯罪案件坚持以审判为中心，采取排除合理怀疑的证据审查规则，一般不存在较大争议。

2. 立案条件

对党员、干部、监察对象立案审查调查需要符合两个条件：（1）存在涉嫌违纪或者职务违法、职务犯罪的事实；（2）需要追究纪律或者法律责任。本处的“涉嫌”并不需要已经掌握的证据达到各类案件的证明标准，只要有证据证明存在违纪或者职务违法、职务犯罪事实。从立案的前置程序来看，新修订的《中华人民共和国监察法实施条例》删除了“经初步核实后”的表述，意味着只要符合立案条件，经过适当了解、谈话函询、初步核实等程序后均可以提请立案。

3. 重点提醒

（1）证据三性要求。

证据的基本特征主要表现在证据的“三性”，即真实性（客观性）、关联性和合法性。纪检监察机关办理违纪、职务违法或职务犯罪案件，不能因三类案件证据标准认定的差异性而否定证据三性要求的内在统一。《中华人民共和国监察法实施条例》对职务违法证据三性要求作出了详细规定：一是客观性要求，即有证据证明发生了违法事实，虚假的证据材料不能成为证明事实的证据；二是关联性要求，即有证据证明该违法事实是被审查调查人实施，没有联系的证据即使出现在案卷中也不能称其为证据；三是合法性要求，即证明被审查调查人实施违法行为的证据已经查证属实，涉及非法证据的，要按要求排除，实质是保障被监督对象的合法权利。

（2）证据是否充分的分析。

结合已有证据材料，重点围绕主体、行为、责任三个重点构成要件分析证据材料是否充分。一是主体材料是否齐全。证明党员、领导干部、公职人员身份的入党申请书等主体资料是否调取完整。涉及利

---

① 参见宋冀峰：《职务违法证据标准的理解与适用》，载《中国纪检监察报》2022年1月19日，第6版。

用职权或职务影响的违纪、职务违法和职务犯罪事实，还要梳理任免审批表、分工文件等可以证明被审查调查人职务职权的文件。二是行为是否清晰。能否证明违纪、职务违法、职务犯罪事实系被审查调查人所为，是否有其他因素介入及影响力大小。三是责任是否明确。被审查调查人实施的行为是否需要追究纪法责任关键在于行为是否违反纪法规定，以及违纪违法的严重性。

（三）示例

李某，中共党员，某市水务局副局长。2019 年 3 月，某市纪委监委监督检查部门对反映李某的问题线索进行初步核实。在初步核实阶段，李某主动交代其于 2013 年通过银行转账的方式收受管理服务对象王某赠送的 2000 元。王某对该事实予以承认，但记不清楚是用谁的银行卡转的钱。办案人员调取李某银行交易流水后也未发现该笔转账记录。办案人员再次找到李某，经谈话得知，李某当时也是使用他人的银行卡接收王某的钱，因时间久远，无法回忆起是用谁的银行卡。后经找李某妻子陈某谈话，陈某对其丈夫李某收受王某 2000 元的事实予以承认，并交代这笔钱零星用于生活开支。

解读

因时间久远，致使李某和王某无法回忆起转账情况，办案人员也无法调取相关银行信息，现有证据能否表明李某存在违反中央八项规定精神的事实存在较大争议。

（1）基于党员义务增持原则，特别是李某作为党员领导干部，具有比普通人更高的主动交代问题的义务，李某在初步核实阶段主动交代收受王某 2000 元的事实在没有合理反证的情况下，一般具有可信性；（2）基于趋利避害、亲亲相隐的本能，证人王某作出可能产生对其不利影响的印证性证言，以及陈某作为李某的妻子作出不利于李某的印证性证言，在没有合理反证的情况下，真实性较高；（3）从证据来源来看，三人的证言源头不同，也并非传来证据，能够对事实作出同一表述，可信性较高；（4）《中共中央纪律检查委员会关于查处党员违纪案件中收集、鉴别、使用证据的具体规定》第二十条规定："在没有物证、书证的情况下，仅凭言词证据定案时，必须有两个以上（含两个）证据，才能定案。"本示例中除了李某的交代，还有王某和陈某的证言予以证实。

因此，即使本示例没有银行交易记录，但现有证据相互印证，已达到明确合理可信的程度，对李某收受王某2000元的行为可以作出确定性判断。至于上述李某收受可能影响公正执行公务的礼金的行为是否需追究纪律责任，还要结合认错悔错态度等其他情况综合评判。

（四）法规索引速查

《中国共产党纪律检查机关监督执纪工作规则》（中共中央办公厅印发，2019年1月1日起施行）

第三十七条　纪检监察机关经过初步核实，对党员、干部以及监察对象涉嫌违纪或者职务违法、职务犯罪，需要追究纪律或者法律责任的，应当立案审查调查。

凡报请批准立案的，应当已经掌握部分违纪或者职务违法、职务犯罪事实和证据，具备进行审查调查的条件。

《中国共产党纪律检查委员会工作条例》（中共中央发布，2021年12月24日起施行）

第三十六条第一款　党的各级纪律检查委员会对反映党组织、党员的问题线索经过初步核实，对于涉嫌违纪、需要追究党纪责任的，应当按照规定予以立案审查。

《中华人民共和国监察法》（主席令第3号公布，2018年3月20日起施行，2024年12月25日修正公布）

第四十二条第一款　经过初步核实，对监察对象涉嫌职务违法犯罪，需要追究法律责任的，监察机关应当按照规定的权限和程序办理立案手续。

《中华人民共和国监察法实施条例》（国家监察委员会公告第1号公布，2021年9月20日起施行，2025年6月1日修订公布）

第六十八条 证据必须经过查证属实，才能作为定案的根据。审查认定证据，应当结合案件的具体情况，从证据与待证事实的关联程度、各证据之间的联系、是否依照法定程序收集等方面进行综合判断。

第六十九条 监察机关调查终结的职务违法案件，应当事实清楚、证据确凿。证据确凿，应当符合下列条件：

（一）定性处置的事实都有证据证实；

（二）定案证据真实、合法；

（三）据以定案的证据之间不存在无法排除的矛盾；

（四）综合全案证据，所认定事实清晰且令人信服。

第七十条 监察机关调查终结的职务犯罪案件，应当事实清楚，证据确实、充分。证据确实、充分，应当符合下列条件：

（一）定罪量刑的事实都有证据证明；

（二）据以定案的证据均经法定程序查证属实；

（三）综合全案证据，对所认定事实已排除合理怀疑。

证据不足的，不得移送人民检察院审查起诉。

第二百一十条 监察机关已经掌握监察对象涉嫌职务违法或者职务犯罪的部分事实和证据，认为需要追究其法律责任的，应当按规定报批后，依法立案调查。

二、立案模式

（一）图解

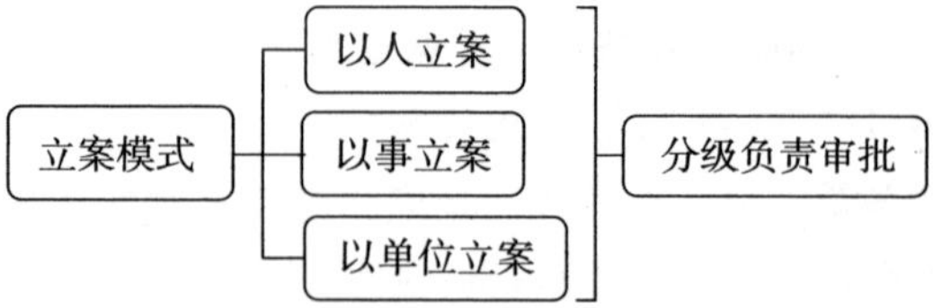

图3-3 立案模式

（二）实务指引

1. 三种模式

立案模式有三类：（1）以人立案。涉嫌违纪或者职务违法、职务犯罪的行为人，直接对其进行审查调查。（2）以事立案。对事故（事件）中存在职务违法或者职务犯罪问题，需要追究法律责任，但相关责任人员尚不明确的，可以以事立案。（3）对党组织或单位立案。对单位涉嫌职务违法、职务犯罪，需要追究法律责任的，依法对该单位办理立案调查手续；党组织涉嫌违纪的，可以对党组织立案审查。

2. 立案审批

涉及同级党委管理的党员、干部和监察对象，应当报同级党委主要负责人审批，其中属于同级党委管理正职领导干部的，在报同级党委主要负责人审批的同时还应当报上级纪委监委；其他人员，应当由本级纪检监察机关主要负责人审批。实践中需注意，对单位立案或者以事立案后，经审查调查确定相关责任人员的，不再对其履行立案手续，但实践中还应按照管理权限报批确定被审查调查人。

3. 重点提醒

（1）对涉案人员立案。

一是涉嫌行贿、共同职务犯罪的涉案人员需要立案的，一般应当与被调查人一并立案。上一级纪检监察机关经主要负责人批准，可以将涉案人员交由下一级纪检监察机关管辖。其中如果下一级纪检监察机关对涉案人员有管辖权的，上一级纪检监察机关出具交办函件；如果下一级纪检监察机关对涉案人员没有管辖权的，上一级纪检监察机关出具《指定管辖决定书》。此外，上一级纪检监察机关对涉案人员立案后，交由下一级纪检监察机关办理的，下一级纪检监察机关应当办理立案手续。

二是如果涉案人员是无隶属关系的其他监察机关的监察对象，应当商请有管理权限的监察机关依法立案调查；承办案件的监察机关认为由其一并调查更为适宜的，可以报请有权决定的上级监察机关指定管辖。

（2）问责调查中以事立案问题。

以事立案的优势是可以在事故、事件的调查过程中，采取部分需要在立案阶段才能采取的审查调查措施，如技术调查、搜查、查封、扣押等。以事立案需要把握几点要求：一是适用于事故（事件）类追责问责、失职渎职案件。二是存在违纪、职务违法或者职务犯罪事实，需要追究纪律、法律责任的。三是相关责任人员尚不明确的。

（3）职务犯罪立案的管辖问题。

一是罪名管辖。是否涉及《中华人民共和国监察法实施条例》中所规定的由监察机关管辖的101个罪名。

二是人员管辖。确定人员是否本单位管辖要看两点：一看是否为监察对象。监察对象具有“静态”（身份说）和“动态”（行为说）的二维属性，判断一个人是否为监察对象，首先依据其任职情况进行形式上的判断；其次审核其履行的公务内容（即代表公权力行使管理、服务、治理等行为进行实质上的判断）。符合任一标准即为监察对象。比如，某副县长嫖娼问题，其行为与公权力无关，但其副县长的身份其仍是监察对象。二看本单位是否对其有管辖权。这里的管辖权包括干部管辖权和属地管辖权，符合一项即可进行立案，但属地管辖并不是完全管辖权，属地纪委监委需要立案的要与有干部管辖权的纪检监察机关（机构）协商后方能立案。

对涉案人员中的非监察对象一般按照“从案随主案”的原则来确定管辖主体。如果涉案人员为本单位没有管辖权的监察对象则需要与有管辖权的监察机关（机构）协商，或报请共同的上级监察机关进行指定管辖。

（4）不再重复立案的情形。

一是对党组织违纪立案审查或者对单位立案调查的，一般要同时确定需要追究纪律或法律责任的人员，按照该党组织或单位主要负责人对应的立案审批权限一并报批。对党组织立案审查或对单位立案调查后，发现还有需要追究纪律或法律责任的人员，按照干部管理权限履行审批手续即可，不再重复立案。

二是以事立案的，承办部门依据有关领导批示或指示进行立案，经调查确定相关责任人员后，应当按照规定的审批权限报批确定，不再重复立案；也可以按照管理权限交由有关机关办理。

（5）直接移送审理。

对于案情简单、前期已查清主要违纪违法事实，应当追究纪律或法律责任，不再需要开展进一步审查调查的，立案和审理可以一并履行报批程序，且在履行立案程序后再移送审理。违纪违法事实材料见面时间和立案时间据实写明即可。

实践中有几种特殊情况可以直接移送审理。

①党员和监察对象依法受到刑事责任追究，或者犯罪情节轻微，人民检察院依法作出不起诉决定，需追究纪律责任或给予政务处分的，原则上可不再履行立案程序，由相关部门依据司法机关的生效判决、裁定、决定等法律文书及其认定的事实、性质、情节，直接移送审理。

直接移送审理不代表不开展相关核查工作，如醉驾被法院判处刑事处罚，根据作风建设相关要求，需要核查当事人是否有接受宴请等情节。如果经核查有相关违纪违法行为的还需要补办相关立案手续。

②对指定管辖案件在审查调查终结后移交原管辖机关对被审查调查人进行处分时，如受指定管辖的纪检监察机关已经履行了相应的党纪、监察立案程序，有管辖权的纪检监察机关可不再履行相应立案程序，直接移送审理。

（三）示例

2018 年 10 月 23 日，D 市纪委监委、D 市公安机关根据 S 省 ×× 置业发展有限公司负责人实名举报，对有关问题展开调查、侦查。10 月 24 日，公安机关经初步侦查，对举报涉及的副处级领导刘某某（党员、公职人员）、徐某某（非党员、非公职人员）、张某某（党员、非公职人员）3 人以涉嫌诈骗罪立案并刑事拘留。10 月 26 日，D 市纪委监委对案件涉及的另一副处级领导冯某某以涉嫌受贿罪立案审查调查，并采取留置措施。11 月 19 日，公安机关经进一步侦查，认为刘某某、徐某某、张某某 3 人的行为涉嫌职务犯罪，不构成诈骗罪，遂将案件依法移送至 D 市纪委监委。11 月 20 日，D 市纪委监委对刘某某立案审查调查、对徐某某立案调查，并对刘某某采取留置措施。11 月 29 日，D 市纪委监委对张某某立案审查调查，并采取留置措施。

解读

(1) 关于立案模式。本示例中因有明确追究对象，采取的是以人立案模式。

(2) 关于审批权限。因刘某某、冯某某系 D 市党委管理的党员领导干部，所以 D 市纪委监委经报 D 市委书记批准同意，启动对两人的立案审查调查。因徐某某、张某某系同级党委管理以外的人员，所以经 D 市纪委监委主要负责人签批同意后，就可以启动立案工作。

(3) 本示例中需注意的特殊情形。D 市公安机关通过侦查发现刘某某、徐某某涉嫌犯罪问题，D 市纪委监委无须再开展初步核实工作，可以直接对两人启动立案调查。

（四）法规索引速查

《中国共产党纪律检查机关监督执纪工作规则》（中共中央办公厅印发，2019 年 1 月 1 日起施行）

第七条 监督执纪工作实行分级负责制：

（一）中央纪委国家监委负责监督检查和审查调查中央委员、候补中央委员，中央纪委委员，中央管理的领导干部，党中央工作部门、党中央批准设立的党组（党委），各省、自治区、直辖市党委、纪委等党组织的涉嫌违纪或者职务违法、职务犯罪问题。

（二）地方各级纪委监委负责监督检查和审查调查同级党委委员、候补委员，同级纪委委员，同级党委管理的党员、干部以及监察对象，同级党委工作部门、党委批准设立的党组（党委），下一级党委、纪委等党组织的涉嫌违纪或者职务违法、职务犯罪问题。

（三）基层纪委负责监督检查和审查同级党委管理的党员，同级党委下属的各级党组织的涉嫌违纪问题；未设立纪律检查委员会的党的基层委员会，由该委员会负责监督执纪工作。

地方各级纪委监委依照规定加强对同级党委履行职责、行使权力情况的监督。

《中国共产党纪律检查委员会工作条例》（中共中央发布，2021 年 12 月 24 日起施行）

第三十六条第二款、第三款、第四款　各级纪律检查委员会按照管理权限，审查违反党章和其他党内法规的比较重要或者复杂的案件，主要包括：同级党委委员、候补委员，同级纪委委员，同级党委管理的党员干部，以及同级党委工作部门，同级党委批准设立的党组（党委），下一级党委、纪委等涉嫌违纪案件；案情重大复杂，需要采取重要审查措施的案件；同级党委、上级纪委交办的其他案件。

地方各级纪律检查委员会和基层纪律检查委员会对于处理涉及同级党委委员、候补委员，同级党委管理的正职领导干部，同级纪委常委、监委委员等人员的案件，以及涉及政治问题、国家安全等特别重要或者复杂案件中的问题和处理的结果，在向同级党委报告的同时，即向上级纪委一并报告。

纪律审查工作应当依规依纪采取谈话、查询、调取、暂扣、封存、勘验检查、鉴定等措施，以及通过要求相关组织作出说明等方式，收集证据，查明事实，处置违纪所得。

《中华人民共和国监察法实施条例》（国家监察委员会公告第 1 号公布，2021 年 9 月 20 日起施行，2025 年 6 月 1 日修订公布）

第四十八条　监察机关开展监督、调查、处置，按照管理权限与属地管辖相结合的原则，实行分级负责制。

第二百一十一条　监察机关立案调查职务违法或者职务犯罪案件，需要对涉嫌行贿犯罪、介绍贿赂犯罪或者共同职务犯罪的涉案人员立案调查的，应当一并办理立案手续。需要交由下级监察机关立案的，经审批交由下级监察机关办理立案手续。

对单位涉嫌受贿、行贿等职务犯罪，需要追究法律责任的，依法对该单位办理立案调查手续。对事故（事件）中存在职务违法或者职务犯罪问题，需要追究法律责任，但相关责任人员尚不明确的，可以以事立案。对单位立案或者以事立案后，经调查确定相关责任人员的，按照管理权限报批确定被调查人。

监察机关根据人民法院生效刑事判决、裁定和人民检察院不起诉决定认定的事实，需要对监察对象给予政务处分的，可以由相关监督检查部门依据司法机关的生效判决、裁定、决定及其认定的事实、性质和情节，提出给予政务处分的意见，按程序移送审理。对依法被追究行政法律责任的监察对象，需要给予政务处分的，应当依法办理立案手续。

第二百一十二条 对案情简单、经过初步核实已查清主要职务违法事实，应当追究监察对象法律责任，不再需要开展调查的，立案和移送审理可以一并报批，履行立案程序后再移送审理。

第二百一十三条 上级监察机关需要指定下级监察机关立案调查的，应当按规定报批，向被指定管辖的监察机关出具《指定管辖决定书》，由其办理立案手续。

三、立案程序

（一）图解

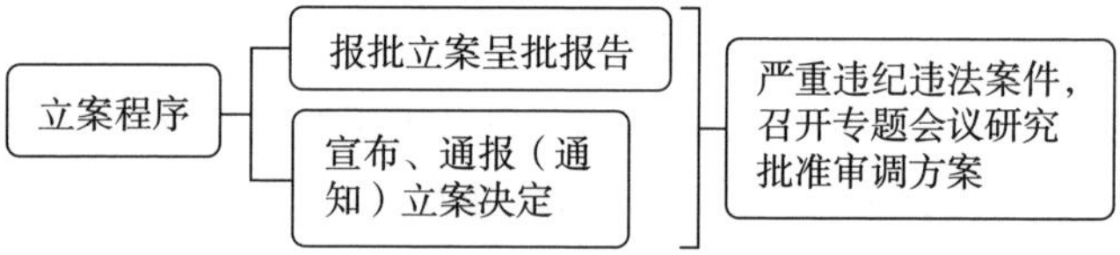

图3－4　立案程序

（二）实务指引

1. 起草文稿

（1）立案请示。主要内容包括：问题线索来源、对象基本情况、初步发现涉嫌的违纪违法犯罪问题、核查发现的其他重要问题线索、立案审查调查（采取留置措施）意见、拟采取的审查调查措施等。

（2）审查调查方案。主要内容包括：工作原则、主要任务、工作安排、审查调查组成员及分工、临时党支部建设、纪律要求、后勤保障等。

制订审查调查方案时应注意以下问题：

①反映问题。包括初步查明的问题和需要审查调查的主要问题，紧扣违纪违法和犯罪构成要件，简要概括已掌握的违纪违法事实和相关证据材料，包括事实发生的时间、地点、动机、数额、手段、后果等。

②审查调查措施。一要根据案情需要，综合考虑拟采取的审查调查措施，善于打“组合拳”，形成措施合力。二要确定拟提请有关机关采取技术调查、限制出境措施的对象范围，不仅要明确采取哪一种或哪几种具体的调查措施，还要明确对案件中的哪个人采取。三要做好涉案款物的保管、处置，严格履行审批手续，规范涉案款物管理，确定专人保管。

③安全预案。细化留置、“走读式”谈话的安全预案和对突发事件的应急预案，防范各种风险，把安全责任落实到岗、到人。要准确掌握被留置对象的动态，科学配备看护人员，做好医疗保障。询问证人及“走读式”谈话的安全风险集中在接到谈话通知后、谈话期间、离开谈话场所后这几个时段，要严格履行“手递手”交接手续，并做好跟踪回访，做细做实思想解压和心理疏导工作。

④人员分工。经批准成立审查调查组后，要明确组长和成员及组内分工，对于重大、复杂的案件，一般下设综合组、谈话组和外查组等；既要明确责任分工，做到各司其职、分兵推进审查调查工作，又要加强协作配合，形成工作合力。①

（3）外查方案。

①主要任务。外查工作的核心任务就是收集固定主要被审查调查人涉嫌违纪违法犯罪问题的证据，包括物证、书证、证人证言、视听资料、电子数据、鉴定意见等。简言之，就是除向主要被审查调查人

---

① 参见张剑峰：《制定审查调查方案应注意哪些问题》，载《中国纪检监察报》2020年10月21日，第8版。

本人取证外，其他的都属于外查。

②程序手续。一要强化程序意识。使用查询、冻结、查封、调取、搜查、扣押等调查措施，要按照相关程序报批、制作文书，实施时要出示工作证件、法律文书，告知权利义务等，认真履行相关程序和手续。二要规范调查取证。对外围调查谈话、制作询问笔录、调取和出示书证、扣押涉案财物等工作的流程、标准、要求进行规范，所有询问笔录、书证物证等均需经过审核把关，确保证据符合客观性、关联性、合法性要求。

③安全保密。一要制订严密的安全预案。询问前要摸清底数，确定询问地点，做好安全工作。对于重点人员的询问，如行贿人、涉嫌不正当性关系的人、年龄较大的人，一般安排在具备安全防护条件的指定地点进行。二要严格执行保密规定。控制案件知情面，防止舆论炒作，妥善保管案件材料，禁止在公开场合谈论案情。①

2. 成立审查调查组

由承办室研究提出人员组成及编组方案，呈报委领导批准后成立。初步判断适用第二种形态的案件，或司法机关、执法机关通报的案件，根据工作任务情况可不成立专门的审查调查组，相关人员分组和工作职责参照有关规定办理。审查调查组一般设有综合组、内审组、外查组，根据需要也可单独设立涉案物管理组、财务审计组、证据审核组、安全监管组等。

（1）综合组。承担对上请示报告、对内组织协调、协调内审外查协同联动、对外沟通联络等职能。综合组的人员一般应当由文字综合能力、沟通协调能力较强的人员担任，同时因综合组承担了全案的串联工作，应当确保人员相对稳定。

（2）内审组。根据被审查调查人数量、谈话任务，内审组可设立若干谈话小组，既可以 1 个或多个谈话小组对应 1 名被审查调查人，也可以 1 个谈话小组对应多名被审查调查人。内审组的人员一般应当

---

① 参见张剑峰：《怎样制定外查方案》，载《中国纪检监察报》2021 年 4 月 7 日，第 8 版。

由经验较为丰富的谈话人员担任，特别是主案对象的谈话人员应当选优选强。

（3）外查组。主要负责与相关涉案人员的谈话和调查取证任务，收集言证、书证、物证等证据材料。外查组的人员一般应熟悉纪律法律规定，还要具备一定的谈话、沟通协调及取证能力。

3. 印制文书

《立案呈批报告》批准后，承办部门要填写《立案文书审批表》并附《立案决定书》，按程序签批。其中涉嫌违纪问题的，启动立案审查，《立案决定书》的立案事由填写为“×××涉嫌违纪”；涉嫌职务违法或职务犯罪问题的，启动立案调查，《立案决定书》的立案事由填写为“×××涉嫌职务违法”或“×××涉嫌×××犯罪”；既涉嫌违纪又涉嫌职务违法或职务犯罪的，启动立案审查调查，《立案决定书》的立案事由填写为“×××涉嫌职务违法犯罪”；其他关联人员的《立案决定书》的立案事由填写为“××涉嫌行贿犯罪”“××涉嫌共同××犯罪”“××涉嫌共同职务犯罪”。

4. 立案通知

（1）立案后应当及时通知所在单位党委（党组），被采取留置措施的，还应当通知被调查人所在单位和家属。（2）对同级党委管理干部立案的，还应当通报同级党委组织部门。

5. 重点提醒

（1）文稿文书。

一是起草立案请示时，需要及时对被审查调查人的住所、办公场所等地采取搜查、查封、扣押等工作的，以及有涉案人员需采取留置措施的，可以一并提出呈报。

二是起草审查调查方案时，可以将立案后发现被审查调查人其他问题线索经审批后一并进行审查调查核实的情况写明。

三是对单位（党组织）立案或者以事立案后，经审查调查确定相关责任人员的，起草呈批报告，并履行审批手续。

（2）通知通报。

一是实践中对于严重职务违法案件通知家属事宜往往容易被忽视。

根据《中华人民共和国监察法实施条例》的规定，对于严重职务违法或者职务犯罪案件，立案审查调查并采取留置措施的，应当通知被调查人所在单位和家属，被调查对象为公职人员的还应当向社会公开发布。

二是被审查调查人为单位党委（党组）主要负责人的，可以通报单位党委（党组）其他负责人。向被审查调查人所在党委（党组）通报，既是让其知晓情况，也是让其自觉履行监督责任的一种重要方式。

三是对涉嫌严重职务违法或职务犯罪问题立案审查调查的，有时并不立即采取留置措施。如果立案和留置相隔时间较长，应当在留置后及时通知家属。

（三）示例

2020年8月，H市纪委监委经向同级党委主要负责人审批同意后，H市纪委监委审查调查室对该市住建局党组书记、局长马某涉嫌严重违纪违法问题立案审查调查。一段时间后，经批准对其采取留置措施。审查调查室认为，首先马某是市住建局“一把手”，向其宣布立案审查调查决定就行，无须再向单位通报；其次认为留置时要通知其家属，立案决定暂时不通知家属，待留置一起通知。

解读

纪委监委将有关人员接受审查调查的相关消息告知单位负责人和家属是法律规定的案件承办单位的义务。及时通知案件查办消息，既能督促有关单位切实履行管党治党的主体责任，加强对单位党员干部的监督管理教育，也能让家属知晓被审查调查人员的去向，监督审查调查单位依纪依法依规履行审查调查职责。

本示例中，H市纪委监委审查调查室未向单位通报的做法违反了相关法律法规。马某虽为该市住建局党组书记、局长，将立案决定告知马某是履行将有关决定告知接受立案审查调查对象的程序，不能等同于履行了将有关决定告知单位的程序，不能有效发挥其他党组成员监督党组书记的作用。如果接受审查调查的对象是该局其他班子成员，该市纪委监委则可以将立案决定书送达马某，其作为党组书记可以代表该局接收文书。

《中国共产党纪律检查机关监督执纪工作规则》等规范性文件没有明确要求将立案决定告知接受审查调查人员的家属，《中华人民共和国监察法实施条例》也只规定了立案调查并采取留置措施的，应当按规定通知被调查人家属，因此H市纪委监委暂不通知家属的做法并没有违背有关法律法规。

另外，鉴于马某属于公职人员，如后续对其采取留置措施应当按照有关规定及时向社会公开发布。

（四）法规索引速查

《中国共产党纪律检查机关监督执纪工作规则》（中共中央办公厅印发，2019年1月1日起施行）

第三十八条 对符合立案条件的，承办部门应当起草立案审查调查呈批报告，经纪检监察机关主要负责人审批，报同级党委主要负责人批准，予以立案审查调查。

立案审查调查决定应当向被审查调查人宣布，并向被审查调查人所在党委（党组）主要负责人通报。

第三十九条 对涉嫌严重违纪或者职务违法、职务犯罪人员立案审查调查，纪检监察机关主要负责人应当主持召开由纪检监察机关相关负责人参加的专题会议，研究批准审查调查方案。

纪检监察机关相关负责人批准成立审查调查组，确定审查调查谈话方案、外查方案，审批重要信息查询、涉案财物查扣等事项。

监督检查、审查调查部门主要负责人组织研究提出审查调查谈话方案、外查方案和处置意见建议，审批一般信息查询，对调查取证审核把关。

审查调查组组长应当严格执行审查调查方案，不得擅自更改；以书面形式报告审查调查进展情况，遇有重要事项及时请示。

《中华人民共和国监察法》（主席令第3号公布，2018年3月20日起施行，2024年12月25日修正公布）

第四十二条 经过初步核实，对监察对象涉嫌职务违法犯罪，需要追究法律责任的，监察机关应当按照规定的权限和程序办理立案手续。

监察机关主要负责人依法批准立案后，应当主持召开专题会议，研究确定调查方案，决定需要采取的调查措施。

立案调查决定应当向被调查人宣布，并通报相关组织。涉嫌严重职务违法或者职务犯罪的，应当通知被调查人家属，并向社会公开发布。

《中华人民共和国监察法实施条例》（国家监察委员会公告第1号公布，2021年9月20日起施行，2025年6月1日修订公布）

第二百一十四条 批准立案后，应当由二名以上调查人员出示证件，向被调查人宣布立案决定。宣布立案决定后，应当及时向被调查人所在单位等相关组织送达《立案通知书》，并向被调查人所在单位主要负责人通报。

对涉嫌严重职务违法或者职务犯罪的公职人员立案调查并采取留置措施的，应当按规定通知被调查人所在单位和家属，并向社会公开发布。

四、重点疑难问题

（一）如何履行对其他纪检监察机关监督对象采取措施的审批手续？

根据随主案确定管辖原则，对非党员、非监察对象的涉案人员涉嫌行贿犯罪或者共同职务犯罪的一般应当由管辖主案的监察机关管辖，采取相应措施时，由办理案件的监察机关负责。那么，如果涉案人员系其他纪检监察机关监督对象，对其采取措施的审批手续如何办理呢？

各级纪检监察机关是按照干部管理权限分别对不同层级的党员干部和行使公权力的公职人员进行监督，并对上述相关人员涉嫌违纪或者职务违法、职务犯罪问题进行查处。与随主案确定管辖规定相比，其管辖权优先于后者，为了避免出现越权审批问题，应当谁主管谁负责审批。例如，地方纪委监委在审查调查工作中，如果需要询问的证人是中管干部，那么地方纪委监委是没有审批权限的，必须报中央纪委国家监委按相应的审批权限报批。

需要注意的是，如果采取的审查调查措施需要异地协作，由协作地纪检监察机关按照规定报批。例如，询问所涉人员系其他纪检监察机关监督的同级党委管理的正职领导干部，协作地纪检监察机关应当按照规定报同级党委主要负责人审批，商请方负责询问期间的安全事宜，无须报其同级党委主要负责人审批。这既是落实中央纪委国家监委管干查干要求，也是尽可能减少不必要的报批程序，提高协作效率的要求。

（二）如何开展“以事立案”？

根据《中华人民共和国监察法实施条例》的相关规定，实践中对事故（事件）中存在违纪或者职务违法、职务犯罪事实，需追究纪律责任、法律责任，但相关责任人员尚不明确的，办案部门可以将上级或同级党委以及纪检监察机关领导批准审查调查的批示、指示等作为以事立案的依据。经过审查调查确定相关责任人员后，需要追究纪律责任、法律责任的，按照干部管理权限履行审批程序，其中涉及多人的，按照最高级别的管理权限报批，其他人员一并纳入审批；如果责任人员系上级党委管理的干部，应移送上级纪检监察机关处理，如果责任人员系下级党委管理的干部，可报同级纪委监委主要负责人批准。需要说明的是，确定责任人员履行的审批程序，并非报批立案，而是报请对责任人员开展审查调查。

此外，调查职务违法或者职务犯罪案件，对被调查人没有采取留置措施的，应当在立案后 1 年以内作出处理决定；对被调查人解除留置措施的，应当在解除留置措施后 1 年以内作出处理决定。案情重大复杂的案件，经上一级监察机关批准，可以适当延长，但延长期限不得超过 6 个月。实践中，以事立案的起始时间应为审批同意启动立案的时间，而非审批同意对责任人员开展审查调查工作的时间。

（三）被审查调查人涉嫌违纪违法问题是否必须党纪和政务双立案？

实践中，党员涉嫌严重违纪、职务违法和职务犯罪的案件，为使调取的证据能够达到以刑事审判为中心的要求，顺利对接移送检察机关审查起诉工作，该类案件一般都进行了党纪政务双立案。由于纪委监委合署办公，对于党纪（政务）立案后，发现需要给予政务（党纪）轻处分的，是否还需双立案，各地认识不同，操作也不一致。

《中国共产党纪律检查机关监督执纪工作规则》第四十条第一款规定："审查调查组可以依照党章党规和监察法，经审批进行谈话、讯问、询问、留置、查询、冻结、搜查、调取、查封、扣押（暂扣、封存）、勘验检查、鉴定，提请有关机关采取技术调查、通缉、限制出境等措施。"需要注意的是，采取讯问、询问、留置、搜查、查封、扣押、通缉措施，应当以监委名义进行。由于监委的调查措施与刑事案件侦查措施种类较一致，所以实践中，政务案件往往通过适用不同调查措施便可查清违法、犯罪问题。但党纪案件，有时囿于审查措施的限制，不得不启动监委的调查措施，党纪案件需适用搜查措施时，只能以监委名义启动。

综上，对于必须党纪政务"双立案"的情形，要具体问题具体分析：一是党纪立案后，发现涉嫌职务犯罪的，必须补充政务立案；二是党纪立案后，发现涉嫌违法问题且需适用监委调查措施的，必须补充政务立案。

同时，为了顺畅对接司法机关，中共党员涉嫌职务犯罪以及拟启动被调查人逃匿、死亡案件违法所得的没收程序等时，均应当同时办理监察立案手续。

第二节　监督检查审查调查措施

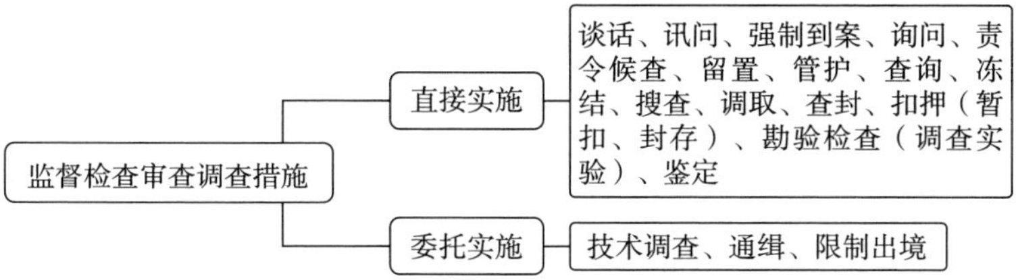

图 3－5　监督检查审查调查措施

纪检监察体制改革以来，2018 年《中华人民共和国监察法》赋予纪检监察机关谈话、讯问、询问、留置、查询、冻结、搜查、调取、查封、扣押（暂扣、封存）、勘验检查、鉴定、技术调查、限制出境、通缉等十五项调查措施。其中，前十二项为监察机关可以决定并直接实施的措施，后三项为监察机关可以决定但需委托其他机关实施的措施。针对监察机关强制措施单一、被调查人经通知不到案、自动投案人员情绪波动等问题，2024 年新修正的《中华人民共和国监察法》进一步授予监察机关调查实验、强制到案、责令候查、管护、禁闭等 5 项措施，另赋予“函询”线索处置方式与调查措施双重法律地位。[①]因此，自 2025 年 6 月 1 日开始，监察机关被授予的法定调查措施将增加至 21 项。

注意事项：（1）讯问、强制到案、责令候查、管护、留置、禁闭、冻结、搜查、查封、扣押、通缉措施，应当在立案后进行[②]。另外，在立案前相关人员主动上交了有关财物，但认为需要进一步调查才能确

---

① 根据《中华人民共和国监察法实施条例》第五十九条第一款之规定，“监察机关采取谈话、函询方式处置问题线索的，适用监察法和本条例关于采取该两项措施的相关规定”。因此，从广义上讲，函询既是线索处置方式，也是调查措施。本书第二章已对“函询”做了较为全面的阐述，本章不再赘述。

② 根据《中华人民共和国监察法实施条例》第五十九条第一款之规定，符合特定条件时，管护措施也可以在立案前适用。在本章“管护”部分再详细阐述。

定相关财物处置的，可先行采取暂扣、封存措施；（2）市级及以下纪检监察机关在初步核实阶段不得采取技术调查措施；（3）采取技术调查、通缉、限制出境措施，完成审批后，交有关机关执行；（4）采取讯问、强制到案、询问、责令候查、留置、管护、搜查、查封、扣押、通缉、禁闭措施，应当以监委名义进行；（5）以监委名义收集的证据材料，可以在监督执纪工作中作为证据使用。

一、谈话

（一）图解

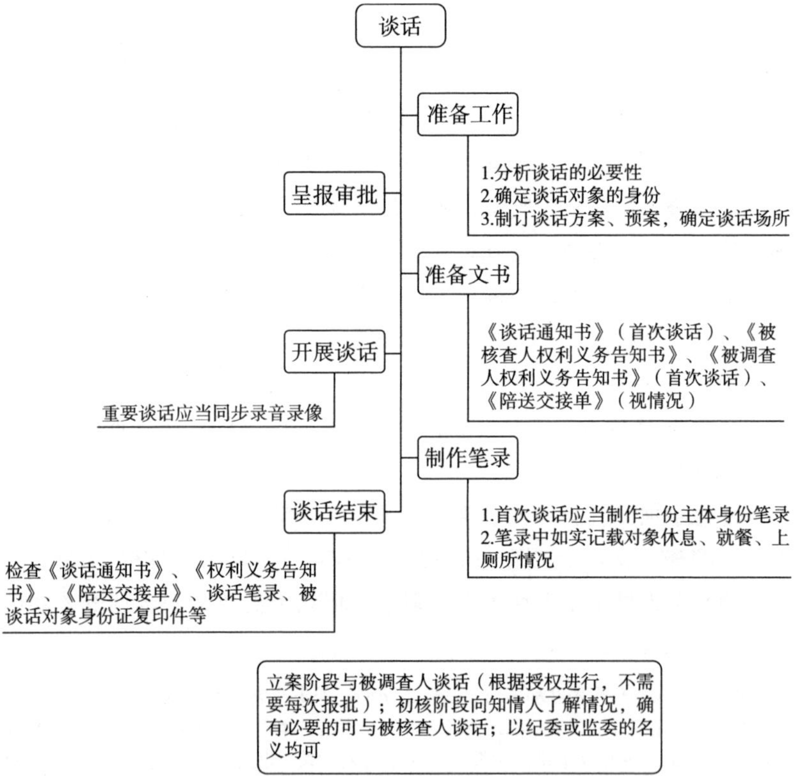

图 3－6　谈话

（二）实务指引

1. 适用情形

（1）在监督过程中，对苗头性、倾向性问题以及可能存在一般性违纪或职务违法的党员干部、监察对象，可以直接或委托有关机关、人员谈话，即通常所称监督谈话。

（2）在初步核实和立案审查调查过程中，对涉嫌违纪或者涉嫌职务违法的被审查调查人可以进行谈话，即通常所称审查调查谈话。

监督谈话的有关要求，在本书“问题线索处置”一章中的谈话函询中有详细介绍，本节着重介绍审查调查谈话的有关要求。同时，询问、讯问的相关要求也基本相同，因此在后续询问、讯问篇章中相同的要求不重复介绍。

2. 问题线索处置阶段采取谈话措施的注意事项

纪检监察机关可以在问题线索处置阶段采取谈话等措施，这里的问题线索处置阶段是指问题线索受理后到提出适当了解、谈话、函询、初步核实、予以了结、暂存待查等线索处置方式的阶段。

在线索处置阶段采取谈话措施的应当注意：一是要尽量控制谈话范围，仅仅局限于可能违纪或者职务违法的党员、监察对象以及相关知情人员进行谈话，不得随意扩大谈话对象；二是审批权限要提高，无论与何级别的人员谈话，均至少需要报分管领导审批，有更高权限规定的按照更高权限办理。

3. 初核阶段采取谈话措施的注意事项

《中华人民共和国监察法实施条例》第八十条规定：“监察机关开展初步核实工作，一般不与被核查人接触；确有需要与被核查人谈话的，应当按规定报批。”

初核的主要任务是为立案与否提供客观依据，在初核工作中不与核查人开展谈话，能有效控制知悉范围、缩小影响，防止发生串供或者毁灭、伪造证据等情况，造成工作被动。当然，在开展初核中，并非一律不能与被核查人谈话。认为需要与被核查人员谈话的，可以经审批后进行。比如，初步核实的问题仅涉嫌违纪和职务违法，经过初步核实已经基本掌握主要事实和证据，就可以通过与被核查人谈话直接了解情况、获取证据，与已经收集的客观证据相互印证，进一步增强证据体系的稳定性，提高初步核实工作的质量。

在初步核实阶段需要开展谈话措施的，应当根据谈话对象的干部管理权限进行审批。初步核实谈话的报批程序包括两种情况：一种情况是在履行初步核实审批程序时已经对拟采取谈话措施一并报批；另一种情况是在履行初步核实审批程序时没有对采取谈话措施一并报批的，则需要按照规定的审批程序另外报批。实践中，个别地方为确保采取谈话措施的严肃性和时效性还规定了必须在报批之后的一定时限内开展谈话，如果超出规定期限则需要重新报批。

4. “走读式” 谈话的注意事项

“走读式”谈话是指在初步核实与立案审查调查过程中与被核查（调查）人、相关证人、知情人进行的谈话。需要注意的是，因立案审查调查是从开具立案决定开始至下达处分决定结束，据此，在审查调查工作中，与被责令候查人员、未被限制人身自由的被审查调查人进行的宣布立案和处分决定谈话、违纪违法事实材料见面谈话、审理谈话，也应当纳入“走读式”谈话适用范围。

（1）谈话时间。“走读式谈话”一般不能超过10个小时，夜间谈话一般不能超过22:00。

（2）谈话地点。选择谈话地点要结合问题的严重性、谈话风险等多种因素进行综合评估，一般分为两种情况：一是一般应在纪检监察机关谈话场所即标准化的“走读式”谈话室开展；二是反映的问题不严重、谈话安全风险低时，也可以在具备安全保障条件的工作地点开展谈话，该谈话地点通常设在一楼。当然，第二种谈话地点属于例外情形。

（3）谈话要求。谈话前，了解掌握被谈话对象的个人履历、身体精神状况、性格特点、家庭关系、工作表现、为人处世等方面的情况，做到“应知尽知”，进行谈话风险评估，并按照“一人一策”制订谈话方案。

（4）谈话人。谈话人以本机关纪检监察干部为主。如果谈话对象是女性，必须要有女性干部参加。

（5）谈话审批。按谈话对象的干部管理权限，严格履行审批手续。未经审批，不能谈话。①

（6）谈话交接。实践中，谈话对象需要在亲属、同事等特定人员的陪同下到纪检监察机关谈话场所或者约定的具备安全保障条件的工作地点接受谈话，并办理谈话交接手续。谈话结束前，谈话人员要做好谈话对象的思想解压工作，避免对象带着"心理包袱"离开谈话场所，之后，将谈话对象交给陪送人员并办理交接手续。办理交接手续可以印证、监督谈话工作是否文明。此外，谈话对象离开谈话地点之后，谈话人员要与谈话对象保持必要的联系，确保谈话对象安全返回家中、办公室等约定的地方，根据工作需要做好谈话回访工作，了解对象结束谈话之后的心理身体状况，预防安全风险。

5. 谈话方案

谈话方案内容明确具体是确保谈话安全、成功的关键性因素，审查调查工作中要高度重视谈话方案的制订，把问题尽可能想全想透，把可能遇到的情况和需要组织明确的政策体现在谈话方案中，严禁超出谈话方案范围谈话。

制订谈话方案一般要包含四方面内容：（1）简要案情和掌握证据情况。（2）被谈话人的基本情况，包括被谈话人的个人履历、工作表现、性格特点、身体状况、家庭情况等。（3）谈话目的和要求，明确谈话预期目的是核实还是突破，为达到谈话目的，谈话中要注意什么问题，要解决的重点问题是什么。要坚决防止谈话人员不顾组织授权、不照谈话方案，随意超范围谈话，甚至改变谈话性质，将核实性谈话升级成全面审查调查谈话。如果是审查调查谈话要突破、深挖问题，那就要做好留置预案。（4）谈话中的政策和策略运用。谈话中使用什么策略、怎样使用策略、如何使用证据，要体现在谈话方案中，供谈话人员提前掌握；谈出问题组织给什么政策，需要提前授权给谈话人，且要经过批准才能对被谈话人讲，给谈话对象以稳定的心理预期。

---

① 参见佚名：《"走读式谈话"注意事项梳理》，载微信公众号"纪法课堂"2022年11月7日，https：//mp. weixin. qq. com。

6. 笔录制作

（1）笔录名头。在违纪案件的谈话函询、初核和审查阶段，使用中共××纪律检查委员会的名头；职务违法案件的初核和调查阶段，使用××监察委员会的名头；对具有公职人员身份的党员进行初核时，因尚不知其是否涉嫌职务违法行为，可使用双名头。

（2）被谈话人的权利义务。根据《中国共产党纪律检查机关监督执纪工作规则》《中华人民共和国监察法》的有关规定，被谈话人的权利主要包括申请回避的权利；对谈话人员的违规违法行为，有控告、申诉的权利；使用本民族语言文字的权利；核对笔录的权利；申辩的权利。被谈话人的义务主要包括依法作证的义务，如实回答的义务。谈话人员可制作《被谈话人员权利义务告知书》，在被谈话人确认后令其签字。

（3）不同阶段的要点。①审查阶段。审查阶段笔录的制作，应当归纳初核阶段查明的问题，结合审查阶段查明的新问题，以违反政治纪律、中央八项规定精神、组织纪律、廉洁纪律、群众纪律、工作纪律、生活纪律的顺序进行表述。②调查阶段。调查阶段的笔录，应当着重记录被谈话人行为违反的是何种法律法规，并将同一类违法行为集中表述。

（4）责任划分。与被谈话人进行谈话时，一定要记明其前科劣迹和曾受过的各类处分；记明被谈话人对造成的损失或者后果应负直接责任还是领导责任，在领导责任中应负主要领导责任还是重要领导责任。

（5）违纪违法所得。对于违纪或职务违法行为所获得的财物，应记明种类、数量与金额；对于违纪或职务违法行为所获得的其他利益，应详细记录获得的时间、颁布机关、具体种类等。

（6）其他。前后笔录之间存在矛盾的，谈话人员应当在后一份笔录中记明原因；方言的记录中，谈话人员应当首先记录原话，再询问该原话是什么意思，令其以普通话进行解释并做好记录，应避免低俗的语言表达出现，必要时也可对部分方言进行转化。①

---

① 参见王聪、郑俊、汪忠军、戴奎：《纪检监察干部必备核心技能》，中国法制出版社2021年版，第509–510页。

笔录制作完成后，应当交给被谈话人核对并签名、按指印。被谈话人没有阅读能力的，应当向其宣读。如果笔录记载有遗漏或者差错，或者与被谈话人表达的意思不一致，应当进行补充或更改。

7. 自书材料

被谈话人请求自行书写书面材料的，应当准许。必要时，调查人员可以要求被谈话人自行书写说明材料。需要注意的是，被谈话人自行书写的材料不能完全代替谈话笔录，对于关键性的事实、定性等，即便被谈话人撰写了自书材料，仍然需要制作笔录；对于自书材料中没有表述完整的，应当通过笔录来补充完整；对于自书材料与笔录表述不一致的地方，应当与被谈话人核实，要求其说明理由，并明确以哪份材料为准。自书材料不仅需要被谈话人签字、按手印，同时也需要调查人员签字确认接收。

8. 重点提醒

（1）呈批方式。如果拟被谈话人已被纳入谈话方案之中，因该方案已履行相应审批程序，无须再单独报批；如果对方案以外的人开展谈话工作，还需按照干部管理权限履行审批手续。对涉嫌违纪或职务违法、职务犯罪的被审查调查人立案后，依法进行审查调查谈话的，由承办部门根据授权进行，不再每次单独报批。

（2）相关文书、证件资料准备。与未被限制人身自由的被审查调查人谈话的，应当在首次谈话时向其出具《被调查人权利义务告知书》《谈话通知书》，且不宜在没有安全保障条件的场所进行。与被羁押的人谈话（如，在押的犯罪嫌疑人及被告人、在看守所和监狱的服刑人员），应当出示介绍信、工作证件等证明监察工作人员身份的证明材料或证件，与犯罪嫌疑人、被告人谈话还要商请案件主管机关协助办理。

（3）留置及管护措施适用。对重要的谈话要全程同步录音录像，发现严重职务违法、职务犯罪问题，依照《中华人民共和国监察法》需要采取留置措施且情况紧急的，经监察机关主要负责人批准，可以先采取管护措施，符合立案条件的应及时立案。

（4）首次谈话特殊时间要求。监察机关采取留置或管护措施后，应当在二十四小时以内对涉嫌职务违法的被调查人或被管护人员进行谈话。

（5）谈话结束前，要消除被谈话人心理不稳定因素，防范被谈话人离开谈话点后发生意外事件。谈话结束后，填写《陪送交接单》，按程序与相关单位或者人员交接，并做好跟踪回访等工作。

（三）示例

2019年2月15日，某市纪委监委第一监督检查室对该市交通局副局长张某违规吃喝的问题进行了立案审查，并拟对张某进行谈话核查相关情况。该室经集体研究后，拟订了谈话方案，做好风险评估，制订安全预案。2月16日，经批准，第一监督检查室负责人与同事在“走读式”谈话点对张某开展了谈话工作。谈话结束前，谈话人员进一步做通被谈话人思想工作，并与张某好友李某做好交接工作。

解读

本示例中的谈话是由纪检监察机关直接实施，且经批准后由承办部门主要负责人进行。由于张某是因涉嫌违纪问题而被立案审查，因此对张某谈话形成的笔录是纪律检查机关的《谈话笔录》。

谈话时，首先应当告知张某享有的权利、需要承担的义务，再谈话了解主体问题。了解主体问题主要有两种方式：（1）谈话对象对问题认识比较深刻、积极配合谈话工作，事情交代较为全面，谈话人员只需要进行补充性发问；（2）谈话对象仍然存在侥幸心理，以记忆不清等理由不主动交代问题，谈话过程主要由谈话人员发问为主。对于第二种情形，谈话人员要下更大的功夫做通思想政治工作，同时从结果倒推事情经过。

“违规吃喝”涉及许多情形，如：接受、提供可能影响公正执行公务的宴请；违反接待管理规定，超标准、超范围接待或借机大吃大喝；违反有关规定组织、参加用公款支付的宴请。谈话人员开展谈话工作时，要紧紧围绕不同违纪情形的构成要件展开，谈清楚具体的违纪事由，为案件审查结束时准确定性量纪打下基础。

谈话结束后，第一监督检查室按照“一人一对策一方案”要求，制订详细的谈话安全应急预案，且谈话结束后，及时做好被谈话人的心理疏导、评估了谈话后的安全风险，"手递手"将张某交接到位。

（四）法规索引速查

《中国共产党纪律检查机关监督执纪工作规则》（中共中央办公厅印发，2019 年 1 月 1 日起施行）

第二十八条　谈话应当由纪检监察机关相关负责人或者承办部门负责人进行，可以由被谈话人所在党委（党组）、纪委监委（纪检监察组、纪检监察工委）有关负责人陪同；经批准也可以委托被谈话人所在党委（党组）主要负责人进行。

谈话应当在具备安全保障条件的场所进行。由纪检监察机关谈话的，应当制作谈话笔录，谈话后可以视情况由被谈话人写出书面说明。

第四十三条　立案审查调查方案批准后，应当由纪检监察机关相关负责人或者部门负责人与被审查调查人谈话，宣布立案决定，讲明党的政策和纪律，要求被审查调查人端正态度、配合审查调查。

审查调查应当充分听取被审查调查人陈述，保障其饮食、休息，提供医疗服务，确保安全。严格禁止使用违反党章党规党纪和国家法律的手段，严禁逼供、诱供、侮辱、打骂、虐待、体罚或者变相体罚。

第四十九条　对涉嫌严重违纪或者职务违法、职务犯罪问题的审查调查，监督执纪人员未经批准并办理相关手续，不得将被审查调查人或者其他重要的谈话、询问对象带离规定的谈话场所，不得在未配置监控设备的场所进行审查调查谈话或者其他重要的谈话、询问，不得在谈话期间关闭录音录像设备。

第六十九条　纪检监察机关开展谈话应当做到全程可控。谈话前做好风险评估、医疗保障、安全防范工作以及应对突发事件的预案；谈话中及时研判谈话内容以及案情变化，发现严重职务违法、职务犯罪，依照监察法需要采取留置措施的，应当及时采取留置措施；谈话结束前做好被谈话人思想工作，谈话后按程序与相关单位或者人员交接，并做好跟踪回访等工作。

《中共中央纪律检查委员会关于查处党员违纪案件中收集、鉴别、使用证据的具体规定》（中共中央纪律检查委员会印发，1991年7月23日起施行）

第二条第一款第三项、第五项、第六项 证明案件真实情况的一切事实都是证据。证据包括：

3. 证人证言，指证人就其所了解的案件情况所作的陈述。凡是知道案件真实情况的人都可以作为证人。不能辨别是非的人，不能正确表达的人，不能作证人。

5. 受侵害人员的陈述，指受违纪行为直接侵害的人员就案件事实情况所作的控告和述说。

6. 受审查党员的陈述，指受审查党员就案件事实所作的交待、申辩和对同案违纪人员的检举、揭发。

第七条 凡是知道案件情况的党员和群众，都应及时地、如实地提供证言，不得拒绝作证。党员故意提供虚假情况，情节严重的给予必要的纪律处分。

收集证人证言，不要采取座谈会的形式。证人证言要一人一证，一般情况下一事一证。由证人用钢笔或毛笔书写。没有书写能力的，由他人或调查取证人根据证人的讲述代写，写好后读给证人听，并按证人意见进行修改，然后由证人签字、盖章或按手印。书写证人证言，应把所要证明的事实发生的时间、地点、当事人、原因、情节、手段、结果等书写清楚。调查人员要做好询问笔录，并应由被询问人签字。

对证人证言，应由取证人注明证人工作单位、职务，并由取证人签字。不必由所在单位加盖公章或加注“属实”、“供参考”之类的文字。

证人作证后，如有补充、更正，可另行书写，并说明更正的理由。办案人员应将补充、更正的证人证言与该证人原出具的证言一并归入案卷。

证人作证后，党组织应为其保密。如发现受审查党员及其亲友对证人打击报复，从严处理。

第八条 收集受审查党员的陈述包括：受审查党员对自己所犯错误的交待或申辩；揭发同案违纪人员的材料。

受审查党员应对党忠诚老实，如实向组织交待自己的问题，同时也有依据党章的规定为自己申辩的权利。受审查党员对“处分所依据的事实材料”如提出不同意见，有关党组织应认真研究并作出说明，一并归入案卷。

《中华人民共和国监察法》（主席令第3号公布，2018年3月20日起施行，2024年12月25日修正公布）

第十九条　对可能发生职务违法的监察对象，监察机关按照管理权限，可以直接或者委托有关机关、人员进行谈话，或者进行函询，要求说明情况。

《中华人民共和国监察法实施条例》（国家监察委员会公告第1号公布，2021年9月20日起施行，2025年6月1日修订公布）

第七十七条　监察机关对涉嫌职务违法的监察对象，可以依法进行谈话，要求其如实说明情况或者作出陈述。

谈话应当个别进行。负责谈话的人员不得少于二人。

第七十八条　对一般性问题线索的处置，可以采取谈话方式进行，对监察对象给予警示、批评、教育。谈话应当在监察机关谈话场所、具备安全保障条件的工作地点等场所进行，明确告知谈话事项，注重谈清问题、取得教育效果。

第七十九条　采取谈话方式处置问题线索的，经审批可以由监察人员或者委托被谈话人所在单位主要负责人等进行谈话。

监察机关谈话应当形成谈话笔录或者记录。谈话结束后，可以根据需要要求被谈话人在十五个工作日以内作出书面说明。被谈话人应当在书面说明每页签名，修改的地方也应当签名。

委托谈话的，受委托人应当在收到委托函后的十五个工作日以内进行谈话。谈话结束后及时形成谈话情况材料报送监察机关，必要时附被谈话人的书面说明。

第八十条　监察机关开展初步核实工作，一般不与被核查人接触；确有需要与被核查人谈话的，应当按规定报批。

第八十一条　监察机关对涉嫌职务违法的被调查人立案后，可以依法进行谈话。

与被调查人首次谈话时，应当出示《被调查人权利义务告知书》，由其签名、捺指印。被调查人拒绝签名、捺指印的，调查人员应当在文书上记明。对于被调查人未被限制人身自由的，应当在首次谈话时出具《谈话通知书》。

与涉嫌严重职务违法的被调查人进行谈话的，应当全程同步录音录像，并告知被调查人。告知情况应当在录音录像中予以反映，并在笔录中记明。

第八十二条 立案后，与被责令候查人员或者未被限制人身自由的被调查人谈话的，应当在具备安全保障条件的场所进行。

调查人员按规定通知被调查人所在单位派员或者被调查人家属陪同被调查人到指定场所的，应当与陪同人员办理交接手续，填写《陪送交接单》。

第八十三条 调查人员与被强制到案人员、被管护人员、被留置人员或者被禁闭人员谈话的，按照法定程序在执行相关监察强制措施的场所进行。

与在押的犯罪嫌疑人、被告人谈话的，应当持以监察机关名义出具的介绍信、工作证件，商请有关案件主管机关依法协助办理。

与在看守所、监狱服刑的人员谈话的，应当持以监察机关名义出具的介绍信、工作证件办理。

第八十四条 与被调查人进行谈话，应当合理安排时间、控制时长，保证其饮食和必要的休息时间。

第八十五条 谈话笔录应当在谈话现场制作。笔录应当详细具体，如实反映谈话情况。笔录制作完成后，应当交给被调查人核对。被调查人没有阅读能力的，应当向其宣读。

笔录记载有遗漏或者差错的，应当补充或者更正，由被调查人在补充或者更正处捺指印。被调查人核对无误后，应当在笔录中逐页签名、捺指印。被调查人拒绝签名、捺指印的，调查人员应当在笔录中记明。调查人员也应当在笔录中签名。

第八十六条 被调查人请求自行书写说明材料的，应当准许。必要时，调查人员可以要求被调查人自行书写说明材料。

被调查人应当在说明材料上逐页签名、捺指印，在末页写明日期。

对说明材料有修改的，在修改之处应当捺指印。说明材料应当由二名调查人员接收，在首页记明接收的日期并签名。

第八十七条　本条例第八十一条至第八十六条的规定，也适用于在初步核实中开展的谈话。

第一百一十七条　监察机关采取管护措施后，应当在二十四小时以内对被管护人员进行谈话、讯问。

第一百二十八条　监察机关采取留置措施后，应当在二十四小时以内对涉嫌职务违法的被调查人进行谈话，对涉嫌职务犯罪的被调查人进行讯问。

二、讯问

（一）图解

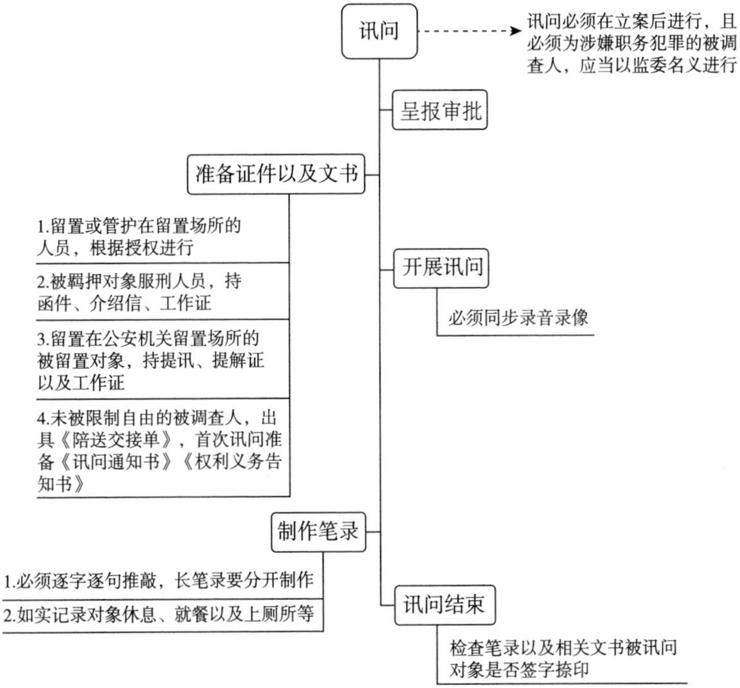

图3-7　讯问

（二）实务指引

1. 讯问顺序

讯问笔录是刑事证据的载体之一，应当符合刑事证据的要求。根据《中华人民共和国刑事诉讼法》《中华人民共和国监察法实施条例》的有关规定，讯问工作应当注意以下顺序：（1）核实被讯问人的基本情况，包括姓名、曾用名、出生年月日、户籍地、身份证件号码、民族、职业、政治面貌、文化程度、工作单位及职务、住所、家庭情况、社会经历，是否属于党代表大会代表、人大代表、政协委员，是否受到过党纪政务处分，是否受到过刑事处罚等。（2）权利义务告知。首次讯问时，讯问人员应当告知被讯问人相关权利和从宽处理、认罪认罚等相关法律规定；如讯问人员未告知相关权利和法律规定且不能补证或作出合理解释，则该首份笔录应当被排除，不得作为定案证据。①（3）告知被讯问人如实供述自己罪行可以依法从宽处理和认罪认罚的法律规定。（4）有罪陈述或辩解。讯问职务犯罪的被调查人、涉案人员时，应当首先讯问其是否有职务犯罪行为，让其陈述有罪的情节或者无罪的辩解，然后向其提出问题。

2. 笔录制作

（1）总体要求。讯问笔录的名头只能写“××监察委员会”；只记录被讯问人的犯罪事实，违反党纪、政务的事实应另行制作笔录；被讯问人有多个罪名的，每个罪名均需制作单独的笔录；有多个犯罪嫌疑人或重要证人的，应当分别制作笔录；调查终结前，应制作综合笔录，列明被讯问人的全部犯罪事实。

（2）突出“职务”作用。讯问人员应记明被讯问人具体职务、职责，是起组织、领导、监督还是管理作用，单位没有明确被讯问人的职务职责的，以其所从事的实际工作来确定其职务和职责。

（3）忠于原意。讯问笔录，一定要全面、客观反映出被讯问人的

---

① 参见潘美玉、高慧、戴奎：《刑事证据审查手册》，法律出版社2021年版，第75页。

真实意思。不能用书面语代替其口语，但可以概括记录其供述。还要注意记录被讯问人的辩解，不搞选择性记录，以免造成后续程序的被动。

（4）探究事实全貌。全国检察业务专家张亮老师曾提出这样一个案例：如问："你贪污的公款用到哪里去了？"对象回答："我请客吃饭挥霍掉了。"到了公诉阶段、庭审阶段，对象狡辩说："我请客吃饭是为了单位业务接待，请客户吃饭后唱歌、洗澡。"① 这就是没有问到底的隐患，既然讯问人员已经走了99步，就不能在最后一步上前功尽弃。另外，讯问人员还应注意通过讯问笔录挖掘其他再生证据，如问："在场是否还有其他人？""你是否跟别人说过你挪用单位公款的事情？""你对收受他人财物是否有记载？""你是否有与他人串供或毁灭证据等行为？"

（5）注意个人特色。例如，在行贿受贿案件中，行贿人给予受贿人财物时可能有其特色的语言，如"帮一把兄弟""先这些，后面还有"等；或将财物放在受贿人身边固定的位置，如脚下或办公桌的抽屉里；又或对财物的包装具有个人习惯，如以万元计装到一个小信封里等。这些个人特色，均应在讯问笔录中全面记录。

（6）避免先入为主。讯问笔录中尽量不要出现带有主观判断的词句，例如，你这是贪污行为，你受贿了多少？原因有三：一是为了防止被讯问人产生逆反心理；二是监察机关的职责主要在于查明事实，具体的司法判断需交给司法机关来认定；三是避免给犯罪嫌疑人及其辩护人在审查起诉及审判活动中留下"笔录系诱供所得"的口实。

（7）涉及金钱、数字的记录应规范全面。前后数字的大小写保持协调，力求规范，例如，不能同时出现一百万和100万，10万5和10.5万；在款项的流转过程中，需要问其是否有手续或证明，如借条、转账凭证、存款凭条等。

（8）证据的出示应明确。在出示证据时，应注明证据的出处及特征，如"向其出示××镇政府2018年9月第3册记账凭证中的第××号凭证及后附原始凭证"，或"向其出示蓝白相间建设银行布袋一个"

---

① 张亮：《张亮讲侦查》，中国检察出版社2014年版，第593页。

等。出示鉴定意见的，应告知其有补充鉴定和重新鉴定的权利。

（9）注意身体语言。讯问中，应完整记录与讯问有关的身体动作及反应，如不语、哭泣、坐立不安、打滚等，保证与讯问有关的身体语言的完整记录，与同步录音录像保持一致。

（10）防止出现疲劳审讯。对被讯问人进行较长时间的讯问时，应将其吃饭和休息时间计入其中，如“上午 11 时 30 分至下午 1 时吃饭休息”。在吃饭休息结束后，问其“是否吃饱”“休息得怎么样”。或者讯问其“身体能否适应”“是否需要休息”等，应要求其回话而非点头即可，并将回话真实记在笔录中。[①] 一般情况下，单次讯问不得超过 6 小时（吃饭、休息后时间重新计算），夜间讯问最晚不得超过 24:00。

3. **重点提醒**

（1）讯问适用阶段。讯问措施只能用于已被立案的被调查人，且一般用于了解核实职务犯罪问题。在发现被调查人涉嫌职务犯罪前一般不使用监察机关讯问笔录，只能由办案人员在调查阶段依法采取。对某一具体涉嫌职务犯罪事实初步查清后，应当在全面梳理分析在案证据的基础上进行讯问。

（2）讯问场所及文书适用。讯问被留置人员、被管护人员，由承办部门根据授权在留置场所进行，不再每次单独报批。讯问未被限制人身自由的被调查人的，应当在首次讯问时向其出具《讯问通知书》，且只能在具备安全保障条件的办案场所进行，并全程同步录音录像。讯问被羁押的人，应当持以监委名义出具的介绍信、工作证件办理。无论讯问对象是谁，在首次讯问时都应当出示《被调查人权利义务告知书》。

（3）首次讯问时间。监察机关采取留置或管护措施后，应当在 24 小时以内对涉嫌职务犯罪的被调查人或被管护人员进行讯问。

（4）同步录音录像。讯问时应当告知被讯问人进行全程同步录音录像。告知情况应当在录音录像情况中予以反映，并记录于笔录中。

---

① 参见王聪、郑俊、汪忠军、戴奎：《纪检监察干部必备核心技能》，中国法制出版社 2021 年版，第 495－496、499－501 页。

（5）讯问范围。调查人员的提问应当与调查的案件相关。被讯问人对调查人员的提问应当如实回答。调查人员对被讯问人的辩解，应当如实记录，认真查核。

（6）重视固定从轻减轻情节。发现涉嫌职务犯罪的被调查人自动投案、如实供述监察机关还未掌握的违法犯罪行为、揭发他人犯罪行为或者提供重要线索等，可能具有自首、立功等法定情节的，应当依法及时讯问。

（三）示例

2020年5月6日，某市纪委监委对该市某县副县长刘某涉嫌受贿犯罪进行立案审查调查并采取留置措施。5月7日，经该市纪委监委分管该案的委领导批准，由部门负责人带队组成的谈话组对刘某开展讯问工作。

解读

对审查调查对象采取留置措施之后，除了必须放入移送卷的笔录，其他笔录可以制作谈话笔录也可以制作讯问笔录。实践中，以做思想政治工作、违纪和职务违法为主要内容的笔录通常为谈话笔录，以职务犯罪为主要内容的笔录通常为讯问笔录。当然，在审讯职务犯罪事实的某些阶段也可以制作谈话笔录，该笔录不能放入移送卷。放入移送卷和违纪卷的笔录要符合特定违纪和职务违法、职务犯罪行为的构成要件。

示例中，如果审查调查组对刘某的谈话尚处于突破阶段，暂时可以不形成讯问笔录，可以让其书写材料；如要形成笔录，可以使用纪检监察机关双头的谈话笔录或者监察机关谈话笔录固定事实并由审查调查对象签字确认，为之后的审讯工作打下良好的基础。

此外，由于示例中刘某已被采取留置措施，对其首次讯问不需要出具《讯问通知书》，但要出具《立案决定书》《留置决定书》等法律文书，并告知留置对象要如实供述自己罪行和认罪认罚可以从宽处罚的法律规定。

（四）法规索引速查

《中华人民共和国监察法》（主席令第3号公布，2018年3月20日起施行，2024年12月25日修正公布）

第二十条 在调查过程中，对涉嫌职务违法的被调查人，监察机关可以进行谈话，要求其就涉嫌违法行为作出陈述，必要时向被调查人出具书面通知。

对涉嫌贪污贿赂、失职渎职等职务犯罪的被调查人，监察机关可以进行讯问，要求其如实供述涉嫌犯罪的情况。

第四十四条 调查人员采取讯问、询问、强制到案、责令候查、管护、留置、搜查、调取、查封、扣押、勘验检查等调查措施，均应当依照规定出示证件，出具书面通知，由二人以上进行，形成笔录、报告等书面材料，并由相关人员签名、盖章。

调查人员进行讯问以及搜查、查封、扣押等重要取证工作，应当对全过程进行录音录像，留存备查。

第五十条第三款 监察机关应当保障被强制到案人员、被管护人员以及被留置人员的饮食、休息和安全，提供医疗服务。对其谈话、讯问的，应当合理安排时间和时长，谈话笔录、讯问笔录由被谈话人、被讯问人阅看后签名。

《中华人民共和国监察法实施条例》（国家监察委员会公告第1号公布，2021年9月20日起施行，2025年6月1日修订公布）

第八十八条 监察机关对涉嫌职务犯罪的被调查人，可以依法进行讯问，要求其如实供述涉嫌犯罪的情况。

第八十九条 讯问被管护人员、被留置人员，应当在留置场所进行。

第九十条 讯问应当个别进行，调查人员不得少于二人。

首次讯问时，应当向被讯问人出示《被调查人权利义务告知书》，由其签名、捺指印。被讯问人拒绝签名、捺指印的，调查人员应当在文书上记明。被讯问人未被限制人身自由的，应当在首次讯问时向其出具《讯问通知书》。

讯问一般按照下列顺序进行：

（一）核实被讯问人的基本情况，包括姓名、曾用名、出生年月日、户籍地、身份证件号码、民族、职业、政治面貌、文化程度、工作单位及职务、住所、家庭情况、社会经历，是否属于党代表大会代表、人大代表、政协委员，是否受到过党纪政务处分，是否受到过刑事处罚等；

（二）告知被讯问人如实供述自己罪行可以依法从宽处理和认罪认罚的法律规定；

（三）讯问被讯问人是否有犯罪行为，让其陈述有罪的事实或者无罪的辩解，应当允许其连贯陈述。

调查人员的提问应当与调查的案件相关。被讯问人对调查人员的提问应当如实回答。调查人员对被讯问人的辩解，应当如实记录，认真查核。

发现涉嫌职务犯罪的被调查人自动投案、如实供述监察机关还未掌握的违法犯罪行为、揭发他人犯罪行为或者提供重要线索等，可能具有自首、立功等法定情节的，应当依法及时讯问。对某一具体涉嫌职务犯罪事实初步查清后，应当在全面梳理分析在案证据的基础上进行讯问。

讯问时，应当告知被讯问人将进行全程同步录音录像。告知情况应当在录音录像中予以反映，并在笔录中记明。

第九十一条 本条例第八十二条至第八十六条的要求，也适用于讯问。

第一百一十七条 监察机关采取管护措施后，应当在二十四小时以内对被管护人员进行谈话、讯问。

第一百二十八条 监察机关采取留置措施后，应当在二十四小时以内对涉嫌职务违法的被调查人进行谈话，对涉嫌职务犯罪的被调查人进行讯问。

三、询问

（一）图解

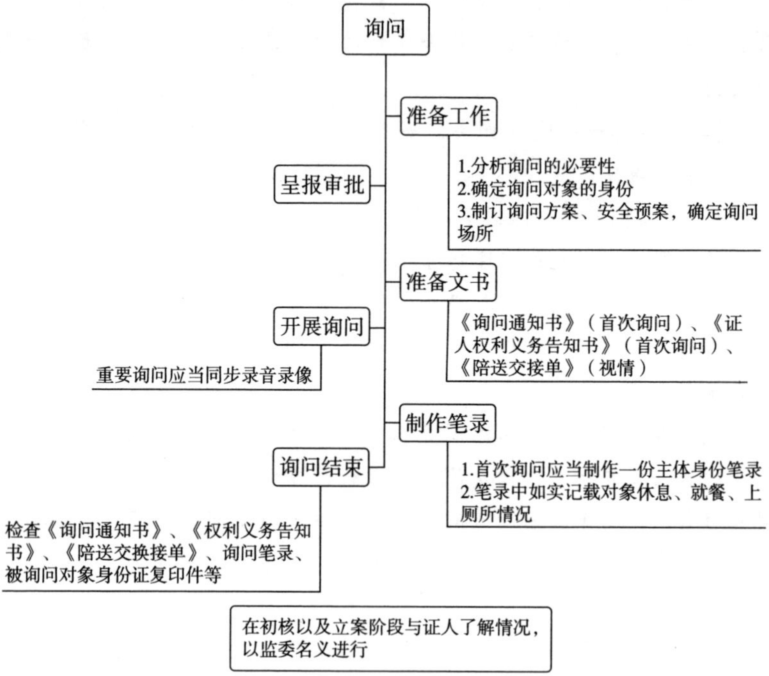

图3－8　询问

（二）实务指引

1. 询问程序

调查人员采取询问措施之前，要按照干部管理权限呈报承办部门负责人或者监察机关相关负责人等批准。①

首次询问之前，应当按照规定出示询问人员的工作证件及加盖了纪检监察机关公章的《询问通知书》，证件与公章的单位名称具有同一性。询

① 参见本书编写组：《监察机关15项调查措施学习指南》，中国方正出版社2018年版，第15页。

问被羁押的人，应当持以监委名义出具的介绍信、工作证办理。实践中，办案单位会从下级纪检监察机关甚至其他单位抽调人员参与办案，抽调单位应当制作临时工作证，确保证件与询问通知书的单位名称是一致的。

首次询问时，应当告知被询问人的权利义务，要详细记录主体身份情况。询问证人应当个别进行，个别询问不仅包括询问人员不得同时询问多名证人，还包括有特别身份的人不得同时参与两次询问活动。如：某证人接受询问后，又因其为同案另一名未成年证人的监护人，其再次作为法定代理人参与对未成年人的询问亦属于违背个别询问原则，该次证言不得作为定案证据。①

询问的内容限于与审查调查案件有关的问题，让被询问人就其所了解的情况进行客观描述。询问人员不得采取威胁、侮辱、指供、诱供、骗证等非法方法进行询问。询问笔录中应如实记录休息、吃饭、上厕所等情况。不得以任何理由将证人强行留下作证。

询问结束之后，询问人员要检查5项材料，即《询问通知书》、《证人权利义务告知书》、《陪送交接单》、身份证复印件、询问笔录。询问人员应当向被询问人提出保密要求，不得将询问内容透露给他人或实施串供、隐匿证据等有碍审查调查工作的行为。要做好被询问人的交接工作，询问对象存在安全隐患的，还要在结束前，做好压力疏导工作，防止后续出现安全事故。

2. 笔录制作

（1）适用范围。询问笔录适用于初核及审查调查阶段的证人等人员。

（2）询问地点。可以到被询问人工作地点、住处或者被询问人提出的地点进行。在必要的时候通知被询问人到纪检监察机关指定的地点提供证言，如询问地点系证人提出的，应在笔录中注明此情节。

（3）询问特殊证人。询问未成年人、聋哑人、不通晓当地通用语言文字的证人，应当在询问笔录中的被询问人自然情况栏注明，印证需要他人在场陪同询问的原因。

---

① 参见潘美玉、高慧、戴奎：《刑事证据审查手册》，法律出版社2021年版，第62－63页。

（4）政治面貌。应在自然情况栏写明被询问人的政治面貌，如果被询问人为党员，有作伪证或隐匿罪证行为的，该身份可作为对其处分的依据。

（5）权利义务的告知。询问人员应当在问明证人的自然情况后即告知其享有的权利和义务，要其在《证人权利义务告知书》上签字，并将该情节记入笔录。需要注意的是，有些义务较为重要，需在笔录中再次强调。例如，证人应当如实提供证据、证言，有意作伪证或者隐匿罪证是要负相应的法律责任的。

（6）同步录音录像。询问重大或者有社会影响案件的重要证人时，可对其同步录音录像，并告知证人。告知情况应在录音录像中予以反映，并在笔录中记明。

（7）事实部分。第一，应问明证人与初核对象或被审查调查人的关系，查明证人是否与本案有利害关系。第二，在询问有关事实时，应先让证人按照时间、地点、人物及事件起因、经过、结果等要素简要陈述询问的主要内容，再针对重点问题进行一问一答式的询问。第三，询问人员应当反复挖掘事实细节，从各个层面展开询问，如天气、环境、所涉人物等，为后续谈话或询问的点滴示证做好准备。①

3. **重点提醒**

（1）关于虚假作证责任追究问题。因监察调查工作不属于刑事诉讼活动，故证人在监察调查过程中故意作虚假证明、意图陷害他人或隐匿罪证的，不宜作为伪证罪处罚。但在公安机关、检察机关或审判机关对其询问时，其仍坚持在监察调查中的说法的，应以伪证罪处罚。如：在“刘某、刘某丽伪证罪一案”② 中，公主岭市监委工作人员在对被告人刘某、刘某丽调查过程中，二人明知宗某买房的20万元是受贿所得，仍然提供该20万元系刘某丽向刘某所借的虚假证言。后在公安机关取证时，二被告人仍称20万元系刘某丽向刘某所借，意图使宗

① 参见王聪、郑俊、汪忠军、戴奎：《纪检监察干部必备核心技能》，中国法制出版社2021年版，第503－505页。

② 吉林省公主岭市人民法院刑事判决书，（2020）吉0381刑初248号。

某逃脱法律追究。法院认定二人犯伪证罪。如果在监察过程中发现了可能涉及伪证的行为，监察机关可以将相关线索移送司法机关处理。司法机关在接到线索后，会按照刑事诉讼程序进行调查、取证和审判，最终根据事实和法律来认定是否构成伪证罪。

（2）询问特殊证人的注意事项。一是询问未成年证人时，应当通知其法定代理人到场。无法通知或者不能到场时，应当通知其他成年亲属或者所在学校、居住地基层组织的代表等有关人员到场。二是询问聋、哑人，应当有通晓聋、哑手势的人员参加。三是询问不通晓当地通用语言、文字的证人，应当有翻译人员。

（3）询问场所选择。询问证人的场所具有多样性，既可以到其工作地点、住所或者其提出的地点，还可以到调查人员指定的地点。但无论是在哪里谈话，都要确保谈话场所的安全性。

（4）证人保护。对于证人、鉴定人、被害人因作证人身安全面临危险时，可以主动申请，监察机关也可以依职权主动开展。主要措施包括不公开个人信息、禁止特定的人员接触、对人身和住宅采取专门性保护措施。

4. 谈话、询问、讯问的区别

表 3－1　谈话、询问、讯问的区别

<table>
<tr><th>类别</th><th>主体</th><th>适用对象</th><th>适用情形</th><th>地点</th><th>两录</th></tr>
<tr><td>谈话</td><td>纪检监察机关或受委托机关、人员</td><td>可能违纪、职务违法的监督对象、被审查调查人及相关人员</td><td>在日常监督，初核、立案后均可使用</td><td>标准谈话室或气氛相对宽松场所</td><td rowspan="2">未作强制要求</td></tr>
<tr><td>询问</td><td rowspan="2">监察机关</td><td>证人及相关人员</td><td>在初核、立案后使用</td><td>未作强制要求</td></tr>
<tr><td>讯问</td><td>涉嫌职务犯罪的被调查人，以及涉嫌行贿犯罪或者共同职务犯罪的涉案人员</td><td>只能在职务犯罪立案之后使用</td><td>标准谈话室或专门场所</td><td>强制要求</td></tr>
</table>

注意事项：

（1）在只作违纪立案，没有监察立案的情况下，对被审查人及相关人员，应采取以纪委名义实施的谈话措施，制作谈话笔录。

（2）对被留置的党员、监察对象，如果只是向其了解核实违纪和职务违法问题，仍可以制作谈话笔录；核实职务犯罪问题，应当制作讯问笔录。

（3）对被立案调查的涉案人员，如果是主案承办机关一并立案的，制作讯问笔录；如果是交由下级纪检监察机关立案的，主案承办机关制作询问笔录，下级纪检监察机关制作该机关的讯问笔录。

（三）示例

某市纪检监察机关调查发现该市水务局局长谢某收受了工程承建商李某好处费50万元，但在讯问过程中，谢某矢口否认。经纪委监委相关负责人批准，调查组迅速对两名潜在知情人谢某爱人王某、李某合伙人陈某展开询问；针对王某、陈某在案件中的利害关系、性格特点，制订翔实的询问方案；鉴于陈某可能涉嫌共同行贿，调查组还制订了安全应急预案。通过询问，调查组得知陈某和李某通过谢某的帮助承接了市水务局的应急项目，为了感谢谢某的帮助，陈某和李某商量从工程款中拿出50万元送给谢某，并由李某负责到谢某家去送钱。另外，谢某爱人王某证言证实李某到其家拜访过谢某，并送过一些现金。

面对大量的不可辩驳的事实和证据，谢某承认了收受工程承建商李某好处费50万元的事实。同时，鉴于陈某向组织坦白交代相关问题，如实提供证人证言，得到了从轻处理。

解读

实践中，对示例中的王某、陈某等非公职人员的询问审批一般由承办部门主要负责人同意即可，但是被询问人是重要证人时，是否同意询问方案、如何开展询问工作通常需要纪委监委相关负责人审批同意。

询问王某、陈某的主要目的是解决谢某是否收受大额财物涉嫌职务犯罪，需要将笔录作为刑事证据，因此，询问笔录应当使用监察机关的抬头。首次询问王某、陈某时，询问人员应当出示《证人权利义务告知书》《询问通知书》；被询问人王某为女性，监察机关需要派女性工作人员参与询问。询问结束之后，询问人员可以根据工作需要要求王某、陈某在规定时间内完成自书材料或者再次进行询问。

（四）法规索引速查

《中国共产党纪律检查机关监督执纪工作规则》（中共中央办公厅印发，2019 年 1 月 1 日起施行）

第四十九条 对涉嫌严重违纪或者职务违法、职务犯罪问题的审查调查，监督执纪人员未经批准并办理相关手续，不得将被审查调查人或者其他重要的谈话、询问对象带离规定的谈话场所，不得在未配置监控设备的场所进行审查调查谈话或者其他重要的谈话、询问，不得在谈话期间关闭录音录像设备。

《中华人民共和国监察法》（主席令第 3 号公布，2018 年 3 月 20 日起施行，2024 年 12 月 25 日修正公布）

第二十二条 在调查过程中，监察机关可以询问证人等人员。

《中华人民共和国监察法实施条例》（国家监察委员会公告第 1 号公布，2021 年 9 月 20 日起施行，2025 年 6 月 1 日修订公布）

第九十二条 监察机关按规定报批后，可以依法对证人、被害人等人员进行询问，了解核实有关问题或者案件情况。

第九十三条 证人未被限制人身自由的，可以在其工作地点、住所或者其提出的地点进行询问，也可以通知其到指定地点接受询问。到证人提出的地点或者调查人员指定的地点进行询问的，应当在笔录中记明。

调查人员认为有必要或者证人提出需要由所在单位派员或者其家属陪同到询问地点的，应当办理交接手续并填写《陪送交接单》。

第九十四条 询问应当个别进行。负责询问的调查人员不得少于二人。

首次询问时，应当向证人出示《证人权利义务告知书》，由其签名、捺指印。证人拒绝签名、捺指印的，调查人员应当在文书上记明。证人未被限制人身自由的，应当在首次询问时向其出具《询问通知书》。

询问时，应当核实证人身份，问明证人的基本情况，告知证人应当如实提供证据、证言，以及作伪证或者隐匿证据应当承担的法律责任。不得向证人泄露案情，不得采用非法方法获取证言。

询问重大或者有社会影响案件的重要证人，应当对询问过程全程同步录音录像，并告知证人。告知情况应当在录音录像中予以反映，并在笔录中记明。

第九十五条 询问未成年人，应当通知其法定代理人到场。无法通知或者法定代理人不能到场的，应当通知未成年人的其他成年亲属或者所在学校、居住地基层组织的代表等有关人员到场。询问结束后，由法定代理人或者有关人员在笔录中签名。调查人员应当将到场情况记录在案。

询问聋、哑人，应当有通晓聋、哑手势的人员参加。调查人员应当在笔录中记明证人的聋、哑情况，以及翻译人员的姓名、工作单位和职业。询问不通晓当地通用语言、文字的证人，应当有翻译人员。询问结束后，由翻译人员在笔录中签名。

第九十六条 凡是知道案件情况的人，都有如实作证的义务。对故意提供虚假证言的证人，应当依法追究法律责任。

证人或者其他任何人不得帮助被调查人伪造、隐匿、毁灭证据或者串供，不得实施其他干扰调查活动的行为。

第九十七条 证人、鉴定人、被害人因作证，本人或者近亲属人身安全面临危险，向监察机关请求保护的，监察机关应当受理并及时进行审查；对于确实存在人身安全危险的，监察机关应当采取必要的保护措施。监察机关发现存在上述情形的，应当主动采取保护措施。

监察机关可以采取下列一项或者多项保护措施：

（一）不公开真实姓名、住址和工作单位等个人信息；

（二）禁止特定的人员接触证人、鉴定人、被害人及其近亲属；

（三）对人身和住宅采取专门性保护措施；

（四）其他必要的保护措施。

依法决定不公开证人、鉴定人、被害人的真实姓名、住址和工作单位等个人信息的，可以在询问笔录等法律文书、证据材料中使用化名。但是应当另行书面说明使用化名的情况并标明密级，单独成卷。

监察机关采取保护措施需要协助的，可以提请公安机关等有关单位和要求有关个人依法予以协助。

第九十八条　本条例第八十三条至第八十六条的要求，也适用于询问。询问重要涉案人员，根据情况适用本条例第八十二条的规定。

询问被害人，适用询问证人的规定。

四、查询、冻结

（一）图解

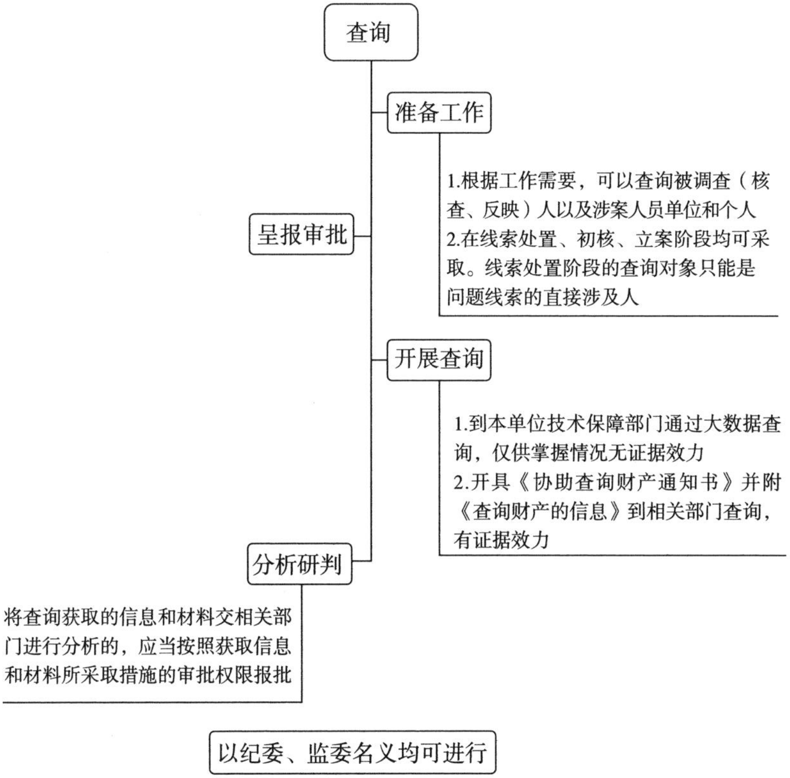

图3－9　查询

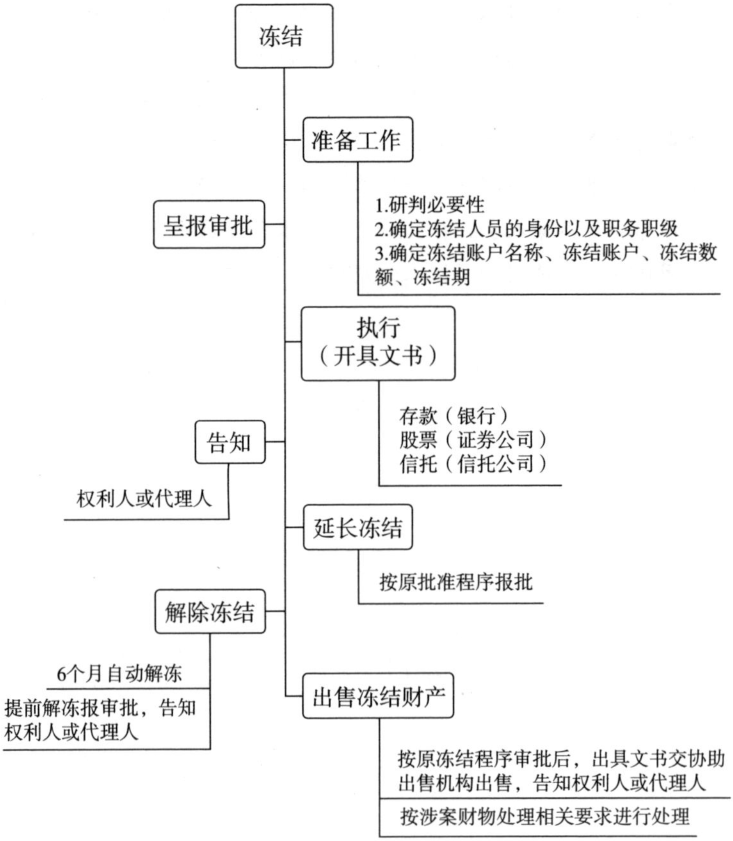

图 3－10　冻结

（二）实务指引

1. 查询、冻结程序

查询或冻结涉案单位和人员的存款、汇款、债券、股票、基金份额等财产的，应当坚持“一事由一提请”原则，填写查询或冻结的事由、事项、信息类型、时间范围等内容，按照干部管理权限报经纪检监察机关相关领导审批。

办理查询或冻结，审查调查人员不得少于 2 人，应当向有关单位和个人出示工作证件、出具查询或冻结文书。审查调查人员必须严格按照批准的对象、范围和事项进行查询或冻结，不得随意扩大范围，不得从事与查询、冻结事项无关的活动。

2. 文书制作

查询应当向有关单位和个人出示工作证件、出具《协助查询财产通知书》。《协助查询财产通知书》中应当填写查询账号、查询内容等信息。没有具体账号的，应当填写足以确定账户或者权利人的自然人姓名、身份证件号码或者企业法人名称、统一社会信用代码等信息。

冻结应当向有关单位和个人出示工作证件、出具《协助冻结财产通知书》。文书中应当填写冻结账户名称、冻结账号、冻结数额、冻结期限及起止时间等信息。

3. 重点提醒

查询的对象为涉案财产，包括银行开户情况、银行流水、交易凭证等银行信息；股票、债券等证券信息；保险产品、信托产品、银行理财产品信息；以及车辆和房产信息等。查询的信息应当向被审查调查人或者证人出示核对，并在笔录中记明。需要注意的是，一般不由涉案人员提供自助查询的银行信息；特殊情况需采用涉案人员提供的信息的，应让其提供取证过程录像。

冻结是阻止涉案财产变动的一种调查措施，冻结财产的期限不得超过6个月；冻结期限届满，仍需冻结的，可以续冻，每次续冻的期限不得超过6个月，续冻没有次数限制，未办理续冻手续的，冻结自动解除。被冻结的股票、债券、基金份额等财产，在不造成损害及不影响办案的情况下，可经申请出售；被冻结的汇票、本票、支票即将到期的，经审批可依法出售。出售应当出具《许可出售冻结财产通知书》。所得价款继续冻结在银行账户；没有银行账户的，存入监察机关指定的专用账户。出售情况应当通知相关人员，并出具《出售冻结财产通知书》。

查明冻结的财产与案件无关的，应当在查明情况后3日内解除冻结。需要注意的是，冻结的存款金额应当与涉案金额相当，如无法确定需冻结的具体数额，可以采取“只收不付”的方式冻结。

（三）示例

某市纪委监委在查办该市交通局局长张某涉嫌受贿案时，通过对工程承建商黄某进行询问，获知黄某为了承揽该市交通工程，送给张某1张以其名义开户的农行卡，卡内有50万元。经批准，办案人员立即到农行去调取该卡的开户信息和交易记录，发现卡内确实有50万元。办案人员及时将情况汇报给分管领导，并经其同意，到银行对该卡进行了冻结。

解读

本示例中黄某不是同级党委管理的党员领导干部，实践中，查询此类人员的银行流水信息一般由承办部门负责人批准即可，为了慎重起见也可以呈报委领导审批。相较查询而言，冻结银行账户对单位或个人的财产限制更大，因此采取冻结措施时，应当呈报纪委监委有关负责人审批同意方可实施。

通过询问和查询，银行账户的资金与证言陈述的内容相符，张某收受黄某50万元贿赂款的真实性较大。为了进一步查明案件事实，也防止他人将疑似涉案财物转移，有必要冻结该笔资金。张某和黄某的干部管理权限不同，本示例中的50万元虽然疑似黄某送给张某，但资金仍然在黄某名下的银行卡之中，履行查询和冻结审批手续时，应当以黄某的身份判断确定审批权限。

经过审查调查，如果发现该笔50万元不是贿赂款，办案机关应当在3日内办理解除冻结手续。

（四）法规索引速查

《中华人民共和国监察法》（主席令第3号公布，2018年3月20日起施行，2024年12月25日修正公布）

第二十六条 监察机关调查涉嫌贪污贿赂、失职渎职等严重职务违法或者职务犯罪，根据工作需要，可以依照规定查询、冻结涉案单位和个人的存款、汇款、债券、股票、基金份额等财产。有关单位和个人应当配合。

冻结的财产经查明与案件无关的，应当在查明后三日内解除冻结，予以退还。

《中华人民共和国监察法实施条例》（国家监察委员会公告第1号公布，2021年9月20日起施行，2025年6月1日修订公布）

第一百三十五条 监察机关调查严重职务违法或者职务犯罪，根据工作需要，按规定报批后，可以依法查询、冻结涉案单位和个人的存款、汇款、债券、股票、基金份额等财产。

第一百三十六条 查询、冻结财产时，调查人员不得少于二人。调查人员应当出具《协助查询财产通知书》或者《协助冻结财产通知书》，送交银行或者其他金融机构、邮政部门等单位执行。有关单位和个人应当予以配合，并严格保密。

查询财产应当在《协助查询财产通知书》中填写查询账号、查询内容等信息。没有具体账号的，应当填写足以确定账户或者权利人的自然人姓名、身份证件号码或者市场主体名称、统一社会信用代码等信息。

冻结财产应当在《协助冻结财产通知书》中填写冻结账户名称、冻结账号、冻结数额、冻结期限起止时间等信息。冻结数额应当具体、明确，暂时无法确定具体数额的，应当在《协助冻结财产通知书》上明确写明"只收不付"。冻结证券和交易结算资金时，应当明确冻结的范围是否及于孳息。

冻结财产，应当为被调查人及其所扶养的亲属保留必需的生活费用。

第一百三十七条 调查人员可以根据需要对查询结果进行打印、抄录、复制、拍照，要求相关单位在有关材料上加盖证明印章。对查询结果有疑问的，可以要求相关单位进行书面解释并加盖印章。

第一百三十八条 监察机关对查询信息应当加强管理，规范信息交接、调阅、使用程序和手续，防止滥用和泄露。

调查人员不得查询与案件调查工作无关的信息。

第一百三十九条 冻结财产的期限不得超过六个月。冻结期限到期未办理续冻手续的，冻结自动解除。

有特殊原因需要延长冻结期限的，应当在到期前按原程序报批，办理续冻手续。每次续冻期限不得超过六个月。

第一百四十条 已被冻结的财产可以轮候冻结，不得重复冻结。轮候冻结的，监察机关应当要求有关银行或者其他金融机构等单位在解除冻结或者作出处理前予以通知。

监察机关接受司法机关、其他监察机关等国家机关移送的涉案财物后，该国家机关采取的冻结期限届满，监察机关续行冻结的顺位与该国家机关冻结的顺位相同。

第一百四十一条 冻结财产应当通知权利人或者其法定代理人、委托代理人，要求其在《冻结财产告知书》上签名。冻结股票、债券、基金份额等财产，应当告知权利人或者其法定代理人、委托代理人有权申请出售。

对于被冻结的股票、债券、基金份额等财产，权利人或者其法定代理人、委托代理人申请出售，不损害国家利益、被害人利益，不影响调查正常进行的，经审批可以在案件办结前由相关机构依法出售或者变现。对于被冻结的汇票、本票、支票即将到期的，经审批可以在案件办结前由相关机构依法出售或者变现。出售上述财产的，应当出具《许可出售冻结财产通知书》。

出售或者变现所得价款应当继续冻结在其对应的银行账户中；没有对应的银行账户的，应当存入监察机关指定的专用账户保管，并将存款凭证送监察机关登记。监察机关应当及时向权利人或者其法定代理人、委托代理人出具《出售冻结财产通知书》，并要求其签名。拒绝签名的，调查人员应当在文书上记明。

第一百四十二条 对于冻结的财产，应当及时核查。经查明与案件无关的，经审批，应当在查明后三日以内将《解除冻结财产通知书》送交有关单位执行。解除情况应当告知被冻结财产的权利人或者其法定代理人、委托代理人。

五、调取、查封、扣押（暂扣、封存）

（一）图解

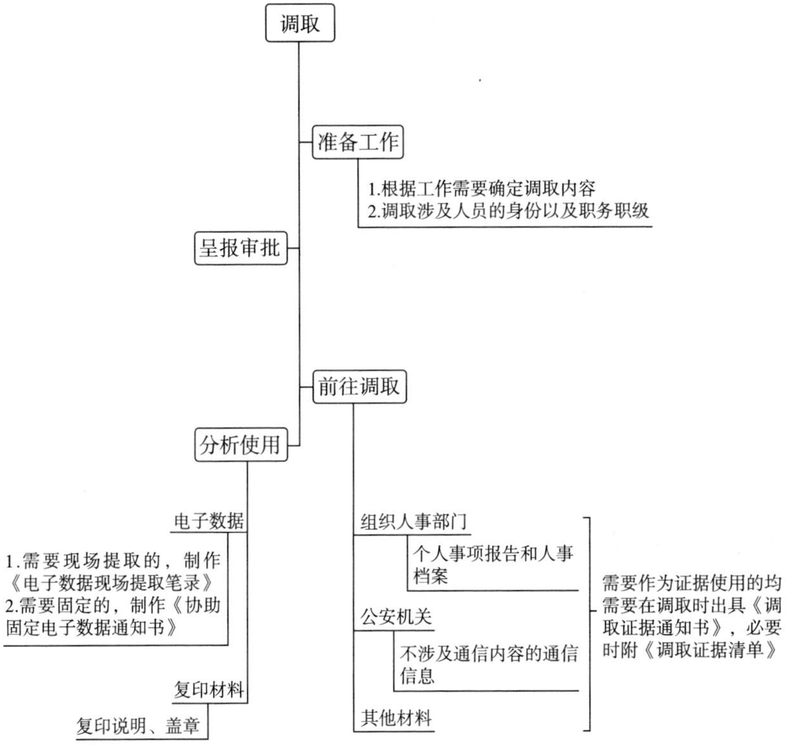

图 3－11　调取

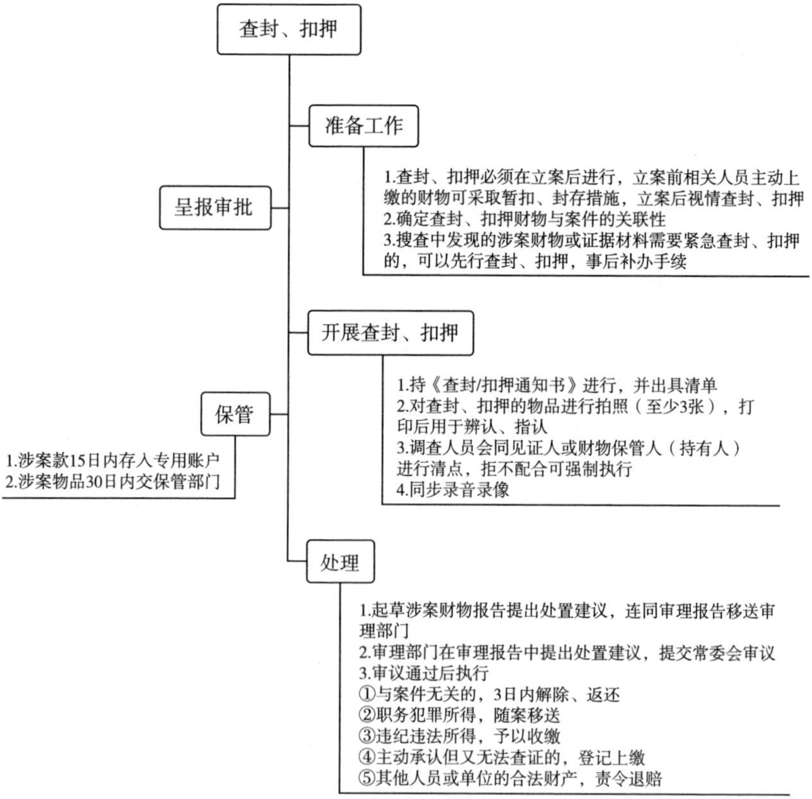

图 3－12　查封、扣押

（二）实务指引

1. 文书制作

实施调取措施时，依法出具《调取证据通知书》，并附《调取证据清单》。

实施查封、扣押措施时，持《查封/扣押通知书》进行，并附《查封/扣押财物、文件清单》，采取暂扣、封存措施的，应当填写《暂扣/封存涉案财物、文件登记表》。

2. 重点提醒

（1）调取程序要求。调取书证应尽量调取原件，难以调取原件的可以调取复印件，并注明材料来源、原件存放处、页数等信息，材料提供人和调取人均需签名、签写日期，还要由材料提供单位在首末页和骑缝处盖章。对涉及重要问题的书证，应当向被审查调查人或者证人出示核对并在笔录中记明，如同一份书证需向多人出示核对，应出示单独的书证复印件。

（2）调取书证渠道。自然人主体身份资料，包括：①向户籍所在地的公安机关调取人口户籍信息资料；②向民政部门调取婚姻登记信息材料；③向组织人事部门调取人事档案、个人重大事项报告材料，党代表、党委委员等材料；④向工作单位调取岗位职责、分管部门、职权范围、出差记录、会议纪要（记录）、涉案文件等材料；⑤向人大、政协机关调取人大代表、政协委员身份材料。单位（企业）主体身份资料，包括：①向涉案单位等调取统一社会信用代码证书；②向“国家企业信用信息公示系统”网站或“天眼查”App 等网络渠道调取涉案企业登记信息；③向涉案被挂靠企业或业主单位调取合同协议、财务资料等，以证实挂靠关系。

（3）调取房产、车辆信息。房产资料是在房产所在地的不动产登记中心调取；车辆资料是在购买车辆所在地的公安机关车管部门调取。需注意，该两类信息调取后，还须结合银行交易记录等追查资金来源或实际使用人。

（4）调取通讯信息。通过调取措施，只能调取不涉及具体通信内容的通讯信息，需要获取具体通讯内容的通讯信息需要采取技术调查手段。

（5）调取汇率信息。汇率信息可以从国家外汇管理局官网查询、下载，审查调查人员在打印件上注明调取情况并签名、注明日期。

（6）同录工作。查封、扣押工作起始阶段要全过程不间断记录，确实无法记录的，应当立即向审查调查组领导报告，并在事后书面说明情况。

（7）情况紧急。实施查封、扣押措施，在紧急或其他特殊情况下，承办人扣押先行使用预申领措施文书，但应当在规定时间内补办报批手续。

（8）上传系统。查封、扣押涉案财物后，承办部门应当在规定时间内将涉案财物详细信息、《查封/扣押财物、文件清单》录入并上传至涉案财物信息管理系统。

（9）主动上交财物。在立案调查前，对于监察对象及相关人员主动上交的涉案财物，经审批可以接收并填写《主动上交财物登记表》，根据《中国共产党纪律检查机关监督执纪工作规则》可以先采取暂扣、封存措施。根据立案及审查调查情况及时决定是否采取查封、扣押措施。

（10）其他。查封不动产时，应核实该不动产此前有无被查封或者抵押等，并视情况由不动产登记管理机构提供权属材料或者出具相关说明。调取、查封、扣押价值不明物品应当及时鉴定。

（三）示例

某市纪委监委在调查该市教育局局长李某涉嫌严重违纪违法案件时，调取了李某住宿、航班等大量信息。经比对梳理发现，该市教育局局长李某与下属女同事谢某往来密切，有多次同住信息。审查调查组及时将谢某纳入涉案人员调查，通过调取谢某的住房信息，发现谢某名下有多处房产；办案人员通过查询该房产的交款信息，发现这些房产的资金全部来源于一个叫何某的商人，该商人主要从事书桌等教学用品销售。审查调查组对李某突击讯问，李某在强大的证据面前，如实供述了其帮助何某承揽多个学校的教学、办公用品采购业务；何某为了感谢李某的帮助，在李某的安排下，将大量好处费交给了李某情人谢某；谢某将这些钱全部用于购房。办案人员按照安排，及时查封了涉案房产，并从谢某处将房产证等资料进行了扣押。

解读

示例中，办案人员调取的市教育局局长李某住宿、航班等大量信息，大多是通过数据体现，需要办案人员梳理分析，通过比对发现李某与下属女同事谢某涉嫌不正当男女关系问题。扣押的房产权利证书等资料要向谢某出示核对，说明情况。办案人员在查封谢某名下涉案房产的同时，一并扣押了这些房产的房产证，如果查明查封、扣押的财产与案件无关，应当在查明后3日内解除或者退还。

（四）法规索引速查

《中国共产党纪律检查机关监督执纪工作规则》（中共中央办公厅印发，2019年1月1日起施行）

第四十六条第二款　调查取证应当收集原物原件，逐件清点编号，现场登记，由在场人员签字盖章，原物不便搬运、保存或者取得原件确有困难的，可以将原物封存并拍照录像或者调取原件副本、复印件；谈话应当现场制作谈话笔录并由被谈话人阅看后签字。已调取证据必须及时交审查调查组统一保管。

第四十七条　查封、扣押（暂扣、封存）、冻结、移交涉案财物，应当严格履行审批手续。

执行查封、扣押（暂扣、封存）措施，监督执纪人员应当会同原财物持有人或者保管人、见证人，当面逐一拍照、登记、编号，现场填写登记表，由在场人员签名。对价值不明物品应当及时鉴定，专门封存保管。

纪检监察机关应当设立专用账户、专门场所，指定专门人员保管涉案财物，严格履行交接、调取手续，定期对账核实。严禁私自占有、处置涉案财物及其孳息。

第四十八条　对涉嫌严重违纪或者职务违法、职务犯罪问题的审查调查谈话、搜查、查封、扣押（暂扣、封存）涉案财物等重要取证工作应当全过程进行录音录像，并妥善保管，及时归档，案件监督管理部门定期核查。

《中华人民共和国监察法》（主席令第3号公布，2018年3月20日起施行，2024年12月25日修正公布）

第二十八条第一款、第二款　监察机关在调查过程中，可以调取、查封、扣押用以证明被调查人涉嫌违法犯罪的财物、文件和电子数据等信息。采取调取、查封、扣押措施，应当收集原物原件，会同持有人或者保管人、见证人，当面逐一拍照、登记、编号，开列清单，由在场人员当场核对、签名，并将清单副本交财物、文件的持有人或者保管人。

对调取、查封、扣押的财物、文件，监察机关应当设立专用账户、专门场所，确定专门人员妥善保管，严格履行交接、调取手续，定期对账核实，不得毁损或者用于其他目的。对价值不明物品应当及时鉴定，专门封存保管。

《中华人民共和国监察法实施条例》（国家监察委员会公告第1号公布，2021年9月20日起施行，2025年6月1日修订公布）

第一百四十九条 监察机关按规定报批后，可以依法向有关单位和个人调取用以证明案件事实的证据材料。

第一百五十条 调取证据材料时，调查人员不得少于二人。调查人员应当依法出具《调取证据通知书》，必要时附《调取证据清单》。

有关单位和个人配合监察机关调取证据，应当严格保密。

第一百五十一条 调取物证应当调取原物。原物不便搬运、保存，或者依法应当返还，或者因保密工作需要不能调取原物的，可以将原物封存，并拍照、录像。对原物拍照或者录像时，应当足以反映原物的外形、内容。

调取书证、视听资料应当调取原件。取得原件确有困难或者因保密工作需要不能调取原件的，可以调取副本或者复制件。

调取物证的照片、录像和书证、视听资料的副本、复制件的，应当书面记明不能调取原物、原件的原因，原物、原件存放地点，制作过程，是否与原物、原件相符，并由调查人员和物证、书证、视听资料原持有人签名或者盖章。持有人无法签名、盖章或者拒绝签名、盖章的，应当在笔录中记明，由见证人签名。

第一百五十二条 调取外文材料作为证据使用的，应当交由具有资质的机构和人员出具中文译本。中文译本应当加盖翻译机构公章。

第一百五十三条 收集、提取电子数据，能够扣押原始存储介质的，应当予以扣押、封存并在笔录中记录封存状态。无法扣押原始存储介质的，可以采取调取、勘验检查措施，通过现场或者网络远程收集、提取电子数据，但应当在笔录中记明不能扣押的原因、原始存储介质的存放地点或者电子数据的来源等情况。

由于客观原因无法或者不宜采取前款规定方式收集、提取电子数据的，可以采取打印、拍照或者录像等方式固定相关证据，并在笔录中说明原因。

收集、提取的电子数据，足以保证完整性，无删除、修改、增加等情形的，可以作为证据使用。

收集、提取电子数据，应当制作笔录，记录案由、对象、内容，收集、提取电子数据的时间、地点、方法、过程，并附电子数据清单，注明类别、文件格式、完整性校验值等，由调查人员、电子数据持有人（提供人）签名或者盖章；电子数据持有人（提供人）无法签名或者拒绝签名的，应当在笔录中记明，由见证人签名或者盖章。有条件的，应当对相关活动进行录像。

第一百五十四条　调取的物证、书证、视听资料等原件，经查明与案件无关的，经审批，应当在查明后三日以内退还，并办理交接手续。

第一百五十五条　监察机关按规定报批后，可以依法查封、扣押用以证明被调查人涉嫌违法犯罪以及情节轻重的财物、文件、电子数据等证据材料。

对于被调查人到案时随身携带的物品，以及被调查人或者其他相关人员主动上交的财物和文件，依法需要扣押的，依照前款规定办理。对于被调查人随身携带的与案件无关的个人用品，应当逐件登记，随案移交或者退还。

第一百五十六条　对查封、扣押工作，应当全程同步录音录像。

查封、扣押时，应当出具《查封/扣押通知书》，调查人员不得少于二人。持有人拒绝交出应当查封、扣押的财物和文件的，可以依法强制查封、扣押。

调查人员对于查封、扣押的财物和文件，应当会同在场见证人和被查封、扣押财物持有人进行清点核对，开列《查封/扣押财物、文件清单》，由调查人员、见证人和持有人签名或者盖章。持有人不在场或者拒绝签名、盖章的，调查人员应当在清单上记明。

查封、扣押财物，应当为被调查人及其所扶养的亲属保留必需的生活费用和物品。

第一百五十七条 查封、扣押不动产和置于该不动产上不宜移动的设施、家具和其他相关财物，以及车辆、船舶、航空器和大型机械、设备等财物，必要时可以依法扣押其权利证书，经拍照或者录像后原地封存。调查人员应当在查封清单上记明相关财物的所在地址和特征，已经拍照或者录像及其权利证书被扣押的情况，由调查人员、见证人和持有人签名或者盖章。持有人不在场或者拒绝签名、盖章的，调查人员应当在清单上记明。

查封、扣押前款规定财物的，必要时可以将被查封财物交给持有人或者其近亲属保管。调查人员应当告知保管人妥善保管，不得对被查封财物进行转移、变卖、毁损、抵押、赠予等处理。

调查人员应当将《查封/扣押通知书》送达不动产、生产设备或者车辆、船舶、航空器等财物的登记、管理部门，告知其在查封期间禁止办理抵押、转让、出售等权属关系变更、转移登记手续。相关情况应当在查封清单上记明。被查封、扣押的财物已经办理抵押登记的，监察机关在执行没收、追缴、责令退赔等决定时应当及时通知抵押权人。

第一百五十八条 查封、扣押下列物品，应当依法进行相应的处理：

（一）查封、扣押外币、金银珠宝、文物、名贵字画以及其他不易辨别真伪的贵重物品，具备当场密封条件的，应当当场密封，由二名以上调查人员在密封材料上签名并记明密封时间。不具备当场密封条件的，应当在笔录中记明，以拍照、录像等方法加以保全后进行封存。查封、扣押的贵重物品需要鉴定的，应当及时鉴定。

（二）查封、扣押存折、银行卡、有价证券等支付凭证和具有一定特征能够证明案情的现金，应当记明特征、编号、种类、面值、张数、金额等，当场密封，由二名以上调查人员在密封材料上签名并记明密封时间。

（三）查封、扣押易损毁、灭失、变质等不宜长期保存的物品以及有消费期限的卡、券，应当在笔录中记明，以拍照、录像等方法加以保全后进行封存，或者经审批委托有关机构变卖、拍卖。变卖、拍卖的价款存入专用账户保管，待调查终结后一并处理。

（四）对于可以作为证据使用的录音录像、电子数据存储介质，应当记明案由、对象、内容，录制、复制的时间、地点、规格、类别、应用长度、文件格式及长度等，制作清单。具备查封、扣押条件的电子设备、存储介质应当密封保存。必要时，可以请有关机关协助。

（五）对被调查人使用违法犯罪所得与合法收入共同购置的不可分割的财产，可以先行查封、扣押。对无法分割退还的财产，涉及违法的，可以经被调查人申请并经监察机关批准，由被调查人亲属或者被调查人委托的其他人员在监察机关监督下自行变现后上缴违法所得及孳息，也可以由监察机关在结案后委托有关单位拍卖、变卖，退还不属于违法所得的部分及孳息；涉及职务犯罪的，依法移送司法机关处置，并说明涉嫌犯罪所得及孳息数额。

（六）查封、扣押危险品、违禁品，应当及时送交有关部门，或者根据工作需要严格封存保管。

第一百五十九条　对于需要启封的财物和文件，应当由二名以上调查人员共同办理。重新密封时，由二名以上调查人员在密封材料上签名、记明时间。

第一百六十条　查封、扣押涉案财物，应当按规定将涉案财物详细信息、《查封/扣押财物、文件清单》录入并上传监察机关涉案财物信息管理系统。

对于涉案款项，应当在采取措施后十五日以内存入监察机关指定的专用账户。对于涉案物品，应当在采取措施后三十日以内移交涉案财物保管部门保管。因特殊原因不能按时存入专用账户或者移交保管的，应当按规定报批，将保管情况录入涉案财物信息管理系统，在原因消除后及时存入或者移交。

第一百六十一条 对于已移交涉案财物保管部门保管的涉案财物，根据调查工作需要，经审批可以临时调用，并应当确保完好。调用结束后，应当及时归还。调用和归还时，调查人员、保管人员应当当面清点查验。保管部门应当对调用和归还情况进行登记，全程录像并上传涉案财物信息管理系统。

第一百六十二条 对于被扣押的股票、债券、基金份额等财产，以及即将到期的汇票、本票、支票，依法需要出售或者变现的，按照本条例关于出售冻结财产的规定办理。

第一百六十三条 监察机关接受司法机关、其他监察机关等国家机关移送的涉案财物后，该国家机关采取的查封、扣押期限届满，监察机关续行查封、扣押的顺位与该国家机关查封、扣押的顺位相同。

第一百六十四条 对查封、扣押的财物和文件，应当及时进行核查。经查明与案件无关的，经审批，应当在查明后三日以内解除查封、扣押，予以退还。解除查封、扣押的，应当向有关单位、原持有人或者近亲属送达《解除查封/扣押通知书》，附《解除查封/扣押财物、文件清单》，要求其签名或者盖章。

第一百六十五条 在立案调查之前，对监察对象及相关人员主动上交的涉案财物，经审批可以接收。

接收时，应当由二名以上调查人员，会同持有人和见证人进行清点核对，当场填写《主动上交财物登记表》。调查人员、持有人和见证人应当在登记表上签名或者盖章。

对于主动上交的财物，应当根据立案及调查情况及时决定是否依法查封、扣押。

六、鉴定

（一）图解

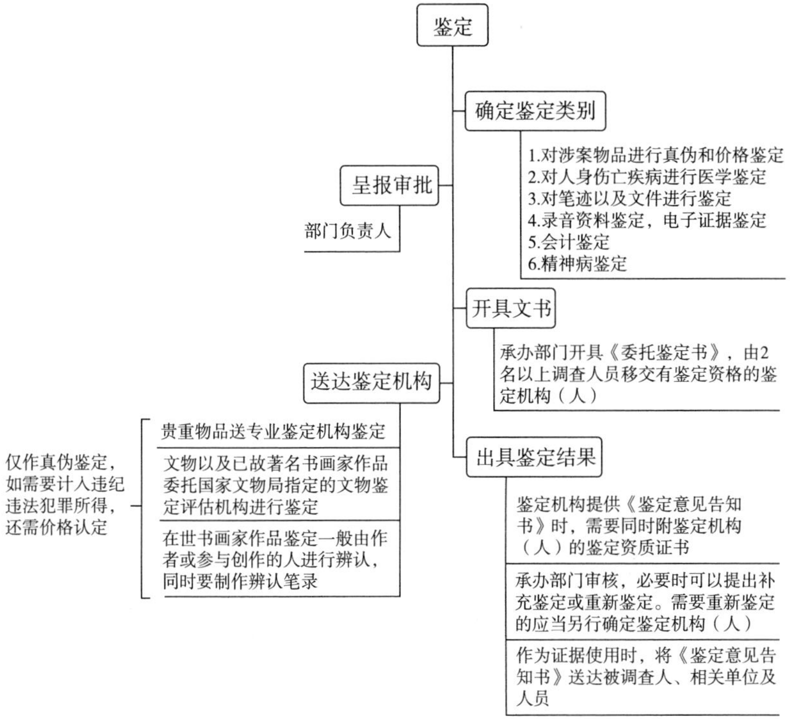

图3－13　鉴定

（二）实务指引

1. 文书制作

经审批后，出具《委托鉴定书》，交给具有鉴定资格的单位（人员）办理，鉴定机构（人员）只要具备相应的资质即可。

2. 重点提醒

（1）鉴定类型。涉案物品真伪和价格鉴定、人身伤亡医学鉴定、对笔迹等文件鉴定、录音资料鉴定、电子证据鉴定、会计鉴定、精神病鉴定等。

（2）绝对禁止。鉴定意见往往对案件的定罪起着至关重要的作用，不能出现以下情况：①鉴定机构不具备法定资质，或者鉴定事项超出该鉴定机构业务范围、技术条件的；②鉴定人不具备法定资质，不具有相关专业技术或者职称，或者违反回避规定的；③送检材料、样本来源不明，或者因污染不具备鉴定条件的；④鉴定对象与送检材料、样本不一致的；⑤鉴定程序违反规定的；⑥鉴定过程和方法不符合相关专业的规范要求的；⑦鉴定文书缺少签名、盖章的；⑧鉴定意见与案件事实没有关联的；⑨违反有关规定的其他情形。

（3）鉴定意见告知。鉴定意见应当告知被审查调查人或相关单位、人员，听取其意见，告诉其享有的权利，不能只告知结果，应将鉴定意见采取的方式、依据等情况全面告知。被审查调查人及相关单位、人员对鉴定意见有异议的，可以申请补充鉴定或者重新鉴定。

（4）无法鉴定的情况。实践中对一些专门性问题，由于没有法定的鉴定机构，监察机关可以指派、聘请具有专门知识的人，就案件的专门性问题出具书面报告。该报告并非法定种类证据，在刑事诉讼中只能作为定罪量刑的参考，并且审判人员对于是否采纳该报告作为参考，可以进行自由裁量。

（三）示例

某市纪委监委对该市公安局副局长杨某涉嫌严重违纪违法的问题启动立案审查调查，并采取留置措施。但杨某被留置后一直装疯卖傻，有时大笑有时大哭，还试图对看守人员施加暴力。办案人员无法对其开展谈话工作，审查调查工作陷入停滞。经审查调查组集体商议，决定对杨某进行精神病鉴定。经鉴定，杨某为完全行为能力人，其对自己的所作所为是有所感受，并能分辨是非的。办案人员将鉴定意见告知杨某，杨某还试图继续装疯卖傻。办案人员及时严厉呵斥，指出杨某这样做只能是自欺欺人，在强大的证据面前，其装疯卖傻是逃避不了刑事处罚的。通过几天不断地对杨某批评和教育，杨某开始配合组织的审查调查工作。

解读

本示例是对杨某行为能力的鉴定，该鉴定意见应严格按照刑事诉讼证据标准审查；办案人员将鉴定意见告知杨某，杨某自知鉴定意见的结论是真实的，即使申请重新鉴定也改变不了事实，所以只能选择配合组织。

（四）法规索引速查

《中华人民共和国监察法》（主席令第3号公布，2018年3月20日起施行，2024年12月25日修正公布）

第三十条　监察机关在调查过程中，对于案件中的专门性问题，可以指派、聘请有专门知识的人进行鉴定。鉴定人进行鉴定后，应当出具鉴定意见，并且签名。

《中华人民共和国监察法实施条例》（国家监察委员会公告第1号公布，2021年9月20日起施行，2025年6月1日修订公布）

第一百七十五条　监察机关为解决案件中的专门性问题，按规定报批后，可以依法进行鉴定。

鉴定时应当出具《委托鉴定书》，由二名以上调查人员送交具有鉴定资格的鉴定机构、鉴定人进行鉴定。

第一百七十六条　监察机关可以依法开展下列鉴定：

（一）对笔迹、印刷文件、污损文件、制成时间不明的文件和以其他形式表现的文件等进行鉴定；

（二）对案件中涉及的财务会计资料及相关财物进行会计鉴定；

（三）对被调查人、证人的行为能力进行精神病鉴定；

（四）对人体造成的损害或者死因进行人身伤亡医学鉴定；

（五）对录音录像资料进行鉴定；

（六）对因电子信息技术应用而出现的材料及其派生物进行电子数据鉴定；

（七）其他可以依法进行的专业鉴定。

第一百七十七条　监察机关应当为鉴定提供必要条件，向鉴定人送交有关检材和对比样本等原始材料，介绍与鉴定有关的情况。调查人员应当明确提出要求鉴定事项，但不得暗示或者强迫鉴定人作出某种鉴定意见。

监察机关应当做好检材的保管和送检工作，记明检材送检环节的责任人，确保检材在流转环节的同一性和不被污染。

第一百七十八条 鉴定人应当在出具的鉴定意见上签名，并附鉴定机构和鉴定人的资质证明或者其他证明文件。多个鉴定人的鉴定意见不一致的，应当在鉴定意见上记明分歧的内容和理由，并且分别签名。

监察机关对于法庭审理中依法决定鉴定人出庭作证的，应当予以协调。

鉴定人故意作虚假鉴定的，应当依法追究法律责任。

第一百七十九条 调查人员应当对鉴定意见进行审查。对经审查作为证据使用的鉴定意见，应当告知被调查人及相关单位、人员，送达《鉴定意见告知书》。

被调查人或者相关单位、人员提出补充鉴定或者重新鉴定申请，经审查符合法定要求的，应当按规定报批，进行补充鉴定或者重新鉴定。

对鉴定意见告知情况可以制作笔录，载明告知内容和被告知人的意见等。

第一百八十条 经审查具有下列情形之一的，应当补充鉴定：

（一）鉴定内容有明显遗漏的；

（二）发现新的有鉴定意义的证物的；

（三）对鉴定证物有新的鉴定要求的；

（四）鉴定意见不完整，委托事项无法确定的；

（五）其他需要补充鉴定的情形。

第一百八十一条 经审查具有下列情形之一的，应当重新鉴定：

（一）鉴定程序违法或者违反相关专业技术要求的；

（二）鉴定机构、鉴定人不具备鉴定资质和条件的；

（三）鉴定人故意作出虚假鉴定或者违反回避规定的；

（四）鉴定意见依据明显不足的；

（五）检材虚假或者被损坏的；

（六）其他应当重新鉴定的情形。

决定重新鉴定的，应当另行确定鉴定机构和鉴定人。

第一百八十二条　因无鉴定机构，或者根据法律法规等规定，监察机关可以指派、聘请具有专门知识的人就案件的专门性问题出具报告。

七、勘验检查、调查实验

（一）图解

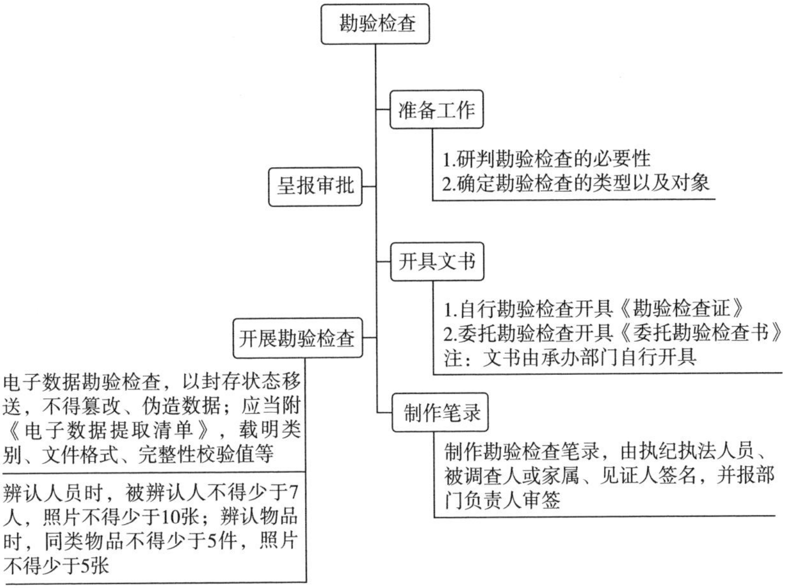

图3－14　勘验检查

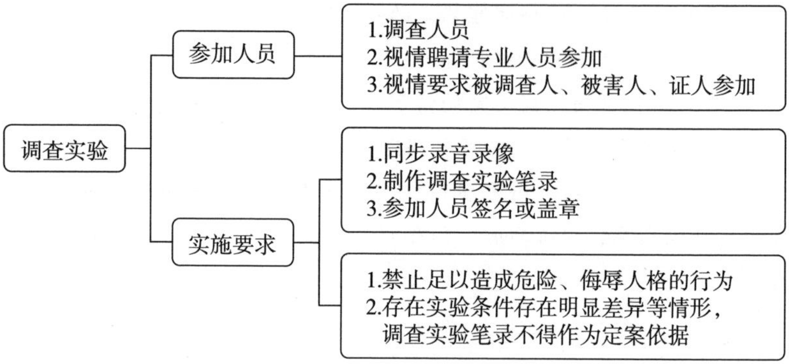

图 3－15 调查实验

（二）实务指引

1. 文书制作

经审批后，办案人员应制作《勘验检查证》。勘验检查也可以委托具有专门知识、资格的单位（人员）办理，并出具《委托勘验检查书》。比如涉案手机中的内容需作为证据使用时，可以委托公安机关对涉案手机进行勘验，通过法定程序收集提取涉案手机上的电子数据。

2. 重点提醒

（1）勘验检查笔录。勘验检查情况应当制作成笔录，由勘验检查人员和见证人签名或盖章，勘验检查笔录的制作需注意：第一，勘验、检查是否依法进行，笔录的制作是否符合法律、有关规定，勘验、检查人员和见证人是否签名或者盖章。第二，勘验、检查笔录是否记录了提起勘验、检查的事由，勘验、检查的时间、地点，在场人员、现场方位、周围环境等相关信息，现场的物品等的位置、特征等情况，以及勘验、检查、搜查的过程。文字记录与实物或者绘图、照片、录像是否相符；现场、物品、痕迹等是否系伪造、有无破坏。人身特征、伤害情况、生理状态有无伪装或者变化等。第三，补充进行勘验、检查的，是否说明了再次勘验、检查的缘由，前后勘验、检查的情况是否矛盾。另外，对于重要的勘验检查工作，应当进行同步录音录像。

（2）电子数据。纪检监察机关对收集、提取的电子数据可以由负责信息工作的人员使用专业设备进行电子数据勘验检查，也可以指派或者聘请具有专门知识的人进行。

（3）辨认。纪检监察机关为查明案件事实，可以依法组织被害人、证人和被审查调查人，对与违纪违法犯罪有关的物品、文件、尸体或场所进行辨认。第一，辨认活动应当个别进行。第二，辨认前应当详细询问辨认对象的具体特征。第三，组织辨认的对象应当达到法定数量，且应当将辨认对象混杂在其他对象之中。如，被辨认的人数不得少于7人，照片不得少于10张；辨认的同类物品不得少于5件，照片不得少于5张。第四，辨认笔录的制作要符合有关法律规定，具有辨认没有个别进行等情形时，辨认笔录不得作为认定案件的依据。

（4）调查实验。为查明案情，在必要的时候，监察机关可以聘请有关专业人员参加，也可以要求被调查人、被害人、证人参加。依法开展调查实验有如下三个要求：一是调查实验的程序性要求。全程录音录像，制作调查实验笔录，由参加调查实验的人签名。二是调查实验的实质性要求。调查实验的条件与事件发生时的条件不能有明显差异，也不得存在影响实验结论科学性的其他异常情况。三是否定性要求。进行调查实验，禁止一切足以造成危险、侮辱人格的行为。

（三）案例

2017年7月，H区监察委员会对该区某开发区管委会原主任孟某涉嫌贪污、受贿、挪用公款一案进行立案调查。案件承办人员发现孟某在将一块国有土地出让给其弟弟的食品公司（以下简称A公司）的过程中，把土地上的办公用房无偿转让给A公司，其行为涉嫌贪污。然而，在对孟某的讯问过程中，她对此事却有着另一番说辞："地是通过合法程序出让给A公司的，而且上面的房子也没什么价值啊，我们开发区没什么用，给了A公司，A公司也没用上，甚至还要产生拆除的费用，所以我就根本没把这当回事儿……"调查组认为房屋是否闲置，应通过法定程序调查，于是H区监察委员会决定对涉案房屋进行勘验检查。勘验结果表明，该房屋主体部分依然存在，且一直处于使用状态。①

解读

> 案例中，勘验检查的对象为房屋，勘验检查的结果有力证明了孟某非法侵占国有资产的故意，这对案件的查办起到了一定的积极作用。

（四）法规索引速查

《中华人民共和国监察法》（主席令第 3 号公布，2018 年 3 月 20 日起施行，2024 年 12 月 25 日修正公布）

第二十九条 监察机关在调查过程中，可以直接或者指派、聘请具有专门知识的人在调查人员主持下进行勘验检查。勘验检查情况应当制作笔录，由参加勘验检查的人员和见证人签名或者盖章。

必要时，监察机关可以进行调查实验。调查实验情况应当制作笔录，由参加实验的人员签名或者盖章。

《中华人民共和国监察法实施条例》（国家监察委员会公告第 1 号公布，2021 年 9 月 20 日起施行，2025 年 6 月 1 日修订公布）

第一百六十六条 监察机关按规定报批后，可以依法对与违法犯罪有关的场所、物品、人身、尸体、电子数据等进行勘验检查。

第一百六十七条 依法需要勘验检查的，应当制作《勘验检查证》；需要委托勘验检查的，应当出具《委托勘验检查书》，送具有专门知识的人办理。

第一百六十八条 勘验检查应当由二名以上调查人员主持，邀请与案件无关的见证人在场。勘验检查情况应当制作笔录，并由参加勘验检查人员和见证人签名或者盖章。

勘验检查现场、拆封电子数据存储介质应当全程同步录音录像。对现场情况应当拍摄现场照片、制作现场图，并由勘验检查人员签名

---

① 参见孙灿：《勘验检查：从蛛丝马迹中还原事实真相》，载中央纪委国家监委网站，https：//www. ccdi. gov. cn/special/sexdccs/201801/t20180131_ 162948. html。

或者盖章。

第一百六十九条　为了确定被调查人或者相关人员的某些特征、伤害情况或者生理状态，可以依法对其人身进行检查。必要时可以聘请法医或者医师进行人身检查。检查女性身体，应当由女性工作人员或者医师进行。被调查人拒绝检查的，可以依法强制检查。

人身检查不得采用损害被检查人生命、健康或者贬低其名誉、人格的方法。对人身检查过程中知悉的个人隐私，应当严格保密。

对人身检查的情况应当制作笔录，由参加检查的调查人员、检查人员、被检查人员和见证人签名或者盖章。被检查人员拒绝签名、盖章的，调查人员应当在笔录中记明。

第一百七十条　为查明案情，在必要的时候，经审批可以依法进行调查实验。调查实验，可以聘请有关专业人员参加，也可以要求被调查人、被害人、证人参加。

进行调查实验，应当全程同步录音录像，制作调查实验笔录，由参加实验的人签名或者盖章。进行调查实验，禁止一切足以造成危险、侮辱人格的行为。

调查实验的条件与事件发生时的条件有明显差异，或者存在影响实验结论科学性的其他情形的，调查实验笔录不得作为认定案件的依据。

第一百七十一条　调查人员在必要时，可以依法让被害人、证人和被调查人对与违法犯罪有关的物品、文件、尸体或者场所进行辨认；也可以让被害人、证人对被调查人进行辨认，或者让被调查人对涉案人员进行辨认。

辨认工作应当由二名以上调查人员主持进行。在辨认前，应当向辨认人详细询问辨认对象的具体特征，避免辨认人见到辨认对象，并告知辨认人作虚假辨认应当承担的法律责任。几名辨认人对同一辨认对象进行辨认时，应当由辨认人个别进行。辨认应当形成笔录，并由调查人员、辨认人签名或者盖章。

第一百七十二条　辨认人员时，被辨认的人数不得少于七人，照片不得少于十张。

辨认人不愿公开进行辨认时，应当在不暴露辨认人的情况下进行辨认，并为其保守秘密。

第一百七十三条 组织辨认物品时一般应当辨认实物。被辨认的物品系名贵字画等贵重物品或者存在不便搬运等情况的，可以对实物照片进行辨认。辨认人进行辨认时，应当在辨认出的实物照片与附纸骑缝上捺指印予以确认，在附纸上写明该实物涉案情况并签名、捺指印。

辨认物品时，同类物品不得少于五件，照片不得少于五张。

对于难以找到相似物品的特定物，可以将该物品照片交由辨认人进行确认后，在照片与附纸骑缝上捺指印，在附纸上写明该物品涉案情况并签名、捺指印。在辨认人确认前，应当向其详细询问物品的具体特征，并对确认过程和结果形成笔录。

第一百七十四条 辨认笔录具有下列情形之一的，不得作为认定案件的依据：

（一）辨认开始前使辨认人见到辨认对象的；

（二）辨认活动没有个别进行的；

（三）辨认对象没有混杂在具有类似特征的其他对象中，或者供辨认的对象数量不符合规定的，但特定辨认对象除外；

（四）辨认中给辨认人明显暗示或者明显有指认嫌疑的；

（五）辨认不是在调查人员主持下进行的；

（六）违反有关规定，不能确定辨认笔录真实性的其他情形。

辨认笔录存在其他瑕疵的，应当结合全案证据审查其真实性和关联性，作出综合判断。

《最高人民法院关于适用〈中华人民共和国刑事诉讼法〉的解释》（法释〔2021〕1号，2021年3月1日起施行）

第一百零七条 侦查实验的条件与事件发生时的条件有明显差异，或者存在影响实验结论科学性的其他情形的，侦查实验笔录不得作为定案的根据。

八、搜查

（一）图解

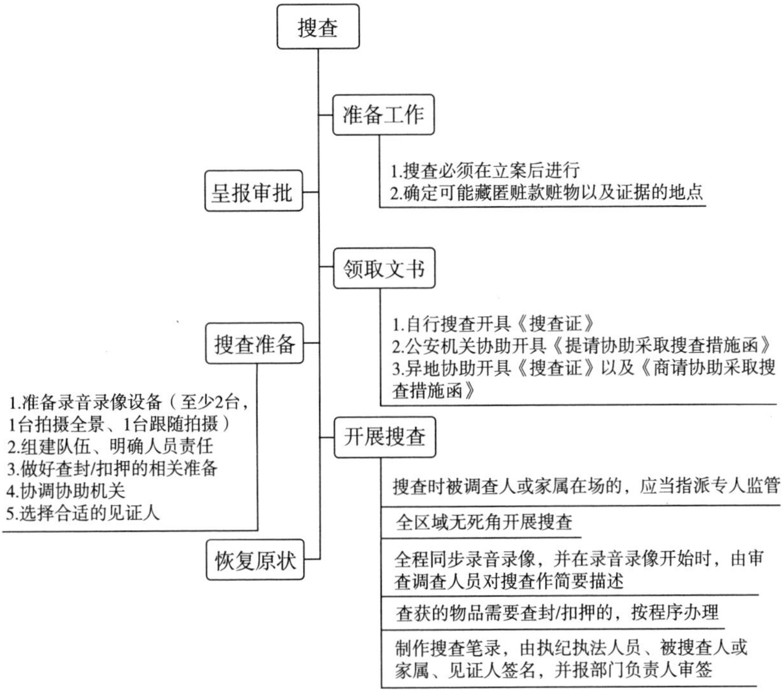

图 3－16　搜查

（二）实务指引

1. 文书制作

搜查应当制作《搜查证》，需要提请公安机关协助采取搜查措施的，按规定报批后，出具《提请协助采取搜查措施函》。搜查前还需准备工作证件、搜查笔录模板、查封/扣押通知书、查封/扣押清单模板、查封财物文件封条等。如对多个场所搜查，要按照要求准备多套法律手续，搜查完毕后，相关法律手续归入涉嫌职务犯罪调查卷宗。

2. 重点提醒

（1）搜查笔录。搜查应现场制作搜查笔录，记录搜查的简要情况，按照搜查的顺序写明搜查范围、时间、地点、过程，查获的物品或者证据的名称、规格、数量以及位置等，同时还应记载现场被搜查人家属（亲属）、见证人的身份信息和联系方式等，并要求在笔录上签名按印。对搜查过程，应当实行全程同步录音录像。

（2）大额现金。对于搜查到的大额现金，一般由银行工作人员现场清点后直接存入银行。如果情况紧急等原因，银行工作人员无法到场，由办案人员在摄像环境下当着见证人等进行清点，密封后由在场人员签名按印。对于已经捆扎好的现金，不进行拆封、不写具体金额，登记为“疑似人民币（外币）×××面值×××捆（沓）”。搜查结束后及时存入专用账户，并作说明。

（3）危险物违禁物。对于搜查到的毒品、枪支、爆炸物、违禁画像等，登记记明外观、颜色、数量等，不作物品定性登记，如“白色粉末物一袋”。搜查到危险物、违禁物的，应及时报告、及时鉴定，如遇阻碍可强制查封、扣押。

（4）安全执法。搜查时遇到拒绝配合情形的，要详细制订安全预案，确保不发生事故；对于未成年人等不宜在现场的家属等，要制订转移安置预案，提前考虑好安置场所。严禁单独进入搜查区域。进入搜查现场后，要及时评估现场安全风险，注意守好高层门窗、尖锐物品等。搜查过程要平稳进行，避免因行为粗暴等对家属产生强烈刺激。

（三）示例

某市监委在调查该市住建局局长张某受贿案件时，了解到张某将工程老板送的大量现金存放在家里。经报市委书记审批同意，调查组对张某的住所开展了搜查工作，办案人员将《搜查证》出示给张某的爱人，并让其配合调查组的工作。经搜查，发现张某的衣柜里存放了大量的现金和多个房产证，办案人员依法扣押，并依法履行相关程序。

解读

示例中，因张某系市管干部，所以市监委将搜查请示报市委书记审批。办案人员在开展搜查前，先将《搜查证》出示给张某的爱人。搜查发现张某的衣柜里存放了大量的现金和多个房产证，搜查笔录做了详细记录。另外，办案人员对搜查发现的现金和多个房产证可以先行扣押，事后补办审批手续。

（四）法规索引速查

《中国共产党纪律检查机关监督执纪工作规则》（中共中央办公厅印发，2019年1月1日起施行）

第四十八条　对涉嫌严重违纪或者职务违法、职务犯罪问题的审查调查谈话、搜查、查封、扣押（暂扣、封存）涉案财物等重要取证工作应当全过程进行录音录像，并妥善保管，及时归档，案件监督管理部门定期核查。

《中华人民共和国监察法》（主席令第3号公布，2018年3月20日起施行，2024年12月25日修正公布）

第二十七条　监察机关可以对涉嫌职务犯罪的被调查人以及可能隐藏被调查人或者犯罪证据的人的身体、物品、住处和其他有关地方进行搜查。在搜查时，应当出示搜查证，并有被搜查人或者其家属等见证人在场。

搜查女性身体，应当由女性工作人员进行。

监察机关进行搜查时，可以根据工作需要提请公安机关配合。公安机关应当依法予以协助。

《中华人民共和国监察法实施条例》（国家监察委员会公告第1号公布，2021年9月20日起施行，2025年6月1日修订公布）

第六十五条　县级以上监察机关需要提请公安机关协助采取强制到案、责令候查、管护、留置、搜查措施的，应当按规定报批，请同级公安机关依法予以协助。提请协助时，应当出具提请协助函，列明提请协助的具体事项和建议，协助采取措施的时间、地点等内容，附采取监察措施决定书复印件。

因保密需要，不宜在采取监察措施前向公安机关告知采取措施对象姓名的，可以作出说明，进行保密处理。

需要提请异地公安机关协助采取监察措施的，应当按规定报批，向协作地同级监察机关出具协作函件和相关文书，由协作地监察机关提请当地公安机关依法予以协助。

第一百四十三条 监察机关调查职务犯罪案件，为了收集犯罪证据、查获被调查人，按规定报批后，可以依法对被调查人以及可能隐藏被调查人或者犯罪证据的人的身体、物品、住处、工作地点和其他有关地方进行搜查。

第一百四十四条 搜查应当在调查人员主持下进行，调查人员不得少于二人。搜查女性的身体，由女性工作人员进行。

搜查时，应当有被搜查人或者其家属、其所在单位工作人员或者其他见证人在场。调查人员应当向被搜查人或者其家属、见证人出示《搜查证》，要求其签名或者盖章。被搜查人或者其家属不在场，或者拒绝签名、盖章的，调查人员应当在文书上记明。

第一百四十五条 搜查时，应当要求在场人员予以配合，不得进行阻碍。对以暴力、威胁等方法阻碍搜查的，应当依法制止。对阻碍搜查构成违法犯罪的，依法追究法律责任。

第一百四十六条 对搜查取证工作，应当全程同步录音录像。

对搜查情况应当制作《搜查笔录》，由调查人员和被搜查人或者其家属、见证人签名或者盖章。被搜查人或者其家属不在场，或者拒绝签名、盖章的，调查人员应当在笔录中记明。

对于查获的重要物证、书证、视听资料、电子数据及其放置、存储位置应当拍照，并在《搜查笔录》中作出文字说明。

第一百四十七条 搜查时，应当避免未成年人或者其他不适宜在搜查现场的人在场。

搜查人员应当服从指挥、文明执法，不得擅自变更搜查对象和扩大搜查范围，严禁单独进入搜查区域。搜查的具体时间、方法，在实施前应当严格保密。

第一百四十八条　在搜查过程中查封、扣押财物和文件的，按照查封、扣押的有关规定办理。

九、留置

（一）图解

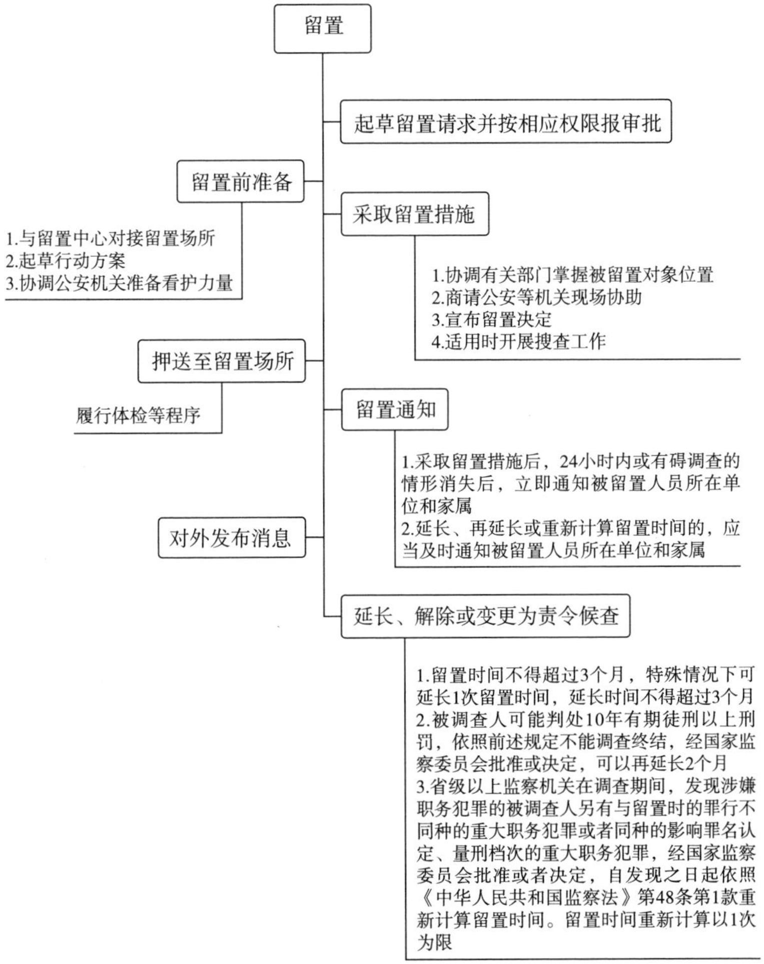

图 3－17　留置

（二）实务指引

1. 基本原则

留置措施作为监察机关审查调查措施中最重要的措施之一，应当谨慎、稳妥采取。（1）留置的实行机关必须为监察机关，不能以纪委名义采取留置措施。（2）要依法审批，市级及以下监察机关采取留置措施的在报同级党委主要负责人的同时报上级监察机关审批，省级监察机关采取留置措施的应当报国家监委备案。（3）要坚持集体决策，不能以个人意志代替集体决策。在采取留置措施前应当召开专题会议集体研究，研究的主要内容为采取留置措施的必要性、方案等。

2. 文书制作

调查人员应当制作《初核报告》《立案决定书》《留置决定书》《留置通知书》《关于对×××采取留置措施的请示》，及案件管理部门所需的呈批表、备案表、安全工作准备情况表等相关文书。

3. 适用条件

《中华人民共和国监察法》第二十四条规定，被调查人涉嫌贪污贿赂、失职渎职等严重职务违法或者职务犯罪，监察机关已经掌握其部分违法犯罪事实及证据，仍有重要问题需要进一步调查，并有下列情形之一的，经监察机关依法审批，可以将其留置在特定场所：（1）涉及案情重大、复杂的；（2）可能逃跑、自杀的；（3）可能串供或者伪造、隐匿、毁灭证据的；（4）可能有其他妨碍调查行为的。

《中华人民共和国监察法实施条例》对留置条件中的"严重职务违法""重要问题""已经掌握其部分违法犯罪事实及证据""可能逃跑、自杀""可能串供或者伪造、隐匿、毁灭证据""其他妨碍调查行为"等，作了具体明确的规定。

4. 禁止情形

有下列情形之一者，不得采取留置措施：（1）患有严重疾病、生活不能自理的；（2）怀孕或者正在哺乳自己婴儿的妇女；（3）系生活不能自理的人的唯一扶养人的。

5. 留置时限

留置期限自向被留置人员宣布之日起算，主要分为三种情形：第一，一般情形。留置时间不得超过3个月。在特殊情况下，可以延长1次，延长时间不得超过3个月。[①] 第二，可能判处10年以上有期徒刑且6个月内不能调查终结。对涉嫌职务犯罪的被调查人可能判处10年有期徒刑以上刑罚，监察机关依照《中华人民共和国监察法》第48条第1款规定延长期限届满，仍不能调查终结的，经国家监察委员会批准或者决定，可以再延长2个月。第三，发现新的重大职务犯罪。省级以上监察机关在调查期间，发现涉嫌职务犯罪的被调查人另有与留置时的罪行不同种的重大职务犯罪或者同种的影响罪名认定、量刑档次的重大职务犯罪，经国家监察委员会批准或者决定，自发现之日起依照《中华人民共和国监察法》第48条第1款的规定重新计算留置时间。留置时间重新计算以1次为限。

关于留置期限，有四个问题需要重点说明：一是留置期限的再延长或者重新计算，批准或者决定的主体是国家监察委员会，必须从严把关，不能任意再延长或重新计算留置期限。二是重新计算留置期限的案件限于国家监察委员会或省级监察委员会办理的案件，市县两级监察机关办理的案件不得适用该规定。三是留置最长时限为14个月。根据《中华人民共和国监察法实施条例》第一百三十二条第一款、第一百三十三条之规定，留置时间的再延长及重新计算都只能适用一次，在“重新计算留置间”之前已经“再延长留置时间”的，不得在“重新计算留置时间”之后再次“再延长留置时间”，因此，最长留置时间的计算方式为“3+3+2+3+3”或者“3+3+3+3+2”。四是实践中，为避免造成工作被动，确需要延长留置时间的，应当在期限届满10个工作日前，按照程序进行报批。

在留置时间的计算上，应当注意以下四点：（1）留置的起算时间是宣布时间，而不是留置决定书的开具时间，更不是领导审批的时间。（2）留置的时间按月计算而不是按天，因此计算方法为本月某日某时

① 省级以下监察机关采取留置措施的，延长留置时间应当报上一级监察机关批准。

至3个月后的同日某时，如，留置时间为3月18日18时，那么其留置期满时间为6月18日18时；如果需要延长留置时间，延长的留置时间为6月18日18时至9月18日18时。（3）留置期限的算法上会尽可能保障被审查调查人员的合法权益。如，某调查对象是某月31日宣布的留置，而3个月后的月份没有31日，那么留置时间应当计算到到期后月份的最后一日，若8月31日留置，留置期满时间应当计算为11月30日，而不是到12月1日。（4）重新计算留置时间的情形应遵守特殊的期限规定。被调查人另有与留置时的罪行不同种的重大职务犯罪或者同种的影响罪名认定、量刑档次的重大职务犯罪等需要重新计算留置时间的情形时，应当自发现之日起5日内启动报批或报请批准程序，不能拖延，更不得等到批准的留置期限临近期满时再启动程序，以争取最长期限的办案时长。作出决定之后，5日内向留置人员宣布，在《重新计算留置决定书》上签字捺指印，此时，留置时间重新计算。

6. 留置执行

留置措施可以由监察机关自行执行，也可以委托公安机关执行。需要委托公安机关执行的，需要出具相关委托函件，并附《留置决定书》。确因案件十分敏感、需要严格控制知晓范围的，可以对拟被留置人员的相关信息进行保密处理。需要委托异地公安机关执行的，应当先由拟留置的监察机关向协作地的同级监察机关发出协作函和相关文书，由协作地监察机关提请当地公安机关予以协助。

7. 留置通知

采取留置措施后，应当在24小时以内通知被留置人员所在单位和家属。当面通知的，由有关人员在《留置通知书》上签名。无法当面通知的，可以先以电话等方式通知，并通过邮寄、转交等方式送达《留置通知书》，要求有关人员在《留置通知书》上签名。因可能伪造、隐匿、毁灭证据，干扰证人作证或者串供等有碍调查情形而不宜通知的，应当按规定报批，记录在案。有碍调查的情形消失后，应当立即通知被留置人员所在单位和家属。延长留置时间与采取留置措施一样需要向被审查调查人宣布，并要求其在延长留置决定书上签字、捺指印。同时还需要通知所在单位和家属，且延长、再延长或重新计算留置时间的留置情形都应当及时通知，法律没有规定暂缓通知的情形。

被留置人员及其近亲属有权申请变更留置措施。监察机关收到申请后，应当在 3 日以内作出决定；不同意变更措施的，应当告知申请人，并说明不同意的理由。

解除留置的，应当及时通知被留置人员所在单位和家属。关于"及时"的期限问题，并没有明确规定。实践中，一般不会迟于解除留置措施的当天。一是如果被留置人员不被移送检察机关审查起诉，应当提前通知所在单位和家属安排人员与办案单位办好交接，将被留置人员接回单位或家中；二是如果移送检察机关审查起诉或者公安机关管辖，被采取刑事拘留等强制措施的，需要通知家属准备在羁押场所必备的生活用品。

8. 公开发布

纪检监察机关对被审查调查人采取留置措施后，还需要向社会公开相关信息。因可能伪造、隐匿、毁灭证据，干扰证人作证或者串供等有碍调查情形而不宜公开发布的，应当按规定报批，记录在案。

9. 指定管辖和交办案件

对于指定管辖案件、上级交办案件，如果上级在办理指定管辖或交办手续时，已由上级监委主要负责人审批立案和留置事项并在指定管辖或交办文书中予以明确的，下级监委采取留置措施不再报上一级监察机关审批。实践中，这类常见于上级监察机关将其主案的涉案对象指定或交办给下级监察机关，一般上级监察机关会在指定管辖或交办函件中明确立案和留置事项。

10. 解除留置

（1）决定移送司法的案件。经批准移送司法机关的，留置措施自犯罪嫌疑人被执行拘留时自动解除。对于检察机关先行拘留的，应当由公安机关将拘留证复印件提供给纪检监察机关附卷，作为确定留置时间的依据，纪检监察机关无须再出具《解除留置决定书》。被留置人员涉嫌犯罪移送司法机关后，被依法判处管制、拘役或者有期徒刑的，留置1日折抵管制2日，折抵拘役、有期徒刑1日。

（2）不移送司法的案件。经审批后，出具《解除留置决定书》。调查人员应当向被留置人员宣布解除留置措施的决定，并要求其在《解除留置决定书》上签名、按指印。被留置人员拒绝签名、按指印的，调查人员应在文书上记明。同时，还应当及时通知被留置人员所在单位或家属。调查人员应当与交接人办理交接手续，并由其在《解除留置通知书》上签名。无法通知或有关人员拒绝签名的，调查人员应当在文书上记明。

（三）案例

2011年至2017年，J省某市人大常委会原党组成员、副主任应某在担任该市市委组织部副部长，经济开发区党工委副书记、书记、管委会主任等职务期间，利用职务上的便利，为他人谋取利益，非法收受21人财物，共计904万元；滥用职权，致使国家财产遭受损失2540.89万元。由于该案行贿人数众多、金额巨大，案情重大、复杂，为查清案情，2018年3月，J省纪委监委对应某进行审查调查并采取留置措施。①

解读

案例中的被审查调查人J省某市人大常委会原党组成员、副主任应某涉嫌受贿罪、滥用职权罪一案，案情重大、复杂，J省纪委监委依法对其进行立案审查调查并采取留置措施，与其可能被追究法律责任的违法犯罪行为严重程度相适应。

① 参见重庆市纪委监委宣传部：《留置适用哪些情形》，载中央纪委国家监委网站，https://www.ccdi.gov.cn/yaowen/201904/t20190412_192153.html。

（四）法规索引速查

《中国共产党纪律检查机关监督执纪工作规则》（中共中央办公厅印发，2019年1月1日起施行）

第四十一条　需要对被审查调查人采取留置措施的，应当依据监察法进行，在24小时内通知其所在单位和家属，并及时向社会公开发布。因可能毁灭、伪造证据，干扰证人作证或者串供等有碍调查情形而不宜通知或者公开的，应当按程序报批并记录在案。有碍调查的情形消失后，应当立即通知被留置人员所在单位和家属。

《中华人民共和国监察法》（主席令第3号公布，2018年3月20日起施行，2024年12月25日修正公布）

第二十四条　被调查人涉嫌贪污贿赂、失职渎职等严重职务违法或者职务犯罪，监察机关已经掌握其部分违法犯罪事实及证据，仍有重要问题需要进一步调查，并有下列情形之一的，经监察机关依法审批，可以将其留置在特定场所：

（一）涉及案情重大、复杂的；

（二）可能逃跑、自杀的；

（三）可能串供或者伪造、隐匿、毁灭证据的；

（四）可能有其他妨碍调查行为的。

对涉嫌行贿犯罪或者共同职务犯罪的涉案人员，监察机关可以依照前款规定采取留置措施。

留置场所的设置、管理和监督依照国家有关规定执行。

第四十七条　监察机关采取留置措施，应当由监察机关领导人员集体研究决定。设区的市级以下监察机关采取留置措施，应当报上一级监察机关批准。省级监察机关采取留置措施，应当报国家监察委员会备案。

第四十八条　留置时间不得超过三个月。在特殊情况下，可以延长一次，延长时间不得超过三个月。省级以下监察机关采取留置措施的，延长留置时间应当报上一级监察机关批准。监察机关发现采取留置措施不当或者不需要继续采取留置措施的，应当及时解除或者变更为责令候查措施。

对涉嫌职务犯罪的被调查人可能判处十年有期徒刑以上刑罚，监察机关依照前款规定延长期限届满，仍不能调查终结的，经国家监察委员会批准或者决定，可以再延长二个月。

省级以上监察机关在调查期间，发现涉嫌职务犯罪的被调查人另有与留置时的罪行不同种的重大职务犯罪或者同种的影响罪名认定、量刑档次的重大职务犯罪，经国家监察委员会批准或者决定，自发现之日起依照本条第一款的规定重新计算留置时间。留置时间重新计算以一次为限。

第四十九条 监察机关采取强制到案、责令候查、管护、留置措施，可以根据工作需要提请公安机关配合。公安机关应当依法予以协助。

省级以下监察机关留置场所的看护勤务由公安机关负责，国家监察委员会留置场所的看护勤务由国家另行规定。留置看护队伍的管理依照国家有关规定执行。

第五十条 采取管护或者留置措施后，应当在二十四小时以内，通知被管护人员、被留置人员所在单位和家属，但有可能伪造、隐匿、毁灭证据，干扰证人作证或者串供等有碍调查情形的除外。有碍调查的情形消失后，应当立即通知被管护人员、被留置人员所在单位和家属。解除管护或者留置的，应当及时通知被管护人员、被留置人员所在单位和家属。

被管护人员、被留置人员及其近亲属有权申请变更管护、留置措施。监察机关收到申请后，应当在三日以内作出决定；不同意变更措施的，应当告知申请人，并说明不同意的理由。

监察机关应当保障被强制到案人员、被管护人员以及被留置人员的饮食、休息和安全，提供医疗服务。对其谈话、讯问的，应当合理安排时间和时长，谈话笔录、讯问笔录由被谈话人、被讯问人阅看后签名。

被管护人员、被留置人员涉嫌犯罪移送司法机关后，被依法判处管制、拘役或者有期徒刑的，管护、留置一日折抵管制二日，折抵拘役、有期徒刑一日。

《中华人民共和国监察法实施条例》（国家监察委员会公告第 1 号公布，2021 年 9 月 20 日起施行，2025 年 6 月 1 日修订公布）

第一百一十条　被管护人员、被留置人员、被禁闭人员及其近亲属向监察机关申请变更为责令候查措施的，应当以书面方式提出。监察机关收到申请后，应当在三日以内作出决定。经审查，符合责令候查条件的，可以将管护、留置或者禁闭措施依法变更为责令候查措施；不符合责令候查条件的，应当告知申请人，并说明不同意的理由。

第一百二十一条　监察机关调查严重职务违法或者职务犯罪，对于符合监察法第二十四条第一款规定的，经依法审批，可以对被调查人采取留置措施。

监察法第二十四条第一款规定的已经掌握其部分违法犯罪事实及证据，是指同时具备下列情形：

（一）有证据证明发生了违法犯罪事实；

（二）有证据证明该违法犯罪事实是被调查人实施；

（三）证明被调查人实施违法犯罪行为的证据已经查证属实。

部分违法犯罪事实，既可以是单一违法犯罪行为的事实，也可以是数个违法犯罪行为中任何一个违法犯罪行为的事实。

监察法第二十四条第一款规定的重要问题，是指对被调查人涉嫌的严重职务违法或者职务犯罪，在定性处置、定罪量刑等方面有重要影响的事实、情节及证据。

第一百二十二条　被调查人具有下列情形之一的，可以认定为监察法第二十四条第一款第二项所规定的可能逃跑、自杀：

（一）着手准备自杀、自残或者逃跑的；

（二）曾经有自杀、自残或者逃跑行为的；

（三）有自杀、自残或者逃跑意图的；

（四）其他可能逃跑、自杀的情形。

第一百二十三条　被调查人具有下列情形之一的，可以认定为监察法第二十四条第一款第三项所规定的可能串供或者伪造、隐匿、毁灭证据：

（一）曾经或者企图串供，伪造、隐匿、毁灭、转移证据的；

（二）曾经或者企图威逼、恐吓、利诱、收买证人，干扰证人作证的；

（三）有同案人或者与被调查人存在密切关联违法犯罪的涉案人员在逃，重要证据尚未收集完成的；

（四）其他可能串供或者伪造、隐匿、毁灭证据的情形。

第一百二十四条 被调查人具有下列情形之一的，可以认定为监察法第二十四条第一款第四项所规定的可能有其他妨碍调查行为：

（一）可能继续实施违法犯罪行为的；

（二）有危害国家安全、公共安全等现实危险的；

（三）可能对举报人、控告人、被害人、证人、鉴定人等相关人员实施打击报复的；

（四）无正当理由拒不到案，严重影响调查的；

（五）其他可能妨碍调查的行为。

第一百二十五条 对下列人员不得采取留置措施：

（一）患有严重疾病、生活不能自理的；

（二）怀孕或者正在哺乳自己婴儿的妇女；

（三）生活不能自理的人的唯一扶养人。

上述情形消失后，根据调查需要可以对相关人员采取留置措施。

第一百二十六条 采取留置措施时，调查人员不得少于二人，应当向被留置人员宣布《留置决定书》，告知被留置人员权利义务，要求其在《留置决定书》上签名、捺指印。被留置人员拒绝签名、捺指印的，调查人员应当在文书上记明。

第一百二十七条 采取留置措施后，应当在二十四小时以内通知被留置人员所在单位和家属。当面通知的，由有关人员在《留置通知书》上签名。无法当面通知的，可以先以电话等方式通知，并通过邮寄、转交等方式送达《留置通知书》，要求有关人员在《留置通知书》上签名。有关人员拒绝签名的，调查人员应当在文书上记明。

因可能伪造、隐匿、毁灭证据，干扰证人作证或者串供等有碍调查情形而不宜通知的，应当按规定报批，记录在案。有碍调查的情形消失后，应当立即通知被留置人员所在单位和家属。

第一百二十八条　监察机关采取留置措施后，应当在二十四小时以内对涉嫌职务违法的被调查人进行谈话，对涉嫌职务犯罪的被调查人进行讯问。

第一百二十九条　留置时间不得超过三个月，自向被留置人员宣布之日起算。具有下列情形之一的，经审批可以延长一次，延长时间不得超过三个月：

（一）案情重大，严重危害国家利益或者公共利益的；

（二）案情复杂，涉案人员多、金额巨大，涉及范围广的；

（三）重要证据尚未收集完成，或者重要涉案人员尚未到案，导致违法犯罪的主要事实仍须继续调查的；

（四）其他需要延长留置时间的情形。

省级以下监察机关采取留置措施的，延长留置时间应当报请上一级监察机关批准。

延长留置时间的，应当在留置期满前向被留置人员宣布延长留置时间的决定，要求其在《延长留置时间决定书》上签名、捺指印。被留置人员拒绝签名、捺指印的，调查人员应当在文书上记明。

延长留置时间的，应当及时通知被留置人员所在单位和家属。

第一百三十条　对涉嫌职务犯罪的被调查人可能判处十年有期徒刑以上刑罚，监察机关按照本条例第一百二十九条规定延长期限届满，仍不能调查终结的，经审批可以再延长，再延长时间不得超过二个月。

省级以下监察机关需要再延长留置时间的，应当逐级报送国家监察委员会批准。

再延长留置时间的，应当在留置期满前向被留置人员宣布再延长留置时间的决定，要求其在《再延长留置时间决定书》上签名、捺指印。被留置人员拒绝签名、捺指印的，调查人员应当在文书上记明。

再延长留置时间的，应当及时通知被留置人员所在单位和家属。

第一百三十一条 报请批准延长或者再延长留置时间，应当在报请材料中写明被留置人员基本情况、主要案情和留置后调查工作进展情况、下一步调查工作计划、延长或者再延长留置时间的具体理由及起止时间。

报请批准延长或者再延长留置时间，应当根据案件具体情况和实际工作需要，提出合理、必要的时间建议。

上级监察机关收到报请批准延长或者再延长留置时间的申请后，应当及时研究，在原留置期限届满前按程序作出决定。

第一百三十二条 省级以上监察机关在调查期间，发现涉嫌职务犯罪的被调查人另有与留置时的罪行不同种的重大职务犯罪或者同种的影响罪名认定、量刑档次的重大职务犯罪，经审批可以依照监察法第四十八条第三款的规定重新计算留置时间。留置时间重新计算以一次为限。

依照前款规定重新计算留置时间的，国家监察委员会调查部门应当自发现之日起五日以内履行报批程序，省级监察机关应当自发现之日起五日以内报请国家监察委员会批准。

重新计算留置时间的，应当自作出决定之日起五日以内向被留置人员宣布，要求其在《重新计算留置时间决定书》上签名、捺指印，并及时通知被留置人员所在单位和家属。被留置人员拒绝签名、捺指印的，调查人员应当在文书上记明。

第一百三十三条 重新计算留置时间的，留置时间不得超过三个月。新发现的罪行具有本条例第一百二十九条、第一百三十条规定情形的，可以依法延长和再延长留置时间。但是，此前已经根据本条例第一百三十条规定再延长留置时间的，不得再次适用该规定再延长留置时间。

第一百三十四条 对被留置人员不需要继续采取留置措施的，应当按规定报批后解除留置或者变更为责令候查措施。留置期满的，应当按规定报批后予以解除。

解除留置措施的，调查人员应当向被留置人员宣布解除留置措施的决定，由其在《解除留置决定书》上签名、捺指印；变更为责令候查措施的，应当向被留置人员宣布变更为责令候查措施的决定，由其在《变更留置决定书》上签名、捺指印。被留置人员拒绝签名、捺指印的，调查人员应当在文书上记明。

解除留置措施或者变更为责令候查措施的，应当及时通知被留置人员所在单位和家属、申请人。调查人员应当与交接人办理交接手续，并由其在《解除留置通知书》或者《变更留置通知书》上签名。无法通知或者有关人员拒绝签名的，调查人员应当在文书上记明。不得因办理交接手续延迟解除或者变更留置措施。

案件依法移送人民检察院审查起诉的，留置措施自犯罪嫌疑人被执行拘留时自动解除，不再办理解除法律手续。

第二百一十四条第二款　对涉嫌严重职务违法或者职务犯罪的公职人员立案调查并采取留置措施的，应当按规定通知被调查人所在单位和家属，并向社会公开发布。

第二百一十五条第二款　调查职务违法或者职务犯罪案件，对被调查人没有采取留置措施的，应当在立案后一年以内作出处理决定；对被调查人解除留置措施的，应当在解除留置措施后一年以内作出处理决定。案情重大、复杂的案件，经上一级监察机关批准，可以适当延长，但延长期限不得超过六个月。

第三百二十七条第三款　期间的最后一日是节假日的，以节假日结束的次日为期间的最后一日。但被调查人被采取责令候查、管护、留置或者禁闭措施的期间应当至期满之日为止，不得因节假日而延长。

十、技术调查

（一）图解

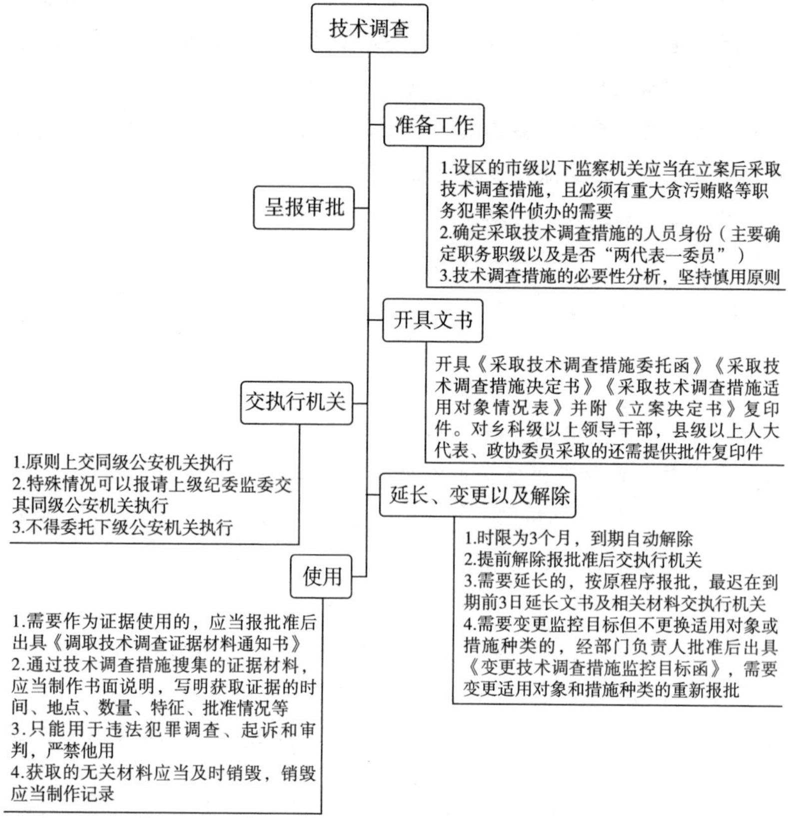

图3－18　技术调查

（二）实务指引

1. 文书制作

监察机关向公安机关出具《采取技术调查措施委托函》《采取技术调查措施决定书》《采取技术调查措施适用对象情况表》，设区的市级以下监察机关还应当提供《立案决定书》。

2. 重点提醒

（1）适用范围。根据《中华人民共和国监察法实施条例》的规定，监察机关可以决定采取技术调查措施的案件，只能是涉嫌重大贪污贿赂等职务犯罪案件，对比留置、强制到案、责令候查等强制措施的适用对象（严重职务违法或者职务犯罪），适用技术调查的范围更窄，要求更高。2025 年修订的《中华人民共和国监察法实施条例》删除了界定“重大贪污贿赂”的表述，实践中仍应从严把握、确有必要才可实施。

（2）措施方法。技术调查措施通常是通过电话监听、电子监控、拍照或者录像等手段获取证据，其使用的恰当与否涉及被审查调查人的合法权利是否被侵犯的问题，因此技术调查措施须采取审慎原则，即一定是在使用常规的调查手段无法达到调查目的时才能采取。实践中，适用上述方法一般是通过了解动态信息帮助准确研判案件，如果需要将收集的信息或材料作为证据使用，应当经过批准之后出具《调取技术调查证据材料通知书》向执行机关调取。

（3）延长时限。采取技术调查措施的期限为 3 个月，自批准决定签发之日起算。对于复杂、疑难案件期满后，经过批准，可以延长，但每次延长不得超过 3 个月。需要注意的是，延长技术调查措施期限的，还要履行原来启动时的审批程序，并且在 3 个月有效期内，不需要继续采取技术调查措施的应当及时解除。

（4）保密要求。使用技术调查措施，特定情形下应当采取不暴露有关人员身份、技术方法等保护措施，以免危及有关人员人身安全等；对知悉的国家秘密、工作秘密、商业秘密、个人隐私和个人信息，调查人员应当严格保密；获取的证据、线索等材料不得用于其他用途。

（三）示例

2019 年 8 月 3 日，某市纪委监委对该市公安局局长冉某涉嫌严重违纪违法问题立案审查并采取留置措施。通过对冉某谈话获知，对其单笔就行贿 5000 万元的工程承建商李某在冉某被采取留置措施前，两人商议由李某将该笔5000万元通过地下钱庄转移至国外，等李某到国外后，暂时由李某保管。冉某还交代，李某近期拟通过非法方式出境。之后审查调查组多方联系李某都无果。对此情况，市纪委监委履行相关报批手续后，提请公安机关对李某采取技侦措施，监听其通讯工具，以掌握其行踪，防止其外逃。后在公安机关的大力协助下，市纪委监委顺利将李某抓捕归案。

解读

示例中，李某向冉某行贿5000万元且准备潜逃，案情重大，李某可能被判处10年以上有期徒刑。鉴于此，某市纪委监委决定对李某采取监听措施。此外，“李某近期拟通过非法方式出境”“审查调查组多方联系李某都无果”证明情况已经很紧急，除了采取监听等措施外，已经无法知晓李某的情况。故提请公安机关对李某采取技侦措施。

（四）法规索引速查

《中国共产党纪律检查机关监督执纪工作规则》（中共中央办公厅印发，2019年1月1日起施行）

第三十四条第二款 需要采取技术调查或者限制出境等措施的，纪检监察机关应当严格履行审批手续，交有关机关执行。

《中华人民共和国监察法》（主席令第3号公布，2018年3月20日起施行，2024年12月25日修正公布）

第三十一条 监察机关调查涉嫌重大贪污贿赂等职务犯罪，根据需要，经过严格的批准手续，可以采取技术调查措施，按照规定交有关机关执行。

批准决定应当明确采取技术调查措施的种类和适用对象，自签发之日起三个月以内有效；对于复杂、疑难案件，期限届满仍有必要继续采取技术调查措施的，经过批准，有效期可以延长，每次不得超过三个月。对于不需要继续采取技术调查措施的，应当及时解除。

《中华人民共和国监察法实施条例》（国家监察委员会公告第 1 号公布，2021 年 9 月 20 日起施行，2025 年 6 月 1 日修订公布）

第五十九条第一款　……设区的市级以下监察机关在初步核实中不得采取技术调查措施。监察机关采取谈话、函询方式处置问题线索的，适用监察法和本条例关于采取该两项措施的相关规定。

第一百八十三条　监察机关根据调查涉嫌重大贪污贿赂等职务犯罪需要，依照规定的权限和程序报经批准，可以依法采取技术调查措施，按照规定交公安机关或者国家有关执法机关依法执行。

第一百八十四条　依法采取技术调查措施的，监察机关应当出具《采取技术调查措施委托函》《采取技术调查措施决定书》和《采取技术调查措施适用对象情况表》，送交有关机关执行。其中，设区的市级以下监察机关委托有关执行机关采取技术调查措施，还应当提供《立案决定书》。

第一百八十五条　技术调查措施的期限按照监察法的规定执行，期限届满前未办理延期手续的，到期自动解除。

对于不需要继续采取技术调查措施的，监察机关应当按规定及时报批，将《解除技术调查措施决定书》送交有关机关执行。

需要依法变更技术调查措施种类或者增加适用对象的，监察机关应当重新办理报批和委托手续，依法送交有关机关执行。

第一百八十六条　对于采取技术调查措施收集的信息和材料，依法需要作为刑事诉讼证据使用的，监察机关应当按规定报批，出具《调取技术调查证据材料通知书》向有关执行机关调取。

对于采取技术调查措施收集的物证、书证及其他证据材料，监察机关应当制作书面说明，写明获取证据的时间、地点、数量、特征以及采取技术调查措施的批准机关、种类等。调查人员应当在书面说明上签名。

对于采取技术调查措施获取的证据材料，如果使用该证据材料可能危及有关人员的人身安全，或者可能产生其他严重后果的，应当采取不暴露有关人员身份、技术方法等保护措施。必要时，可以建议由审判人员在庭外进行核实。

第一百八十七条 调查人员对采取技术调查措施过程中知悉的国家秘密、工作秘密、商业秘密、个人隐私和个人信息，应当严格保密。

采取技术调查措施获取的证据、线索及其他有关材料，只能用于对违法犯罪的调查、起诉和审判，不得用于其他用途。

对采取技术调查措施获取的与案件无关的材料，应当经审批及时销毁。对销毁情况应当制作记录，由调查人员签名。

十一、通缉

（一）图解

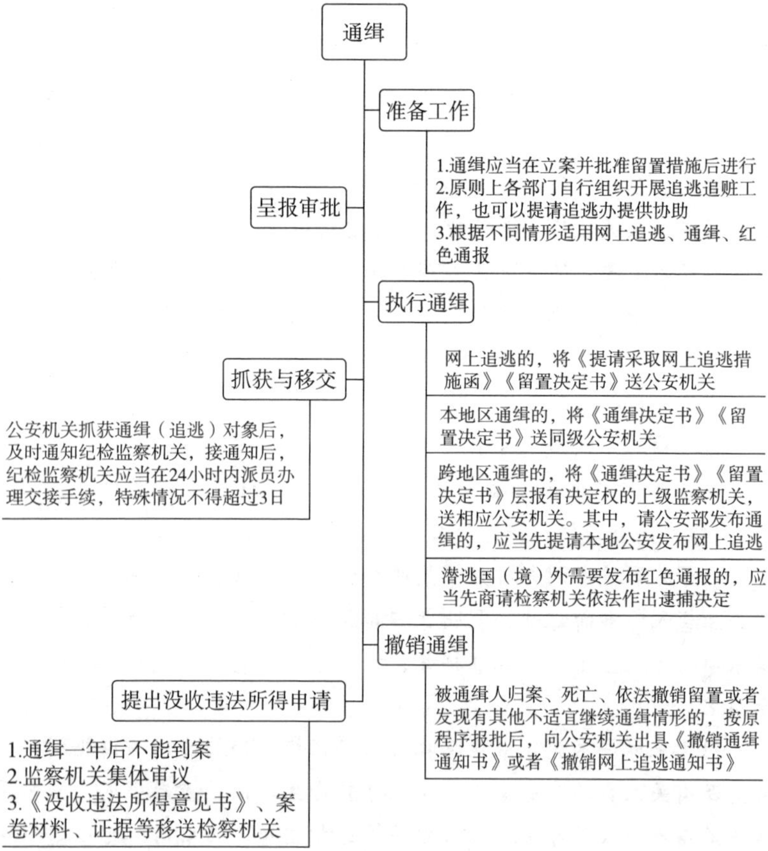

图 3－19 通缉

（二）实务指引

1. 文书制作

采取通缉措施，监察机关应当制作《通缉决定书》，并附《留置决定书》和被通缉人员信息等，一并交同级公安机关执行。提请公安机关网上追逃的，还要出具《提请采取网上追逃措施函》。提请公安机关协助将被抓获人员带回的，应当出具《提请协助采取留置措施函》，附《留置决定书》复印件及相关材料。被通缉或追逃人员已归案、死亡，或者撤销留置决定的，应当及时向公安机关出具《撤销通缉通知书》或者《撤销网上追逃通知书》。

2. 重点提醒

（1）通缉对象。既包括应当被留置的人员在被留置前已经逃跑，也包括其在被留置后脱逃。

（2）通缉令。监察机关可以决定在本行政区域内通缉，由公安机关发布通缉令。通缉范围超出本行政区域的，应当报请有权决定的上级监察机关决定。提请公安部发布公安部通缉令的主体是国家监委，省级以下监察机关需要提请发布公安部通缉令的，应当逐级报国家监委。

（3）潜逃国（境）外。依法应当留置的被审查调查人和重要涉案人员潜逃国（境）外的，可以按规定申请发布国际刑警组织红色通报。

（4）办理交接。公安机关抓获被通缉人员后，监察机关应当立即核实被抓获人员身份，并在24小时以内办理交接手续。移交前，需要在当地监察机关留置场所临时看管的，当地监察机关应当接收。监察机关需公安机关协助将被抓获人员带回的，应当按规定报批，请本地同级公安机关依法予以协助。

（5）对象不能到案的处理。对于贪污贿赂、失职渎职等职务犯罪案件，被调查人逃匿，在通缉一年后不能到案的，依法应当追缴其违法所得及其他涉案财产，承办部门调查终结后移送审理。经监察机关集体审议，向检察机关出具或移送《没收违法所得意见书》等材料，提出没收违法所得的申请。

（三）案例

2018年5月9日，Y省监委决定对X大学原党委副书记、校长蒋某进行立案调查并决定对其采取留置措施，可蒋某潜逃失联了，有可能会外逃。5月10日，中央追逃办收到了来自Y省的报告。5月11日，根据Y省监察委员会决定，Y省公安厅发布A级通缉令，对蒋某进行通缉。5月30日，在通缉令发出后第20天，蒋某在K市的藏匿点被公安机关抓获归案，Y省监委对其采取留置措施。①

解读

案例中，X大学原党委副书记、校长蒋某潜逃失联前，已被Y省监委决定对其采取留置措施，其属于可以依法通缉的对象。鉴于蒋某系省管干部，对其采取通缉措施，应报Y省监委主要负责人审批。Y省公安厅根据Y省监察委员会决定对被调查人蒋某发布A级通缉令，并执行抓捕行动。

（四）法规索引速查

《中华人民共和国监察法》（主席令第3号公布，2018年3月20日起施行，2024年12月25日修正公布）

第三十二条 依法应当留置的被调查人如果在逃，监察机关可以决定在本行政区域内通缉，由公安机关发布通缉令，追捕归案。通缉范围超出本行政区域的，应当报请有权决定的上级监察机关决定。

《中华人民共和国监察法实施条例》（国家监察委员会公告第1号公布，2021年9月20日起施行，2025年6月1日修订公布）

第一百八十八条 县级以上监察机关对在逃的应当被留置人员，

① 参见何咏坤、李艳欣：《欲令智昏，他如一台疯狂敛财的机器——西南林业大学原校长蒋某某严重违纪违法案剖析》，载中央纪委国家监委网站，https：//www. ccdi. gov. cn/jdbgn/chyjs/201812/t20181217_ 34390. html。

依法决定在本行政区域内通缉的，应当按规定报批，送交同级公安机关执行。送交执行时，应当出具《通缉决定书》，附《留置决定书》等法律文书和被通缉人员信息，以及承办单位、承办人员等有关情况。

通缉范围超出本行政区域的，应当报有决定权的上级监察机关出具《通缉决定书》，并附《留置决定书》及相关材料，送交同级公安机关执行。

第一百八十九条　国家监察委员会依法需要提请公安部对在逃人员发布公安部通缉令的，应当先提请公安部采取网上追逃措施。如情况紧急，可以向公安部同时出具《通缉决定书》和《提请采取网上追逃措施函》。

省级以下监察机关报请国家监察委员会提请公安部发布公安部通缉令的，应当先提请本地公安机关采取网上追逃措施。

第一百九十条　监察机关接到公安机关抓获被通缉人员的通知后，应当立即核实被抓获人员身份，并在接到通知后二十四小时以内派员办理交接手续。边远或者交通不便地区，至迟不得超过三日。

公安机关在移交前，将被抓获人员送往当地监察机关留置场所临时看管的，当地监察机关应当接收，并保障临时看管期间的安全，对工作信息严格保密。

监察机关需要提请公安机关协助将被抓获人员带回的，应当按规定报批，请本地同级公安机关依法予以协助。提请协助时，应当出具《提请协助采取留置措施函》，附《留置决定书》复印件及相关材料。

第一百九十一条　监察机关对于被通缉人员已经归案、死亡，或者依法撤销留置决定以及发现有其他不需要继续采取通缉措施情形的，应当经审批出具《撤销通缉通知书》，送交协助采取原措施的公安机关执行。需要撤销网上追逃措施的，监察机关应当出具《撤销网上追逃通知书》，送交协助采取原措施的公安机关执行。

十二、限制出境

（一）图解

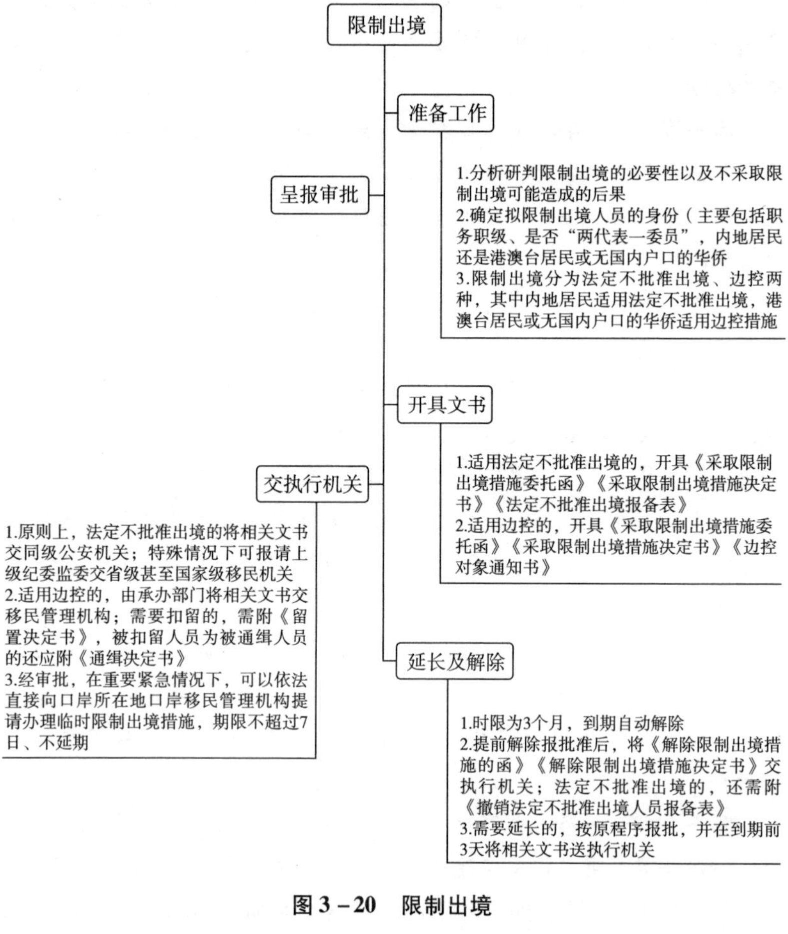

图3－20　限制出境

（二）实务指引

1. 文书制作

限制出境措施由国家移民管理机关具体实施，监察机关应当向其出具《采取限制出境措施委托函》和《采取限制出境措施决定书》。

其中，对没有内地居民身份证的华侨、港澳台居民限制出境，还应当附《边控对象通知书》；对有内地居民身份证的内地公民限制出境，应当附《法定不批准出境人员报备表》。

2. 重点提醒

（1）设区的市级以下监委采取限制出境措施或延长限制出境措施的，应当出具《提请批准限制出境措施申请书》《提请延长限制出境措施申请书》，层报省级监察机关进行审查。省级监察机关同意的，下发《批准采取限制出境措施决定书》《批准延长限制出境措施决定书》；不同意的，下发《不批准采取限制出境措施决定书》《不批准延长限制出境措施决定书》。

（2）省级以下监察机关决定采取边控措施的，经审批后由省级监察机关统一办理。

（3）采取限制出境措施，应当具有必要性，防止过度施权，侵害他人合法权益。对有关人员是否可能逃匿境外，监察机关应根据实际情况精准审慎把握，不能主观臆断。

（4）限制出境期限。限制出境措施有效期不超过3个月，到期后仍有必要继续采取边控措施的，按原程序报批，延长期限每次不得超过3个月；到期后仍有必要继续采取法定不批准出境措施的，在报备期满3日前再次办理手续。

（5）要合理配合运用限制出境措施与其他审查调查措施。比如限制出境措施与“走读式”谈话相结合，通常会起到一定的震慑作用，谈话人可以通过观察被谈话人的心理变化及肢体语言等判断其涉嫌违纪违法犯罪的可能性。

（三）示例

2019年8月，S省纪委监委在对某单位副厅级干部王某初核时，经请示批准后，办案人员与王某进行了谈话，王某向组织保证自己在履职过程中没有任何违纪违法问题。根据初核掌握的情况来看，王某没说实话。王某离开后，省纪委监委决定对王某及其妻子采取限制出境措施。2019年8月至9月，王某本人及其妻子陆续出国被限制。王某便主动联系办案人员，交代其知道自己及妻子被限制出境后，心想组织应该是掌握了自己的违纪违法事实，不然不会采取限制出境措施，所以心里一直忐忑不安。经过一段时间的思想斗争后，其愿意向组织如实交代违纪违法的问题。经查，王某涉嫌受贿共计500余万元。

解读

示例中，S省纪委监委决定对王某及其妻子采取限制出境措施时，鉴于王某系同级党委管理的副职领导干部，由S省纪委监委主要负责人审批。承办部门结合对王某“走读式”谈话，找准时间点，第一次谈话结束后再采取限制出境措施，这样便给王某带来了极大的心理压力，迫使其如实交代问题。

（四）法规索引速查

《中国共产党纪律检查机关监督执纪工作规则》（中共中央办公厅印发，2019年1月1日起施行）

第三十四条第二款 需要采取技术调查或者限制出境等措施的，纪检监察机关应当严格履行审批手续，交有关机关执行。

《中华人民共和国监察法》（主席令第3号公布，2018年3月20日起施行，2024年12月25日修正公布）

第三十三条 监察机关为防止被调查人及相关人员逃匿境外，经省级以上监察机关批准，可以对被调查人及相关人员采取限制出境措施，由公安机关依法执行。对于不需要继续采取限制出境措施的，应当及时解除。

《中华人民共和国监察法实施条例》（国家监察委员会公告第1号公布，2021年9月20日起施行，2025年6月1日修订公布）

第一百九十二条 监察机关为防止被调查人及相关人员逃匿境外，按规定报批后，可以依法决定采取限制出境措施，交由移民管理机构依法执行。

第一百九十三条　监察机关采取限制出境措施应当出具有关函件，与采取限制出境措施决定书等文书材料一并送交移民管理机构执行。其中，采取边控措施的，应当附《边控对象通知书》；采取法定不批准出境措施的，应当附《法定不准出境人员报备表》。

第一百九十四条　限制出境措施有效期不超过三个月，到期自动解除。

到期后仍有必要继续采取边控措施的，应当按原程序报批。承办部门应当出具有关函件，在到期前与《延长限制出境措施期限决定书》一并送交移民管理机构执行。延长期限每次不得超过三个月。

到期后仍有必要继续采取法定不批准出境措施的，应当在报备期满三日前按规定再次办理法定不批准出境人员报备手续。

第一百九十五条　监察机关接到口岸移民管理机构查获被决定采取留置措施的边控对象的通知后，应当于二十四小时以内到达口岸办理移交手续。无法及时到达的，应当委托当地监察机关及时前往口岸办理移交手续。当地监察机关应当予以协助。

第一百九十六条　对于不需要继续采取限制出境措施的，应当按规定报批，及时予以解除。承办部门应当出具有关函件，与《解除限制出境措施决定书》一并送交移民管理机构执行。

第一百九十七条　县级以上监察机关在重要紧急情况下，经审批可以依法直接向口岸所在地口岸移民管理机构提请办理临时限制出境措施，期限不超过七日，不能延期。

十三、强制到案

（一）图解

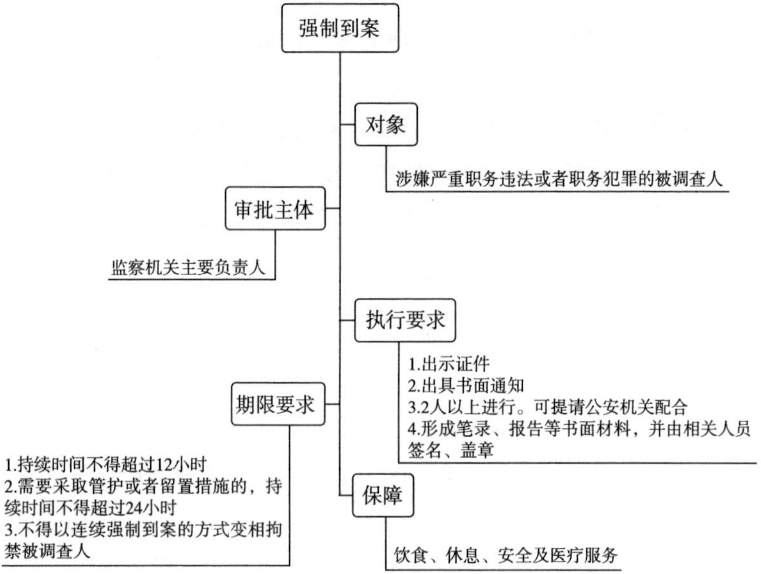

图3－21　强制到案

（二）实务指引

1. 文书制作

采取强制到案措施，监察机关应当制作《强制到案决定书》，被强制到案人员到案后，应当要求其在《强制到案决定书》上填写到案时间，并签名、捺指印；强制到案结束后，应当要求被强制到案人员在《强制到案决定书》上填写结束时间，并签名、捺指印。被强制到案人员拒绝填写或者签名、捺指印的，调查人员应当在文书上记明。

2. 重点提醒

（1）适用条件。强制到案的适用条件主要包含两个：一是对象条件。强制到案对象必须是严重职务违法或者职务犯罪的被调查人，对于证人、被害人等非被调查人不得适用强制到案措施。二是前提条件。

必须以书面、电话等方式通知被调查人（其中首次通知一般是书面方式），且被调查人无正当理由拒绝到案。如果没有通知，或者通知之后有家属患有严重疾病需要照顾等正当、合理的理由，则一般不能采取该措施。

（2）审批权限。《中华人民共和国监察法》规定采取强制到案措施应当经监察机关主要负责人批准。该规定应为最低审批权限，有更高的审批权限规定时，从其规定。

（3）执行方式。执行强制到案措施的调查人员不得少于2人，且向强制到案人员出具《强制到案决定书》。《中华人民共和国监察法》及其实施条例没有规定强制到案需要通知被调查人的工作单位及家属，如果转换成管护、留置措施，则需要按规定通知工作单位及家属。

（4）强制到案地点。强制到案地点为监察机关谈话场所或者留置场所。因为强制到案对象涉嫌严重职务违法或者职务犯罪人员，将其带至上述场所开展谈话、讯问，能够保障强制到案对象的安全。

（5）相关期限规定。一是执行期限要求。调查人员确认被调查人的位置信息之后，应当立即执行，将其带到谈话场所或者留置场所。避免间隔时间过长，增加安全风险系数。二是强制到案持续时间要求。强制到案时间从被调查人强制到案并在文书上签字时起算，持续时间不超过12小时，需要采取管护、留置措施的，经批准，不得超过24小时。三是强制到案的适用次数。《中华人民共和国监察法》及其实施条例没有规定强制到案措施的适用次数，但规定两次强制到案的间隔时间不得少于24小时。换言之，基于调查工作需要，在被调查人不配合的情况下，可以多次使用强制到案措施，但不得以连续强制到案的方式变相拘禁被调查人。四是相关工作开展时间要求。被调查人到案后，调查人员应当及时开展谈话、讯问工作，尽可能在较短时间内完成工作任务。在强制到案期限内未作出采取其他监察强制措施决定的，强制到案期满，应当立即结束强制到案。

（6）解除与变更。强制到案期满，应当立即结束强制到案，原则上到期解除强制到案不需要审批，也不需要出具相关文书。对被强制到案人员依法采取管护、留置措施的，应当按照变更后的监察强制措施审批，并按照相关措施的要求执行。

（三）示例

2025年6月10日，经A县监察委员会调查核实，该县B局某部门工作人员C涉嫌严重职务违法，经审批书面通知其到该县监察委员会的谈话场所核实有关问题。C以父亲正在医院住院需要照顾为由，提出过段时间再来配合调查。经核实，C的父亲及岳父均已去世，初步判断其为逃避责任而编造理由拒不配合调查，存在较大的安全风险。经A县监察委员会主任批准，对C采取强制到案措施。

解读

强制到案是被调查人不配合调查时，监察机关可以采取的强制措施，确保调查工作能够顺利开展，为后续措施适用提供参考。示例中，监察机关依法通知C核实问题，但其提供的理由系虚假的（初步判断），存在逃跑、串供、隐匿、伪造证据等妨碍审查调查工作开展的不利情形，通过适用强制到案措施，可以及时防范有关风险。另外，监察机关在采取强制到案措施之前，还应该核实C是否有其他需要其照顾的亲属正在住院，确定其提供的理由是否为胡编乱造，为强制到案措施的适用提供参考依据。

（四）法规索引速查

《中华人民共和国监察法》（主席令第3号公布，2018年3月20日起施行，2024年12月25日修正公布）

第二十一条 监察机关根据案件情况，经依法审批，可以强制涉嫌严重职务违法或者职务犯罪的被调查人到案接受调查。

第四十四条第一款 调查人员采取讯问、询问、强制到案、责令候查、管护、留置、搜查、调取、查封、扣押、勘验检查等调查措施，均应当依照规定出示证件，出具书面通知，由二人以上进行，形成笔录、报告等书面材料，并由相关人员签名、盖章。

第四十六条第一款、第二款　采取强制到案、责令候查或者管护措施，应当按照规定的权限和程序，经监察机关主要负责人批准。

强制到案持续的时间不得超过十二小时；需要采取管护或者留置措施的，强制到案持续的时间不得超过二十四小时。不得以连续强制到案的方式变相拘禁被调查人。

第四十九条第一款　监察机关采取强制到案、责令候查、管护、留置措施，可以根据工作需要提请公安机关配合。公安机关应当依法予以协助。

第五十条第三款　监察机关应当保障被强制到案人员、被管护人员以及被留置人员的饮食、休息和安全，提供医疗服务。对其谈话、讯问的，应当合理安排时间和时长，谈话笔录、讯问笔录由被谈话人、被讯问人阅看后签名。

《中华人民共和国监察法实施条例》（国家监察委员会公告第 1 号公布，2021 年 9 月 20 日起施行，2025 年 6 月 1 日修订公布）

第六十四条　监察机关依法变更强制到案、责令候查、管护、留置以及禁闭等监察强制措施的，原监察强制措施自监察机关采取新的监察强制措施之时自动解除。

第六十五条第一款　县级以上监察机关需要提请公安机关协助采取强制到案、责令候查、管护、留置、搜查措施的，应当按规定报批，请同级公安机关依法予以协助。提请协助时，应当出具提请协助函，列明提请协助的具体事项和建议，协助采取措施的时间、地点等内容，附采取监察措施决定书复印件。

第七十一条第二款　监察机关应当保障被强制到案人员、被管护人员、被留置人员以及被禁闭人员的合法权益，尊重其人格和民族习俗，保障饮食、休息和安全，提供医疗服务。

第八十三条第一款　调查人员与被强制到案人员、被管护人员、被留置人员或者被禁闭人员谈话的，按照法定程序在执行相关监察强制措施的场所进行。

第九十九条　监察机关调查严重职务违法或者职务犯罪，对于经通知无正当理由不到案的被调查人，经依法审批，可以强制其到监察机关谈话场所或者留置场所接受调查。

首次通知到案一般应当以书面方式，确因情况紧急无法书面通知的，可以通过电话等方式通知，并将相关情况制作工作记录。

采取强制到案措施时，调查人员不得少于二人，应当向被强制到案人员出具《强制到案决定书》。

第一百条 监察机关应当立即将被强制到案人员送至监察机关谈话场所或者留置场所。强制到案的时间自被强制到案人员到达相关场所时起算。

被强制到案人员到案后，应当要求其在《强制到案决定书》上填写到案时间，并签名、捺指印；强制到案结束后，应当要求被强制到案人员在《强制到案决定书》上填写结束时间，并签名、捺指印。被强制到案人员拒绝填写或者签名、捺指印的，调查人员应当在文书上记明。

一次强制到案持续的时间不得超过十二小时；依法需要采取管护或者留置措施的，按规定报批后，强制到案持续的时间不得超过二十四小时。两次强制到案间隔的时间不得少于二十四小时，不得以连续强制到案的方式变相拘禁被调查人。两次强制到案的间隔时间从第一次强制到案结束时起算。

第一百零一条 监察机关强制被调查人到案后，应当对涉嫌职务违法的被调查人及时谈话，对涉嫌职务犯罪的被调查人及时讯问。

第一百零二条 监察机关在强制到案期限内未作出采取其他监察强制措施决定的，强制到案期满，应当立即结束强制到案。

十四、责令候查

（一）图解

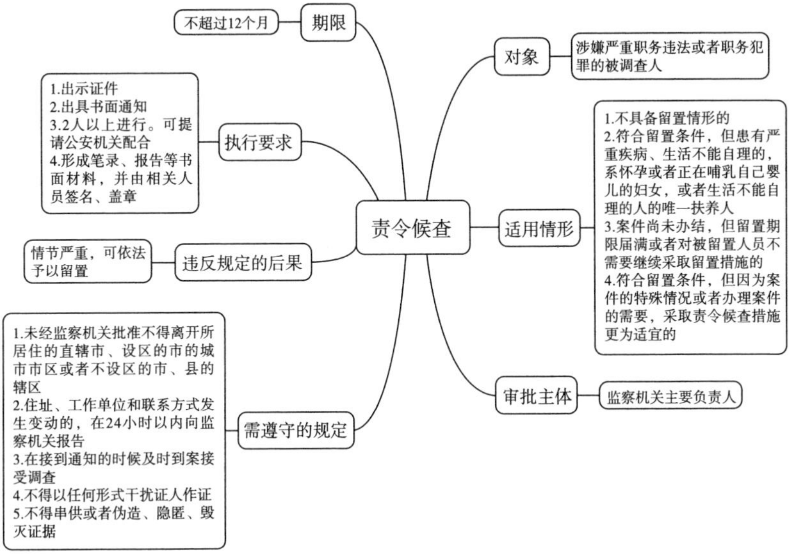

图 3－22　责令候查

（二）实务指引

1. 文书制作

直接采取责令候查措施或者从其他监察强制措施变更为责令候查措施时，都应当向被责令候查人宣布《责令候查决定书》，出示《被责令候查人权利义务告知书》，由其签名、捺指印。同时，还要在采取责令候查措施后 24 小时以内，通知被责令候查人所在单位和家属。通知方式应当优先使用当面通知，无法通知时才可以使用电话＋邮寄、转交等方式，有关人员应在《责令候查通知书》上签名。

2. 重点提醒

（1）适用条件。采取责令候查措施的对象必须是涉嫌严重职务违法或者职务犯罪的被调查人，同时具备以下情形之一：①没有《中华人民共和国监察法》第二十四条第一款规定的可能逃跑、自杀、串供、伪造、隐匿、毁灭证据等情形；②符合留置条件，但患有严重疾病、生活不能自理的，系怀孕或者正在哺乳自己婴儿的妇女，或者生活不能自理的人的唯一扶养人；③案件尚未办结，但留置期限届满或者对被留置人员不需要继续采取留置措施的；④符合留置条件，但因为案件的特殊情况或者办理案件的需要，采取责令候查措施更为适宜的。

（2）审批权限。根据《中华人民共和国监察法》规定，采取责令候查措施应当经监察机关主要负责人批准。该规定应为最低审批权限，如果有其他更高权限的审批要求，应当从其规定。

（3）责令候查期限。责令候查期限最长不超过 12 个月，自向被责令候查人宣布之日起算。该期限不能延长，同一案件 1 次责令候查或多次责令候查期限累加都不能超过 12 个月。

（4）被责令候查人应当遵守的义务。被责令候查人应当遵守的重要义务是未经批准不得离开所居住的市、县。在同一直辖市、设区的市内跨区活动的，不属于离开所居住的市、县。确有正当理由需要离开的，应当经决定采取责令候查措施的监察机关批准。如，北京市下辖 16 个区，没有县，因此被责令候查人在北京市行政区划内活动，不属于离开所居住的市、县。又如，岳阳市下辖的岳阳楼区和岳阳县，虽然相距较近，但从岳阳楼区去往岳阳县则要报请批准。

（5）被责令候查人违反法定义务的认定及处理。被责令候查人如果有企图逃跑、自杀等《中华人民共和国监察法实施条例》第一百零九条规定的情形，应当认定为违反责令候查规定。经省级监察机关或国家监察委员会批准，依法予以留置。一是省级监察机关报请国家监察委员会批准；二是设区的市级以下监察机关逐级报送省级监察机关批准。

（6）监察强制措施变更。一是主动变更。采取留置措施不当或者不需要继续采取留置措施，被禁闭人员不需要继续采取禁闭措施的，可以变更为责令候查措施；同时，被责令候查人员违反管理规定，情节严重，可以对其采取留置措施。二是依申请变更。被管护人员、被留置人员、被禁闭人员及其近亲属以书面形式向监察机关申请变更为责令候查措施。监察机关在 3 日内作出决定，同意变更或作出不同意的说明。

（7）责令候查措施的解除。一是对被责令候查人员不需要继续采取责令候查措施或者责令候查期满的，应当按规定报批后解除责令候查措施。解除责令候查措施的，被责令候查人员在《解除责令候查决定书》上签名、捺指印，被责令候查人员所在单位和家属在《解除责令候查通知书》上签名。二是案件依法移送人民检察院审查起诉的，责令候查措施自移送之日自动解除，不再办理解除法律手续。

（三）示例

A 涉嫌严重职务违法犯罪，但其独自抚养一未成年小孩，B 市 C 区监察委员会对其立案调查之后，决定对其采取责令候查措施。之后，A 与往常一样往返 B 市 C 区和 B 市 D 县工作、生活，没有履行相关审批手续。

解读

采取责令候查措施既是考虑对象的工作、生活实际，有不需要采取留置措施的现实需要，同时也要保证案件能够顺利调查，避免出现妨碍调查工作开展的情形。因此，在采取责令候查措施时候，C 区监察委员会应当全面了解 A 的工作、生活情况，详细告知责令候查期间应该遵守的要求，如果去 D 县工作应当递交书面申请。考虑到 A 是经常性地往返 C 区与 D 县，C 区监察机关可以简化批准程序，一次性审批其在特定期间内按照批准的地点、路线出行。当然，如果 A 是在 B 市下辖的其他区工作，且不途经县，则不要递交申请，可以自行往返。

（四）法规索引速查

《中华人民共和国监察法》（主席令第 3 号公布，2018 年 3 月 20 日起施行，2024 年 12 月 25 日修正公布）

第二十三条　被调查人涉嫌严重职务违法或者职务犯罪，并有下列情形之一的，经监察机关依法审批，可以对其采取责令候查措施：

（一）不具有本法第二十四条第一款所列情形的；

（二）符合留置条件，但患有严重疾病、生活不能自理的，系怀孕或者正在哺乳自己婴儿的妇女，或者生活不能自理的人的唯一扶养人；

（三）案件尚未办结，但留置期限届满或者对被留置人员不需要继续采取留置措施的；

（四）符合留置条件，但因为案件的特殊情况或者办理案件的需要，采取责令候查措施更为适宜的。

被责令候查人员应当遵守以下规定：

（一）未经监察机关批准不得离开所居住的直辖市、设区的市的城市市区或者不设区的市、县的辖区；

（二）住址、工作单位和联系方式发生变动的，在二十四小时以内向监察机关报告；

（三）在接到通知的时候及时到案接受调查；

（四）不得以任何形式干扰证人作证；

（五）不得串供或者伪造、隐匿、毁灭证据。

被责令候查人员违反前款规定，情节严重的，可以依法予以留置。

第四十四条第一款　调查人员采取讯问、询问、强制到案、责令候查、管护、留置、搜查、调取、查封、扣押、勘验检查等调查措施，均应当依照规定出示证件，出具书面通知，由二人以上进行，形成笔录、报告等书面材料，并由相关人员签名、盖章。

第四十六条第一款、第三款　采取强制到案、责令候查或者管护措施，应当按照规定的权限和程序，经监察机关主要负责人批准。

责令候查最长不得超过十二个月。

第四十八条第一款　……监察机关发现采取留置措施不当或者不需要继续采取留置措施的，应当及时解除或者变更为责令候查措施。

第四十九条第一款　监察机关采取强制到案、责令候查、管护、留置措施，可以根据工作需要提请公安机关配合。公安机关应当依法予以协助。

《中华人民共和国监察法实施条例》（国家监察委员会公告第1号公布，2021年9月20日起施行，2025年6月1日修订公布）

第五十九条 监察机关在初步核实中，可以依法采取谈话、询问、查询、调取、勘验检查、调查实验、鉴定措施；立案后可以采取讯问、强制到案、责令候查、管护、留置、禁闭、冻结、搜查、查封、扣押、通缉措施。发现存在逃跑、自杀等重大安全风险，在立案前依法对监察法第二十五条第一款第一项、第二项规定的人员采取管护措施的，符合立案条件的应当及时立案……

第六十四条 监察机关依法变更强制到案、责令候查、管护、留置以及禁闭等监察强制措施的，原监察强制措施自监察机关采取新的监察强制措施之时自动解除。

第六十五条第一款 县级以上监察机关需要提请公安机关协助采取强制到案、责令候查、管护、留置、搜查措施的，应当按规定报批，请同级公安机关依法予以协助。提请协助时，应当出具提请协助函，列明提请协助的具体事项和建议，协助采取措施的时间、地点等内容，附采取监察措施决定书复印件。

第八十二条第一款 立案后，与被责令候查人员或者未被限制人身自由的被调查人谈话的，应当在具备安全保障条件的场所进行。

第一百零三条 监察机关调查严重职务违法或者职务犯罪，对于符合监察法第二十三条第一款规定的，经依法审批，可以对被调查人采取责令候查措施。

第一百零四条 采取责令候查措施时，调查人员不得少于二人，应当向被责令候查人员宣布《责令候查决定书》，出示《被责令候查人员权利义务告知书》，由被责令候查人员签名、捺指印，要求其遵守监察法第二十三条第二款的规定，告知其违反规定应负的法律责任。被责令候查人员拒绝签名、捺指印的，调查人员应当在文书上记明。

监察机关将其他监察强制措施变更为责令候查措施的，应当按照前款规定履行权利义务告知程序。

责令候查最长不得超过十二个月，自向被责令候查人员宣布之日起算。

第一百零五条 除无法通知的以外，监察机关应当在采取责令候查措施后二十四小时以内，通知被责令候查人员所在单位和家属。当面通知的，由有关人员在《责令候查通知书》上签名。无法当面通知的，可以先以电话等方式通知，并通过邮寄、转交等方式送达《责令候查通知书》，要求有关人员在《责令候查通知书》上签名。有关人员拒绝签名的，调查人员应当在文书上记明。

第一百零六条 责令候查应当由决定采取责令候查措施的监察机关执行。

执行责令候查的监察机关应当履行下列职责：

（一）监督、考察被责令候查人员遵守有关规定，及时掌握其活动、住址、工作单位、联系方式及变动情况；

（二）审批被责令候查人员离开所居住的直辖市、设区的市的城市市区或者不设区的市、县的辖区（以下统称所居住的市、县）的申请；

（三）被责令候查人员违反应当遵守的规定的，及时制止或者纠正；

（四）会同被责令候查人员所在单位、家属等对被责令候查人员开展思想教育、心理疏导工作。

第一百零七条 被责令候查人员未经批准不得离开所居住的市、县。确有正当理由需要离开的，应当经决定采取责令候查措施的监察机关批准。

在同一直辖市、设区的市内跨区活动的，不属于离开所居住的市、县。

本条第一款所称正当理由，是指就医、就学、参与诉讼、往返居住地与工作地、处理重要家庭事务或者参加重要公务、商务活动等。

第一百零八条 被责令候查人员需要离开所居住的市、县的，应当向监察机关提出书面申请，并注明事由、目的地、路线、交通方式、往返日期、联系方式等。监察机关应当自收到书面申请之日起三日以内作出决定。被责令候查人员有紧急事由，无法及时提出书面申请的，可以先行通过电话等方式提出申请，并及时补办书面申请手续。

监察机关批准被责令候查人员离开所居住的市、县的申请后，应当告知其遵守下列要求：

（一）保持联系方式畅通，并在接到通知后及时到案接受调查；

（二）严格按照批准的地点、路线、往返日期出行；

（三）不得从事妨碍调查的活动；

（四）返回居住地后及时向执行机关报告。

对于被责令候查人员因正常工作或者生活需要经常性离开所居住的市、县的，可以根据情况简化批准程序，一次性审批其在特定期间内按照批准的地点、路线出行。

第一百零九条　被责令候查人员具有下列情形之一的，可以认定为监察法第二十三条第三款所规定的违反责令候查规定，情节严重：

（一）企图逃跑、自杀的；

（二）实施伪造、隐匿、毁灭证据或者串供、干扰证人作证行为，严重影响调查工作正常进行的；

（三）对举报人、控告人、被害人、证人、鉴定人等相关人员实施打击报复的；

（四）未经批准，擅自离开所居住的市、县，严重影响调查工作正常进行，或者两次未经批准，擅自离开所居住的市、县的；

（五）经通知无正当理由不到案，严重影响调查工作正常进行，或者两次经通知无正当理由不到案的；

（六）住址、工作单位和联系方式等发生变动，未按规定向监察机关报告，导致无法通知到案，严重影响调查工作正常进行的。

依照监察法第二十三条第一款第三项规定被责令候查的人员，违反责令候查规定，情节严重，依法应予留置的，省级监察机关应当报请国家监察委员会批准，设区的市级以下监察机关应当逐级报送省级监察机关批准。

第一百一十条　被管护人员、被留置人员、被禁闭人员及其近亲属向监察机关申请变更为责令候查措施的，应当以书面方式提出。监察机关收到申请后，应当在三日以内作出决定。经审查，符合责令候查条件的，可以将管护、留置或者禁闭措施依法变更为责令候查措施；

不符合责令候查条件的，应当告知申请人，并说明不同意的理由。

第一百一十一条 对被责令候查人员不需要继续采取责令候查措施或者责令候查期满的，应当按规定报批后解除责令候查措施。调查人员应当向被责令候查人员宣布《解除责令候查决定书》，由其签名、捺指印。被责令候查人员拒绝签名、捺指印的，调查人员应当在文书上记明。

解除责令候查措施的，应当及时通知被责令候查人员所在单位和家属。当面通知的，由有关人员在《解除责令候查通知书》上签名。无法当面通知的，可以先以电话等方式通知，并通过邮寄、转交等方式送达《解除责令候查通知书》，要求有关人员在《解除责令候查通知书》上签名。有关人员拒绝签名的，调查人员应当在文书上记明。

第一百一十二条 案件依法移送人民检察院审查起诉的，责令候查措施自移送之日自动解除，不再办理解除法律手续。

第一百一十九条 对被管护人员不需要继续采取管护措施的，应当按规定报批后解除管护或者变更为责令候查措施。管护期满的，应当按规定报批后予以解除。

解除管护措施的，调查人员应当向被管护人员宣布解除管护措施的决定，由其在《解除管护决定书》上签名、捺指印；变更为责令候查措施的，应当向被管护人员宣布变更为责令候查措施的决定，由其在《变更管护决定书》上签名、捺指印。被管护人员拒绝签名、捺指印的，调查人员应当在文书上记明。

解除管护措施或者变更为责令候查措施的，应当及时通知被管护人员所在单位和家属、申请人。调查人员应当与交接人办理交接手续，并由其在《解除管护通知书》或者《变更管护通知书》上签名。无法通知或者有关人员拒绝签名的，调查人员应当在文书上记明。不得因办理交接手续延迟解除或者变更管护措施。

第一百三十四条 对被留置人员不需要继续采取留置措施的，应当按规定报批后解除留置或者变更为责令候查措施。留置期满的，应当按规定报批后予以解除。

解除留置措施的，调查人员应当向被留置人员宣布解除留置措施的决定，由其在《解除留置决定书》上签名、捺指印；变更为责令候查措施的，应当向被留置人员宣布变更为责令候查措施的决定，由其在《变更留置决定书》上签名、捺指印。被留置人员拒绝签名、捺指印的，调查人员应当在文书上记明。

解除留置措施或者变更为责令候查措施的，应当及时通知被留置人员所在单位和家属、申请人。调查人员应当与交接人办理交接手续，并由其在《解除留置通知书》或者《变更留置通知书》上签名。无法通知或者有关人员拒绝签名的，调查人员应当在文书上记明。不得因办理交接手续延迟解除或者变更留置措施。

案件依法移送人民检察院审查起诉的，留置措施自犯罪嫌疑人被执行拘留时自动解除，不再办理解除法律手续。

第二百五十一条 监察机关一般应当在正式移送起诉十日前，向拟移送的人民检察院采取书面通知等方式预告移送事宜。监察机关发现被调查人因身体等原因存在不适宜羁押等可能影响刑事强制措施执行情形的，应当通报人民检察院；被调查人已被采取留置措施的，可以在移送起诉前依法变更为责令候查措施。对于未采取监察强制措施的案件，可以根据案件具体情况，向人民检察院提出对被调查人采取刑事强制措施的建议。

第三百零七条 对被禁闭人员不需要继续采取禁闭措施的，应当按规定报批后解除禁闭或者变更为责令候查措施。禁闭期满的，应当按规定报批后予以解除。

解除禁闭措施的，调查人员应当向被禁闭人员宣布解除禁闭措施的决定，由其在《解除禁闭决定书》上签名、捺指印；变更为责令候查措施的，应当向被禁闭人员宣布变更为责令候查措施的决定，由其在《变更禁闭决定书》上签名、捺指印。被禁闭人员拒绝签名、捺指印的，调查人员应当在文书上记明。

解除禁闭措施或者变更为责令候查措施的，应当及时通知被禁闭人员所在单位和家属、申请人。调查人员应当与交接人办理交接手续，并由其在《解除禁闭通知书》或者《变更禁闭通知书》上签名。无法通知或者有关人员拒绝签名的，调查人员应当在文书上记明。不得因办理交接手续延迟解除或者变更禁闭措施。

在禁闭期满前，对被禁闭人员采取管护、留置措施的，按照本条例关于采取管护、留置措施的规定执行。

第三百二十七条第三款 期间的最后一日是节假日的，以节假日结束的次日为期间的最后一日。但被调查人被采取责令候查、管护、留置或者禁闭措施的期间应当至期满之日为止，不得因节假日而延长。

十五、管护

（一）图解

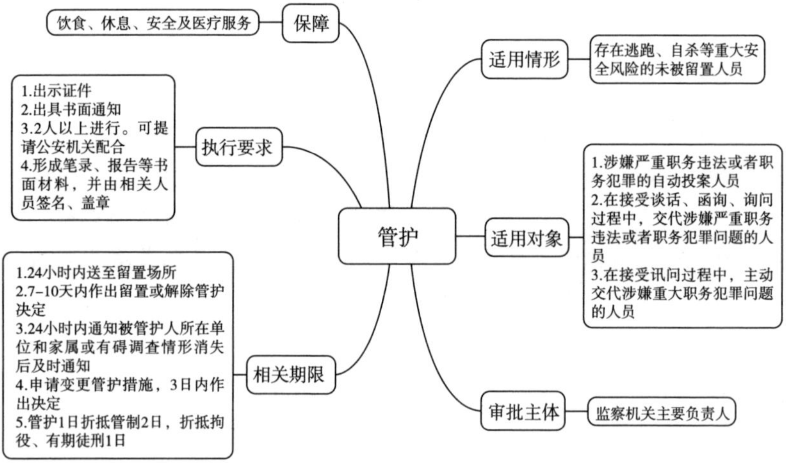

图 3-23 管护

（二）实务指引

1. 文书制作

对被管护人员应当宣布《管护决定书》，并要求其签名、捺指印。采取管护措施之后，24 小时以内对被管护人员所在单位和家属送达《管护通知书》，存在有碍调查情形的，待该情形消失后，立即通知。延长管护的，应当向被管护人员宣布《延长管护时间决定书》，并及时通知被管护人员所在单位和家属。解除或者变更管护措施时，应当向被管护人员宣布《解除管护决定书》或《变更管护决定书》，及时向被管护人员所在单位和家属送达《解除管护通知书》或者《变更管护通知书》。

2. **重点提醒**

（1）适用条件。一是适用对象。管护适用于未被留置人员，主要包括涉嫌严重职务违法或者职务犯罪的自动投案人员；在接受谈话、函询、询问过程中，交代涉嫌严重职务违法或者职务犯罪的人员；在接受讯问过程中，主动交代涉嫌重大职务犯罪问题的人员。二是适用前提。上述主体存在逃跑、自杀等重大安全风险。三是适用阶段。一般应当在立案后采取管护措施，但是如果上述主体存在逃跑、自杀等现实风险，则可以在立案前采取管护措施，符合立案条件的及时办理立案手续。管护措施具有临时性，是对部分地区探索出来的“紧急留置”措施的进一步规范化，是纪检监察机关法治化建设取得重大进步的具体体现。

（2）审批权限。《中华人民共和国监察法》规定采取管护措施要报请监察机关主要负责人批准。该规定应为最低审批权限，如果有其他更高权限的审批要求，应当从其规定。

（3）管护执行。一是管护场地。考虑到被管护人员有逃跑、自杀等重大安全风险，采取管护措施之后，应当立即将其送到留置场所，至迟不超过 24 个小时。二是管护期间的工作任务。在采取管护措施 24 小时以内对涉嫌职务违法人员进行谈话、对涉嫌职务犯罪人员进行讯问。三是管护期限。一般情形的管护期限是 7 日，如果案情复杂、疑难，在 7 日内无法作出留置或者解除管护决定的，可以延长 1－3 日。

（4）措施变更。一是解除管护措施。解除管护措施意味着暂时不需要继续对被管护人员采取监察强制措施，其可以正常工作、生活。解除管护措施既可以期满前解除，也可以到期解除。二是变更为责令候查措施。经过调查，被管护人员涉嫌严重职务违法或者职务犯罪，符合《中华人民共和国监察法》第二十三条第一款规定情形的，可以对其采取责令候查措施。责令候查期间应当遵守相关管理规定。三是变更为留置措施。经过调查，被管护人员涉嫌贪污贿赂、失职渎职等严重职务违法或者职务犯罪，符合《中华人民共和国监察法》第二十四条第一、二款规定情形的，可以对其采取留置措施。

（三）示例

2025年6月20日，A县监察委员会对该县B部门工作人员C进行函询。经B部门的党组书记、A县纪委监委驻B部门纪检监察组组长签阅，C在其回复的函询情况说明中交代了本人收受他人贿赂50万元的问题。经了解C因有大量负债、经济条件较差，目前精神压力较大，有较大的办案安全风险。经审批同意，A县监察委员会决定对C采取管护措施，在该县留置中心执行。执行管护措施之后，将管护情况通知了B部门负责人。管护第三天，调查人员对C进行谈话，第八天调查认为C交代的受贿问题系借贷，不存在严重职务违法或者职务犯罪，于是解除了管护措施。

解读

A县监察委员会综合研判C提交的函询情况说明及其个人、家庭情况等，认为C交代问题后存在一定的安全风险，符合当时的实际情况。但是案件办理中存在如下几个问题：一是没有及时办理立案手续。实践中，函询前一般没有对函询对象立案调查，本案采取管护措施符合法定条件，但是管护之后应当及时办理立案调查手续。二是管护通知对象不全。除了通知被管护人员所在单位之外，还应当在执行管护措施24小时之内书面通知其家属，如存在有碍调查的情形，应当在这些情形消失之后立即通知。三是时间节点不正确。管护措施不仅仅是存在办案风险对被管护人员采取的一项临时性、紧急性保护措施，也是一项调查措施，应当在执行管护措施之后24小时之内对被管护人员进行谈话或者讯问。同时，如果管护措施没有延期，最长期限是7天，A县监察委员会在第八天解除管护措施存在超期行为。

（四）法规索引速查

《中华人民共和国监察法》（主席令第3号公布，2018年3月20日起施行，2024年12月25日修正公布）

第二十五条 对于未被留置的下列人员，监察机关发现存在逃跑、自杀等重大安全风险的，经依法审批，可以进行管护：

（一）涉嫌严重职务违法或者职务犯罪的自动投案人员；

（二）在接受谈话、函询、询问过程中，交代涉嫌严重职务违法或者职务犯罪问题的人员；

（三）在接受讯问过程中，主动交代涉嫌重大职务犯罪问题的人员。

采取管护措施后，应当立即将被管护人员送留置场所，至迟不得超过二十四小时。

第四十四条第一款 调查人员采取讯问、询问、强制到案、责令候查、管护、留置、搜查、调取、查封、扣押、勘验检查等调查措施，均应当依照规定出示证件，出具书面通知，由二人以上进行，形成笔录、报告等书面材料，并由相关人员签名、盖章。

第四十六条第一款、第四款 采取强制到案、责令候查或者管护措施，应当按照规定的权限和程序，经监察机关主要负责人批准。

监察机关采取管护措施的，应当在七日以内依法作出留置或者解除管护的决定，特殊情况下可以延长一日至三日。

第四十九条第一款 监察机关采取强制到案、责令候查、管护、留置措施，可以根据工作需要提请公安机关配合。公安机关应当依法予以协助。

第五十条 采取管护或者留置措施后，应当在二十四小时以内，通知被管护人员、被留置人员所在单位和家属，但有可能伪造、隐匿、毁灭证据，干扰证人作证或者串供等有碍调查情形的除外。有碍调查的情形消失后，应当立即通知被管护人员、被留置人员所在单位和家属。解除管护或者留置的，应当及时通知被管护人员、被留置人员所在单位和家属。

被管护人员、被留置人员及其近亲属有权申请变更管护、留置措施。监察机关收到申请后，应当在三日以内作出决定；不同意变更措施的，应当告知申请人，并说明不同意的理由。

监察机关应当保障被强制到案人员、被管护人员以及被留置人员的饮食、休息和安全，提供医疗服务。对其谈话、讯问的，应当合理安排时间和时长，谈话笔录、讯问笔录由被谈话人、被讯问人阅看后签名。

被管护人员、被留置人员涉嫌犯罪移送司法机关后，被依法判处管制、拘役或者有期徒刑的，管护、留置一日折抵管制二日，折抵拘役、有期徒刑一日。

《中华人民共和国监察法实施条例》（国家监察委员会公告第1号公布，2021年9月20日起施行，2025年6月1日修订公布）

第五十九条第一款 监察机关在初步核实中，可以依法采取谈话、询问、查询、调取、勘验检查、调查实验、鉴定措施；立案后可以采取讯问、强制到案、责令候查、管护、留置、禁闭、冻结、搜查、查封、扣押、通缉措施。发现存在逃跑、自杀等重大安全风险，在立案前依法对监察法第二十五条第一款第一项、第二项规定的人员采取管护措施的，符合立案条件的应当及时立案……

第六十四条 监察机关依法变更强制到案、责令候查、管护、留置以及禁闭等监察强制措施的，原监察强制措施自监察机关采取新的监察强制措施之时自动解除。

第六十五条第一款 县级以上监察机关需要提请公安机关协助采取强制到案、责令候查、管护、留置、搜查措施的，应当按规定报批，请同级公安机关依法予以协助。提请协助时，应当出具提请协助函，列明提请协助的具体事项和建议，协助采取措施的时间、地点等内容，附采取监察措施决定书复印件。

第七十一条第二款 监察机关应当保障被强制到案人员、被管护人员、被留置人员以及被禁闭人员的合法权益，尊重其人格和民族习俗，保障饮食、休息和安全，提供医疗服务。

第八十三条第一款 调查人员与被强制到案人员、被管护人员、被留置人员或者被禁闭人员谈话的，按照法定程序在执行相关监察强制措施的场所进行。

第八十九条　讯问被管护人员、被留置人员，应当在留置场所进行。

第一百一十条　被管护人员、被留置人员、被禁闭人员及其近亲属向监察机关申请变更为责令候查措施的，应当以书面方式提出。监察机关收到申请后，应当在三日以内作出决定。经审查，符合责令候查条件的，可以将管护、留置或者禁闭措施依法变更为责令候查措施；不符合责令候查条件的，应当告知申请人，并说明不同意的理由。

第一百一十三条　监察机关对于符合监察法第二十五条第一款规定的未被留置人员，经依法审批，可以对其采取管护措施。

第一百一十四条　采取管护措施时，调查人员不得少于二人，应当向被管护人员宣布《管护决定书》，告知被管护人员权利义务，要求其在《管护决定书》上签名、捺指印。被管护人员拒绝签名、捺指印的，调查人员应当在文书上记明。

第一百一十五条　采取管护措施后，应当立即将被管护人员送留置场所，至迟不得超过二十四小时。

第一百一十六条　采取管护措施后，应当在二十四小时以内通知被管护人员所在单位和家属。当面通知的，由有关人员在《管护通知书》上签名。无法当面通知的，可以先以电话等方式通知，并通过邮寄、转交等方式送达《管护通知书》，要求有关人员在《管护通知书》上签名。有关人员拒绝签名的，调查人员应当在文书上记明。

因可能伪造、隐匿、毁灭证据，干扰证人作证或者串供等有碍调查情形而不宜通知的，应当按规定报批，记录在案。有碍调查的情形消失后，应当立即通知被管护人员所在单位和家属。

第一百一十七条　监察机关采取管护措施后，应当在二十四小时以内对被管护人员进行谈话、讯问。

第一百一十八条　管护时间不得超过七日，自向被管护人员宣布之日起算。因案情复杂、疑难，在七日以内无法作出留置或者解除管护决定的，经审批可以延长一日至三日。

延长管护时间的，应当在管护期满前向被管护人员宣布延长管护时间的决定，要求其在《延长管护时间决定书》上签名、捺指印。被管护人员拒绝签名、捺指印的，调查人员应当在文书上记明。

延长管护时间的，应当及时通知被管护人员所在单位和家属。

第一百一十九条 对被管护人员不需要继续采取管护措施的，应当按规定报批后解除管护或者变更为责令候查措施。管护期满的，应当按规定报批后予以解除。

解除管护措施的，调查人员应当向被管护人员宣布解除管护措施的决定，由其在《解除管护决定书》上签名、捺指印；变更为责令候查措施的，应当向被管护人员宣布变更为责令候查措施的决定，由其在《变更管护决定书》上签名、捺指印。被管护人员拒绝签名、捺指印的，调查人员应当在文书上记明。

解除管护措施或者变更为责令候查措施的，应当及时通知被管护人员所在单位和家属、申请人。调查人员应当与交接人办理交接手续，并由其在《解除管护通知书》或者《变更管护通知书》上签名。无法通知或者有关人员拒绝签名的，调查人员应当在文书上记明。不得因办理交接手续延迟解除或者变更管护措施。

第一百二十条 在管护期满前，将管护措施变更为留置措施的，按照本条例关于采取留置措施的规定执行。

第三百二十七条第三款 期间的最后一日是节假日的，以节假日结束的次日为期间的最后一日。但被调查人被采取责令候查、管护、留置或者禁闭措施的期间应当至期满之日为止，不得因节假日而延长。

十六、禁闭

（一）图解

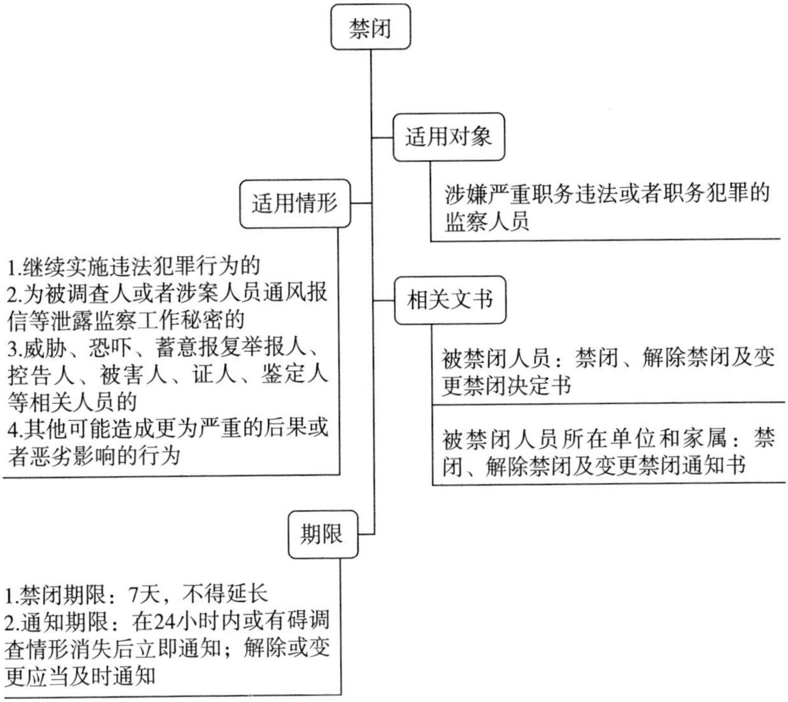

图 3－24　禁闭

（二）实务指引

1. 文书制作

对被禁闭人员应当宣布《禁闭决定书》，并要求其签名、捺指印。采取禁闭措施之后，24 小时以内对被禁闭人员所在单位和家属送达《禁闭通知书》，存在有碍调查情形的，待该情形消失后，立即通知。解除或者变更禁闭措施时，应当向被禁闭人员宣布《解除禁闭决定书》或《变更禁闭决定书》，及时向被禁闭人员所在单位和家属送达

《解除禁闭通知书》或者《变更禁闭通知书》。如果在禁闭期满前，对被禁闭人员采取管护、留置措施，也应当按照管护、留置的有关规定宣布决定书或者送达通知书。

2. **重点提醒**

（1）适用条件。一是适用对象。拟被禁闭人员是涉嫌严重职务违法或者职务犯罪的监察人员，如果是其他涉嫌严重职务违法或者职务犯罪的监察对象，则不能采取禁闭措施。二是适用目的。目的是防止继续实施违法犯罪行为等导致更为严重的后果或者恶劣影响，同时通过谈话等方式核实其涉嫌的职务违法或者职务犯罪行为，因此，禁闭不仅仅是对被禁闭人员的惩戒，也是通过禁闭开展调查工作。

（2）禁闭期限及措施变更。禁闭的最长期限是7天，且不得延期。期限届满前应当变更措施：一是解除禁闭。不需要继续采取禁闭措施也不需要采取其他监察强制措施的，禁闭期满的应当按规定报批后予以解除。二是变更为责令候查。禁闭期满前没有对被禁闭人员采取其他监察强制措施，符合《中华人民共和国监察法》第二十三条第一款规定的情形的，可以采取责令候查措施。三是采取管护、留置措施。在禁闭期满前，符合相关条件且经过审批，可以对被禁闭人员采取管护、留置措施。

（三）示例

2025年6月30日，A县监察委员会对该委监察人员B调查发现，其存在严重职务违法、职务犯罪行为且有继续实施违法犯罪行为的可能性。同日，经审批对B采取禁闭措施。7月5日，A县监察委员会决定对B采取留置措施，并向其宣布留置决定，但未通知单位及家属。

解读

2025年7月5日，A县监察委员会对B采取留置措施之后，禁闭措施自动解除，此时A县监察委员会除了向B宣布《留置决定书》之外，还应当根据留置措施的相关规定，向其所在单位及家属送达《留置通知书》，而不需要送达《变更禁闭通知书》。示例中A县监察委员会遗漏了送达程序，不符合规定，应当予以纠正。

（四）法规索引速查

《中华人民共和国监察法》（主席令第3号公布，2018年3月20日起施行，2024年12月25日修正公布）

第五十条 采取管护或者留置措施后，应当在二十四小时以内，通知被管护人员、被留置人员所在单位和家属，但有可能伪造、隐匿、毁灭证据，干扰证人作证或者串供等有碍调查情形的除外。有碍调查的情形消失后，应当立即通知被管护人员、被留置人员所在单位和家属。解除管护或者留置的，应当及时通知被管护人员、被留置人员所在单位和家属。

被管护人员、被留置人员及其近亲属有权申请变更管护、留置措施。监察机关收到申请后，应当在三日以内作出决定；不同意变更措施的，应当告知申请人，并说明不同意的理由。

监察机关应当保障被强制到案人员、被管护人员以及被留置人员的饮食、休息和安全，提供医疗服务。对其谈话、讯问的，应当合理安排时间和时长，谈话笔录、讯问笔录由被谈话人、被讯问人阅看后签名。

被管护人员、被留置人员涉嫌犯罪移送司法机关后，被依法判处管制、拘役或者有期徒刑的，管护、留置一日折抵管制二日，折抵拘役、有期徒刑一日。

第六十四条 监察人员涉嫌严重职务违法或者职务犯罪，为防止造成更为严重的后果或者恶劣影响，监察机关经依法审批，可以对其采取禁闭措施。禁闭的期限不得超过七日。

被禁闭人员应当配合监察机关调查。监察机关经调查发现被禁闭人员符合管护或者留置条件的，可以对其采取管护或者留置措施。

本法第五十条的规定，适用于禁闭措施。

《中华人民共和国监察法实施条例》（国家监察委员会公告第1号公布，2021年9月20日起施行，2025年6月1日修订公布）

第五十九条 监察机关在初步核实中，可以依法采取谈话、询问、查询、调取、勘验检查、调查实验、鉴定措施；立案后可以采取讯问、强制到案、责令候查、管护、留置、禁闭、冻结、搜查、查封、扣押、通缉措施……

第六十四条 监察机关依法变更强制到案、责令候查、管护、留置以及禁闭等监察强制措施的，原监察强制措施自监察机关采取新的监察强制措施之时自动解除。

第七十一条第二款 监察机关应当保障被强制到案人员、被管护人员、被留置人员以及被禁闭人员的合法权益，尊重其人格和民族习俗，保障饮食、休息和安全，提供医疗服务。

第八十三条第一款 调查人员与被强制到案人员、被管护人员、被留置人员或者被禁闭人员谈话的，按照法定程序在执行相关监察强制措施的场所进行。

第一百一十条 被管护人员、被留置人员、被禁闭人员及其近亲属向监察机关申请变更为责令候查措施的，应当以书面方式提出。监察机关收到申请后，应当在三日以内作出决定。经审查，符合责令候查条件的，可以将管护、留置或者禁闭措施依法变更为责令候查措施；不符合责令候查条件的，应当告知申请人，并说明不同意的理由。

第三百零四条 监察机关根据已经掌握的事实及证据，发现涉嫌严重职务违法或者职务犯罪的监察人员可能实施下列行为之一的，经依法审批，可以在具备安全保障条件的场所对其采取禁闭措施：

（一）继续实施违法犯罪行为的；

（二）为被调查人或者涉案人员通风报信等泄露监察工作秘密的；

（三）威胁、恐吓、蓄意报复举报人、控告人、被害人、证人、鉴定人等相关人员的；

（四）其他可能造成更为严重的后果或者恶劣影响的行为。

第三百零五条 采取禁闭措施时，调查人员不得少于二人，应当向被禁闭人员宣布《禁闭决定书》，告知被禁闭人员权利义务，要求其在《禁闭决定书》上签名、捺指印。被禁闭人员拒绝签名、捺指印的，调查人员应当在文书上记明。

禁闭的期限不得超过七日，自向被禁闭人员宣布之日起算。

第三百零六条　采取禁闭措施后，应当在二十四小时以内通知被禁闭人员所在单位和家属。当面通知的，由有关人员在《禁闭通知书》上签名。无法当面通知的，可以先以电话等方式通知，并通过邮寄、转交等方式送达《禁闭通知书》，要求有关人员在《禁闭通知书》上签名。有关人员拒绝签名的，调查人员应当在文书上记明。

因可能伪造、隐匿、毁灭证据，干扰证人作证或者串供等有碍调查情形而不宜通知的，应当按规定报批，记录在案。有碍调查的情形消失后，应当立即通知被禁闭人员所在单位和家属。

第三百零七条　对被禁闭人员不需要继续采取禁闭措施的，应当按规定报批后解除禁闭或者变更为责令候查措施。禁闭期满的，应当按规定报批后予以解除。

解除禁闭措施的，调查人员应当向被禁闭人员宣布解除禁闭措施的决定，由其在《解除禁闭决定书》上签名、捺指印；变更为责令候查措施的，应当向被禁闭人员宣布变更为责令候查措施的决定，由其在《变更禁闭决定书》上签名、捺指印。被禁闭人员拒绝签名、捺指印的，调查人员应当在文书上记明。

解除禁闭措施或者变更为责令候查措施的，应当及时通知被禁闭人员所在单位和家属、申请人。调查人员应当与交接人办理交接手续，并由其在《解除禁闭通知书》或者《变更禁闭通知书》上签名。无法通知或者有关人员拒绝签名的，调查人员应当在文书上记明。不得因办理交接手续延迟解除或者变更禁闭措施。

在禁闭期满前，对被禁闭人员采取管护、留置措施的，按照本条例关于采取管护、留置措施的规定执行。

第三百二十七条第三款　期间的最后一日是节假日的，以节假日结束的次日为期间的最后一日。但被调查人被采取责令候查、管护、留置或者禁闭措施的期间应当至期满之日为止，不得因节假日而延长。

十七、重点疑难问题

（一）如何做好讯问准备工作?

“凡事预则立，不预则废”，大部分被调查人迟迟不能被突破的原因在于调查人员准备不足、仓促上阵。以下是讯问前的讯问准备工作：

1. 法律法规和党纪党规

建议购买《中华人民共和国刑法》《中华人民共和国刑事诉讼法》《中华人民共和国监察法》《中国共产党章程》《中国共产党纪律处分条例》等法律法规和党规党纪的单行本，以正面有国徽、党徽标志的版本为宜，以增加庄严感。为什么要把法律法规和党规党纪带进讯问室呢？因为在讯问过程中，调查人员要经常用到这些法律法规和党纪党规，但大部分人不可能非常清晰准确地记得全部内容。如果在讯问时不能清晰又完整地表述相关规定，那么讯问的效果将大打折扣。

例如，《中华人民共和国刑法》第六十七条规定，犯罪以后自动投案，如实供述自己的罪行的，是自首。第六十八条规定，犯罪分子有揭发他人犯罪行为，查证属实的，或者提供重要线索，从而得以侦破其他案件等立功表现的，可以从轻或者减轻处罚；有重大立功表现的，可以减轻或者免除处罚。《中华人民共和国刑事诉讼法》第五十五条第一款规定，对一切案件的判处都要重证据，重调查研究，不轻信口供。只有被告人供述，没有其他证据的，不能认定被告人有罪和处以刑罚；没有被告人供述，证据确实、充分的，可以认定被告人有罪和处以刑罚。《中国共产党纪律处分条例》第五条规定，深化运用监督执纪“四种形态”，经常开展批评和自我批评，及时进行谈话提醒、批评教育、责令检查、诫勉，让“红红脸、出出汗”成为常态；党纪轻处分、组织调整成为违纪处理的大多数；党纪重处分、重大职务调整的成为少数；严重违纪涉嫌犯罪追究刑事责任的成为极少数。第六十三条规定，对抗组织审查，有下列行为之一的，给予警告或者严重警告处分；情节较重的，给予撤销党内职务或者留党察看处分；情节严重的，给予开除党籍处分：①串供或者伪造、销毁、转移、隐匿证据；②阻止他人揭发检举、提供证据材料；③包庇同案人员；④向组织提供虚假情况，掩盖事实；⑤有其他对抗组织审查行为。

上述自首、立功、零口供、“四种形态”、对抗组织审查的相关法律法规和党规党纪的条文，需要调查人员重点标记出来，在讯问时随时给被调查人讲解。

2. 判决书和悔过书

判决书是最直观的说服工具，给被调查人的震慑力非常之大，但选择出示哪种类型的判决书对于讯问的效果至关重要。用于讯问的判决书可分为四大类：第一类是职务犯罪案件各类罪名的判决书，最好选取涵盖各个法定刑的判决书；第二类是有自首和立功情况，得到减轻处罚的判决书；第三类是翻供不认罪和零口供的判决书；第四类是和被调查人同一个系统或地区发生的同类型案件的判决书，此类判决书更有可比性、地域性，感受更直观深刻。

悔过书，是指被调查人对自己的错误行为进行反省悔悟的书面形式，是一种自我批评性的材料。调查人员可以收集一些真挚自然、触及灵魂的悔过书，在讯问时适时使用。

3. 名言名句

调查人员应多收集一些国家领导人关于反腐的讲话稿和名言名句，在讯问的时候要能随时随地引用。例如，开弓没有回头箭，反腐没有休止符；无论“大贪”还是“小腐”，都要坚决查处，绝不容情。调查人员平常可围绕这些名言名句做一些引申工作，最好一句名言形成一套自己风格的讯问模板，在讯问时可解决无话可说的问题。

4. 档案盒

调查人员进入讯问室之前，应准备一个档案盒，在档案盒上写上被调查人名字，并把相关的案件材料放进去。让被调查人知道调查人员已经掌握确切的证据，其不如实交代，将会受到最严厉的惩罚。

另外，把之前初核时调取的有关被调查人的户籍证明、出行记录、银行流水、通话记录等材料，统一分析，形成分析报告，装订成册放入档案盒，随时备查。

5. 被调查人信息清单

被调查人信息清单，包括被调查人基本信息、家庭情况、个人简历、基本案情、初核情况、性格特征、身体情况、每班讯问情况、案件总结等项目。案件完成后，把案件清单表格归入内卷，留作备查。

6. 安全准备工作

安全无小事，调查人员在讯问中一定要提高警惕，做到万无一失。一是被调查人进入讯问室时，先要求被调查人把手机和含有金属的物品全部交出来放到提前准备的袋子里密封好；然后再用手持式金属探测器对被调查人进行全身扫描，防止他私藏含有金属的物品用来自残。二是提前准备好防录音录像小型干扰器，防止被调查人录音录像，出来后制造舆论，给监察机关造成负面影响。三是注意提前给被调查人准备特制的、对人无法造成伤害的水杯、笔等物品。四是在讯问室里张贴三级甲等医院的急救电话，最好与固定医院达成协议，开通急救的绿色通道。

7. 讯问 “开场白”

如何让讯问工作变得更有效率、更加顺利，关键是做好讯问的“开场白”。讯问的“开场白”可以从以下几个方面展开：

（1）讲国家的反腐大势。讲明自党的十八大以来，不论什么人，不论其职务多高，只要触犯了党纪国法，都要受到严肃追究和严厉惩处。一批高级官员因为严重违纪违法纷纷落马，我们国家要健康发展，就必须把这些害群之马铲除。

（2）讲整个系列案件的情况。讲明这个案件为什么会事发，事发之后监察机关是如何调动精兵强将来调查这个系列案件的，一定要通过介绍相关的情况形成高压态势。

（3）讲清只有尽早地配合才有出路。一是要通过运用“囚徒困境”的理论，利用共同被调查人、受贿人和行贿人之间无法“信任”、包庇对方的心理，引导他们互相揭发，达到突破一方的目的；二是要利用自首和立功来引导被调查人，只有其尽早配合，才有获得自首的可能，才有可能得到法律的从轻或减轻处罚。在这一阶段不用讲得太透彻，只需讲明：迟配合不如早配合，早配合不如现在配合，只有配合才能争取宽大处理，才是唯一正确的出路。

（4）针对被调查人的辩解做好反驳的准备。比如说被调查人辩解说不是受贿，是借款，并出示借条；贪污或受贿来的财物已经用于公款开支；这是正常的人情往来，并不是受贿等。调查人员在初核时应根据调取的材料，分析出被调查人可能提出的辩解，并做好有针对性、有效的反驳准备工作，堵住其后路。

（二）非党员非监察对象在无法准确认定违法所得金额的情况下，能否启动主动登记上交程序?

主动登记上交主要是依据中共中央办公厅、国务院办公厅发布的《关于对党和国家机关工作人员在国内交往中收受的礼品实行登记制度的规定》，由于时间跨度长、记忆不清，原物已被消耗、价值难以确定等原因，难以查清部分事实，为了不让被审查党员在经济上得利，只能由其写出书面说明材料并登记上交该部分财物。在工作实践中对此工作的开展没有多大异议，监察体制改革后，对比如行贿人员能否适用主动登记上交程序存在较大争议，有关文件规定的“被调查人主动上缴”是对违法所得的财物依法由被调查人主动上缴，确保犯罪分子不因违法行为而获利，其内涵当然包括了行贿人主动上缴违法所得的情形。但在无法通过鉴定等方式准确认定违法所得金额的情况下，行贿人自愿将自认金额上交时，由于缺乏处置依据而导致实践中没有统一的处置方式标准。

为了确保犯罪分子不因违法行为而获利，应该参照党员干部主动登记上交程序，但必须注意前置条件的构成判断：一是必须基于违法行为；二是必须因证据等问题导致无法准确认定违法所得金额；三是行贿人上交的财物必须具有相当性，也即上交的财物价值必须与基于违法行为而应获利的价值相当。

（三）如何在指定管辖案件中开展对同级党委管理的正职领导干部（证人）的询问工作?

根据中纪委的有关规定“同级党委管理的正职领导干部”主要是

指同级党委管理的干部中担任正职的领导干部，包括厅局级、县处级、乡科级正职。询问同级党委管理的正职领导干部，应报同级党委主要负责人审批。

此处的“同级党委主要负责人”是指对该领导干部（被询问人）具有管理权限的纪检监察机关的同级党委主要负责人，而非办案机关同级党委。因此需要与有管理权的纪检监察机关开展协助配合。

第三节　审查调查重点文书

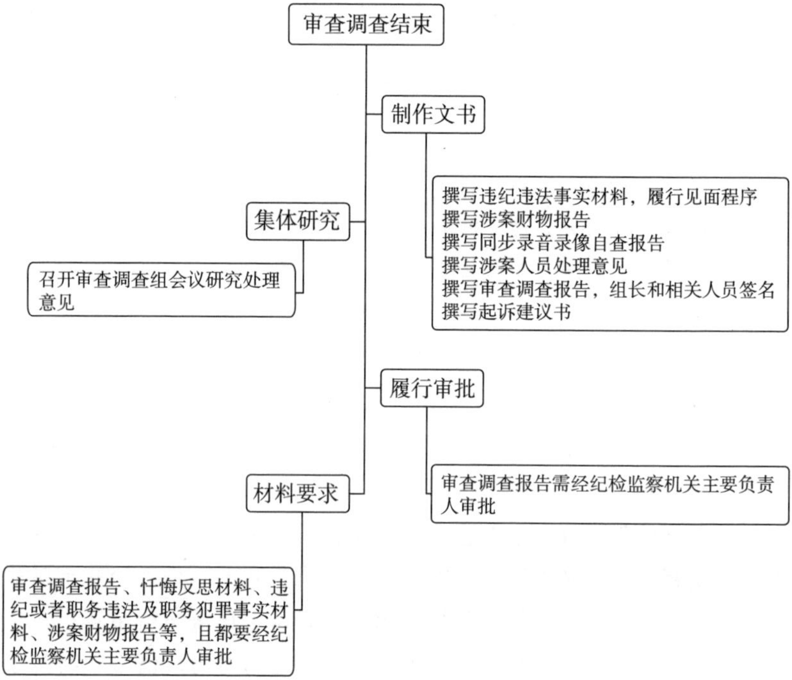

图 3－25　审查调查结束

根据《中华人民共和国监察法实施条例》等法律法规，案件移送审理时除了要移送案卷材料外，还应当随案移送审查调查报告、违纪违法事实见面材料、起诉建议书、涉案人员处理意见书等文书。

一、审查调查报告

（一）图解

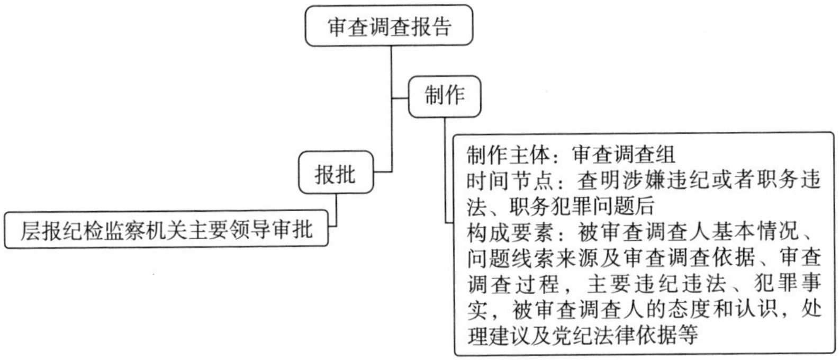

图3－26　审查调查报告

（二）实务指引

1. 总体要求

审查调查报告，是指审查调查组制作的关于说明案件事实真相、提出定性和处理意见的书面综合材料，是审查调查工作成果的集中体现，具有十分重要的作用，必须由审查调查组集体讨论后形成。

2. 文书写作要点

（1）被审查调查人基本情况。姓名（含曾用名）、性别、民族、政治面貌、出生日期、户籍地、住所地、入党时间、工作简历、现任职务以及是否为党代表、人大代表或政协委员等。

（2）问题线索来源及审查调查依据。问题线索来源时间、来源方式等以及审批、处置情况；立案和留置审批、程序履行情况；如果采取搜查、查封、扣押、冻结等措施，可以将相关措施采用情况写明。

（3）主要违纪或者职务违法、职务犯罪事实。

一般按违纪事实、职务违法事实和职务犯罪事实三个部分分别写明。违纪事实按照“6＋1”模式阐述，即违反中央八项规定精神问题和违反六大纪律问题；其中违反中央八项规定精神问题表述在“违反政治纪律”之后、“违反组织纪律”之前。职务违法事实指行使公权力的公职人员，在履行职务过程中因故意或过失违反《中华人民共和国公职人员政务处分法》《中华人民共和国公务员法》《中华人民共和国检察官法》等法律法规的行为。

（4）被审查调查人的态度和认识。详细记录审查调查期间被审查调查人的态度及表现，写明被审查调查人在违纪违法事实材料上签署意见情况。如果被审查调查人在违纪违法事实材料上签署不同意见或者拒不签署意见，还要作出说明或者注明情况。如果被审查调查人涉嫌职务犯罪，还应写明被审查调查人是否具有从轻、减轻、从重处分的情节，如自首、立功、坦白、退赃等，为后续的起诉建议书的制作打下基础。

（5）处理建议。简要叙明违纪违法犯罪构成要件，提出建议：一是给予党纪政务处分、组织处理建议；二是违纪违法、主动登记上交财物处理建议；三是涉嫌犯罪问题及赃款赃物处理建议。

（6）附件。包括涉案款物报告及扣押清单、涉案人员处理意见报告、忏悔反思材料等。

（7）签名。审查调查报告的尾部应由审查调查组组长以及有关人员签名。

3. **重点提醒**

第一，专题报告。审查调查过程中发现重要问题的，应当在审查调查报告之外，单独形成专题报告。专题报告一般是指对审查调查工作中发现的涉及面较广，反映被审查调查人所在地区、单位、部门共性问题或者具有代表性、典型性的问题，在进行深入分析或者调研的基础上，有针对性地总结和提出意见建议。

第二，审查调查报告。

（1）分门别类列举违纪违法犯罪事实。报告要充分体现纪严于法、纪在法前、纪法分开的基本原则，可将主要违纪违法事实按先后顺序分为“违反党的纪律”“违反国家法律法规”“涉嫌犯罪问题”三大部分，其中“违反党的纪律”中要把“违反中央八项规定精神（和廉洁纪律）问题”单列，放在“违反政治纪律”之后，以突出强调推动各级党组织驰而不息地落实中央八项规定精神，强化各级党组织对中央决策部署的执行力。“违反国家法律法规”分为职务违法行为和其他违法行为。“涉嫌犯罪问题”按照涉嫌的罪名分别列举。

（2）详述违纪违法犯罪事实。围绕违纪违法构成要件展开叙述，写明违纪违法的时间、地点、人员、手段、结果以及是否有从重、加重、从轻、减轻等情节。针对不同的案件类型，要采取不同的叙述方法：①问题概括法。对一人犯不同性质错误，可用概括性的语言进行分类，按问题的性质、程度加以叙述。②顺序叙述法。对一人或多人连续多次犯同一性质错误，可按照违纪违法的时间顺序来叙述。③人员定位法。对多人犯同一性质错误、多人犯不同性质错误，按不同人员在共同违纪违法中的地位和责任，由重到轻、由主到从排定位置，逐一加以叙述，重点突出主要责任者的违纪违法事实。

（3）列明所掌握的证据材料。①查实的证据。针对认定的每一个违纪违法事实，在后面要列明主要证据情况：“以上事实，有×××谈话（询问）笔录、相关书证、物证证实，×××本人亦予承认，并在违纪违法事实材料上签写‘以上事实属实，同意’的意见。”②查否及其他证据。可在“需要说明的问题”中写明，对于事实不清、证据不足的不予认定，对被审查调查人有利的证据，如自首、立功等情节，也要如实客观描述。

（4）精准定性量纪。在“事实清楚、证据确凿”的基础上，简明扼要地明确其违纪违法的性质、情节和危害程度，为精准量纪奠定基础。①问题定性要准确。依据已查明的事实情节，围绕违纪违法的构成要件，对每个问题的性质进行界定，认定其构成何种性质的错误。②相关处分要匹配。综合考虑违纪违法的时间、造成后果、主观恶性、危害程度、因公因私、认错态度、一贯表现等因素，并结合大背景、大环境及政策因素进行量纪，防止畸轻畸重，做到党纪政务处分的轻重程度相匹配。

（5）科学全面提出处理建议。根据定性量纪的结果，依规依纪依法提出恰当、具体和明确的处理建议。注意以下几点：①相关待遇的处理。根据其问题情节应当受到的处分种类，写明按照规定给予降低或者取消其享受的待遇，以及相关职务职级。②多重身份的处理。对担任党代表、人大代表、政协委员以及社会团体、行业协会职务的公职人员，要根据其应当受到的党纪政务处分种类，建议相关党组织、人大、政协机关及社会团体等给予其身份资格变化的相应处理措施。③涉案款物的处理。对违纪违法取得的财物，予以没收、追缴或者责令退赔，经调查不属于涉案款物的，及时予以退还；对涉嫌犯罪取得的财物，应当随案移送检察机关。

（6）准确适用党纪法规。违纪违法行为跨越新旧条文的，要区分不同情形适用相关规定，注意把握好两个原则：①从新原则。对新修订的《中国共产党纪律处分条例》、法律法规（以下简称新规定）实施后发生的行为，一律适用新规定。开始于新规定实施之前，持续或者继续到新规定实施以后的行为，也应当适用新规定，但要引用之前的相关规定。②从旧兼从轻原则。对新规定实施前发生的行为，一般情况下适用行为发生时的规定，只有新规定不认为是违纪违法或者处理较轻的，才适用新规定。[①]

（三）示例

2022 年 3 月，某市纪委监委第五审查调查室在办理李某某严重违纪违法涉嫌职务犯罪案件时，审查调查组认为案件已可以收尾，并指定 1 名办案人员起草李某某案的审查调查报告，审查调查组组长审核并签名后，拟向上级领导层报。

解读

审查调查报告是对被审查调查人违纪违法的事实、证据及态度的全面综合认定，报告内容是否全面、准确应当由审查调查组成员集体讨论研究。实践中，审查调查报告主要由审查调查组的综合人员或者负责主要对象谈话任务的工作人员撰写，相较其他工作人员

① 参见张剑峰：《撰写审查调查报告需注意六要》，载《中国纪检监察报》2020 年 5 月 13 日，第 8 版。

而言，他们对案件情况及审查调查对象的态度更加了解，因此，由审查调查组的1名或多名工作人员负责起草审查调查报告符合规定和实践要求。但是，草拟的审查调查报告要经过集体讨论，进行反复修改之后方能层报领导审批。

此外，审查调查报告是审查调查组集体智慧的结晶，也需要审查调查组集体对审查调查结果负责，报告层报领导审批之前应当由审查调查组组长和有关人员签名，仅有审查调查组主要负责人签名尚且不能层报领导审批。有关人员主要包括审查调查组的主要承办人、负责与被审查调查人谈话的工作人员。

（四）法规索引速查

《中国共产党纪律检查机关监督执纪工作规则》（中共中央办公厅印发，2019年1月1日起施行）

第五十一条第二款 审查调查工作结束，审查调查组应当集体讨论，形成审查调查报告，列明被审查调查人基本情况、问题线索来源及审查调查依据、审查调查过程，主要违纪或者职务违法、职务犯罪事实，被审查调查人的态度和认识，处理建议及党纪法律依据，并由审查调查组组长以及有关人员签名。

《中华人民共和国监察法实施条例》（国家监察委员会公告第1号公布，2021年9月20日起施行，2025年6月1日修订公布）

第二百一十八条 调查组在调查工作结束后应当集体讨论，形成调查报告。调查报告应当列明被调查人基本情况、问题线索来源及调查依据、调查过程，涉嫌的主要职务违法或者职务犯罪事实，被调查人的态度和认识，处置建议及法律依据，并由调查组组长以及有关人员签名。

对调查过程中发现的重要问题和形成的意见建议，应当形成专题报告。

二、违纪违法事实材料

（一）图解

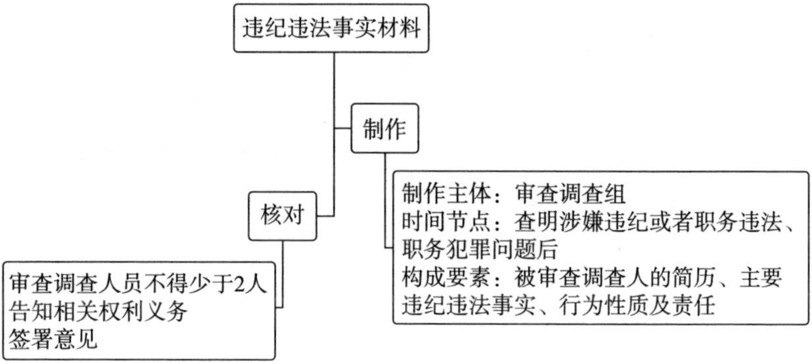

图3－27　违纪违法事实材料

（二）实务指引

1. 总体要求

违纪违法事实材料制作及见面核对工作对案件最终办理效果发挥着至关重要的作用。不能就案说案，要立足于事实和证据，把思想政治工作贯穿始终，推进政治效果、纪法效果、社会效果的有机统一。

2. 文书写作要点

（1）标题。违纪违法事实材料标题中不宜出现“错误”“见面”字样，拟开除党籍的不再称“同志”；对于只违反党纪的案件，标题表述为“×××（同志）违纪事实材料”。

（2）事实。违纪违法事实较多的，标题后面不用编号。事实材料一般应采取“一类一见”的方式；违纪违法问题种类较为单一的，也可以采取“一事一见”的方式；违纪违法事实或涉嫌犯罪事实较为简单，被审查调查人认错态度较好，且篇幅也不长的，也可以将全部违纪违法事实一起见面。不宜将违纪违法与涉嫌犯罪的事实一起见面。

（3）意见。事实材料意见的签写要统一规范为：“以上事实属实，同意。”被审查调查人提出书面补充意见的，可以签写为：“以上事实属实，同意。补充意见另附。”签署不同意见或者拒不签署意见的，审查调查组应当作出说明或者注明情况。事实材料以审查调查组的名义落款。

（三）示例

某严重违纪违法案件的审查调查组在查清部分事实后，安排新进内勤人员王某制作违纪违法事实材料。经过一段时间的“苦思冥想”，王某终于制作完成，该份材料“内容丰富”，包含了举报人信息、举报的问题等内容；“描述生动”，王某措辞华丽，俨然一篇文采斐然的文章。审查调查组将该份材料交由被审查调查人核对，被审查调查人看到材料所描述内容，大骂举报人，并认为审查调查组认定的违纪违法事实夸大其词，故意栽赃，拒不签名，要求自行书写理由。办案人员见核对工作难以继续开展，就让被审查调查人继续反省，便草草结束核对工作。

解读

实践中，通常是审查调查工作全部完成之后一次性让被审查调查对象签署违纪违法事实材料。一是数次让被审查调查对象签署违纪违法事实材料可能引起对象情绪波动，影响后续审查调查谈话、讯问工作。二是违纪违法事实材料的主要内容来源于审查调查报告，而审查调查报告是审查调查工作行将结束时集体讨论的成果，如果未经集体讨论，对事实和证据的认定可能出现错误，也就是签署的违纪违法事实材料可能与实际情况不符，不是事实。反复让被审查调查对象签署因错误反复修改的违纪违法事实材料，影响审查调查工作的权威性、严肃性。

出现示例中问题的关键不是材料出自新进内勤人员之手，而是由于撰写材料的时间点和没有经过案件主要承办人审定，才会出现“天马行空”的事实描述，给审查调查工作造成了被动。

（四）法规索引速查

《中国共产党纪律检查机关监督执纪工作规则》（中共中央办公厅印发，2019 年 1 月 1 日起施行）

第五十一条第一款 查明涉嫌违纪或者职务违法、职务犯罪问题后，审查调查组应当撰写事实材料，与被审查调查人见面，听取意见。被审查调查人应当在事实材料上签署意见，对签署不同意见或者拒不签署意见的，审查调查组应当作出说明或者注明情况。

《中华人民共和国监察法实施条例》（国家监察委员会公告第 1 号公布，2021 年 9 月 20 日起施行，2025 年 6 月 1 日修订公布）

第二百一十七条 调查组应当将调查认定的涉嫌违法犯罪事实形成书面材料，交给被调查人核对，听取其意见。被调查人应当在书面材料上签署意见。对被调查人签署不同意见或者拒不签署意见的，调查组应当作出说明或者注明情况。对被调查人提出申辩的事实、理由和证据应当进行核实，成立的予以采纳。

调查组对于立案调查的涉嫌行贿犯罪、介绍贿赂犯罪或者共同职务犯罪的涉案人员，在查明其涉嫌犯罪问题后，依照前款规定办理。

对于按照本条例规定，对立案和移送审理一并报批的案件，应当在报批前履行本条第一款规定的程序。

三、涉案人员处理意见

（一）图解

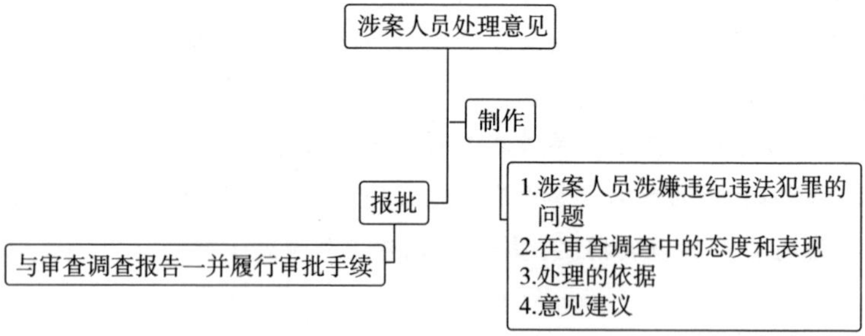

图 3－28 涉案人员处理意见

（二）实务指引

1. 总体要求

涉案人员主要包括被审查调查人的家属或亲属，有不正当经济往来的私营企业主、国有企业负责人，以及其他社会人员、给有关单位和人员提供帮助和便利的公职人员等。对涉案人员的处理，要严格按照《中华人民共和国监察法实施条例》等规定，结合审查调查情况，坚持"惩前毖后、治病救人"的方针，该宽则宽、该严则严。

2. 文书写作要点

（1）标题。涉案人员除行贿人员外，还涉及其他人员的，标题一般为《关于××案涉案人员处理意见的报告》；只涉及处理行贿人员的，标题为《关于××案涉嫌行贿人员处理意见的报告》。

（2）拟移送司法机关处理情况。一是涉案人员基本情况；二是涉嫌犯罪情况；三是态度与情节；四是处理意见。

（3）拟不移送司法机关处理情况。一般总体分为两类情况：一是涉案人员系中共党员或公职人员的；二是涉案人员系非中共党员或公职人员的。具体还要按照拟移送司法机关处理情况的格式详细写明涉案人员基本情况、涉嫌犯罪情况、态度与情节、处理意见。

3. 注意事项

（1）准确界定涉案人员。

涉案人员是指牵涉到案件之中、与案件有关联的人员。从广义上讲，所有与案件相关的人都可以称为涉案人员，既包括被审查调查人、行贿人等，也包括协助、参与实施违纪、职务违法犯罪行为的其他人员，受害人、证人等。但是，只有与主案密切相关，其行为具有违纪违法性的涉案人员才需要依规依纪依法予以处理。常见的涉案人员包括以下几类：

一是共同违纪、职务违法犯罪的人，即与被审查调查人具有共同违纪违法故意，共同实施了违纪违法行为的人，如受贿罪的共犯。

二是与被审查调查人共同实施违纪违法行为的人，如行贿人，向被审查调查人赠送可能影响其公正执行公务或明显超出正常礼尚往来礼品、礼金的人等。

三是接受被审查调查人的安排、指示或请托，违规履职的人，如按照被审查调查人安排为其实施拉票贿选的人，以虚假支出套取公款方式帮助被审查调查人贪污的人等。

四是通过被审查调查人的职务便利或者职权、职务上的影响谋取私利的人，如打着被审查调查人旗号承揽工程的配偶、子女等特定关系人。

（2）正确适用处理方式。

涉案人员处理既包括对人的处理，也包括对其所获不正当利益的处理，要在查明人员身份的基础上，根据涉案情况选择恰当的处理方式。对于具有党员、公职人员身份的涉案人员，如其涉案行为情节轻微，不需要给予党纪政务处分，可采取批评教育、责令检查、诫勉等方式处理；如其涉案行为涉嫌违纪违法，应由纪检监察机关或有处分权限的机关立案审查调查，根据调查结果给予相应的纪律处分或组织处理，涉嫌犯罪的要依法移送司法机关追究刑事责任。

对于非党员非监察对象的涉案人员，如其涉案行为涉嫌共同职务犯罪或行贿犯罪，监察机关可以立案调查，并根据调查结果决定是否移送司法机关。对于未被移送审查起诉的人员，根据《中华人民共和国监察法实施条例》等规定，纪检监察机关可以对其进行批评教育、责令具结悔过；应当给予行政处罚的，依法移送有关行政执法部门。

除了对涉案人员本身的处理，对其违规获得的利益也要处理到位。其中，对获得的不正当经济利益，应依法予以没收、追缴或责令退赔；对获得的不正当非经济利益，如职务职称、学历学位、奖励荣誉、经营资格等，应建议有关组织、部门、单位按照规定予以取消、撤销或变更。

（3）其他需要注意的问题。

一是要注意处理的时效性。涉案人员处理要及时，做到一案一结。为防止久拖不决使处理效果打折扣，应对涉案人员处理程序进行规范，将涉案人员处理与主案同步研究、同步落实。根据《中华人民共和国监察法实施条例》第二百二十条第一款的规定，主案审查调查结束后，审查调查部门应当将涉案人员的处理意见等材料与主案一并移送审理。案件审理部门在对主案审核把关的同时，也要审核涉案人员处理意见，并将审理报告和涉案人员处理审核意见一并提交纪委常委会会议审议。审查调查部门要根据常委会审议决定，按照管理权限及时落实或督促相关单位、部门落实对涉案人员的处理，并将落实情况入卷备查。

二是要注意处理均衡性。涉案人员情况复杂，平衡处理难度较大，这就要求纪检监察机关综合把握当地一个时期的党风廉政建设和反腐败斗争形势，制定出相对统一的涉案人员处理标准。对同一时期涉案情况相近或类似的案件做到处理基本均衡，实现“同案同惩、类案类处”。当然，也不能“一刀切”，在保证总体均衡的情况下，还要区分具体情况，做到宽严相济、区别对待。

三是要注意做好通报工作。纪检监察机关和相关单位、部门在涉案人员处理工作中应各司其职、各负其责，加强协作配合，纪检监察机关应及时向相关单位、部门通报涉案人员处理建议和结果。①

4. 重点提醒

一般是根据主要涉案人员的涉案情况、行为性质、审查调查中的表现等情况，逐一提出处理意见。对涉案人员拟不移送司法机关处理的人员，要根据其身份，分类提出处理意见。如系中共党员或公职人员，应当按照干部管理权限移送有关纪检监察机关或所在单位给予党纪政务处分或提出组织处理的建议。如系非党员非公职人员，应开展批评教育、责令具结悔过、给予行政处罚及资格资质限制等处理。如系人大代表或政协委员，还应向相关党委组织部门、人大（政协）党组、党委统战部门等通报。

对涉嫌行贿人员的处理，应单独形成处理意见报告，作为审查调查报告附件一并移送审理。对所涉行贿人应分类提出处理意见，逐一列明每名行贿人的主体身份、涉嫌行贿情况、接受调查期间的态度等。

要按照《关于进一步推进受贿行贿一起查的意见》的要求，坚

① 参见谷志平、李鑫：《涉案人员处理需注意哪些方面》，载《中国纪检监察报》2021 年 11 月 24 日，第 6 版。

决查处，重点查处五类行贿人员：一是多次行贿、巨额行贿以及向多人行贿，特别是党的十八大后不收敛不收手的；二是党员和国家工作人员行贿的；三是在国家重要工作、重点工程、重大项目中行贿的；四是在组织人事、执纪执法司法、生态环保、财政金融、安全生产、食品药品、帮扶救灾、养老社保、教育医疗等领域行贿的；五是实施重大商业贿赂的行为。①

（三）法规索引速查

《中华人民共和国监察法实施条例》（国家监察委员会公告第1号公布，2021年9月20日起施行，2025年6月1日修订公布）

第二百二十条 经调查认为被调查人构成职务违法或者职务犯罪的，应当区分不同情况提出相应处理意见，经审批将调查报告、职务违法或者职务犯罪事实材料、涉案财物报告、涉案人员处理意见等材料，连同全部证据和文书手续移送审理。

对涉嫌职务犯罪的案件材料应当按照刑事诉讼要求单独立卷，与《起诉建议书》、涉案财物报告、同步录音录像资料及其自查报告等材料一并移送审理。

调查全过程形成的材料应当案结卷成、事毕归档。

第二百三十八条第一款、第二款 对于涉嫌行贿等犯罪的非监察对象，案件调查终结后依法移送起诉。综合考虑行为性质、手段、后果、时间节点、认罪悔罪态度等具体情况，对于情节较轻，经审批不予移送起诉的，应当采取批评教育、责令具结悔过等方式处置；应当给予行政处罚的，依法移送有关行政执法部门。

对于有行贿行为的涉案单位和人员，按规定记入相关信息记录，可以作为信用评价的依据。

---

① 参见《中央纪委国家监委会同有关单位联合印发〈关于进一步推进受贿行贿一起查的意见〉》，载《中国纪检监察报》2021年9月8日，第1版。

第四章　案 件 审 理

第一节　自办案件的审理

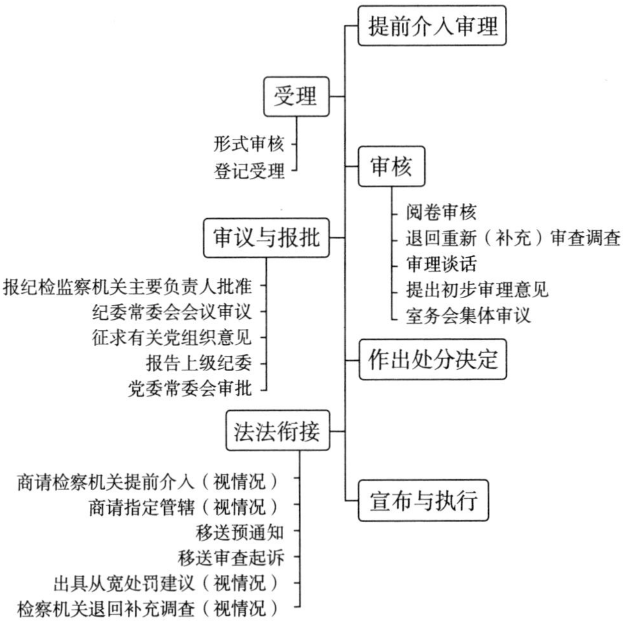

图 4－1　自办案件审理流程图

一、案件受理

（一）图解

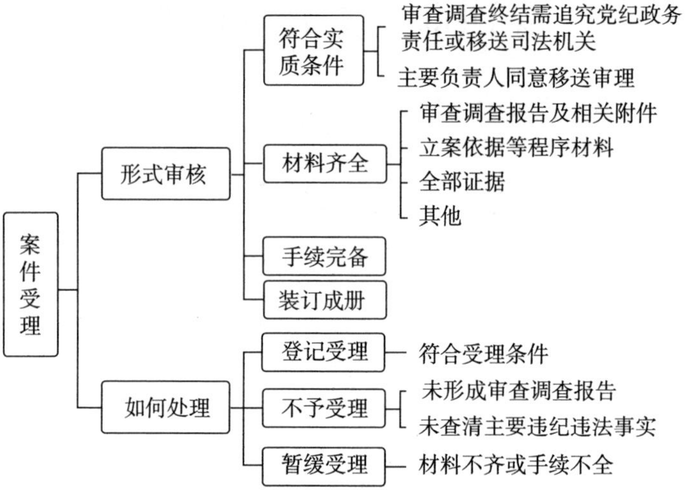

图4－2　案件受理

（二）实务指引

案件审理部门收到案件查办部门移送审理的案件后，应及时指派专人进行形式审核。经审核，符合受理条件的，按程序登记受理；不符合受理条件的，按程序报领导审批后可以暂缓受理或不予受理。

1. 形式审核　“审什么”

形式审核是案件进入审理阶段的“关口”，是指案件审理部门对案件材料、手续进行初步审核并判断案件是否符合审理受理条件的过程。在此阶段尚无须对案件证据和事实进行实质性审理。对于普通案件，应重点审核审查调查报告是否已报经领导审批并同意移送审理，有关违纪违法事实材料、忏悔反思或检讨材料、被审查调查人的主体身份材料和线索处置、初步核实、立案、留置、移送审理等程序手续材料是否齐备，案卷是否分类装订等。对于职务犯罪案件，还应重点审核审查调查报告中是否单独表述涉嫌职务犯罪问题，涉嫌职务犯罪的案卷材料是否按照刑事诉讼要求单独立卷，是否一并移送起诉建议书、涉案人员（行贿人员）处理意见、涉案财物报告、同步录音录像资料等材料。

2. 形式审核和审理受理的办理程序

一般来说，案件审理部门应在收到移送材料之日起 3 日内完成形式审核，并如实填写《案件形式审核表》。经形式审核，符合受理条件的，案件审理室应当起草审理受理的请示材料，按程序报领导批准后予以登记受理，审理期限从领导批准之日起计算。对不符合受理条件的，案件审理室按程序报领导批准后，可不予受理或暂缓受理，在《形式审核表》中注明需补充完善的相关材料和意见后及时反馈给审查调查部门，做到流程完备，交接清楚。实践中有的办案人员将未装订、未签批的案卷材料移送审理，这是不规范的。

3. 不予受理和暂缓受理的情形

目前的法律法规、党规党纪尚未对暂缓受理或不予受理的具体情形作出明确规定。实践中一般处理如下：经形式审核，发现案件达不到移送审理的实质条件的，如审查调查尚未结束，主要违纪违法事实未查清，未形成审查调查报告或审查调查报告未报领导审批等，案件审理部门可不予受理，将案件材料退回案件查办部门；发现移送案件存在未提供违纪违法事实材料、立案材料不全等手续不完备、材料不齐全等问题的，案件审理部门可以暂缓受理，待查办部门补充完善相关材料后再一并审核。在时间紧急等特殊情况下，案件审理部门在暂缓受理的同时，也可以安排审理组成员先行审核已有案卷材料，边补边审。

4. 审理期限

审理工作应当在受理之日起 1 个月内完成，重大复杂案件经批准可以适当延长。为保障审理时间，对被调查人采取留置措施的，应在留置期限届满 30 日前移送审理。

（三）示例

2020年8月11日，Z市纪委监委对该市某局党组书记陈某某严重违纪违法问题立案审查调查，并于次日对其采取留置措施，留置期限3个月。2020年10月27日，该案移送审理。案件审理室经形式审核，发现该案存在未形成起诉建议书、部分证据未移送、案卷未装订等问题。鉴于留置期限紧张，经报分管领导批准，案件审理室于当天受理该案，并安排审理组先行审核已有证据，同时将上述问题通过《案件形式审核表》反馈给审查调查部门，要求其尽快补充完善材料。

解读

示例中，陈某某于2020年8月12日被采取留置措施，留置期至同年11月12日止，案件查办部门直到同年10月27日才将案件移送审理，不符合在留置期限届满30日前移送审理的规定。实践中，类似本示例压缩审理期限的情况并不鲜见，案件审理部门应加强与案件查办部门、案件监督管理部门的沟通对接，了解案件进度，做好主动对接，做到有效掌控工作节奏。

此外，示例中移送审理时存在手续不齐、材料不全等问题，按照规定案件审理部门应当暂缓受理，但考虑到案件移送审理时留置期已不足20日，案件审理部门在将相关问题反馈给审查调查部门的同时，安排审理组对现有证据进行全面审理，是特殊情况下因案制宜采取的一种变通做法，不宜发展为常态。

（四）法规索引速查

《中国共产党纪律检查机关监督执纪工作规则》（中共中央办公厅印发，2019年1月1日起施行）

第五十二条 审查调查报告以及忏悔反思材料，违纪或者职务违法、职务犯罪事实材料，涉案财物报告等，应当按程序报纪检监察机关主要负责人批准，连同全部证据和程序材料，依照规定移送审理。

审查调查全过程形成的材料应当案结卷成、事毕归档。

第五十五条第一款第一项、第三款 审理工作按照以下程序进行：

（一）案件审理部门收到审查调查报告后，经审核符合移送条件的予以受理，不符合移送条件的可以暂缓受理或者不予受理。

审理工作应当在受理之日起 1 个月内完成，重大复杂案件经批准可以适当延长。

《中华人民共和国监察法实施条例》（国家监察委员会公告第 1 号公布，2021 年 9 月 20 日起施行，2025 年 6 月 1 日修订公布）

第二百二十条 经调查认为被调查人构成职务违法或者职务犯罪的，应当区分不同情况提出相应处理意见，经审批将调查报告、职务违法或者职务犯罪事实材料、涉案财物报告、涉案人员处理意见等材料，连同全部证据和文书手续移送审理。

对涉嫌职务犯罪的案件材料应当按照刑事诉讼要求单独立卷，与《起诉建议书》、涉案财物报告、同步录音录像资料及其自查报告等材料一并移送审理。

调查全过程形成的材料应当案结卷成、事毕归档。

第二百二十一条 案件审理部门收到移送审理的案件后，应当审核材料是否齐全、手续是否完备。对被调查人涉嫌职务犯罪的，还应当审核相关案卷材料是否符合职务犯罪案件立卷要求，是否在调查报告中单独表述已查明的涉嫌犯罪问题，是否形成《起诉建议书》。

经审核符合移送条件的，应当予以受理；不符合移送条件的，经审批可以暂缓受理或者不予受理，并要求调查部门补充完善材料。

二、案件审理

（一）提前介入审理

1. 图解

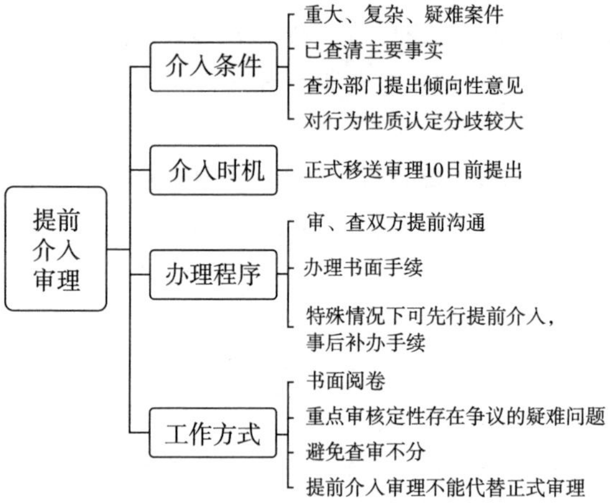

图 4－3　提前介入审理

2. 实务指引

提前介入审理，顾名思义，是指在案件正式移送审理前，案件审理部门派员对案件事实证据、定性量纪、手续程序和涉案财物处理等进行初步审理并提出工作建议的工作程序。

（1）提前介入审理的条件和时机。

提前介入审理不是案件审理的必经程序，是特殊情况下采取的一种灵活工作方式。根据规定，提前介入审理适用于承办部门已查清主要违纪违法事实并提出倾向性意见的重大、复杂、疑难案件，或者对违纪违法行为性质认定分歧较大的案件。审理部门应严格把握提前介入的案件情形和时机，一般在取证工作已基本结束、重要证据已经掌握时进行。实践中，有些承办部门在案件审查调查早期甚至初核阶段就征求案件审理部门的意见，这是不合适的。

（2）提前介入审理的办理程序。

需要提前介入审理的，案件承办部门应当在正式移送审理前，报经领导批准后与案件审理部门沟通。案件审理部门审核认为符合提前介入审理条件的，按程序报查、审双方相关领导批准后实施。实践中，在时间紧张等特殊情况下，经查、审双方相关领导同意，案件审理部门也可以先行提前介入审理，事后补办有关手续。一般来说，承办部门在申请提前介入时，应提供审查调查报告初稿，并提出倾向性意见，将案卷装订成卷。案件审理部门提前介入后，应形成书面的提前介入审理意见，按程序报领导审批后及时向承办部门反馈。

（3）提前介入审理的工作方式。

①全面审核证据。

案件审理部门应当派出 2 人以上的审理组，对案卷材料进行全面审核把关，除审核书面材料，还应了解线索来源、案件背景等情况，全面掌握案情。

②集中解决关键问题。

提前介入审理的目的是解决事实证据和定性处理的“疑难杂症”，故审理人员应将精力用在“刀刃”上，对定性有困难、有争议的事实进行全面阅卷和系统分析，其他事实可待正式移送后再行审理。

③坚持查审分离原则。

案件审理人员应把握好提前介入的度，不得参与案件审查调查取证，防止以查代审或以审代查。对审查调查部门在办案过程中的“咨询”“请教”，应慎重表态，避免影响办案思路，让工作陷入被动。

此外，案件审理人员应严格遵守办案纪律，对提前介入审理了解到的案件信息严格保密，不得泄露案情、扩散证据材料。

3. 案例

2018 年 8 月 10 日，N 市纪委监委对该市高新技术风险投资股份有限公司原董事长董某某涉嫌严重违纪违法问题立案审查调查。在调查中，案件承办部门发现该案犯罪手段十分隐蔽，且在定性处理上分歧较大，经与案件审理室沟通并报领导批准，商请案件审理室提前介入审理。审理组重点对董某某收受某上市公司原始股的行为是否构成受贿犯罪、受贿数额的认定以及董某某利用职务影响力挪用国有参股公司的资金如何定性等疑难问题进行了深入研究，对案件的争议焦点、取证方向、党纪法规的适用等提出了指导意见，保障了案件的顺利查办。①

解读

本案是一起充分发挥提前介入审理指导作用的典型案例。案件承办部门在遇到犯罪手段隐蔽且定性处理分歧较大的新型复杂案件时，适时邀请案件审理部门提前介入，对重点疑难问题进行研究把关，破解了工作困局，保障了案件的顺利查办。

需注意的是，案件审理人员在提前介入时，除了重点解决审查调查部门拿不准、有疑问的实体问题外，还应特别留意被审查调查人的主体身份和关键程序事项，如被审查调查人是否为中共党员或公职人员，是否为党代表、人大代表、政协委员、党委委员等，是否进行了党纪和政务双立案，立案、留置措施的报批手续是否符合规定，是否需要提前办理指定司法管辖等问题，防止因主体身份和管辖等原因影响案件顺利办结。

4. 法规索引速查

《中国共产党纪律检查机关监督执纪工作规则》（中共中央办公厅印发，2019年1月1日起施行）

第五十五条第一款第二项 审理工作按照以下程序进行：

（二）对于重大、复杂、疑难案件，监督检查、审查调查部门已查清主要违纪或者职务违法、职务犯罪事实并提出倾向性意见的；对涉嫌违纪或者职务违法、职务犯罪行为性质认定分歧较大的，经批准案件审理部门可以提前介入。

---

① 参见程威：《三堂会审丨收受干股的罪与非罪》，载中央纪委国家监委网站，https：//www. ccdi. gov. cn/yaowenn/202004/t20200415_ 78610. html。

（二）阅卷审核

1. 图解

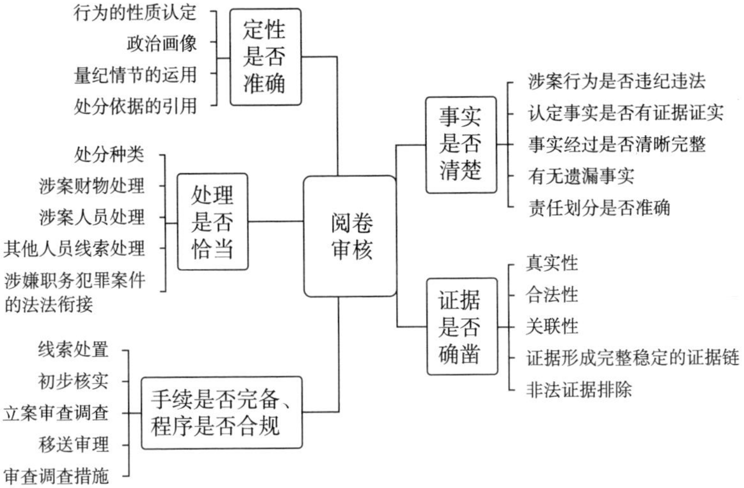

图4－4　阅卷审核

2. 实务指引

案件登记受理后，案件审理部门应当立即组织审理组进行审理。其中，阅卷审核作为案件审理工作的核心，是后续撰写审理报告、作出处分决定的基础，也直接决定着整个案件的质量和效率。

（1）组成审理组。

审理组应由 2 人以上组成，一般由案件审理室主任指定专人组成。审理组实行案件质量责任制，组长、主办人、主审人、协审人等审理组成员在各自职责范围内对案件质量负责。同时，审理组应贯彻查审分离原则，参与案件初核、审查调查的人员不得参与案件审理。

（2）阅卷审核的重点和方法。

①做好人员分工。审理组是个团队，只有合理分工、积极协作，才能创造 1＋1＞2 的效果。审理组组长应发挥好统筹、协调作用，根据案情和审理人员的专业特长合理分工，统筹好工作进度。一般来说，对于时间紧张、事实复杂的职务犯罪案件，可采取组长统筹、组员分

类阅卷的方式，由组员负责某一类或某几类事实材料的阅卷工作，待阅卷结束后在审理组内对证据情况、突出问题和补证意见进行充分讨论并形成一致意见。对于简单的违纪违法案件，可由审理组成员分别全面阅卷，让每一个审理组成员对案件都有全面和深入的认识。

②合理规划时间。正常情况下案件审理期限为1个月，实践中部分案件的审理期限可能更短。审理组应根据工作任务和审理期限，倒排工作时间。根据经验，采取留置措施的案件一般建议在10天左右完成初步阅卷审核。

③严把审核标准。审理组应严格按照“事实清楚、证据确凿、定性准确、处理恰当、手续完备、程序合规”的办案方针，对案卷材料全面审核把关，审核的主要范围和内容可参考图4－4。由于手续程序在形式审核阶段已经过初步审核，而事实认定和定性处理需以证据为基础，其中核心是审核证据，即从证据的真实性、合法性、关联性、充分性四个方面对证据进行判断，其中应特别注意排除非法证据。

实践中，关于如何把握不同案件对于证据充分性的要求，是大家比较困惑的问题。笔者认为，所谓证据确实、充分，是指违纪违法事实都有证据证实，且证据形成内容完整、结构稳定、相互印证的证据链。实践中应注意两点：一是孤证不能定案。每个事实至少有2个以上独立来源的证据，如果只有被审查调查人的交代而没有其他证据佐证，待证事实不能认定；如果其他证据确凿充分，即使被审查调查人拒不承认，也可以依法认定。二是不同案件关于“证据确实、充分”的标准并不完全一致。实践中，职务犯罪案件的证据应达到“排除合理怀疑”的证明标准，即证据间的矛盾必须得到合理的解释或者排除；一般违纪案件应达到“明确合理可信”的标准；一般违法案件应达到“清晰且令人信服”的程度。

④掌握阅卷步骤和方法。阅卷审核切忌眉毛胡子一把抓，要区分轻重缓急。审理人员一般可从审查调查报告入手掌握案件全貌，梳理出应重点审核的疑难复杂问题，并及时查找资料和学习相关知识。具体阅卷时，一般有两种模式：对于简单案件，可以对所有证据逐一阅

卷，视情况制作阅卷笔录；对于疑难复杂案件，可按照事实种类分类阅卷，核对某一特定事实时，只翻阅与此相关的证据，而不宜按照装卷顺序逐一通篇阅卷，避免出现遗忘和混淆。阅卷时，一般按照先言词证据、后其他证据，先被审查调查人笔录、后涉案人员笔录的顺序进行。

（3）制作阅卷笔录。

制作阅卷笔录不是案件审理的强制要求，但对于做好疑难复杂案件的审理非常必要，它能帮助审理人员整理证据、梳理思路，为后续讨论汇报案情、出具补证意见和制作审理报告提供可靠基础。关于如何制作阅卷笔录，因人因案而异，内容一般包括在案证据情况、存在问题、补证意见、定性和处分依据等几个部分。“在案证据情况”一般应记录案卷中存在哪些证据、缺少哪些证据、证据存在什么瑕疵，并摘录部分关键证据的内容。

3. 示例

示例一：2018 年 4 月 13 日，B 省 C 市纪委监委案件审理室受理了该市交通运输局副局长关某严重违纪违法案，并指定该室工作人员李某田、于某民审理此案。于某民在阅卷中发现，关某系其初中同班同学，遂将该情况向室主任报告并申请回避，室主任同意后另安排王某新参与审理该案。在案件审理室集体审议该案时，于某民和曾借调参与该案综合工作的刘某佳均未参加。

示例二：H 省纪委监委对全省 2019 年以来办结案件开展案件审理质量评查，发现影响案件质量的问题主要有六个方面。一是事实证据方面，材料调取不全面、不规范等。二是定性处理方面，条规适用不规范或不准确，涉案财物处理不当等。三是程序手续方面，审查调查、案件审理程序不完整、不完善等。四是规范管理方面，文书格式不规范等。五是处分执行方面，部分案件处分宣布不到位等。六是发挥案件审理审核把关作用方面，部分案件在初核阶段审理就介入，审调工作未能独立开展，未能充分发挥审理的监督制约职能。

解读

示例一中，于某民系被审查调查人关某的初中同班同学，属于存在可能影响公正审理的情形，刘某佳参与了案件的调查工作，根据回避制度的规定和查审分离原则，二人均不得参与该案的审理。此处的不参与审理，既包括不得作为审理组成员直接审理案件，也包括不参与案件审议。关于应回避人员在回避前所取得的证据、作出的处理是否有效的问题，根据有关规定，应由作出回避决定的组织根据回避人员与案件利害关系的大小、已取得证据的类型和客观程度等案件具体情况决定。

示例二中，H省纪委监委开展案件审理质量评查发现的一系列问题，反映出在实践中部分工作人员未完全落实“二十四字”办案方针的要求，导致案件存在一定的质量瑕疵。审理人员在阅卷审核中，应严格履行审核把关和监督制约的职能，善于发现问题，敢于指出问题，切实保障纪检监察工作高质量发展。

4. 法规索引速查

《中国共产党纪律检查机关监督执纪工作规则》（中共中央办公厅印发，2019年1月1日起施行）

第五十三条第一款 纪检监察机关应当对涉嫌违纪或者违法、犯罪案件严格依规依纪依法审核把关，提出纪律处理或者处分的意见，做到事实清楚、证据确凿、定性准确、处理恰当、手续完备、程序合规。

第五十四条 坚持审查调查与审理相分离的原则，审查调查人员不得参与审理……

第五十五条第一款第三项 审理工作按照以下程序进行：

（三）案件审理部门受理案件后，应当成立由两人以上组成的审理组，全面审理案卷材料，提出审理意见。

《中华人民共和国监察法实施条例》（国家监察委员会公告第1号公布，2021年9月20日起施行，2025年6月1日修订公布）

第二百二十二条 案件审理部门受理案件后，应当成立由二人以上组成的审理组，全面审理案卷材料。

案件审理部门对于受理的案件，应当以监察法、政务处分法、刑法、《中华人民共和国刑事诉讼法》等法律法规为准绳，对案件事实和证据、性质认定、程序手续、涉案财物等进行全面审理。

案件审理部门应当强化监督制约职能，对案件严格审核把关，坚持实事求是、独立审理，依法提出审理意见。坚持调查与审理相分离的原则，案件调查人员不得参与审理。

《中共中央纪律检查委员会关于审理党员违纪案件工作程序的规定》（中共中央纪律检查委员会印发，1991年7月13日起施行）

第五条 审理案件的人员是本案的当事人，或者是当事人的近亲属，或者与本案有利害关系的，应当回避，犯错误的党员也有权要求他们回避。审理案件人员的回避须经批准，未经批准之前不得停止对案件的审理。

案件审理部门负责人的回避，由本级纪委分管案件审理工作的常委决定；其他案件审理人员的回避，由审理部门负责人决定。

第九条 各级纪委审理部门受理案件后，应及时指定承办人办理。除情节简单的案件外，一般应由两人办理，特别重大复杂的案件，应组成两人以上的审议组办理，并确定其中一人主办。

第十条 审理案件，要按照事实清楚，证据确凿，定性准确，处理恰当，手续完备的要求进行审理。

第十一条 承办人对处分决定中所列举的错误事实要认真审核，弄清犯错误党员犯有哪些错误，每一错误发生的时间、地点、起因、情节及造成的后果，有关人员的责任。审核认定的每一错误事实是否都有确凿的证据。犯错误党员对处分决定所依据的错误事实如提出不同意见，有关组织的说明能否将所提问题说明清楚。

第十二条 承办人根据《党章》、《关于党内政治生活的若干准则》、党的政策、党纪处分规定、国家的法律法规和社会主义道德规范，判断处分决定中所认定的错误性质是否准确，所给予的处分是否恰当。

第十三条 在审理过程中，如发现事实不清、证据不足、有关人员责任不明时，应主动听取报案单位的意见，确需补报材料时，应请报案单位补报材料。

《党的纪律检查机关案件审理工作条例》（中共中央纪律检查委员会印发，1987 年 7 月 14 日起施行）

第十一条 事实清楚

事实是定案的基础。审查案件，必须将错误事实发生的时间、地点、情节、后果、本人应负的责任，以及产生错误的主客观原因等，审查清楚。如发现事实不清，要责成或协同原报案单位重新查证清楚，要使所认定的错误事实符合客观实际。

第十二条 证据确凿

证据是判断事实的依据。对证据必须认真地进行鉴别，去伪存真。认定错误的事实，一定要有充分的证据。没有证据或证据不充分、不确凿，不能认定。证据充分、确凿，即使犯错误的人拒不承认，也可以认定。

第十三条 定性准确

认定问题的性质，必须在事实清楚、证据确凿的基础上，以党章、《关于党内政治生活的若干准则》、党的方针政策和国家的法律法规为准绳，进行具体分析，是什么性质的问题就定什么性质。性质难以确定的，用写实的办法作出结论。

第十四条 处理恰当

在事实清楚、证据确凿、定性准确的基础上，作出恰当处理。既不要处理过头，又不要姑息迁就。

在任何情况下都不得株连无辜。

第十五条第一款 手续完备

处理案件要严格按照党章规定的手续办理，按照处分党员或党组织的批准权限审批。手续不完备的，原报案单位必须补办。

（三）退回审查调查

1. 图解

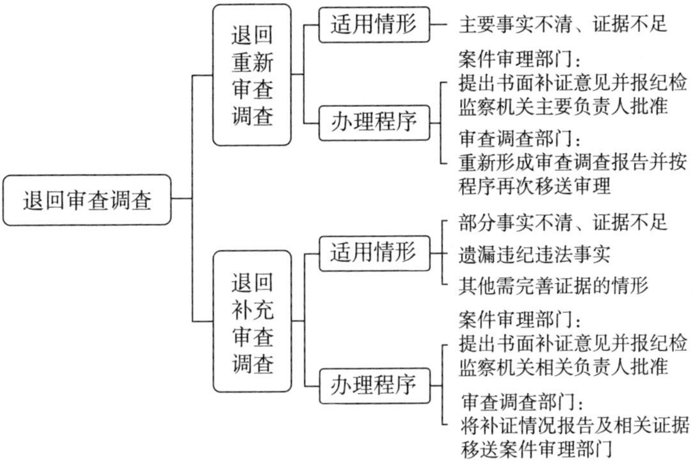

图 4－5　退回审查调查

2. 实务指引

案件审理部门经审理认为违纪违法事实不清、证据不足的，应当按程序报批后将案件退回审查调查。退回审查调查，包括退回重新审查调查和退回补充审查调查两种情形。

（1）适用情形。

案件主要事实不清、证据不足的，应当退回重新审查调查；案件事实基本清楚、证据基本到位但需要补充完善证据的，应当退回补充审查调查。根据《中华人民共和国监察法实施条例》等规定，需"补充完善证据"主要包括以下三种情形：一是部分事实不清、证据不足的；二是遗漏违法犯罪事实的；三是其他需要进一步查清案件事实的情形。

（2）办理程序。

需重新审查调查的，案件审理部门应出具书面的审核补证意见，按程序报纪检监察机关主要负责人批准后，连同所有案卷材料一并退回承办部门。案件承办部门在重新审查调查完毕后，应当重新形成审查调查报告，将补证材料单独装卷，按程序报领导审批后，按程序将案件再次移送审理，审理期限从案件审理部门再次受理之日起重新计算。

需补充审查调查的，案件审理部门应出具书面的审核补证意见，填写呈批表按程序报纪检监察机关相关负责人批准后，连同案卷材料一并退回承办部门。退回补充审查调查完毕后，承办部门应形成书面的补证情况报告，按程序报批后，将补证材料连同原案卷材料一并移送案件审理部门；对确实无法查明的事项或无法补充的证据，应当在补证情况中作出说明。补充审查调查期间不计入审理期限。

3. 示例

2021 年 2 月 5 日，A 市纪委监委第五审查调查室将该市农业农村局党委委员、副局长周某某严重违纪违法案移送审理。审理组经阅卷审核，认为该案事实基本清楚，但还需完善相关证据。经报领导批准，案件审理室将该案退回补充审查调查。2021 年 2 月 23 日，经补充审查调查，第五审查调查室将该案的补充证据移送案件审理室。

解读

示例中，周某某严重违纪违法案的部分证据尚不充分，案件审理室将该案退回补充审查调查，符合规定。实践中，对于事实清楚、仅需补充少量证据或对证据瑕疵进行补证的，经相关领导同意，审理组也可以直接向案件承办部门反馈补证意见，不再履行正式的退回审查调查程序。

值得注意的是，一些地方在办理退回重新审查调查或补充审查调查的工作中存在诸多不规范的现象，如：案件审理部门以口头告知代替书面补证意见，退回审查调查未报有关领导批准，承办部门重新（补充）审查调查后未按要求补充相关证据又未作出合理说明等，影响了办案工作的有效沟通，应注意避免。

4. 法规索引速查

《中国共产党纪律检查机关监督执纪工作规则》（中共中央办公厅印发，2019年1月1日起施行）

第五十五条第一款第五项　审理工作按照以下程序进行：

（五）对主要事实不清、证据不足的，经纪检监察机关主要负责人批准，退回监督检查、审查调查部门重新审查调查；需要补充完善证据的，经纪检监察机关相关负责人批准，退回监督检查、审查调查部门补充审查调查。

《中华人民共和国监察法实施条例》（国家监察委员会公告第1号公布，2021年9月20日起施行，2025年6月1日修订公布）

第二百二十六条　经审理认为主要违法犯罪事实不清、证据不足的，应当经审批将案件退回承办部门重新调查。

有下列情形之一，需要补充完善证据的，经审批可以退回补充调查：

（一）部分事实不清、证据不足的；

（二）遗漏违法犯罪事实的；

（三）其他需要进一步查清案件事实的情形。

案件审理部门将案件退回重新调查或者补充调查的，应当出具审核意见，写明调查事项、理由、调查方向、需要补充收集的证据及其证明作用等，连同案卷材料一并送交承办部门。

承办部门补充调查结束后，应当经审批将补证情况报告及相关证据材料，连同案卷材料一并移送案件审理部门；对确实无法查明的事项或者无法补充的证据，应当作出书面说明。重新调查终结后，应当重新形成调查报告，依法移送审理。

重新调查完毕移送审理的，审理期限重新计算。补充调查期间不计入审理期限。

《中共中央纪律检查委员会关于审理党员违纪案件工作程序的规定》（中共中央纪律检查委员会印发，1991年7月13日起施行）

第十三条　在审理过程中，如发现事实不清、证据不足、有关人员责任不明时，应主动听取报案单位的意见，确需补报材料时，应请报案单位补报材料。

（四）审理谈话

1. 图解

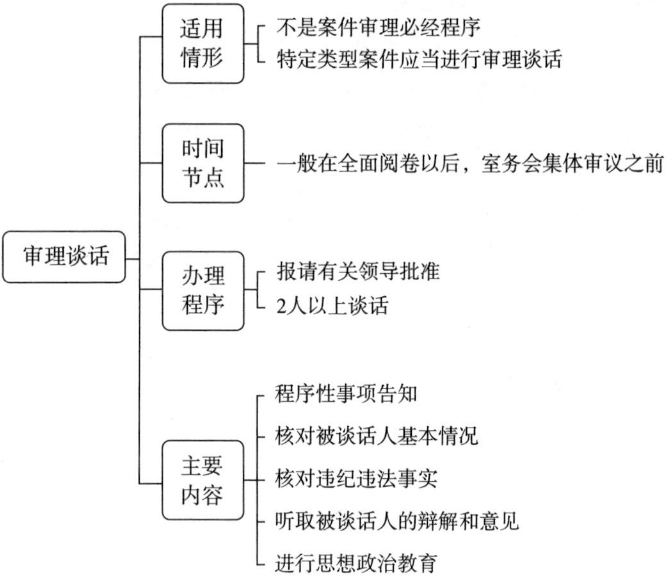

图 4－6　审理谈话

2. 实务指引

审理谈话，是指案件审理室派员与被审查调查人进行谈话，核对违纪违法事实，听取本人意见，了解有关情况，开展纪法教育。开展审理谈话，能克服“书面审”的弊端，便于全面客观审核案件，加强对审查调查工作的监督制约；也有利于保障被审查调查人的权利，有针对性地开展思想政治工作，保障案件的办理效果。

（1）审理谈话的情形。审理谈话不要求“逢案必谈”“每案必谈”，但根据《中华人民共和国监察法实施条例》的规定，符合以下五种情形的，一般应当开展审理谈话：一是对被调查人采取留置措施，拟移送起诉的；二是可能存在以非法方法收集证据情形的；三是被调查人对涉嫌违法犯罪事实材料签署不同意见或者拒不签署意见的；四是被调查人要求向案件审理人员当面陈述的；五是其他有必要与被调查人进行谈话的情形。此外，根据办案实践，以下几种情况一般也应当开展审理谈话：一是案件疑难复杂或在当地有重大影响的；二是上级纪检监察机关交办的案件；三是阅卷后发现有问题需要与被审查调查人当面核实的；四是审理改变审查调查报告认定的事实，违纪违法事实需要再次与被审查调查人见面的；五是被审查调查人态度反复的。

（2）审理谈话的时机。何时开展审理谈话，目前没有明确规定，实践中一般安排在阅卷审核后、室务会讨论前进行。

（3）审理谈话的办理程序。需要开展审理谈话的，审理组应当填写《审理谈话呈批表》，按程序报领导批准后进行。在谈话前，审理组应加强与案件承办部门、有关派驻纪检监察组的沟通，确定谈话的时间、地点，了解被谈话人的身体和思想状况。谈话时，谈话人员不少于2人，如被谈话人系女性的，应至少有1名女性谈话人员。采取了留置措施的案件，谈话地点应安排在留置点，谈话过程应录音录像；与被责令候查人员或者未被限制人身自由的被调查人谈话的，应在具备安全保障条件的场所进行，一般可由被审查调查人所在单位派员或者被调查人家属陪同，确保安全。

（4）审理谈话的步骤。开展审理谈话，一般应包含以下几个主要步骤：一是告知程序性事项，包括告知谈话人的身份、审理谈话的依据和目的、被谈话人的权利与义务，询问被谈话人是否申请回避，了解在审查调查阶段被谈话人的合法权益是否得到保障及审查调查人员是否存在威胁、指供、诱供等非法取证的情形；二是核对被谈话人的基本情况、身体状况；三是核对违纪违法事实；四是听取被谈话人对事实定性的认识和辩解，了解其诉求；五是适时开展思想政治工作，促使被谈话人对违纪违法行为作出反思检讨。审理谈话结束后，应由被谈话人核对谈话笔录，逐页签名、按指印。

3. 示例

经查，2014年至2018年，王某某作为街道办事处的财务人员，在党工委书记的授意下，以“过节费”的名义向该街道中层以上干部发放“慰问金”共计120余万元。在审理谈话的过程中，王某某起初情绪激动，认为发放“慰问金”一事由领导安排决定，自己不应承担责任。为解开其心结，审理组从党的十八大以后全面从严治党的新要求、财务人员的职责、此事造成的恶劣影响等方面对王某某进行了深入的思想政治教育。审理谈话结束时，王某某认识到了自己犯的错误，情绪恢复平静。

解读

示例中，审理组在审理谈话中，通过耐心细致的思想教育，消除了王某某的负面抵触情绪，促使其真正知错悔错，从内心接受自己违纪受处分的事实，达到了教育警示和“治病救人”的目的。实践中，审理组启动谈话前应严格按程序报批，加强与审查调查部门的沟通，全面了解被谈话人的身心状态，做好安全预案，谈话节奏张弛有度，谈话结束后要严格办理交接手续，防止安全事故的发生。

4. 法规索引速查

《中国共产党纪律检查机关监督执纪工作规则》（中共中央办公厅印发，2019年1月1日起施行）

第五十五条第一款第四项 审理工作按照以下程序进行：

（四）坚持集体审议原则，在民主讨论基础上形成处理意见；对争议较大的应当及时报告，形成一致意见后再作出决定。案件审理部门根据案件审理情况，应当与被审查调查人谈话，核对违纪或者职务违法、职务犯罪事实，听取辩解意见，了解有关情况。

《中华人民共和国监察法实施条例》（国家监察委员会公告第1号公布，2021年9月20日起施行，2025年6月1日修订公布）

第二百二十五条 案件审理部门根据案件审理情况，经审批可以与被调查人谈话，告知其在审理阶段的权利义务，核对涉嫌违法犯罪事实，听取其辩解意见，了解有关情况。与被调查人谈话应当在具备安全保障条件的场所进行，被调查人为在押的犯罪嫌疑人、被告人或者在看守所、监狱服刑人员的，按照本条例第八十三条规定办理。谈话时，案件审理人员不得少于二人。

具有下列情形之一的，一般应当与被调查人谈话：

（一）对被调查人采取留置措施，拟移送起诉的；

（二）可能存在以非法方法收集证据情形的；

（三）被调查人对涉嫌违法犯罪事实材料签署不同意见或者拒不签署意见的；

（四）被调查人要求向案件审理人员当面陈述的；

（五）其他有必要与被调查人进行谈话的情形。

《中共中央纪律检查委员会关于审理党员违纪案件工作程序的规定》（中共中央纪律检查委员会印发，1991 年 7 月 13 日起施行）

第十四条　一般情况下，案件在提请本级纪委常委决定前，应派人与犯错误党员谈话，核对错误事实，听取本人意见。本人如对处分决定和所依据的事实材料提出不同意见，应写出书面材料。没有书写能力的，应由谈话人将其意见整理成书面材料，并交本人签字。

与犯错误党员谈话，应作好谈话记录。

《党的纪律检查机关案件审理工作条例》（中共中央纪律检查委员会印发，1987 年 7 月 14 日起施行）

第十七条第一款　党组织对党员所要作出的处分决定和所依据的事实材料必须同本人见面，听取本人说明情况和申辩。当本人对党组织所认定的错误事实有不同意见时，要认真地进行复核，采纳其合理的意见。对事实清楚、证据确凿，本人坚持错误意见或拒不签署意见的，由党组织作出书面说明，并根据事实作出处理决定。需要报上级审批的案件，连同本人意见一并上报。

第二十四条　一般情况下，批准机关在审理过程中应派专人与受处分人谈话，认真听取受处分人的意见。同时根据情况对犯错误的党员进行必要的帮助教育。做好谈话记录。

（五）室务会集体审议

1. 图解

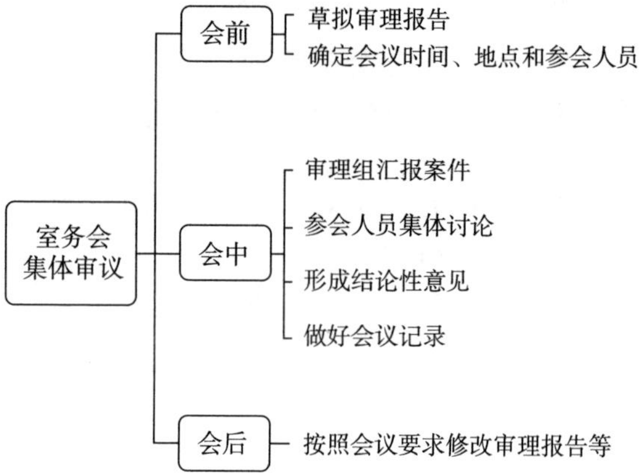

图 4－7　室务会集体审议

2. 实务指引

审理组完成阅卷审核等工作后，应形成初步的审理报告，将案件提交审理室室务会集体审议。室务会集体审议案件，既是贯彻民主集中制的重要体现，也是提高审理人员专业水平、统一执纪执法尺度的最佳途径，其基本流程如下：

（1）做好会前准备。审理组讨论并形成明确意见后，应出具初步的审理报告，报案件审理室领导审核。经领导同意后，确定召开室务会的时间、地点和参加人员，并准备好审理报告等会议材料。对于职务犯罪案件，除审理报告外，还应制作起诉意见书、涉案人员处置意见报告等材料，一并提交讨论。

（2）召开室务会。对于地方纪委监委审理的案件，室务会一般由案件审理室主任主持，由案件主办人汇报案情和审理意见，审理组组长和其他协审人可以就案件背景、认定难点、阅卷中发现的有关情况等问题发表补充意见，汇报案件应客观、全面，言必有据，不得随意扩大或缩小事实；然后由其他与会人员围绕案件事实证据、定性处理、条款引用、财物处置、文书版式、文字表述、程序手续等方面进行充分讨论，逐一发表意见和建议，讨论时应发扬民主，畅所欲言；最后由案件审理室主任发表观点，总结案件结论性意见和审理报告修改要求。会议应由专人做好会议记录，客观反映讨论过程。

（3）做好会后工作。审理组应按照室务会的结论性意见修改审理报告，并将讨论记录交与会人员核对签字后装入案卷。实践中，对于案件处理争议较大、难以形成一致意见的，审理组应当将情况及时报告纪检监察机关有关负责人，经过再次研讨、补证或向上级请示后待条件成熟时再次召开室务会研究；如经讨论，确实无法形成一致意见，可在审理报告中注明不同观点和意见，报主要负责人批准后，提请纪委常委会会议审议。

3. 示例

2020年2月9日，Z市纪委案件审理室集体审议李某某违纪案。经查，李某某，中共党员，系Z市疾控中心某科科长。2020年1月，李某某被抽调到该市新冠肺炎疫情防控指挥部，负责疫情信息报送工作。在获悉该市出现1例确诊病例后，李某某因担心被感染，从单位取走护照并携家人飞往国外躲避，同时向组织谎称其父亲和疫情地相关人员有接触，自己在老家自行隔离。审理组认为李某某违反组织纪律，不如实报告个人去向，建议给予其党内严重警告处分。在讨论过程中部分同志提出，李某某对组织不忠诚不老实，在疫情防控期间擅离职守、临阵脱逃，其行为还违反了政治纪律。经充分讨论，案件审理室形成一致意见，认定李某某严重违反政治纪律和组织纪律，建议给予其撤职处分。

解读

示例中，室务会集体审议改变了审理组对李某某违纪行为的定性和处理意见，更符合其行为的本质特点，也与其造成的恶劣影响和后果更相匹配，做到了政治效果、纪法效果和社会效果的统一。

实践中，室务会集体讨论案件不能搞形式主义、走过场，而应充分、全面地讨论案情，充分发表意见，从而集思广益，做到对案件的精准处理。

4. 法规索引速查

《中国共产党纪律检查机关监督执纪工作规则》（中共中央办公厅印发，2019 年 1 月 1 日起施行）

第五十五条第一款第四项 审理工作按照以下程序进行：

（四）坚持集体审议原则，在民主讨论基础上形成处理意见；对争议较大的应当及时报告，形成一致意见后再作出决定……

《中华人民共和国监察法实施条例》（国家监察委员会公告第 1 号公布，2021 年 9 月 20 日起施行，2025 年 6 月 1 日修订公布）

第二百二十三条 审理工作应当坚持民主集中制原则，经集体审议形成审理意见。

《中共中央纪律检查委员会关于审理党员违纪案件工作程序的规定》（中共中央纪律检查委员会印发，1991 年 7 月 13 日起施行）

第十七条 承办人办理的案件，要经过案件审理部门室务会议审议。审议时，承办人根据起草的审理报告，如实清楚地汇报。会议要充分发扬民主，认真讨论，提出结论性意见。

《党的纪律检查机关案件审理工作条例》（中共中央纪律检查委员会印发，1987 年 7 月 14 日起施行）

第二十三条 审理部门集体审议案件。由承办人员汇报案情和审理意见。汇报案情要言必有据，不得随意扩大或缩小事实。讨论中充分发扬民主，畅所欲言，允许为犯错误者申辩。然后根据会议决定写出审理报告。讨论中如有不同意见，同时上报。

三、审议报批

（一）纪委常委会会议审议

1. 图解

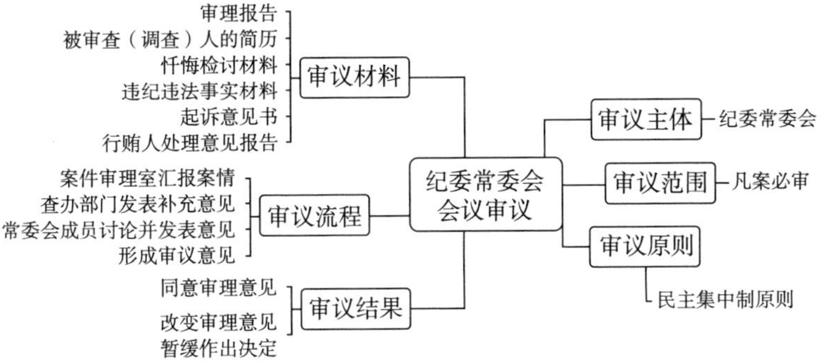

图 4－8　纪委常委会会议审议

2. 实务指引

纪委常委会审议案件，是指案件审理室在审理报告按程序报批后将案件提请纪委常委会会议讨论的程序。纪委常委会会议审议案件是纪检监察机关对被审查调查人作出处分处理的必经程序，是案件查办落实民主集中制的应有之义。根据有关规定，笔者总结办理程序如下。

（1）会前准备。案件审理室将审理报告报纪检监察机关主要负责人批准后，应及时与纪委办公厅（室）对接，确定案件提请纪委常委会会议审议的时间，并准备好上会的相关材料，包括审理报告及相关依据，被审查调查人的简历、忏悔检讨材料、违纪违法事实材料，起诉意见书，行贿人处置意见报告等。同时，审理室应向承办部门做好沟通工作，对改变事实认定和定性处理的部分进行释明，争取达成一致意见。

（2）会议审议。①关于参会主体。纪委常委会会议审议案件，实质是合署召开纪委常委会和监委委务会会议对案件进行讨论，应由全体纪委常委、监委委员参会，一般实际参会人员达到全体应参会人员的三分之二以上方可召开。审理和承办部门的相关负责人和同志参加、列席会议。②关于会议议程。审议案件时，首先由审理室相关负责人汇报案件情况和处理建议，承办部门相关负责人可以补充发表意见，然后由参会人员集体讨论，发表审议意见。实践中，参会人员发表意见时，一般首先由查、审部门的相关领导发言，然后再由其他参会人员按职务职级由低到高的顺序发言，最后由主要负责人发言。参会人员发表意见时，可以对案件的定性处理、事实证据、文字表述、涉案人员和财物的处置、后半篇文章的开展等全面发表意见，审理部门和承办部门应就相关问题予以说明。③关于形成会议决议。纪委常委会会议可以采取口头、举手、无记名投票或记名投票等方式对案件进行表决，一般存在同意、基本同意并按要求修改、暂缓决定再行研究三种情况。其中，对意见分歧较大的，应当暂缓作出决定。

（3）会后工作。纪委常委会会议结束后，审理组应根据审议结果，修改审理报告，并在此基础上制作处分决定或按程序将案件报同级党委批准。

应注意的是，无论是本级纪检监察机关管辖的案件，还是上级纪检监察机关指定管辖的案件，凡是立案查处、拟作出处分的案件，本级纪检监察机关均应召开纪委常委会会议，集体研究讨论。

3. 案例

案例一：马某某，男，汉族，中共党员，系W区某村党支部书记、村经济合作社社长，因其严重违反党的政治纪律、廉洁纪律并涉嫌犯罪，依据有关规定，经区纪委常委会会议研究，决定给予马某某开除党籍处分，收缴其违纪违法所得，将其涉嫌犯罪问题移送检察机关依法审查起诉。①

案例二：李某某，男，汉族，中共党员，系G自治区（以下简称自治区）发展和改革委员会党组成员、原副主任，自治区能源局原局长，因其违反中央八项规定精神和廉洁纪律，涉嫌受贿犯罪，依据有

① 参见佚名：《温州市瓯海区娄桥街道原娄桥村党支部书记马某某受到开除党籍处分》，载浙江省纪委监委官网，http：//www. zjsjw. gov. cn/quanweifabu/dangjizheng-wuchufen/202104/t20210428_ 4013500. shtml。

关规定，经自治区纪委常委会会议、监委委务会议审议并报自治区党委批准，决定给予李某某开除党籍、开除公职处分，收缴其违纪所得，将其涉嫌犯罪问题及所涉款物移送检察机关依法审查、提起公诉。①

解读

案例一和案例二都是实践中的真实案例，细心的读者会发现，两个案例关于提请纪委常委会会议审议的表述并不一致，这反映了党内立法的动态沿革过程。

20世纪八九十年代，《党的纪律检查机关案件审理工作条例》等规定将该程序表述为“提请本级纪委常委会审定”“提请本级纪委常委会审批”“报本级纪委常委会讨论”，此时“审定”“审批”“讨论”的措辞均有出现，审议的主体则为纪委常委会，关于审议的形式是签批审议还是会议审议则未明确。2017年1月，中央纪委制定的《中国共产党纪律检查机关监督执纪工作规则（试行）》则将该程序表述为“提请纪委常委会会议审议”。2018年监察体制改革以后，纪委监委合署办公，鉴于纪委常委会和监委委务会合署召开，当时关于如何规范表述又无明确规定，故各地纪检监察机关在此期间一般表述为“提请纪委常委会、监委委务会审议”。2018年12月28日，中共中央办公厅印发《中国共产党纪律检查机关监督执纪工作规则》，明确涉嫌违纪、职务违法或职务犯罪案件的审理报告均应报纪委常委会会议审议，此后，各地纪检监察机关均规范表述为“提请纪委常委会会议审议”。

4. 法规索引速查

《中国共产党纪律检查机关监督执纪工作规则》（中共中央办公厅印发，2019年1月1日起施行）

第五十六条第一款　审理报告报经纪检监察机关主要负责人批准

① 参见林小英：《自治区发展和改革委员会党组成员、原副主任、自治区能源局原局长李某某严重违纪违法被开除党籍和公职》，载广西纪检监察网，https：//www. gxjjw. gov. cn/staticpages/20181127/gxjjw5bfd26ba－136178. shtml。

后，提请纪委常委会会议审议。需报同级党委审批的，应当在报批前以纪检监察机关办公厅（室）名义征求同级党委组织部门和被审查调查人所在党委（党组）意见。

《中共中央纪律检查委员会关于审理党员违纪案件工作程序的规定》（中共中央纪律检查委员会印发，1991 年 7 月 13 日起施行）

第十八条第一款 承办人根据集体审议的结论性意见修改审理报告，经审理部门负责同志审核后，连同报案单位呈报的有关材料一并提请本级纪委常委会审定。

《党的纪律检查机关案件审理工作条例》（中共中央纪律检查委员会印发，1987 年 7 月 14 日起施行）

第二十六条 经过审理部门集体审议的案件，将案件审理报告和下级纪委或党委报来的有关材料，一并提请本纪委常委会审批。

（二）征求有关党组织意见

1. 图解

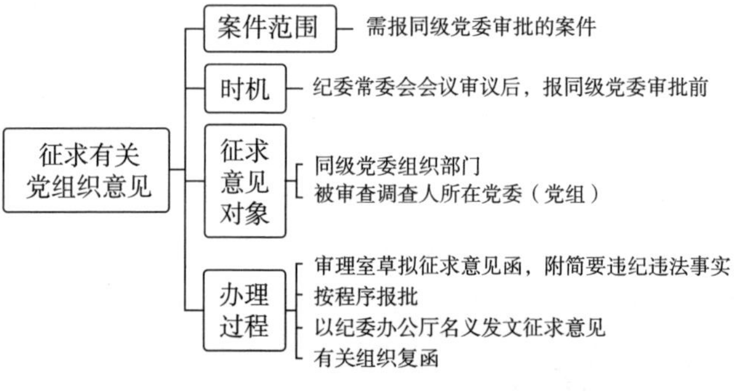

图 4－9　征求有关党组织意见

2. 实务指引

《中国共产党纪律检查机关监督执纪工作规则》第五十六条对征求有关党组织意见这一程序作出了明确规定，即案件经纪委常委会会议审议后，拟给予被审查调查人处分（处理），“需报同级党委审批的，应当在报批前以纪检监察机关办公厅（室）名义征求同级党委组织部门和被审查调查人所在党委（党组）意见”。

一是案件范围和时机。根据上述规定，需报同级党委审批的案件，应在纪委常委会会议审议后、同级党委审批前征求有关组织的意见。关于具体的案件范围，请参考本书“党委常委会审批”的相关内容。

二是征求意见的对象。征求意见的对象为同级党委组织部门和被审查调查人所在党委（党组）。应当注意的是，被审查调查人所在党委（党组）不同于其所在单位，也不同于其所在单位的党委（党组）。举例如下：拟给予某市医疗保障事务中心党总支书记李某某撤销党内职务处分，该医疗保障事务中心虽然系独立事业单位法人，但因架构较低仅成立了党总支，故征求意见时应征求其上级单位市医疗保障局党组的意见。实践中，有些单位存在多个党组，如人大有人大常委会党组和人大机关党组，征求意见时应根据被审查调查人的具体身份予以区分，注意准确表述。

三是办理程序。需征求意见的，应由案件审理室草拟征求意见函，并附被调查人的主要违纪违法事实，按照程序报批后，以纪委办公厅（室）名义发给同级党委组织部门和被审查调查人所在党委（党组）。实践中应注意，无论是拟给予党纪处分还是政务处分，征求意见时均以纪委办公厅（室）的名义发函，而不使用监委办公厅的落款和函头；函件应按规定编号，载明纪检监察机关的处分处理建议、征求意见的依据、回函的截止时间、经办人的联系方式等内容；所附主要违纪违法事实应精练表述，注意不要泄露与基本案情无关的内容，如涉及保密内容的，还应注明密级或保密要求。同级党委组织部门和被审查调查人所在党委（党组）收到征求意见函后，应认真研究并在规定时间内出具是否同意纪检监察机关处分（处理）建议的书面回函。

3. 示例

齐某某，男，中共党员，系G市房产（集团）有限公司党委副书记、总经理。2020年10月9日，G市纪委常委会会议审议齐某某严重违纪违法案，建议给予其开除党籍、开除公职处分；收缴其违纪违法所得；将其涉嫌犯罪问题移送检察机关依法审查起诉，所涉财物随案移送。同日，G市纪委办公厅向G市委组织部和G市国资委党委发出《关于征求对齐某某严重违纪违法案处理意见的函》，请两单位在3日内回函。10月12日，G市纪委分别收到两单位的回函。10月13日，G市党委召开常委会审议该案，同意G市纪委对齐某某的处理意见。

解读

征求被审查调查人所在党委（党组）意见中的“党委（党组）”，指的是与被审查调查人在其工作单位担任的党内职务或者党外职务相应的一级党组织，且该党组织属于纪检监察机关同级党委管理的下一级党组织。本示例中，齐某某所在的G市房产（集团）有限公司系G市国资委代表市委出资的市管企业，因此，G市纪委办公厅应征求G市国资委党委的意见，而不是G市房产（集团）有限公司党委的意见。

本示例中，G市纪委请相关组织在3日内回函，符合一般的工作节奏。实践中，特殊情况下需要紧急征求有关组织意见的，案件审理部门应与有关党组织提前沟通、相互配合，避免出现党委常委会后再征求有关组织意见或者未收到书面函复即报党委常委会审批的不规范情形。

4. 法规索引速查

《中国共产党纪律检查机关监督执纪工作规则》（中共中央办公厅印发，2019年1月1日起施行）

第五十六条第一款 审理报告报经纪检监察机关主要负责人批准后，提请纪委常委会会议审议。需报同级党委审批的，应当在报批前以纪检监察机关办公厅（室）名义征求同级党委组织部门和被审查调查人所在党委（党组）意见。

（三）党委常委会审批

1. 图解

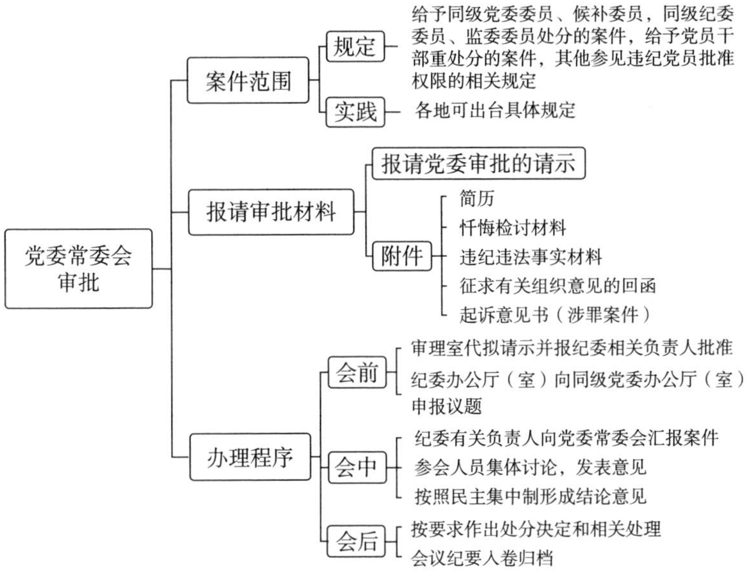

图4－10　党委常委会审批

2. 实务指引

纪检监察工作贯彻同级党委和上级纪委双重领导制度，根据《中国共产党纪律检查机关监督执纪工作规则》第五十六条的规定，纪委常委会会议审议的部分案件，应报同级党委审批，即报党委常委会会议审议。

一是案件范围。目前关于需报同级党委审批案件的范围没有明确、全面的规定。根据《中国共产党处分违纪党员批准权限和程序规定》的规定，给予党员干部撤销党内职务以上处分，须经同级党委审议批准。此外，《中国共产党纪律检查机关监督执纪工作规则》第五十五条第二款明确规定，给予同级党委委员、候补委员，同级纪委委员、监委委员处分的案件，无论处分轻重，均应报同级党委审批。实践中，在上述规定之外，各地纪检监察机关可根据被处分人的干部管理权限、职务级别和拟给予的处分种类，进一步细化报同级党委审批案件的范围。

有同志提出，根据《中国共产党纪律检查机关监督执纪工作规则》第十条中“地方各级纪检监察机关对作出立案审查调查决定、给予党纪政务处分等重要事项，应当向同级党委请示汇报并向上级纪委监委报告，形成明确意见后再正式行文请示”的规定，凡是作出处分的案件均应报同级党委审批。笔者认为，这种理解是片面的，上述规则第十条规定的“请示汇报”与第五十六条规定的“审批”是两种不同的程序，报告的方式、对象、内容均有所不同：请示汇报是指将案件的处分（处理）意见向党委报告，一般是指向党委主要负责人进行书面报告；而党委审批是指以召开党委常委会的方式对具体案件进行集体审议并形成决议。

二是办理程序。案件审理室收到同级党委组织部门、被审查调查人所在党委（党组）的处理意见回函后，应当草拟呈报同级党委审议的请示稿，并附被审查调查人的简历、忏悔检讨材料、违纪违法事实材料、有关党组织的回函、起诉意见书等附件，按程序报纪检监察机关相关领导批准后，由纪委办公厅（室）向同级党委办公厅（室）申报议题，报请同级党委常委会会议审批。在党委常委会会议上，纪检监察机关相关负责人汇报案件情况后，由参会人员按照民主集中制原则进行集体讨论研究，最后形成处理意见。案件审理室的负责同志可以列席会议。会后，案件审理部门应按照工作要求履行制作处分决定、将案件移送审查起诉等程序，党委常委会审批通过的时间即为处分决定生效的时间。

三是办理时间。根据规定，查办案件的纪委应在纪委常委会审议通过后15日内报请同级党委审议案件。特殊情况下，因案情疑难、复杂，对案件的认定和处理存在重大争议、可能影响处分结果的，或者因留置期满急需移送司法机关处理的，也可以在移送司法机关之日起15日内报请同级党委审议，至迟不晚于司法机关决定提起公诉或者作出不起诉决定前提请同级党委审议。

3. 案例

经中共中央批准，中央纪委国家监委对H省委原常委、S市委原书记童某某严重违纪违法问题进行了立案审查调查。经查，童某某严重违反党的政治纪律、组织纪律、廉洁纪律、工作纪律和生活纪律，构成严重职务违法并涉嫌受贿犯罪，且在党的十八大后不收敛不收手，性质严重，影响恶劣，应予严肃处理。依据有关规定，经中央纪委常委会会议研究并报中共中央批准，决定给予童某某开除党籍处分；由国家监委给予其开除公职处分；收缴其违纪违法所得；将其涉嫌犯罪问题移送检察机关依法审查起诉，所涉财物一并移送。①

解读

本案例中，童某某系H省委原常委。根据《中国共产党章程》第四十二条的规定，对地方党委委员、候补委员，给以撤销党内职务以上处分的，必须经过上级纪律检查委员会常务委员会审议，由这一级纪律检查委员会报同级党的委员会批准。因此，给予童某某开除党籍、开除公职处分，应当由中央纪委常委会会议审议并报中共中央批准。

4. 法规索引速查

《中国共产党章程》（中国共产党第二十次全国代表大会部分修改，2022年10月22日通过）

第四十二条　对党员的纪律处分，必须经过支部大会讨论决定，报党的基层委员会批准；如果涉及的问题比较重要或复杂，或给党员以开除党籍的处分，应分别不同情况，报县级或县级以上党的纪律检查委员会审查批准。在特殊情况下，县级和县级以上各级党的委员会和纪律检查委员会有权直接决定给党员以纪律处分。

对党的中央委员会委员、候补委员，给以警告、严重警告处分，由中央纪律检查委员会常务委员会审议后，报党中央批准。对地方各级党的委员会委员、候补委员，给以警告、严重警告处分，应由上一级纪律检查委员会批准，并报它的同级党的委员会备案。

对党的中央委员会和地方各级委员会的委员、候补委员，给以撤销党内职务、留党察看或开除党籍的处分，必须由本人所在的委员会全体会议三分之二以上的多数决定。在全体会议闭会期间，可以先由

---

① 参见佚名：《海南省委原常委、三亚市委原书记童某某严重违纪违法被开除党籍和公职》，载中央纪委国家监委网站，https：//www. ccdi. gov. cn/scdc/zggb/djcf/202104/t20210430_ 241225. html。

中央政治局和地方各级委员会常务委员会作出处理决定，待召开委员会全体会议时予以追认。对地方各级委员会委员和候补委员的上述处分，必须经过上级纪律检查委员会常务委员会审议，由这一级纪律检查委员会报同级党的委员会批准。

严重触犯刑律的中央委员会委员、候补委员，由中央政治局决定开除其党籍；严重触犯刑律的地方各级委员会委员、候补委员，由同级委员会常务委员会决定开除其党籍。

《中国共产党纪律检查机关监督执纪工作规则》（中共中央办公厅印发，2019 年 1 月 1 日起施行）

第五十五条第二款 对给予同级党委委员、候补委员，同级纪委委员、监委委员处分的，在同级党委审议前，应当与上级纪委监委沟通并形成处理意见。

第五十六条第一款 审理报告报经纪检监察机关主要负责人批准后，提请纪委常委会会议审议。需报同级党委审批的，应当在报批前以纪检监察机关办公厅（室）名义征求同级党委组织部门和被审查调查人所在党委（党组）意见。

《中国共产党处分违纪党员批准权限和程序规定》（中共中央印发，2022 年 9 月 22 日起施行）

第六条 除本规定和有关党内法规另有规定外，给予各级党委管理的党员警告、严重警告处分，可以由同级纪委审查批准；给予其撤销党内职务、留党察看或者开除党籍处分，须经同级纪委审查同意后报请这一级党委审议批准。

第十七条 给予违纪党员党纪处分，依照本规定应当由党委审批的，须经本级纪委常委会（未设常委会的应当召开纪委全体会议，下同）审议通过后于15 日内报请这一级党委审议；依照本规定应当由上级党组织审批的，还须经同级党委审议同意后，按照程序于15 日内呈报上一级纪委审查批准；党委应当及时审议处分事项，对处分意见分歧较大且确有必要的，也可以先通过召开书记专题会议等形式进行酝酿。

党员严重违纪涉嫌犯罪的，原则上先作出党纪处分决定，再移送司法机关依法处理。案情疑难、复杂，对事实证据、行为性质的认定把握困难或者有重大争议，可能影响党纪处理结果的，或者因留置期限即将届满等原因急需移送司法机关依法处理的，负责审查的纪委监委经本级纪委常委会审议同意后，可以先行移送司法机关，并及时报上一级纪委监委备案；其中给予其党纪处分须报请同级党委或者上级党组织审批的，应当在移送司法机关之日起15日内报请同级党委审议，至迟不晚于司法机关决定提起公诉或者作出不起诉决定前。

《党的纪律检查机关案件审理工作条例》（中共中央纪律检查委员会印发，1987年7月14日起施行）

第二十七条　经本纪委常委会讨论决定后，按照批准权限，由本纪委批准的案件，立即办理批复手续；需报同级党委或上级党委、纪委审批的案件，及时办理请示手续。在接到同级党委或上级党委、纪委的批复后，及时办理给有关党组织的批复手续。

四、法法衔接程序

（一）检察机关提前介入

1. 图解

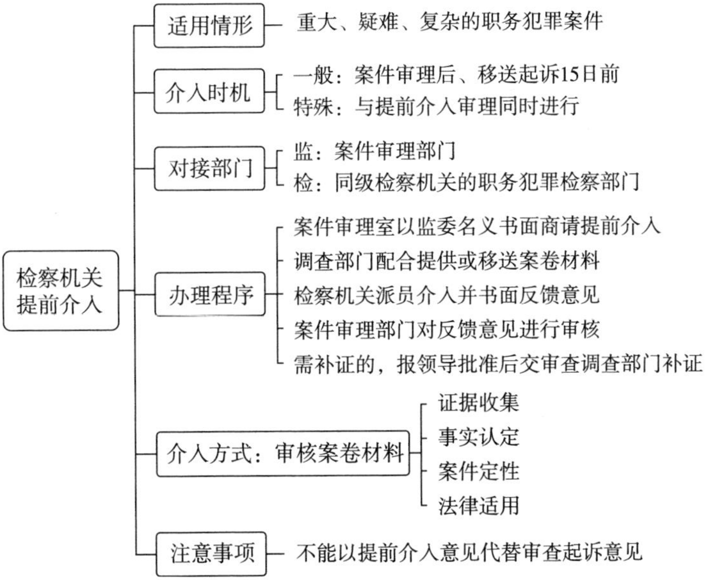

图4－11　检察机关提前介入

2. 实务指引

检察机关提前介入，是指监察机关办理重大、疑难、复杂职务犯罪案件时，可以书面商请检察机关派员提前介入，就证据收集、事实认定、案件定性、法律适用等提出书面意见和建议的程序。商请检察机关提前介入，可以加强监、检之间的配合与制约，提高职务犯罪案件的办理质量。目前，国家监察委员会、最高人民检察院出台了相关文件，对该程序作了较为详细的规定。

（1）介入的条件和时机。一是介入条件。商请检察机关提前介入是案件的特殊程序，适用于监察机关办理的重大、疑难、复杂职务犯罪案件。二是介入时机。根据规定，监察机关一般应在案件进入正式审理阶段、拟移送检察机关审查起诉前商请检察机关提前介入；因留置期满等特殊情况，经报监察机关主要负责人审批，也可以在案件审理部门提前介入审理时同时邀请检察机关提前介入，俗称“双介入”。

（2）办理程序。监察机关商请检察机关提前介入，具体由监察机关的案件审理部门与检察机关的职务犯罪检察部门负责对接，监察机关审查调查部门予以配合。具体来说分为以下两个阶段：

一是商请办理阶段。监察机关案件审理部门经批准，起草商请函，并连同案件阶段性调查报告等材料送同级人民检察院的职务犯罪检察部门，由后者派员提前介入。对拟指定下级人民检察院管辖的案件，收到函件的人民检察院也可以指导该下级人民检察院派员介入或共同派员介入。提前介入时，监察机关应提供案卷材料并介绍案件相关情况。

二是反馈意见阶段。人民检察院职务犯罪检察部门针对案件的证据收集、事实认定、案件定性、法律适用等，向监察机关案件审理部门书面反馈介入意见。下级人民检察院派员介入或上、下级人民检察院共同派员介入的指定管辖案件，应形成一致意见后以上级人民检察院的名义书面反馈。监察机关案件审理部门收到意见后，经审核认为需要补证的，按程序报相关负责人批准后及时交调查部门补证，并在补证结束后向检察机关职务犯罪检察部门反馈补证情况。

（3）常见问题。实践中，一些地方在商请检察机关提前介入时不规范，例如，由调查部门直接与检察机关对接提前介入事宜，商请提前介入、反馈介入意见和补证情况等均不通过案件审理部门审核；留置期限临近届满才邀请检察机关提前介入，未给检察机关预留足够时间；不办理正式的提前介入手续，以口头方式商请检察机关提前介入；以检察机关的提前介入意见代替审查起诉意见等。以上诸多不规范的现象影响了提前介入的效果，办案过程中应引起重视，注意避免。

3. 案例

2018 年，北京市东城区监察委员会对该区某街道办事处环卫所原副所长张某、北京某物业公司原客服部经理郭某立案审查调查。经查，郭某在担任物业公司客服部经理期间，将代公司领取的补贴款 33 万余元据为己有，并在离职后仍以物业公司客服部经理的名义冒领补贴款 6.84 万元。在此期间，张某接受郭某请托，利用其环卫所副所长的职务便利，不严格监督检查上述补贴款的发放，非法收受郭某给予的贿赂 8.85 万元。

在案件查办过程中，东城区监委对张某、郭某系贪污罪的共犯还是行受贿罪的对合犯存在分歧，遂书面商请东城区人民检察院提前介入。东城区人民检察院经分析，向东城区监委反馈书面意见，认为二人构成行受贿犯罪。2018 年 11 月 12 日，东城区监委将张某涉嫌受贿罪、郭某涉嫌行贿罪两案移送检察机关审查起诉。

案件移送起诉后，检察机关经全面审查在案证据，认为郭某领取和侵吞补贴款的行为分为两个阶段：第一阶段，郭某利用物业公司客服部经理的职务便利，领取补贴款并非法占为已有，其行为涉嫌职务侵占罪；第二阶段，郭某离职后，仍冒用物业公司客服部经理的身份领取补贴款并非法占为已有，其行为涉嫌诈骗罪。经与相关机关沟通后，2018 年 12 月 28 日，北京市东城区人民检察院对张某以受贿罪提起公诉；对郭某以行贿罪、职务侵占罪、诈骗罪提起公诉。[①]

解读

本案节选、改编自最高人民检察院在监察体制改革后发布的首批职务犯罪指导性案例——检例第76号，集中体现了检察机关不以提前介入意见代替审查起诉意见、在审查起诉阶段对证据进行全面审查的要求。在本案中，东城区人民检察院经依法全面审查证据，发现了提前介入审理时未发现的郭某涉嫌职务侵占、诈骗的漏罪行为，在提起公诉时追加了漏罪罪名，符合实事求是原则。当然，如本案例所示，检察机关的审查起诉意见如果与提前介入意见不一致，应在提起公诉前与监察机关进行沟通。

此外，值得注意的是，案件审理部门收到检察机关的提前介入意见后，并不是照单全收，而应进行实质审核；经审核需要补证的，按程序报批后再反馈给调查部门。如案件审理部门与检察机关意见不一致或认为不需要补证的，应当及时与检察机关职务犯罪检察部门沟通，必要时可召集专家研讨会，争取达成一致意见；如果达不成一致意见，审理部门认为无须补证的，按程序报领导批准后可向检察机关说明理由，不再补证。

4. 法规索引速查

《人民检察院刑事诉讼规则》（最高人民检察院印发，2019年12月30日起施行）

第二百五十六条第二款 经监察机关商请，人民检察院可以派员介入监察机关办理的职务犯罪案件。

① 参见佚名：《最高检发布第二十批指导性案例 剑指职务犯罪》，载最高人民检察院网站，https://www.spp.gov.cn/spp/xwfbh/wsfbh/202007/t20200721_473506.shtml。

(二)商请指定管辖

1. 图解

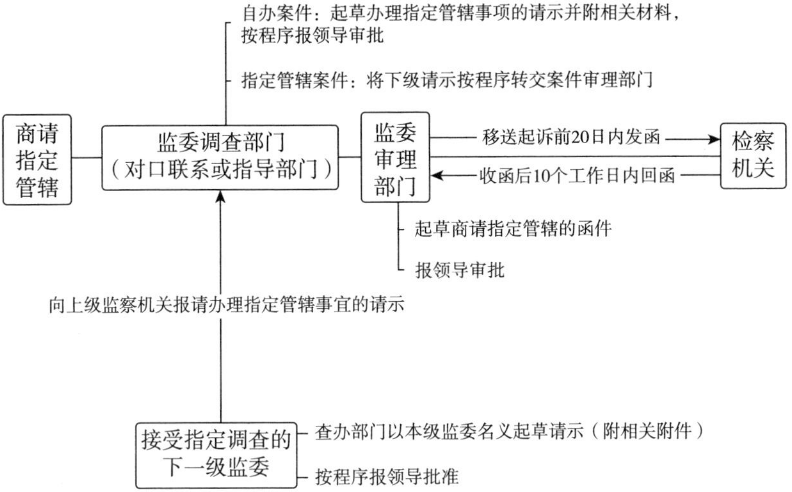

图4-12 商请指定管辖

2. 实务指引

商请指定管辖,即办理司法指定管辖,是指根据案件情况拟移送起诉的职务犯罪案件不宜由犯罪地、被审查调查人居住地的司法机关管辖的,监察机关向人民检察院书面发函,商请将案件指定异地司法机关审查起诉的程序。

(1)商请指定管辖的原因和情形。根据规定,监察机关按照干部管理权限和属地管辖相结合的原则确定管辖机关,即国家监委管辖中管干部的职务犯罪案件,省级监委管辖本辖区内省管干部的职务犯罪案件,其他各级监委以此类推。司法管辖则按照以犯罪地为主、居住地为辅的原则确定地域管辖,依据案件重大程度、影响范围和可能判处的刑期等确定级别管辖。因监察管辖和司法管辖的基础不同,由此导致实践中经常出现A市监委查办的案件应由B市C县人民检察院审查起诉的情形,这种情况在指定调查案件中更为常见。为了更准确、及时地查明事实、排除案外干扰和便利诉讼，根据案件实际情况，查办案件的监察机关可以商请司法机关将案件指定到原本不具有司法管辖权的异地司法机关审查起诉和审判。

（2）办理程序。根据规定，监察机关一般应当在移送起诉20日前，将商请指定管辖函送交同级人民检察院，由其商同级人民法院办理指定管辖事宜，具体由监察机关的案件审理部门会同承办部门，与检察机关的相关职能部门对接办理。具体程序如下：

①自办案件。监察机关承办部门根据案件情况，适时起草相关办理指定管辖事项的请示，按程序报领导审批后，将请示及案件基本情况、立案及采取监察强制措施等手续材料（以下简称相关附件）交案件审理部门，由案件审理部门起草商请指定管辖的函件（附相关附件），按程序报领导批准后，在移送起诉20日前送交同级人民检察院的案件管理部门。检察机关按程序商请人民法院后，一般应在收到函件10个工作日内向监察机关书面复函，通报指定管辖结果。案件审理部门应及时将指定管辖结果告知案件承办部门。

②指定管辖案件。对于上级监察机关指定或交由下级监察机关办理、需要办理司法指定管辖的案件，办理程序为：被指定管辖监察机关适时向上级监察机关报请办理指定管辖事宜的请示（附相关附件），逐级报送至指定管辖机关的对口联系或案件指导部门，由对口联系或案件指导部门审核后将上述材料送交同级监察机关的案件审理部门，再由案件审理部门起草指定管辖函件（附相关附件），按程序报批后依法办理。后续衔接程序同自办案件，此处不再赘述。

③关联案件。实践中，对于涉案人员涉嫌行贿犯罪、介绍贿赂犯罪或者共同职务犯罪等关联案件，拟移送审查起诉的，一般按照“从案随主案”的原则确定管辖。承办关联案件的监察机关应当报告或通报承办主案的监察机关，由其统一协调案件管辖事宜。

3. 示例

2018年10月11日，T市纪委监委在查办陈某某涉嫌职务犯罪案件过程中，将陈小某涉嫌共同受贿犯罪、李某某涉嫌行贿犯罪案件指定T市F区监委办理。2019年3月，F区监委向T市监委报送请示，请求将犯罪地和被调查人居住地均在T市G县的陈小某涉嫌共同受贿犯罪案、李某某涉嫌行贿犯罪案指定到F区人民检察院审查起诉。T市监委案件审理室收到请示后，经审核相关材料并报领导批准，以T市监委名义向T市人民检察院出具商请指定管辖函及相关材料，请求将两案指定到F区人民检察院审查起诉。T市人民检察院经商T市人民法院后，书面函复T市监委，同意将上述两案指定到F区人民检察院审查起诉。

解读

本示例中，根据刑事诉讼管辖原则，陈小某和李某某涉嫌犯罪案件应由G县人民检察院审查起诉。查办案件的F区监委从排除案外干扰、便利工作的角度，根据相关规定，办理了商请司法指定管辖的事项，最终将该案指定F区检察机关审查起诉。

根据规定，监察机关一般不得在商请指定管辖函中明确将案件指定某一具体的司法机关管辖，而应由人民检察院、人民法院根据案件情况自行确定。本示例中的案件发生在2018年监察体制改革后不久，受监察执法与刑事司法衔接机制尚不成熟等因素的限制，T市监委在商请指定函中明确提出将陈小某涉嫌共同受贿犯罪案、李某某涉嫌行贿犯罪案指定F区人民检察院审查起诉，该做法不符合规定，需注意避免。

值得注意的是，如果本示例中犯罪地（包括犯罪行为发生地和犯罪结果发生地，犯罪行为地又包括犯罪行为的实施地、预备地、开始地、途经地、结束地等与犯罪行为有关的地点；犯罪结果发生地包括犯罪对象被侵害地和犯罪所得的实际取得地、藏匿地、转移地、使用地、销售地）或被调查人居住地中有一处在F区，那么F区司法机关对该案具有当然管辖权，而无须办理指定司法管辖事宜。实践中，办案人员要全面了解案件情况，避免出现将案件错误指定到原本具有法定管辖权的司法机关的情况。

4. 法规索引速查

《中华人民共和国监察法实施条例》（国家监察委员会公告第1号公布，2021年9月20日起施行，2025年6月1日修订公布）

第二百五十二条 监察机关办理的职务犯罪案件移送起诉，需要指定起诉、审判管辖的，应当与同级人民检察院协商有关程序事宜。需要由同级人民检察院的上级人民检察院指定管辖的，应当商请同级人民检察院办理指定管辖事宜。

监察机关一般应当在移送起诉二十日前，将商请指定管辖函送交同级人民检察院。商请指定管辖函应当附案件基本情况，对于被调查人已被其他机关立案侦查的犯罪认为需要并案审查起诉的，一并进行说明。

派驻或者派出的监察机构、监察专员调查的职务犯罪案件需要指定起诉、审判管辖的，应当报派出机关办理指定管辖手续。

第二百五十三条 上级监察机关指定下级监察机关进行调查，移送起诉时需要人民检察院依法指定管辖的，应当按规定办理有关程序事宜。

第二百五十四条 监察机关对已经移送起诉的职务犯罪案件，发现遗漏被调查人罪行需要补充移送起诉的，应当经审批出具《补充起诉意见书》，连同相关案卷材料、证据等一并移送同级人民检察院。

对于经人民检察院指定管辖的案件需要补充移送起诉的，可以直接移送原受理移送起诉的人民检察院；需要追加犯罪嫌疑人、被告人的，应当再次商请人民检察院办理指定管辖手续。

第二百五十五条 对于涉嫌行贿犯罪、介绍贿赂犯罪或者共同职务犯罪等关联案件的涉案人员，移送起诉时一般应当随主案确定管辖。

主案与关联案件由不同监察机关立案调查的，调查关联案件的监察机关在移送起诉前，应当报告或者通报调查主案的监察机关，由其统一协调案件管辖事宜。因特殊原因，关联案件不宜随主案确定管辖的，调查主案的监察机关应当及时通报和协调有关事项。

（三）移送审查起诉

1. 图解

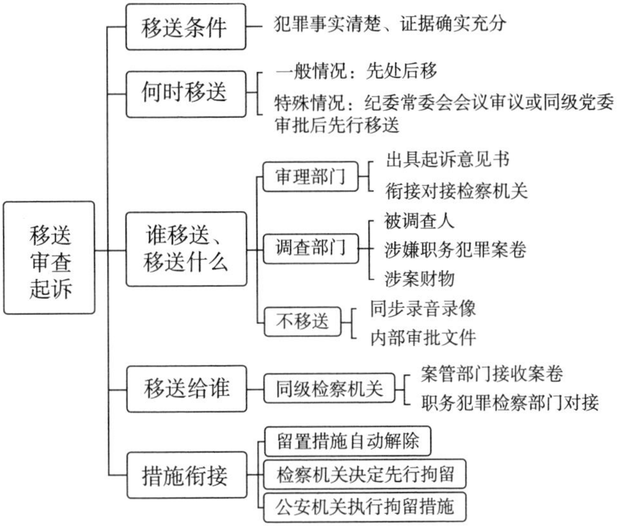

图 4－13　移送审查起诉

2. 实务指引

移送审查起诉，是指监察机关在案件调查终结后将涉嫌职务犯罪案件移送人民检察院依法审查、提起公诉的处置方式。

（1）移送的时间。对于采取了留置措施的职务犯罪案件，监察机关应在调查终结后、留置期届满前移送起诉，移送前应已确定司法管辖机关，指定管辖案件应已办好指定管辖手续。此外，根据规定，被调查人系中共党员或公职人员的，原则上应做到先处后移，即纪检监察机关作出党纪政务处分后，再将案件移送检察机关审查起诉。考虑到实践中的复杂情况，特殊情况下，对于事实定性存在重大争议、难以在移送司法机关前作出处分决定以及需要上级党委、纪委审批的特殊案件，可以在纪委常委会会议审议或同级党委讨论通过后，先行将案件移送司法机关；在检察机关提起公诉前或上级批复后及时下达处分决定，至迟应在法院一审判决前作出处分决定。实践中，案件移送审查起诉后，对被调查人采取拘留措施涉及检察院和公安机关的衔接，且进入看守所体检需要一定时间，为保障各环节的顺畅衔接，监察机关应尽量不要等到留置期满才移送检察机关审查起诉。

（2）移送和接收主体。

①移送主体。移送主体，即谁移送的问题，按照“谁查办，谁移送”的原则，无论是自办案件还是指定管辖案件，均由负责查办的监察机关移送审查起诉。

②接收主体。接收主体，即移送给谁的问题，由于监察管辖和司法管辖的基础不一致，实践中经常出现二者不匹配的情况，如A市监委办理的案件不一定由A市人民检察院管辖。为顺畅监察执法与刑事司法的衔接，国家监委与最高人民法院、最高人民检察院、公安部出台了相关规定，明确了“同级移送”原则，其中又分为两种情况：一是一般情况下，无论案件由本地还是异地的检察机关审查起诉，均由查办案件的监察机关移送给本地或异地的同级人民检察院，再由该级人民检察直接办理或移送有管辖权的人民检察院办理。二是案件应当由异地上级人民检察院审查起诉的，监察机关应当将案件通过上级监察机关移送给异地同级人民检察院办理。另外，根据规定，中央纪委国家监委派驻纪检监察组调查终结的案件，应移送省级人民检察院审查起诉。

（3）办理程序。2021年《中华人民共和国监察法实施条例》出台后，改变了《中国共产党纪律检查机关监督执纪工作规则》中“由案件监督管理部门协调办理移送司法机关事宜”的规定，转变为由案件审理部门负责衔接工作，调查部门予以协助。根据上述最新规定，移送审查起诉的办理程序如下：

党委常委会审议（特殊情况下纪委常委会会议审议）同意后，案件审理部门以监察机关的名义制作《起诉意见书》，在与检察机关职务犯罪检察部门沟通后，将《起诉意见书》，连同案卷材料、证据及到案经过、涉案财物清单等材料移送同级人民检察院案件管理部门。移送起诉时留置措施自动解除，检察机关对被调查人应当决定先行拘留并由公安机关执行，待拘留到期后视案件情况采取刑事强制措施；监察机关也可以在移送起诉前依法变更留置措施为责令候查措施。移送起诉后，案件审理部门应当向案件监督管理部门提供《起诉意见书》进行备案。

实践中应注意以下三点：一是监察机关一般应当在正式移送起诉10日前，采取书面通知等方式向拟移送的检察机关预告移送事宜。二是调查中形成的讯问录音录像不随案移送人民检察院，在司法阶段如因审查证据需要调阅录像的，应按程序办理。三是移送案卷中应当有案件来源、被调查人的到案经过、量刑情节方面的说明及佐证材料等。

3. 示例

2020年7月9日，G省Q州监察委员会将Q州档案馆四级调研员潘某某涉嫌受贿罪、滥用职权罪、挪用公款罪一案移送Q州人民检察院审查起诉。Q州人民检察院指定L县人民检察院办理。L县人民检察院受理后，决定对潘某某采取刑事拘留措施。2020年7月21日，Q州纪委监委决定给予潘某某开除党籍、开除公职处分。2020年9月1日，L县人民检察院以潘某某涉嫌挪用公款罪、受贿罪、滥用职权罪向L县人民法院提起公诉。

解读

潘某某系Q州州管干部，Q州监委对其立案调查终结后，按照“同级移送”的原则将其移送Q州人民检察院，再由Q州人民检察院根据司法管辖规定指定L县人民检察院审查起诉。本示例中，Q州监委将潘某某移送审查起诉在前，作出党纪政务处分在后，未做到“先处后移”。实践中，因案情疑难复杂、留置期紧张和报批案件程序复杂等多种原因，类似本示例“先移后处”的案件不少，应引起办案人员的重视。根据规定，如果涉嫌职务犯罪案件未做到“先处后移”，应当向案件监督管理部门备案。

4. 法规索引速查

《中国共产党纪律处分条例》（中共中央印发，2003 年 12 月 31 日起施行，2023 年 12 月 19 日修订发布）

第三十一条 党组织在纪律审查中发现党员严重违纪涉嫌违法犯罪的，原则上先作出党纪处分决定，并按照规定由监察机关给予政务处分或者由任免机关（单位）给予处分后，再移送有关国家机关依法处理。

《中国共产党党内监督条例》（中国共产党中央委员会通过，2016 年 10 月 27 日起施行）

第三十七条第二款 在纪律审查中发现党的领导干部严重违纪涉嫌违法犯罪的，应当先作出党纪处分决定，再移送行政机关、司法机关处理……

《中国共产党纪律检查机关监督执纪工作规则》（中共中央办公厅印发，2019 年 1 月 1 日起施行）

第五十七条第一款、第二款 被审查调查人涉嫌职务犯罪的，应当由案件监督管理部门协调办理移送司法机关事宜。对于采取留置措施的案件，在人民检察院对犯罪嫌疑人先行拘留后，留置措施自动解除。

案件移送司法机关后，审查调查部门应当跟踪了解处理情况，发现问题及时报告，不得违规过问、干预处理工作。

《中华人民共和国监察法》（主席令第 3 号公布，2018 年 3 月 20 日起施行，2024 年 12 月 25 日修正公布）

第五十二条第一款第四项 监察机关根据监督、调查结果，依法作出如下处置：

（四）对涉嫌职务犯罪的，监察机关经调查认为犯罪事实清楚，证据确实、充分的，制作起诉意见书，连同案卷材料、证据一并移送人民检察院依法审查、提起公诉。

《中华人民共和国监察法实施条例》（国家监察委员会公告第 1 号公布，2021 年 9 月 20 日起施行，2025 年 6 月 1 日修订公布）

第二百四十三条 监察机关决定对涉嫌职务犯罪的被调查人移送起诉的，应当出具《起诉意见书》，连同案卷材料、证据及到案经过材料等，一并移送同级人民检察院。

监察机关案件审理部门负责与人民检察院审查起诉的衔接工作，调查、案件监督管理等部门应当予以协助。

国家监察委员会派驻或者派出的监察机构、监察专员调查的职务犯罪案件，应当依法移送省级人民检察院审查起诉。

第二百五十四条　监察机关对已经移送起诉的职务犯罪案件，发现遗漏被调查人罪行需要补充移送起诉的，应当经审批出具《补充起诉意见书》，连同相关案卷材料、证据等一并移送同级人民检察院。

对于经人民检察院指定管辖的案件需要补充移送起诉的，可以直接移送原受理移送起诉的人民检察院；需要追加犯罪嫌疑人、被告人的，应当再次商请人民检察院办理指定管辖手续。

（四）提出从宽处罚建议

1. 图解

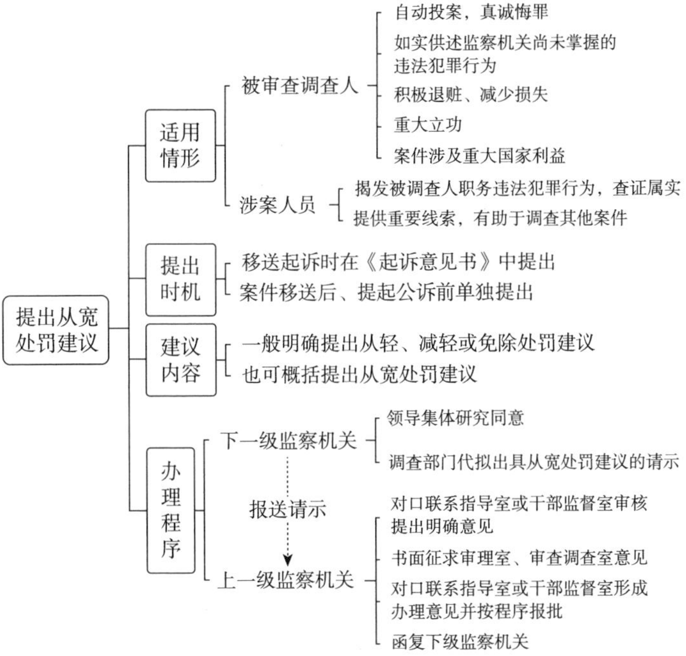

图4－14　提出从宽处罚建议

2. 实务指引

职务犯罪案件的被调查人或涉案人员符合法律规定的从宽处罚条件的，查办案件的监察机关经领导集体研究并报上一级监察机关批准，可以向人民检察院提出对被调查人或涉案人员从宽处罚的建议。

（1）适用情形。根据《中华人民共和国监察法》第三十四条的规定，涉嫌职务犯罪的被调查人满足以下情形之一：①自动投案、真诚悔罪、悔过的；②积极配合调查工作，如实供述监察机关还未掌握的违法犯罪行为的；③积极退赃，减少损失的；④具有重大立功表现或者案件涉及国家重大利益等情形的，监察机关可以提出从宽处罚建议。根据《中华人民共和国监察法》第三十五条的规定，职务违法犯罪的涉案人员满足以下情形之一的：①揭发有关被调查人职务违法犯罪行为，查证属实的；②提供重要线索，有助于调查其他案件的，监察机关可以提出从宽处罚建议。《中华人民共和国监察法实施条例》对从宽处罚建议的适用情形作了更为详细的规定。需注意的是，监察机关提出从宽处罚建议具有鲜明的政治属性，除了要从法律上考虑是否符合法定条件外，更要从政治和全局的角度进行研判，结合被调查人案发前的一贯表现、认罪悔罪态度，违法犯罪行为的情节、后果和对当地政治生态和社会产生的影响等因素进行综合考虑。

（2）提出时机和建议内容。根据规定，监察机关应当在移送审查起诉时，在起诉意见书中向人民检察院提出从宽处罚建议。特殊情况下，考虑到从宽处罚建议报批需要一定的时间，监察机关也可以在案件移送后、提起公诉前，单独形成从宽处罚建议书，送交人民检察院。监察机关在出具从宽处罚建议时，一般应提出从轻处罚、减轻处罚或免除处罚的明确建议，根据案件具体情况也可以概括提出从宽处罚的建议。一般来说，对具有自动投案并如实供述等刑法规定可以减轻处罚情节的被调查人，监察机关经审慎考虑后可以提出减轻处罚的建议，提出免除处罚建议则应当特别审慎。

（3）办理程序。案件承办部门认为需出具从宽处罚建议的，应在调查报告中一并提出；案件审理部门经集体讨论后，在案件提请纪委常委会会议审议时一并提出是否出具从宽处罚建议的意见；如纪委常委会集体审议同意提出从宽处罚建议的，由案件承办部门以监委的名义代拟出具从宽处罚建议的请示，并附相关材料，报上一级监察机关的对口联系指导室或干部监督室；上一级监察机关的对口联系指导室或干部监督室审核并提出明确的倾向性意见后，应书面征求案件审理室等部门的意见（根据案件来源等具体情况，还可以征求审查调查室的意见），之后形成办理意见报监察机关主要负责人审批同意后，以本室名义函复下级监察机关；下级监察机关收到同意出具从宽处罚建议的批复后，由案件承办部门起草从宽处罚建议文书，按程序报批后交检察机关。

3. 示例

2019 年 9 月 13 日，经 Z 市监委指定，D 县纪监委对孙某涉嫌行贿犯罪问题立案调查。经查，孙某涉嫌向李某行贿共计 300 万元，其中 180 万元行贿问题系其主动向监察机关交代，同时其还积极退缴行贿获得的不正当利益，并认罪悔罪。

2020 年 1 月 13 日，D 县纪委常委会会议审议孙某严重违法案，同意对其提出从宽处罚建议。当天，该案移送检察机关，D 县监委在《起诉意见书》中如实描述了孙某的从宽处罚情节，但未提出从宽处罚建议。随后，D 县监委向 Z 市监委报送了《关于对孙某提出从宽处罚建议的请示》。Z 市监委相关部门经审核，认为孙某不符合提出从宽处罚建议的条件，经报监委主要负责人批准后，下达批复不同意对孙某提出从宽处罚建议。

解读

一般情况下，监察机关应在移送案件时将从宽处罚建议作为《起诉意见书》的内容一并提出。但本示例中，因从宽处罚建议的报批需要一定的时间，故 D 县监委根据案件实际情况在《起诉意见书》中客观描述孙某的从宽处罚情节，同时办理从宽处罚建议的报批手续，在办理程序方面是符合规定的。但是，在实体方面，D 县监委认定孙某具有从宽处罚情形缺乏法律依据。孙某作为行贿人，是职务犯罪案件中的涉案人员，而不是被调查人，监察机关不能依据2018年《中华人民共和国监察法》第三十一条[①]“积极配合调查工作，如实供述监察机关还未掌握的违法犯罪行为”的规定对其提出从宽处罚建议。监察法及其实施条例对被调查人和涉案人员提出从宽处罚建议的情形作了严格的区分，各地监察机关应严格按照法律规定和对象身份进行判断和适用。

4. 法规索引速查

《中华人民共和国监察法》（主席令第3号公布，2018年3月20日起施行，2024年12月25日修正公布）

第三十四条 涉嫌职务犯罪的被调查人主动认罪认罚，有下列情形之一的，监察机关经领导人员集体研究，并报上一级监察机关批准，可以在移送人民检察院时提出从宽处罚的建议：

（一）自动投案，真诚悔罪悔过的；

（二）积极配合调查工作，如实供述监察机关还未掌握的违法犯罪行为的；

（三）积极退赃，减少损失的；

（四）具有重大立功表现或者案件涉及国家重大利益等情形的。

第三十五条 职务违法犯罪的涉案人员揭发有关被调查人职务违法犯罪行为，查证属实的，或者提供重要线索，有助于调查其他案件的，监察机关经领导人员集体研究，并报上一级监察机关批准，可以在移送人民检察院时提出从宽处罚的建议。

《中华人民共和国监察法实施条例》（国家监察委员会公告第1号公布，2021年9月20日起施行，2025年6月1日修订公布）

第二百四十四条 涉嫌职务犯罪的被调查人和涉案人员符合监察法第三十四条、第三十五条规定情形的，结合其案发前的一贯表现、违法犯罪行为的情节、后果和影响等因素，监察机关经综合研判和集体审议，报请上一级监察机关批准，可以在移送人民检察院时依法提出从轻、减轻或者免除处罚等从宽处罚建议。报请批准时，应当一并

① 对应2024年12月25日修正的《中华人民共和国监察法》第三十四条。

提供主要证据材料、忏悔反思材料。

上级监察机关相关监督检查部门负责审查工作，重点审核拟认定的从宽处罚情形、提出的从宽处罚建议，经审批在十五个工作日以内作出批复。

第二百五十条　从宽处罚建议一般应当在移送起诉时作为《起诉意见书》内容一并提出，特殊情况下也可以在案件移送后、人民检察院提起公诉前，单独形成从宽处罚建议书移送人民检察院。对于从宽处罚建议所依据的证据材料，应当一并移送人民检察院。

监察机关对于被调查人在调查阶段认罪认罚，但不符合监察法规定的提出从宽处罚建议条件，在移送起诉时没有提出从宽处罚建议的，应当在《起诉意见书》中写明其自愿认罪认罚的情况。

（五）检察机关退回补充调查

1. 图解

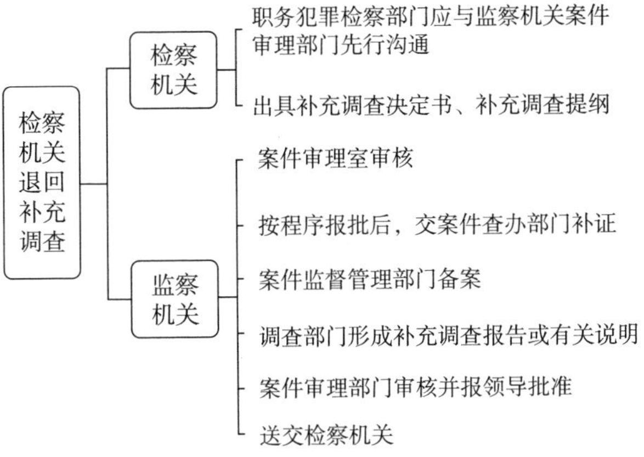

图4－15　检察机关退回补充调查

2. 实务指引

对于监察机关移送审查起诉的案件，人民检察院经审查认为事实不清、证据不足，需要补充核实的，应当退回监察机关补充调查。监察机关应当积极开展补充调查工作，并在一个月内补充调查完毕，补充调查以二次为限。

（1）适用情形。根据《中华人民共和国监察法》及《中华人民共和国监察法实施条例》的相关规定，对于监察机关办理的案件，检察院经审查认为事实或证据需要进一步补证的，有三种处理方式：一是退回监察机关补充调查；二是书面要求监察机关限期补证；三是检察机关自行补充侦查。上述三种程序适用的情形有所不同：案件事实不清、证据不足的，应当退回监察机关补充调查；主要犯罪事实已经查清、部分证据需要补充完善的，可书面要求监察机关在审查起诉期限内补证；言词证据反映的事实及主要情节一致、个别情节不一致，需核实相关事实的，或物证、书证等证据材料需要补充鉴定的，或者存在其他由人民检察院查证更为便利、高效的情形的，检察机关也可以自行补充侦查。因此，检察机关退回补充调查适用的情形是事实不清、证据不足的案件，对于基本事实清楚、部分证据需要补充完善的案件，检察机关应首先通过书面方式要求监察机关补证，而不应直接退回补充调查，如监察机关在审查起诉期限内未补证完毕的，此时检察机关可以将案件退回补充调查。

（2）办理程序。退回补充调查，由检察机关的职务犯罪检察部门与监察机关的案件审理部门对接办理，具体办理程序为：

人民检察院的职务犯罪检察部门认为案件需要退回补充调查的，应当先行与监察机关的案件审理部门口头沟通协商，之后再按程序出具补充调查决定书、补充调查提纲，连同案卷材料一同送交移送起诉的监察机关案件审理部门。需要注意的是，对于监察机关移送给同级人民检察院，由其受理后指定下级人民检察院办理的案件，审查起诉的下级人民检察院认为需要补充调查的，应当在出具补充调查决定书、补充调查提纲后报上级人民检察院审核，由该上级人民检察院与同级监察机关沟通并退回补充调查。

案件审理部门收到退回补充调查的相关材料后，经报监察机关主要负责人同意，及时将案件交由案件承办部门补充调查，并在案件监督管理部门进行备案。补充调查结束后，承办部门应制作补充调查报告，经批准之后，连同其他补证材料送交人民检察院；对于无法补充完善的证据，或者认为移送起诉的犯罪事实清楚，证据确实、充分的，应当作出书面说明。对于在补充调查中发现新的同案犯或者增加、变更犯罪事实，需要追究刑事责任的，或犯罪事实出现重大变化、不应追究被调查人刑事责任的，监察机关应当重新提出处理意见，送交人民检察院。

3. 示例

2018 年 7 月 15 日，A 市纪委监委对该市经济技术开发区管委会原副主任张某某严重违纪违法问题开展立案审查调查。2019 年 1 月 13 日，A 市监委将张某某涉嫌受贿罪一案移送该市人民检察院审查起诉。经审查，A 市人民检察院认为认定张某某受贿数额的证据尚不充分，需对张某某受贿所得别墅的市场价值进行鉴定；且检察机关追缴涉案款物、适用认罪认罚从宽处罚制度也需要一定的时间，在与 A 市监委查办部门沟通后，于 2019 年 1 月 30 日将该案退回补充调查。2019 年 2 月 28 日，经相关领导签批同意，A 市监委审查调查室将补充调查报告书及相关补充证据材料移送 A 市人民检察院职务犯罪检察部门。

解读

在各地实践中，检察机关将案件退回监察机关补充调查的情形并不罕见，这其中既有留置期不足、案件疑难复杂导致的证据不足等客观原因，也有办案质量不高、沟通协调不畅、检察机关换取审查起诉时间等主观原因。本示例就是一起退回补充调查的典型示例：A 市监委在查办案件的过程中已委托鉴定机构对别墅价值进行鉴定，但在案件移送起诉时尚未得到鉴定结果，检察院在退回补充调查时既有受贿金额尚不能确定等事实证据上的原因，也有为追缴涉案款物、适用认罪认罚从宽制度腾出时间的现实考虑。需注意的是，A 市人民检察院将案件退回 A 市监委案件承办室并由其直接移交补充调查材料的做法，不符合法定程序。根据规定，案件退回补充调查应由监察机关案件审理部门负责对接，是否退补、补充调查的材料和意见应经过审理部门的审核并报相关领导批准。

此外，实践中一些地方的监察机关对被调查人是否具有自首、立功等法定量刑情节、赃款赃物的收缴移送等事项重视不够，由此出现因出具到案经过不规范等原因产生的退补。办案人员应提高对有关程序性问题的认识，加强案件统筹协调，保障办案质量，尽量减少退补情况的发生。但从尊重客观事实和办案规律的角度出发，各地监察机关不宜强行追求“零退补”。

4. 法规索引速查

《中华人民共和国监察法》（主席令第3号公布，2018年3月20日起施行，2024年12月25日修正公布）

第五十四条第三款 人民检察院经审查，认为需要补充核实的，应当退回监察机关补充调查，必要时可以自行补充侦查。对于补充调查的案件，应当在一个月内补充调查完毕。补充调查以二次为限。

《中华人民共和国刑事诉讼法》（全国人民代表大会常务委员会委员长令第6号公布，1980年1月1日起施行，2018年10月26日修正公布）

第一百七十条第一款 人民检察院对于监察机关移送起诉的案件，依照本法和监察法的有关规定进行审查。人民检察院经审查，认为需要补充核实的，应当退回监察机关补充调查，必要时可以自行补充侦查。

《中华人民共和国监察法实施条例》（国家监察委员会公告第1号公布，2021年9月20日起施行，2025年6月1日修订公布）

第二百五十六条 监察机关对于人民检察院在审查起诉中书面提出的下列要求应当予以配合：

（一）认为可能存在以非法方法收集证据情形，要求监察机关对证据收集的合法性作出说明或者提供相关证明材料的；

（二）排除非法证据后，要求监察机关另行指派调查人员重新取证的；

（三）对物证、书证、视听资料、电子数据及勘验检查、辨认、调查实验等笔录存在疑问，要求调查人员提供获取、制作的有关情况的；

（四）要求监察机关对案件中某些专门性问题进行鉴定，或者对勘验检查进行复验、复查的；

（五）认为主要犯罪事实已经查清，仍有部分证据需要补充完善，要求监察机关补充提供证据的；

（六）人民检察院依法提出的其他工作要求。

第二百五十七条　监察机关对于人民检察院依法退回补充调查的案件，应当向主要负责人报告，并积极开展补充调查工作。

第二百五十八条　对人民检察院退回补充调查的案件，经审批分别作出下列处理：

（一）认定犯罪事实的证据不够充分的，应当在补充证据后，制作补充调查报告书，连同相关材料一并移送人民检察院审查，对无法补充完善的证据，应当作出书面情况说明，并加盖监察机关或者承办部门公章；

（二）在补充调查中发现新的同案犯或者增加、变更犯罪事实，需要追究刑事责任的，应当重新提出处理意见，移送人民检察院审查；

（三）犯罪事实的认定出现重大变化，认为不应当追究被调查人刑事责任的，应当在补充调查期限内重新提出处理意见，将处理结果书面通知人民检察院并说明理由；

（四）认为移送起诉的犯罪事实清楚，证据确实、充分的，应当说明理由，移送人民检察院依法审查。

《人民检察院刑事诉讼规则》（最高人民检察院印发，2019 年 12 月 30 日起施行）

第三百四十三条　人民检察院对于监察机关移送起诉的案件，认为需要补充调查的，应当退回监察机关补充调查。必要时，可以自行补充侦查。

需要退回补充调查的案件，人民检察院应当出具补充调查决定书、补充调查提纲，写明补充调查的事项、理由、调查方向、需补充收集的证据及其证明作用等，连同案卷材料一并送交监察机关。

人民检察院决定退回补充调查的案件，犯罪嫌疑人已被采取强制措施的，应当将退回补充调查情况书面通知强制措施执行机关。监察机关需要讯问的，人民检察院应当予以配合。

第三百四十四条 对于监察机关移送起诉的案件，具有下列情形之一的，人民检察院可以自行补充侦查：

（一）证人证言、犯罪嫌疑人供述和辩解、被害人陈述的内容主要情节一致，个别情节不一致的；

（二）物证、书证等证据材料需要补充鉴定的；

（三）其他由人民检察院查证更为便利、更有效率、更有利于查清案件事实的情形。

自行补充侦查完毕后，应当将相关证据材料入卷，同时抄送监察机关。人民检察院自行补充侦查的，可以商请监察机关提供协助。

第二节 报批案件的审理

一、案件范围

（一）图解

表4-1 报批案件的范围和批准权限

案件类型	处分种类	批准权限
地方党委委员、候补委员	党纪重处分	上一级纪委常委会审议，并由其报同级党委常委会审议批准
	党纪轻处分	上一级纪委常委会批准，并由其报同级党委备案
地方纪委书记、副书记	党纪重处分	上一级党委常委会批准
	党纪轻处分	上一级纪委常委会批准
地方纪委常委、监委委员	党纪处分	上一级纪委常委会批准
设区的市以下纪委委员	党纪重处分	上一级纪委常委会批准
因过失犯罪被判处三年以下有期徒刑或者管制、拘役的	拟不开除党籍或公职的	按照处分权限的规定，报再上一级党组织或上一级监察机关批准

续表

案件类型	处分种类	批准权限
案件存在特殊情况	在纪律处分条例处分幅度以外减轻处分	省（部）级纪委决定，并报中央纪委批准
党组织严重违纪、本身不能纠正	进行改组或解散的	由上一级党委作出决定，并报其再上一级党委审查批准

（二）实务指引

报批案件，是指根据处分批准权限的有关规定，由下级党委、纪委监委呈报的需由上级党委、纪委监委批准的案件。需注意的是，同级纪委向同级党委呈报审批的案件不属于这里所说的报批案件。

报批案件的范围。目前确定报批案件范围的依据主要有：《中国共产党章程》第四十二条、第四十四条，《中国共产党纪律处分条例》第十八条、第三十四条，《中华人民共和国公职人员政务处分法》第十四条，《中国共产党处分违纪党员批准权限和程序规定》等。根据上述规定，实践中需要报批的案件主要有三类：一是被处分人具有党委委员、纪委委员等特殊身份的案件；二是特殊情形下给予减轻处分的案件；三是对严重违纪的党组织进行改组或解散的案件。具体的报批案件范围和批准权限见表4－1，值得注意的是，这里的批准权限仅指最低批准权限，各地纪检监察机关可根据党内法规和有关要求履行更高的批准程序。

下面笔者对实践中地方纪检监察机关经常碰到的三种报批案件予以具体说明：

一是给予地方各级党委委员、候补委员党纪处分的案件。对地方各级党委委员、候补委员给予警告、严重警告处分的，应当由上一级纪委批准，并报其同级党的委员会备案。给予上述人员撤销党内职务以上重处分的，必须经过上级纪委常委会审议，由这一级纪委报其同级党委批准。需要指出的是，对于地方各级党委委员、候补委员因触犯刑律被司法机关追究刑事责任后再移送纪委监委处理的案件，因其委员、候补委员职务自动终止，给予其处分只需同级党委常委会批准即可，无须再报请上一级党委批准或同级党委全体会议事后追认。

二是因过失犯罪被判处3年以下（含3年）有期徒刑或者被判处管制、拘役，应当开除党籍或公职而拟不开除党籍或公职的案件，应当对照处分批准权限的规定，报请再上一级党组织或监察机关批准。根据中央纪委法规室的有关答复意见，“报再上一级党组织批准”，是指对照处分批准权限规定的党组织的上一级党组织，其中“党组织”包括党的纪律检查机关。如A省B市C县某局局长王某因交通肇事罪被判处有期徒刑3年拟给予留党察看2年、政务撤职处分的，应报B市纪委监委批准。

三是给予地方纪委委员党纪处分的案件。根据规定，给予地方纪委委员撤销党内职务以上重处分的，应报其同级党委批准，系设区的市以下纪委委员的，还应报上一级纪委常委会批准；给予地方纪委委员轻处分的，则仅需同级纪委常委会批准即可。其中，给予地方纪委书记、副书记党纪重处分的，应报上一级纪委常委会审议，并由其报同级党委批准；给予地方纪委书记、副书记轻处分的，应报上一级纪委常委会批准。给予地方纪委常委（书记、副书记除外）、监委委员党纪处分的，报上一级纪委常委会批准。应注意的是，对于地方纪委委员触犯刑律、被司法机关追究刑事责任后再移送纪委监委处理的案件，应报同级党委常委会批准。

（三）示例

示例一：2018年8月，S省纪委监委对该省H市纪委原常委刘某违纪违法问题进行了立案审查调查。经查，刘某严重违反党的纪律并涉嫌受贿犯罪。2019年2月，经省纪委常委会会议审议并报省委批准，决定给予刘某开除党籍、开除公职处分；收缴其违纪所得；将其涉嫌犯罪问题移送检察机关审查起诉，所涉财物一并移送。

示例二：陈某，A省B市第十三届市委委员，B市民政局党组书记、局长。2018年9月，陈某因涉嫌严重违纪违法被B市纪委监委立案审查调查。经查，陈某严重违反党的纪律、国家法律法规。2018 年 12 月，经层报 A 省纪委常委会审议，并报 A 省党委批准，B 市纪委监委给予其开除党籍、开除公职处分。

示例三：2019 年 5 月 11 日，某县科研所职工王某驾驶机动车辆与行人李某某发生交通事故，致李某某死亡。法院以交通肇事罪判处刘某某有期徒刑 8 个月，缓刑 1 年。县纪委监委考虑到王某多年来工作表现较好、事故发生后主动向组织报告等情形，经报市纪委批准后，决定给予王某留党察看 2 年、撤职处分。

解读

示例一中，刘某系 H 市纪委原常委，根据案发时有关处分违纪党员批准权限的有关规定，案件如由其同级纪检监察机关查办并拟给予开除党籍等重处分的，应在本级纪委常委会会议审议并报同级党委批准后，再报请上一级纪委审议，并由上一级纪委报其同级党委批准。示例一中，S 省纪委对该案进行了提级办理，故直接由 S 省纪委常委会会议审议并报 S 省委批准即可。

示例二中，由于陈某系 A 省 B 市第十三届市委委员，给予其开除党籍处分经 A 省纪委常委会审议，并报 A 省党委批准决定。

示例三中，根据 2018 年《中国共产党纪律处分条例》① 第三十二条第二款的规定，因过失犯罪被判处 3 年以下有期徒刑的，一般应当开除党籍；个别可以不开除党籍的，应当对照处分党员批准权限的规定，报请再上一级党组织批准。示例三中，考虑到王某政治上一贯表现较好，在本职工作中表现突出，且具有法定从轻减轻情节，综合考量后，县纪委在报市纪委批准后给予王某留党察看 2 年、撤职处分，符合规定。

① 对应 2023 年《中国共产党纪律处分条例》第三十四条。

（四）法规索引速查

《中国共产党章程》（中国共产党第二十次全国代表大会部分修改，2022 年 10 月 22 日通过）

第四十二条 对党员的纪律处分，必须经过支部大会讨论决定，报党的基层委员会批准；如果涉及的问题比较重要或复杂，或给党员以开除党籍的处分，应分别不同情况，报县级或县级以上党的纪律检查委员会审查批准。在特殊情况下，县级和县级以上各级党的委员会和纪律检查委员会有权直接决定给党员以纪律处分。

对党的中央委员会委员、候补委员，给以警告、严重警告处分，由中央纪律检查委员会常务委员会审议后，报党中央批准。对地方各级党的委员会委员、候补委员，给以警告、严重警告处分，应由上一级纪律检查委员会批准，并报它的同级党的委员会备案。

对党的中央委员会和地方各级委员会的委员、候补委员，给以撤销党内职务、留党察看或开除党籍的处分，必须由本人所在的委员会全体会议三分之二以上的多数决定。在全体会议闭会期间，可以先由中央政治局和地方各级委员会常务委员会作出处理决定，待召开委员会全体会议时予以追认。对地方各级委员会委员和候补委员的上述处分，必须经过上级纪律检查委员会常务委员会审议，由这一级纪律检查委员会报同级党的委员会批准。

严重触犯刑律的中央委员会委员、候补委员，由中央政治局决定开除其党籍；严重触犯刑律的地方各级委员会委员、候补委员，由同级委员会常务委员会决定开除其党籍。

第四十四条 党组织如果在维护党的纪律方面失职，必须问责。

对于严重违犯党的纪律、本身又不能纠正的党组织，上一级党的委员会在查明核实后，应根据情节严重的程度，作出进行改组或予以解散的决定，并报再上一级党的委员会审查批准，正式宣布执行。

《中国共产党纪律处分条例》（中共中央印发，2003 年 12 月 31 日起施行，2023 年 12 月 19 日修订发布）

第十八条 根据案件的特殊情况，由中央纪委决定或者经省

（部）级纪委（不含副省级市纪委）决定并呈报中央纪委批准，对违纪党员也可以在本条例规定的处分幅度以外减轻处分。

第三十四条第二款　因过失犯罪被判处三年以下有期徒刑或者被判处管制、拘役的，一般应当开除党籍。对于个别可以不开除党籍的，应当对照处分违纪党员批准权限的规定，报请再上一级党组织批准。

《中华人民共和国公职人员政务处分法》（主席令第46号，2020年7月1日起施行）

第十四条第二款　因过失犯罪被判处管制、拘役或者三年以下有期徒刑的，一般应当予以开除；案件情况特殊，予以撤职更为适当的，可以不予开除，但是应当报请上一级机关批准。

《中国共产党处分违纪党员批准权限和程序规定》（中共中央印发，2022年9月22日起施行）

第二十七条　地方党委常委会批准下列处分事项：

（一）给予本级党委讨论决定任免的党员干部撤销党内职务、留党察看或者开除党籍处分；

（二）给予严重触犯刑律的本级党委委员、候补委员开除党籍处分；

（三）给予严重触犯刑律的本级纪委委员开除党籍处分；

（四）给予下一级地方党委委员、候补委员撤销党内职务、留党察看或者开除党籍处分；

（五）给予下一级地方纪委书记、副书记撤销党内职务、留党察看或者开除党籍处分；

（六）党章和有关党内法规规定的其他处分事项。

党的地区委员会和相当于地区委员会的组织，以及设区的市级（不含直辖市的区，下同）以上地方党委在被赋予社会管理权限的开发区、国家级新区等特定地域派出的代表机关，参照前款规定行使处分违纪党员批准权限。

省级党委常委会批准给予省级纪委委员撤销党内职务、留党察看或者开除党籍处分。

新疆维吾尔自治区党委常委会批准给予新疆生产建设兵团党委委员、候补委员撤销党内职务、留党察看或者开除党籍处分。

第三十四条 中央纪委常委会批准下列处分事项：

（一）给予省部级以下（不含省部级）中管干部以及未明确行政级别的单位中的中管干部警告、严重警告处分；

（二）给予省级党委委员、候补委员警告、严重警告处分；

（三）给予省级纪委常委（不含书记、副书记，下同）、监委委员党纪处分；

（四）党章和有关党内法规规定的其他处分事项。

第三十七条第一款 地方纪委常委会批准下列处分事项：

（一）给予本级地方党委讨论决定任免的党员干部警告、严重警告处分；

（二）给予未经本级地方党委讨论决定任免、但属于本级地方党委管理的党员干部党纪处分；

（三）给予本级纪委委员警告、严重警告处分；

（四）给予下一级地方党委委员、候补委员警告、严重警告处分；

（五）给予下一级地方纪委书记、副书记警告、严重警告处分；

（六）给予下一级地方纪委常委、监委委员党纪处分；

（七）给予下一级地方纪委委员撤销党内职务、留党察看或者开除党籍处分；

（八）给予本级纪委管理的纪委监委机关、直属单位和派驻、派出机构的党员党纪处分；

（九）党章和有关党内法规规定的其他处分事项。

二、办理程序

（一）图解

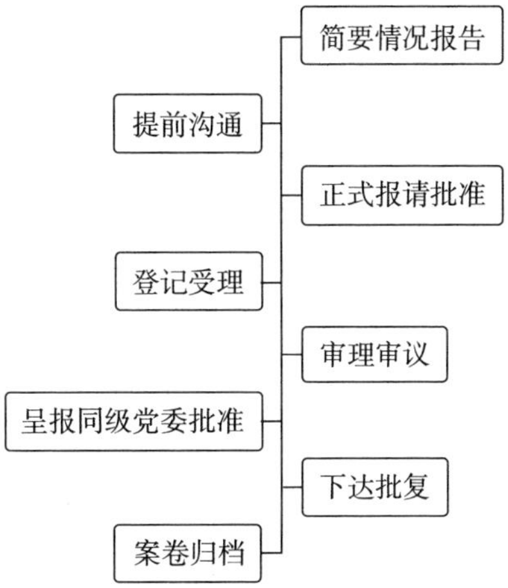

图 4-16　办理程序

（二）实务指引

审理报批案件是案件审理部门的法定职责和重要工作，既可以直观掌握下级纪委查办案件的水平，及时发现问题并进行业务指导；也可以通过个案把关传达上级的工作要求和执纪执法理念，保障纪检监察机关的案件质量。实践中，十八大以前报批案件较少，有关程序也不规范，2015 年以后有关工作逐渐明确和规范。根据相关规定和实践经验，笔者将报批案件的办理程序总结如下①：

（1）简要情况报告。下级纪委案件审理室在审理案件时，应向上一级纪委案件审理室报送简要情况报告，供上一级纪委案件审理室掌握情况。

（2）提前沟通。案件经下级纪委常委会会议审议后、呈报同级党

① 参见张茂祥：《乡案县审与乡镇报批案件程序的区别和衔接》，载《中国纪检监察报》2023 年 3 月 1 日，第 7 版。

委常委会审批前，下级纪委应向上一级纪委报送案件情况报告及有关材料。上一级纪委案件审理室应对案件进行初步审核，形成办理意见并报相关领导审批同意后，将审核意见以非书面方式答复下一级纪委。

（3）正式报批。同级党委常委会审议通过后，下一级纪委应及时以同级党委的名义向上一级纪委呈报有关处分意见的请示等材料，上一级纪委应按程序呈报相关领导批准后正式登记受理。

（4）案件审理。上一级纪委案件审理室受理案件后，应指定专人进行审理，审理流程与自办案件基本一致，包括阅卷审核、室务会集体审议、撰写审理报告、呈报领导审批、纪委常委会会议审议等环节，如案件需要报请同级党委批准的，还应呈报同级党委审批。

（5）下达批复。审理完成后，上一级纪委向下一级党委下达批复，并抄送同级党委组织部门和下一级纪委。下一级纪委根据批复制作处分决定并执行。处分决定的生效时间为上一级纪委批复的落款时间。

（三）示例

D省T市某国有公司原副调研员（已退休）李某某因犯交通肇事罪被法院判处有期徒刑7个月，宣告缓刑1年。该线索移送T市纪委后，经报市委同意T市纪委对李某某立案审查。鉴于李某某具有从轻处分情节，经T市纪委常委会会议审议、T市市委常委会审批，拟给予李某某留党察看2年处分。此后，T市纪委以市委名义向D省纪委报送了给予李某某留党察看2年处分的请示。经D省纪委案件审理室审理并报省纪委常委会会议审议，同意给予李某某留党察看2年处分。

解读

示例中，李某某因过失犯罪被判处有期徒刑7个月，宣告缓刑1年，T市纪委常委会会议审议拟不给予其开除党籍处分，将案件报请D省纪委审批，符合《中国共产党纪律处分条例》第三十四条第二款的规定。但是，T市纪委在案件报请同级党委审批前，未通过书面报告的方式与上一级纪委进行提前沟通，有违中央纪委关于报批案件的办理程序。

报批案件多为特殊主体、特殊情形的案件，涉及不同层级的纪委、党委间的意见沟通汇报，程序复杂，政治性很强。在案件办理过程中，工作人员要加强沟通交流，既要有“文来文往”的请示批复，也要将顺畅及时的非书面请示沟通贯穿始终，尤其要在案件进入审理时、纪委常委会审议后、同级党委审批前等关键节点加强沟通，保障案件顺利办结。

应当注意的是，根据有关规定，报批案件实行双审核和全面审核原则。在下级纪委全面审核的基础上，上级案件审理部门要严格按照“二十四字”办案方针的要求，再次对事实证据、定性处理和程序手续进行全面审核，不但要对下级纪委的审查调查结果进行审核，也要对其办案过程和程序进行审核，并在尊重证据和事实的基础上，严肃审慎地提出处理意见。

（四）法规索引速查

《中国共产党纪律检查机关监督执纪工作规则》（中共中央办公厅印发，2019 年 1 月 1 日起施行）

第五十五条　审理工作按照以下程序进行：

对给予同级党委委员、候补委员，同级纪委委员、监委委员处分的，在同级党委审议前，应当与上级纪委监委沟通并形成处理意见。

《中共中央纪律检查委员会关于审理党员违纪案件工作程序的规定》（中共中央纪律检查委员会印发，1991 年 7 月 13 日起施行）

第七条　下级党委、纪委呈报上级审批的案件，应具备下列材料：

（一）呈报审批的请示；

（二）处分决定和所依据的错误事实材料；

（三）调查报告和主要证据材料；

（四）有关的各级纪委和党组织的审查意见；

（五）犯错误党员的检查和对处分决定的意见；

（六）党组织对犯错误党员所提意见的说明。

第十九条　常委会决定后，对由本级纪委批准的案件，审理部门即办理批复手续，其中需要向同级党委和上级党委、纪委备案的，同时办理备案手续；对需要由同级党委或上级党委、纪委批准的案件应及时办理报批手续，在接到同级党委或上级党委、纪委的批复后，及时通知犯错误党员所在单位的党组织宣布执行。

第三十二条 上级党委对下级党委、纪委，上级纪委对下级纪委批准的案件，有权调卷审查，对审查结论和处理决定，直接作出改变，也可以责成下级党委或纪委重新审查。但是，如果上级纪委所要改变的下级纪委的决定是经过它的同级党委批准的，这种改变应尽量经过协商取得一致意见，由这一级党委自行改变；如果不能取得一致意见，应将双方的意见同时报上级党委决定。

第三十三条 上级党委或纪委对违纪案件作出的处理决定，下级党组织必须贯彻执行。如有不同意见，可以向上级党委或纪委提出，但是，当上级党委或纪委没有改变原处理决定时，不得停止执行，对拒不执行的要追究有关人员的责任。

第三节 备案案件的审理

一、案件范围

（一）图解

表4－2 备案案件的范围

备案机关	案件类型
中央纪委报党中央备案	给予省部级以下（不含省部级）中管干部以及未明确行政级别的单位中的中管干部党纪轻处分
	给予省级党委委员、候补委员党纪轻处分
	给予省级纪委常委（不含书记、副书记）、监委委员党纪处分

续表

备案机关	案件类型
省级纪委报中央纪委备案	给予省级纪委委员党纪重处分（由省级党委常委会批准）
地方纪委报同级党委备案	给予本级党委任免党员干部党纪轻处分
	给予非本级党委任免、但属于本级党委管理的党员干部党纪处分
	批准给予下一级地方党委委员、候补委员党纪轻处分
	批准给予下一级地方纪委书记、副书记党纪轻处分
	批准给予下一级地方纪委常委、监委委员党纪处分
	批准给予下一级地方纪委委员党纪重处分
地方纪委报上一级纪委备案	给予本级党委任命需报上一级党委备案的在职正职领导干部党纪重处分
地方纪委报同级党委和上一级纪委双备案	给予本级纪委委员党纪轻处分

（二）实务指引

所谓备案案件，是指处分决定生效后，由批准机关或作出处分决定的机关按规定向同级党委、上级纪检监察机关报告处理情况以备查考的案件，具体又可分为向上级纪委的备案和向同级党委的备案。与报批案件的事前审批不同，案件备案是处分决定作出后的事后报备，属于事后监督。

《中国共产党处分违纪党员批准权限和程序规定》等规定对哪些案件应向哪一级党委、纪委备案作出了明确规定，具体案件范围及备案机关见表 4 - 2。总体来说，由中央纪委批准的案件一般应向党中央备案，地方纪委批准的案件一般应向同级党委备案，地方党委对其任命的在职正职党员干部作出重处分的案件，则应由该级纪委报上一级纪委备案。实践中，各地纪委可根据当地情况对备案案件的范围作进一步细化规定。

（三）案例

经H自治区党委批准，H区纪委监委对H区A市市委原副书记、市长赖某某严重违纪违法问题进行了立案审查调查。经查，赖某某严重违纪违法，并涉嫌受贿犯罪。经自治区纪委常委会会议审议并报自治区党委批准，决定给予赖某某开除党籍处分；由自治区监委给予其开除公职处分；收缴其违纪违法所得；将其涉嫌犯罪问题移送检察机关依法审查起诉，所涉财物随案移送。①

解读

本案例中，赖某某系H自治区A市市长，属于省级党委任命的正职党员干部，根据有关规定，自治区纪委对其作出开除党籍处分后，应将案件呈报中央纪委备案。

（四）法规索引速查

《中国共产党章程》（中国共产党第二十次全国代表大会部分修改，2022年10月22日通过）

第四十二条第二款 ……对地方各级党的委员会委员、候补委员，给以警告、严重警告处分，应由上一级纪律检查委员会批准，并报它的同级党的委员会备案。

《中国共产党处分违纪党员批准权限和程序规定》（中共中央印发，2022年9月22日起施行）

第二十条 党组织批准的下列处分事项，应当在作出党纪处分决定后按照下列要求予以备案：

（一）中央纪委批准本规定第三十四条第一项至第三项所涉处分事项后，由中央纪委报党中央备案；

（二）省、自治区、直辖市党委（以下简称省级党委）批准本规

---

① 参见佚名：《通辽市委原副书记、市长郝某某等被双开》，载中央纪委国家监委网站，https://www.ccdi.gov.cn/yaowen/202101/t20210115_233978.html。

定第二十七条第三款所涉处分事项后，由省、自治区、直辖市纪委（以下简称省级纪委）报中央纪委备案；

（三）地方党委批准本规定第二十七条第一款第一项所涉处分事项后，被处分人系按照规定需要报上一级党委备案的在职正职领导干部的，由地方纪委报上一级纪委备案；

（四）地方纪委批准本规定第三十七条第一款第一项至第七项、第三款所涉处分事项后，由地方纪委报同级党委备案；其中本规定第三十七条第一款第三项所涉处分事项还须同时报上一级纪委备案；

（五）党的基层纪律检查委员会（以下简称基层纪委）、党的街道纪检监察工作委员会等审查批准本规定第三十八条第一款、第二款所涉处分事项后，相应报具有审批预备党员权限的同级党的基层委员会（以下简称基层党委）、党的街道工作委员会等备案；

（六）机关党委、机关纪委分别审议批准本规定第三十条第二款、第三十九条所涉处分事项后，相应报党组（党委）、党的工作机关备案；机关纪委审查批准本规定第三十九条所涉处分事项后，还须报机关党委备案。

前款规定中的备案工作，应当由负责报备的党组织于每季度首月15日前，将上一季度对在职党员干部已作出党纪处分决定的案件汇总报相应党组织。

二、办理程序

（一）图解

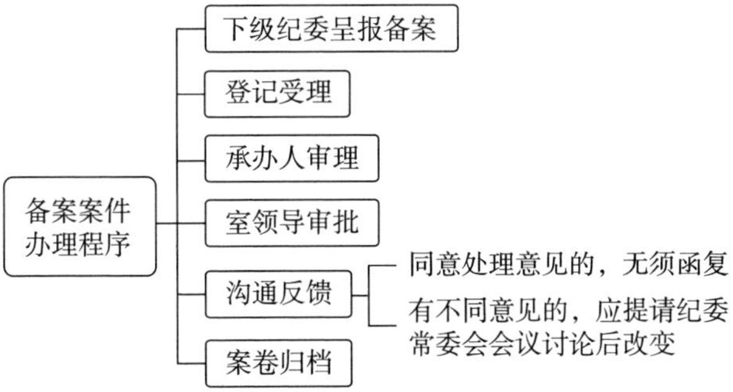

图 4－17 备案案件办理程序

（二）实务指引

根据规定，作出处分决定的纪委或有关党组织，应当按季度将已作出党纪处分决定的在职党员干部案件汇总报至同级党委（党工委）或上一级纪委（纪工委）。根据笔者办案实践，备案案件的办理主要分为下级纪委报请备案、上级纪委审理、意见沟通反馈三个阶段。

（1）下级纪委报请备案。处分决定生效后，作出处分决定的纪委或有关党组织可以按季度将在职党员干部的党纪处分案件汇总报至有关党组织。关于报送备案的材料，下级纪委除报送备案报告外，一般应附处分决定、审理报告、审查调查报告等材料。

（2）上级纪委审理。上级纪委接到备案的报告和材料后，应对案件进行审理，具体又可分为受理、审理等环节。受理时，对案件材料进行形式审核，材料齐全的按规定登记受理。审理时，不同于报批案件的全面审理，备案案件的审理重点在于案件事实证据、定性处理是否存在重大问题，工作人员是否依规依纪依法办案，案件是否做到先处后移等，一般不再制作审理报告。

（3）意见沟通反馈。审理后，如同意下级党委、纪委的意见，即可批准同意备案，无须函复。对审核中发现的问题，经领导审批同意后及时通知呈报单位予以纠正或注意。如对案件处理有不同意见，可在报请本级纪委常委会集体审议或同级党委批准后，直接改变相关处理，或由下级纪委重新研究作出处理。

（三）示例

刘某某，男，汉族，中共党员，系某市应急管理局副局长，某市纪委委员。2020 年 3 月，该市某镇发生烟花爆炸的重大安全事故，刘某某工作失职，对该事件负有领导责任。某市纪委经报同级党委批准，给予刘某某严重警告处分。处分决定生效后，市纪委将刘某某案呈报省纪委备案。

解读

本示例中，刘某某系市纪委委员，对其作出严重警告处分后，还应将案件报上级纪委备案。与报批案件的事前审批不同，案件备案属于事后监督，实践中易被忽视。其实，审理备案案件也是案件审理部门的法定职责和重要工作内容，做好该项工作，能够有效掌握下级纪委的办案水平，在个案中有效传达上级纪检监察机关的政策精神和工作要求，以点带面推动案件整体高质量发展。

需要特别指出的是，根据规定，给予同级纪委委员、监委委员党纪政务处分的，在同级党委批准前，查办案件的纪委监委案件审理部门应与上一级纪委监委案件审理部门先行沟通，形成明确处理意见后，再正式行文请示同级党委。

（四）法规索引速查

《中国共产党处分违纪党员批准权限和程序规定》（中共中央印发，2022年9月22日起施行）

第二十条第二款　前款规定中的备案工作，应当由负责报备的党组织于每季度首月15日前，将上一季度对在职党员干部已作出党纪处分决定的案件汇总报相应党组织。

《中共中央纪律检查委员会关于审理党员违纪案件工作程序的规定》（中共中央纪律检查委员会印发，1991年7月13日起施行）

第十九条　常委会决定后，对由本级纪委批准的案件，审理部门即办理批复手续，其中需要向同级党委和上级党委、纪委备案的，同时办理备案手续……

第二十八条　呈报上级纪委备案的案件，应具备下列材料：

（一）呈报备案的报告；

（二）处分决定和所依据的事实材料；

（三）调查报告和主要证据材料；

（四）受处分党员的检查和对处分决定的意见及党组织对其意见的说明；

（五）批准机关的批复。

第二十九条 承办人和审理部门审理备案案件，按本规定第十、十一、十二、十六、十七条的要求进行审理。

第三十条 对下级纪委报来的备案案件，审理部门如同意下级党委、纪委的意见，经有关领导批准后归档。如对下级党委、纪委对案件的处理有不同意见，审理部门将审理报告连同备案材料一并提请本级常委会讨论。常委会如作出改变下级纪委对案件处理的决定，审理部门应将常委会的决定通知下级纪委，请他们重新研究处理。如果所要改变的下级纪委的决定是经过它的同级党委批准的，按本规定第三十二条办理。

第四节 重点疑难问题

一、指定管辖案件又提级办理的，如何履行立案、审理和处分程序？

根据《中国共产党纪律检查机关监督执纪工作规则》第九条等规定，上级纪检监察机关将下级纪检监察机关管辖的违纪违法问题指定其他下级纪检监察机关管辖后，接受指定的下级纪检监察机关应按程序立案审查、调查。在办理过程中，因案件重大复杂需要上级纪检监察机关统筹指挥的，经下级纪检监察机关报请或上级纪检监察机关自行决定，也可以将案件再提级办理。此时，上级纪检监察机关应出具提级管辖决定，并重新办理立案审查调查手续，下级纪检监察机关原审查调查程序自然终止，无须办理撤案手续。

此时，提级管辖案件应由谁来审理和作出处分决定，目前没有明文规定，实践中有三种可行办法：一是由上级纪检监察机关一并审理、审议并作出处分决定。二是上级纪检监察机关经纪委常委会会议审议提出处分或处理意见后，交由有管辖权的下级纪检监察机关或有关单位党委（党组）直接作出处分决定，处分决定生效时间为上级纪委常委会审议时间。三是上级纪检监察机关不对案件进行审理、审议，而是由审查调查部门提出处理建议，将案件交由下级纪检监察机关或被审查调查人所在单位党委（党组）按程序开展审理工作，经下级纪委或党委常委会会议审议，或者所在单位党委（党组）会议讨论后作出处分决定，处分决定生效时间为下级纪委常委会或党委常委会、所在单位党委（党组）会议召开时间。

二、需报同级党委审批的案件，有关党组织的意见与纪委常委会审议意见不一致的，应如何处理?

根据《中国共产党纪律检查机关监督执纪工作规则》第五十六条的规定，需报同级党委审批的案件在纪委常委会会议审议后，还应征求同级党委组织部门和被审查调查人所在党委（党组）的意见。一般情况下，组织部门和有关党委（党组）会充分尊重纪委集体讨论后的意见，但有时也会遇到意见不统一的情况。此时，案件审理部门作为承办部门，要加强沟通和汇报，了解有关党组织提出不同意见的原因和考虑，做好释纪明法说理的工作，努力推动各方形成一致意见。如经充分沟通仍然不能形成一致意见的，在案件提交党委常委会审批时，应实事求是地将同级党委组织部门、被审查调查人所在党委（党组）的不同意见进行报告。

征求有关党组织意见是一项严肃的政治工作。案件审理部门在办理案件的过程中，应做好沟通汇报工作，在征求意见函送达同级党委组织部门、被审查调查人所在党委（党组）后，及时掌握其意见情况；如有不同意见，先行口头沟通解释，避免出现书面不同意见后工作被动的局面。

三、互涉案件应如何审理和移送审查起诉?强制措施如何衔接?

互涉案件，是指同一主体既涉嫌监察机关管辖的严重职务违法或职务犯罪，又涉嫌检察机关或公安机关管辖的其他违法犯罪的案件。根据《中华人民共和国监察法》等规定，互涉案件一般应当由监察机关为主调查，其他机关予以协助，为主调查的监察机关应承担组织协调职责；特殊情况下，监察机关对职务犯罪案件和其他案件也可以一并调查。

关于案件审理。纪检监察机关对公安、检察机关侦查的犯罪事实是否也要一并审理和审议，目前没有明确规定。实践中，有两种可行方法：一是其他机关侦查的犯罪事实具备审理条件的，如已侦查终结、拟同步移送检察机关审查起诉或已移送，且提供了相关侦查终结报告或起诉意见书、案卷材料的，案件审理室可以对上述事实进行全面的实质性审理。二是其他机关侦查的犯罪事实尚未侦查终结、不具备审理条件的，案件审理部门可以不对互涉罪名的犯罪事实进行审理，但应将被审查调查人还涉嫌其他犯罪的情况予以简要说明。

关于移送审查起诉。对于由监察机关为主调查、其他机关予以协助的互涉案件，实践中一般采取分案移送、并案审查起诉的做法，即由监察机关统筹协调移送起诉工作进度，包括统一协调办理指定管辖手续、与其他机关协商确定各自移送起诉的时间等，从而尽量做到移送审查起诉基本同步。对于监察机关一并调查的互涉案件，则由监察机关一并移送审查起诉。

关于强制措施的衔接。在办理互涉案件过程中，监察机关采取的留置措施如何与拘留、逮捕等刑事强制措相衔接？根据有关规定，应按照羁押性强制措施彼此互斥、留置优先的原则操作，即对同一对象不得同时采取留置和拘留、逮捕等限制人身自由的羁押性强制措施，以监察机关为主调查的互涉案件一般优先适用留置措施。如犯罪嫌疑人已先行被拘留、逮捕的，监察机关经与检察或公安机关沟通一致，可以在依法解除拘留、逮捕措施后采取留置措施。如果犯罪嫌疑人被采取取保候审、监视居住等非羁押性措施的，监察机关采取留置措施无须事先解除原刑事强制措施，原刑事强制措施自执行留置之日起自动解除，事后监察机关应当将采取留置措施的情况及时通报有关机关。

四、监察机关出具从宽处罚建议应注意的几个问题

（1）无论案件是否提出从宽处罚建议，监察机关在起诉意见书中均应对被调查人自动投案、如实供述等情节和认罪悔罪情况进行客观

描述。

（2）案件进入审判阶段后，无论案件是否符合从宽处罚条件、监察机关是否已经对该问题进行研究报批，均不能再向司法机关提出从宽处罚建议。如监察机关认为存在从宽处罚情形的，可以将相关情节通过书面说明的方式向司法机关客观反映，由人民法院依法裁判。

（3）案件移送司法机关后，检察机关、人民法院来函主动征求是否适用认罪认罚程序的，监察机关一般不直接回复，可建议检察机关、人民法院依法作出处理。

（4）应严格区分被调查人和涉案人员提出从宽处罚建议的条件。《中华人民共和国监察法》第三十四条和第三十五条对涉嫌职务犯罪的被调查人和涉案人员提出从宽处罚建议的情形分别作了规定，其中被调查人存在自动投案、如实交代监察机关还未掌握的违法犯罪行为、积极退赃或减少损失、重大立功或者案件涉及国家重大利益等情形的，可以提出从宽处罚建议；涉案人员则需要有检举揭发等立功情节，才符合提出从宽处罚建议的条件。行贿人等涉案人员即使存在积极退缴行贿所获不当利益、如实交代监察机关未掌握的违法犯罪行为等情形的，也不能依据《中华人民共和国监察法》第三十四条的规定提出从宽处罚建议。涉案人员的范围，包括涉嫌共同职务犯罪或者行贿罪、介绍贿赂罪等对合犯罪、关联犯罪的行为人。

五、如何认定主动投案？被调查人经监察机关电话通知后主动到案、留置后即如实交代全部问题等情形能否认定为主动投案？

根据《中华人民共和国监察法》第三十四条第一项的规定，被调查人自动投案并真诚悔罪悔过的，监察机关可以提出从宽处罚建议。《中华人民共和国监察法实施条例》第二百四十五条第一款列举了自动投案的十种情形，分别是：（1）职务犯罪问题未被监察机关掌握或者监察机关正在就有关问题线索进行适当了解时，向监察机关投案的；（2）在监察机关谈话、函询过程中，如实交代监察机关未掌握的涉嫌职务犯罪问题的；（3）在初步核实阶段，尚未受到监察机关谈话时投案的；（4）职务犯罪问题虽被监察机关立案，但尚未受到讯问或者采取监察强制措施，向监察机关投案的；（5）因伤病等客观原因无法前往投案，先委托他人代为表达投案意愿，或者以书信、网络、电话、传真等方式表达投案意愿，后到监察机关接受处理的；（6）涉嫌职务犯罪潜逃后又投案，包括在被通缉、抓捕过程中投案的；（7）经查实确已准备去投案，或者正在投案途中被有关机关抓获的；（8）经他人规劝或者在他人陪同下投案的；（9）虽未向监察机关投案，但向其所在党组织、单位或者有关负责人员投案，向有关巡视巡察机构投案，以及向公安机关、人民检察院、人民法院投案的；（10）具有其他应当视为自动投案的情形的。同时，该条第二款还规定，被调查人自动投案后不能如实交代自己的主要犯罪事实，或者自动投案并如实供述自己的罪行后又翻供的，不能认定为自动投案。

根据上述规定，判断是否系自动投案，应把握两个实质要件：一是投案的主动性和自愿性，即被调查人主动将自己置于监察机关的合法控制之下，进而接受调查和审判。二是如实供述自己的罪行，即认罪认罚，被调查人应如实交代自己的主要犯罪事实以及姓名、年龄、职业、住址、前科等情况。

被调查人接到监察机关电话通知后主动到案，能否认定为自动投案，应区分不同情况分别对待：第一种情况，职务犯罪问题尚未被监察机关掌握时经通知到案的，应认定为自动投案。第二种情况，犯罪事实已经被监察机关掌握，监察机关在电话中明确告知其前来配合调查，被调查人知悉真实缘由的情况下到案的，由于其在未被采取强制措施的情况下选择到案，可以认定其具有投案的主动性和自愿性，可以认定为自动投案。第三种情况，监察机关未告知被调查人真实缘由，而是以召开会议等方式通知甚至联络被调查人到办案机关的，因被调查人的到案没有主动性和自愿性，不宜认定为自动投案。

被调查人在留置后即如实交代全部违法犯罪问题的，因其主动交代问题是在被采取留置措施以后，根据《中华人民共和国监察法实施条例》第二百四十五条第一款第四项的规定，不能认定为自动投案。

六、职务犯罪案件移送审查起诉时，留置措施与刑事强制措施如何衔接?

根据《中华人民共和国刑事诉讼法》第一百七十条第二款的规定，监察机关移送起诉的已采取留置措施的案件，人民检察院应当对犯罪嫌疑人先行拘留，留置措施自动解除。人民检察院应当在拘留后的10日以内作出是否逮捕、取保候审或者监视居住的决定。在特殊情况下，决定的时间可以延长1日至4日。

先行拘留是一种法定的临时性、过渡性强制措施，不计入留置期限，更有利于监察执法与刑事司法的有效衔接。人民检察院接收案件后，必须首先采取拘留措施，然后在拘留期内作出是否逮捕、取保候审或者监视居住的决定。

根据《中华人民共和国监察法实施条例》第二百五十一条等规定，案件移送审查起诉后，采取刑事强制措施应注意以下两点：

一是监察机关采取留置措施的案件，如发现被调查人因身体等原因存在不适宜羁押等可能影响刑事强制措施执行情形的，应当通报人民检察院，以便人民检察院提前做好相关工作。

二是监察机关已采取留置措施的，可以在移送审查起诉前变更为责令候查措施；如未采取留置措施，监察机关可以根据案件具体情况提出对被调查人采取刑事强制措施的建议，人民检察院受理后，在审查起诉过程中根据案件情况，可以依法决定是否采取逮捕、取保候审或者监视居住措施，决定前可以征求监察机关的意见。

第五章 处 分 执 行

第一节 处 分 种 类

一、党纪处分和处理

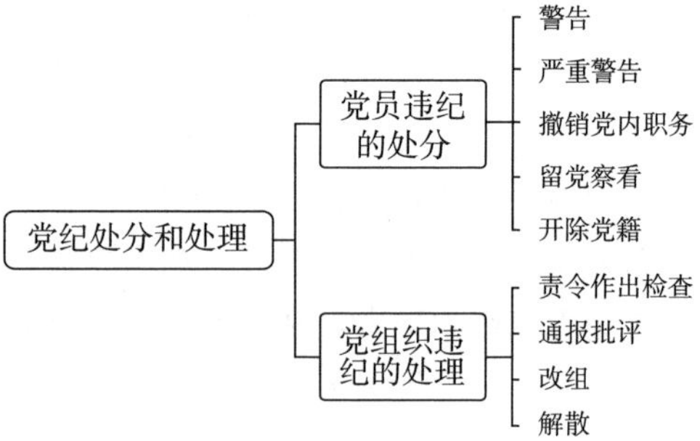

图 5－1 党纪处分和处理

（一）党员违纪

1. 图解

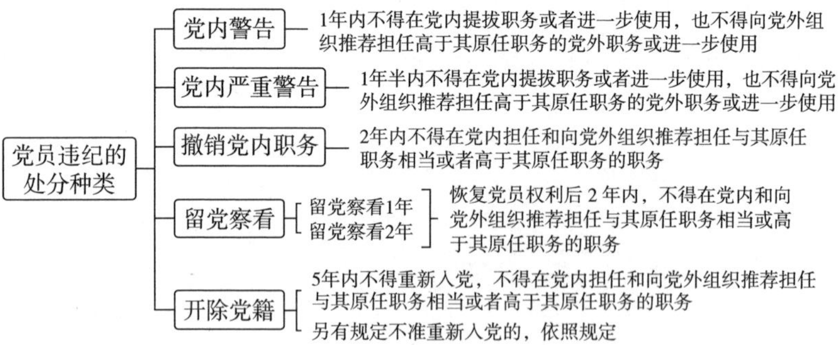

图 5－2 党员违纪的处分种类

2. 实务指引

（1）党纪处分的种类。自1997年中共中央首次印发《中国共产党纪律处分条例（试行）》以来，纪律处分条例关于违纪党员处分种类的规定一直未发生变化，即警告、严重警告、撤销党内职务、留党察看和开除党籍五种，其中留党察看又包括留党察看一年和留党察看二年。对于应当受到撤销党内职务处分但本人没有担任党内职务的，应当给予严重警告处分（影响期2年）。实践中，为了与政务处分中的"警告"处分区分开来，一般将党纪中的"警告""严重警告"处分表述为"党内警告""党内严重警告"处分。

（2）轻重处分的划分。根据有关规定，警告和严重警告系警示类的处分，属于轻处分，适用于一般违纪违法案件；撤销党内职务、留党察看和开除党籍影响党员的职务、基本权利或党员资格，属于重处分，适用于严重违纪违法案件。

（3）关于影响期和影响事项。党员受到警告处分1年内、严重警告处分1年半内，不得在党内提拔职务或者进一步使用，也不得向党外组织推荐担任高于其原任职务的党外职务或进一步使用。党员受到撤销党内职务处分2年内、受到留党察看处分后恢复党员权利2年内、受到开除党籍处分后5年内，不得在党内担任和向党外组织推荐担任与其原任职务相当或者高于其原任职务的职务。对于应当给予撤销党内职务处分、因本人未担任职务而受到严重警告处分的，影响期和影响事项与撤销党内职务处分的规定保持一致。

（4）撤销党内职务处分中"职务"的范围。撤销党内职务处分，是指撤销受处分党员由党内选举或者组织任命的党内职务。党内选举的党内职务，包括党的地方各级委员会书记、副书记、常委、委员、候补委员，农村（社区）、街道等党的基层委员会书记、副书记、常委、委员以及党（总）支部委员会书记、副书记、委员等。组织任命的党内职务，是指凡是党组织任命的必须由党员担任的职务以及党的机关中由党员担任的领导职务，包括：在各级国家机关、人民团体、经济组织、文化组织和其他非党组织的领导机关中任命的党组（含党组性质的党委）书记、副书记、其他班子成员；党委工作部门中的正副部长、秘书长、主任、局长等领导班子成员；各级党委、纪委派出的工作委员会的书记、副书记、委员；各级纪委派驻纪检机构的组长、副组长、纪检专员等。对于在党内担任两个以上职务的，在作处分决定时应当明确是撤销其一切职务还是一个或者几个职务；如果决定撤销一个或几个职务，必须从最高职务开始撤销。

3. 案例

案例一：张某，中共党员，某县生态环境局党组成员、副局长，2018 年 10 月退休。2019 年 1 月至 2022 年 7 月，张某在春节、端午节、中秋节和生日期间，先后 10 余次接受管理服务对象王某、李某、赵某等人安排的宴请，并饮用年份茅台酒等高档酒水，食用高档菜肴。2021 年 3 月，张某受到党内警告处分。①

示例一：李某，中共党员，某县副县长。2021 年 12 月，因嫖娼受到开除党籍、政务撤职处分。

解读

案例一系中央纪委国家监委于 2021 年 8 月 4 日发布的第一批指导性案例之一。中央纪委案件审理室认为，张某接受退休前管理服务对象宴请的行为，违反了中央八项规定精神，应给予其党内警告处分。示例一中李某嫖娼的行为严重损害了党的形象，李某被给予开除党籍、政务撤职处分。

两起案例都违反了党的纪律，但根据违纪事实性质、情节的不同，两人受到的处分种类却不相同。按照轻重处分的划分，案例一中张某受到的是党纪轻处分，示例一中李某受到的是党纪重处分，且如果李某未退休，1 年内不得在党内提升职务和向党外组织推荐担任高于其原任职务的党外职务；后者 5 年内不得重新入党，不得在党内担任和向党外组织推荐担任与其原任职务相当或者高于其原

① 参见中共中央纪律检查委员会、中华人民共和国国家监察委员会案件审理室编写：《纪检监察纪法适用研究》，中国方正出版社 2022 年版，第 201－203 页。

任职务的职务。此外，由于李某同时受到了政务撤职处分，其还要受到政务处分所带来的相应影响。

4. 法规索引速查

《中国共产党纪律处分条例》（中共中央印发，2003 年 12 月 31 日起施行，2023 年 12 月 19 日修订发布）

第六条　本条例适用于违犯党纪应当受到党纪责任追究的党组织和党员。

第七条第一款　党组织和党员违反党章和其他党内法规，违反国家法律法规，违反党和国家政策，违反社会主义道德，危害党、国家和人民利益的行为，依照规定应当给予纪律处理或者处分的，都必须受到追究。

第八条　对党员的纪律处分种类：

（一）警告；

（二）严重警告；

（三）撤销党内职务；

（四）留党察看；

（五）开除党籍。

第十条　党员受到警告处分一年内、受到严重警告处分一年半内，不得在党内提拔职务或者进一步使用，也不得向党外组织推荐担任高于其原任职务的党外职务或者进一步使用。

第十一条　撤销党内职务处分，是指撤销受处分党员由党内选举或者组织任命的党内职务。对于在党内担任两个以上职务的，党组织在作处分决定时，应当明确是撤销其一切职务还是一个或者几个职务。如果决定撤销其一个职务，必须撤销其担任的最高职务。如果决定撤销其两个以上职务，则必须从其担任的最高职务开始依次撤销。对于在党外组织担任职务的，应当建议党外组织撤销其党外职务。

对于在立案审查中因涉嫌违犯党纪被免职的党员，审查后依照本条例规定应当给予撤销党内职务处分的，应当按照其原任职务给予撤销党内职务处分。对于应当受到撤销党内职务处分，但是本人没有担任党内职务的，应当给予其严重警告处分。同时，在党外组织担任职务的，应当建议党外组织撤销其党外职务。

党员受到撤销党内职务处分，或者依照前款规定受到严重警告处分的，二年内不得在党内担任和向党外组织推荐担任与其原任职务相当或者高于其原任职务的职务。

第十二条 留党察看处分，分为留党察看一年、留党察看二年。对于受到留党察看处分一年的党员，期满后仍不符合恢复党员权利条件的，应当延长一年留党察看期限。留党察看期限最长不得超过二年。

党员受留党察看处分期间，没有表决权、选举权和被选举权。留党察看期间，确有悔改表现的，期满后恢复其党员权利；坚持不改或者又发现其他应当受到党纪处分的违纪行为的，应当开除党籍。

党员受到留党察看处分，其党内职务自然撤销。对于担任党外职务的，应当建议党外组织撤销其党外职务。受到留党察看处分的党员，恢复党员权利后二年内，不得在党内担任和向党外组织推荐担任与其原任职务相当或者高于其原任职务的职务。

第十三条 党员受到开除党籍处分，五年内不得重新入党，也不得推荐担任与其原任职务相当或者高于其原任职务的党外职务。另有规定不准重新入党的，依照规定。

（二）党组织违纪

1. 图解

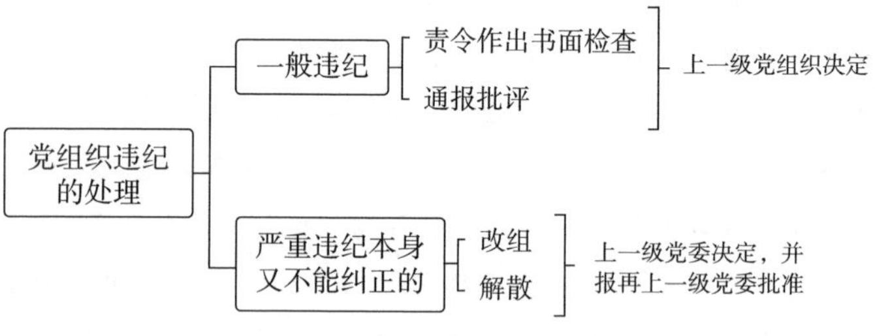

图 5－3 党组织违纪的处理

2. 实务指引

（1）关于党组织违纪如何处理的党内立法沿革。1997 年中共中央首次印发的《中国共产党纪律处分条例（试行）》第十一条规定，“对党组织的纪律处分种类：（一）改组；（二）解散”。此后，2003 年和 2015 年修订的《中国共产党纪律处分条例》在保持上述两种处理方式不变的同时，明确改组和解散适用于严重违犯党纪的党组织。2016 年中共中央印发《中国共产党问责条例》，规定对党组织问责的方式包括检查、通报、改组。2018 年修订的《中国共产党纪律处分条例》与《中国共产党问责条例》在内容上保持了一致性和连贯性，将对违纪党组织的处理措施由两种调整为四种，包括责令作出检查、通报批评、改组和解散，其中责令作出检查、通报批评适用于一般违纪的党组织，而改组和解散适用于严重违犯党的纪律本身又不能纠正的党组织。2023 年修订的《中国共产党纪律处分条例》将“责令作出检查”修改为“责令作出书面检查”，进一步明确了作出检查的方式。

（2）关于处理权限。根据《中国共产党章程》的规定，对党组织进行改组或解散的，由违纪党组织的上一级党的委员会作出决定，并报再上一级党的委员会审查批准。

3. 案例

北京农产品中央批发市场管理委员会成立于 1993 年，是北京市政府派出的、专司农产品流通职能的正局级事业单位。十一届北京市委在巡视中发现，北京农产品中央批发市场管委会党委存在党的领导严重弱化，以管委会领导班子会议代替党委会议研究重大事项；党的建设缺失，党组织严重软弱涣散；全面从严治党不力，管党治党宽松软；漠视党管干部原则，违规选拔任用干部问题突出等严重失职失责问题。经市委常委会会议研究、中央纪委审核并报中共中央批准，决定对管委会党委予以改组。2017 年 11 月 16 日上午，北京市委召开全市领导干部警示教育大会，会议通报了市委的改组决定，并对其上级党组织失职失责行为进行通报问责。①

解读

根据规定，党组织“严重违犯党的纪律、本身又不能纠正”的，可以对党组织作出改组或解散。过去，因违纪而改组党组织的情况并不多见，随着全面从严治党不断深化，尤其是《中国共产党问责条例》实施以来，改组党组织已不是个案，主要集中在基层党支部一级，如浙江省金华市浦江县浦阳街道铜桥村党支部②、湖南省长沙市望城区乌山街道高冲村党支部③等就曾分别因严重违纪而被改组。

本案例中，北京农产品中央批发市场管理委员会存在的严重违纪问题，导致管委会党委事实上已被架空，难以纠正其自身错误。为了从源头上对党组织进行改造和换血，不但需要对违纪的党员个人进行处分，也需要对党组织进行处理。该管委会是北京市政府的派出机构，北京市委经常委会会议研究、中央纪委审核并报中共中央批准后作出改组决定，符合相关程序。此外，除了北京农产品中央批发市场管理委员会党委被改组外，其上一级党组织也因失职失责受到了通报问责的处理。

4. 法规索引速查

《中国共产党章程》（中国共产党第二十次全国代表大会通过，2022年10月22日通过）

第四十四条 党组织如果在维护党的纪律方面失职，必须问责。

① 参见高明：《因党的领导严重弱化、党组织严重软弱涣散等问题 北京一正局级单位党组被改组》，载《中国纪检监察报》2017年11月18日，第1版；何韬：《一个管党治党“宽松软”的典型，北京农产品中央批发市场管委会党委严重违纪问题透视》，载《中国纪检监察报》2018年2月6日，第1版。

② 参见浦江县纪委：《【聚焦微腐败】恣意挥霍？改组村党支部》，载金华市纪委监委网2017年6月13日，http：//www.jhjw.gov.cn/art/2017/6/13/art_1229416309_1562.html。

③ 参见甘艳、申小飞：《互相串通私分 上行下效骗补——望城一村党支部被改组》，载《中国纪检监察报》2016年12月2日，第2版。

对于严重违犯党的纪律、本身又不能纠正的党组织，上一级党的委员会在查明核实后，应根据情节严重的程度，作出进行改组或予以解散的决定，并报再上一级党的委员会审查批准，正式宣布执行。

《中国共产党纪律处分条例》（中共中央印发，2003年12月31日起施行，2023年12月19日修订发布）

第九条　对于违犯党纪的党组织，上级党组织应当责令其作出书面检查或者给予通报批评。对于严重违犯党纪、本身又不能纠正的党组织，上一级党的委员会在查明核实后，根据情节严重的程度，可以予以：

（一）改组；

（二）解散。

第十五条　对于受到改组处理的党组织领导机构成员，除应当受到撤销党内职务以上处分的外，均自然免职。

第十六条　对于受到解散处理的党组织中的党员，应当逐个审查。其中，符合党员条件的，应当重新登记，并参加新的组织过党的生活；不符合党员条件的，应当对其进行教育、限期改正，经教育仍无转变的，予以劝退或者除名；有违纪行为的，依照规定予以追究。

《中国共产党问责条例》（中共中央印发，2019年9月1日起施行）

第八条　对党组织的问责，根据危害程度以及具体情况，可以采取以下方式：

（一）检查。责令作出书面检查并切实整改。

（二）通报。责令整改，并在一定范围内通报。

（三）改组。对失职失责，严重违犯党的纪律、本身又不能纠正的，应当予以改组。

二、政务处分

1. 图解

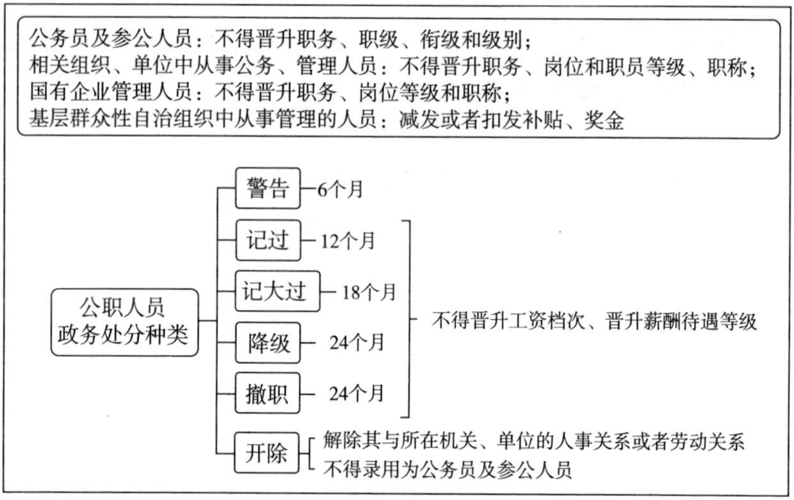

图5－4　公职人员政务处分种类

2. 实务指引

（1）政务处分的种类。政务处分，是监察机关对违法的公职人员给予的惩戒，根据《中华人民共和国公职人员政务处分法》，政务处分包括警告、记过、记大过、降级、撤职和开除六种，与原《行政机关公务员处分条例》及原《中华人民共和国行政监察法》保持一致。实践中，为了与党纪处分相区分，一般表述为“政务警告”“政务记过”“政务记大过”“政务降级”“政务撤职”“开除公职”。

（2）关于政务处分、政纪处分和处分的概念辨析。“政务处分”一词是伴随着国家监察体制改革而产生的。在行政监察时代，单位或者行政监察部门作出的处分称为“政纪处分”，其中对行政机关公务员作出的处分习惯上称为“行政处分”。2018 年年初，各级监委相继成立。2018 年 3 月 20 日起施行的《中华人民共和国监察法》首次提出了“政务处分”这一法律概念，此后“政纪处分”一词退出历史舞台。由于监察对象范围的扩大，政务处分适用的范围也比政纪处分更广，涵盖了国有企业、公办事业单位、基层群众性自治组织中从事管理的人员等所有公职人员。2021 年 7 月 1 日《中华人民共和国公职人员政务处分法》施行，确立了“政务处分”与“处分”并行的制度体系，对于公职人员的违法行为，既可由监察机关给予“政务处分”，也可由其任免机关、单位给予“处分”，二者在适用情形上没有区别，但适用主体和程序有所不同。

（3）关于轻重处分的区分。根据规定，警告、记过、记大过、降级属于轻处分，撤职、开除属于重处分。实践中，有的同志误以为降级处分系重处分。但根据《人事部关于“行政降级处分”问题的复函》的规定，“降级”处分降低的是工资级别，并不影响职务、职级，故降级不是重处分，而是轻处分。

3. 案例

2020 年 12 月 28 日，中央纪委国家监委公开通报了 S 省 X 县委常委、原副县长黄某违规收受礼金的违纪问题。2013 年至 2019 年，黄某连续 7 年在春节期间违规收受某公司礼金共计 5 万元；2017 年 9 月，黄某借其子结婚之机违规收受该公司所送礼金 5 万元。为此，黄某到党内严重警告、政务降级处分，违纪所得被收缴。[①]

解读

黄某具有党员和公职人员的双重身份，纪检监察机关对其违纪违法行为作出的党内严重警告、政务降级处分均系轻处分，符合党纪政务处分相配套的要求。此外，如本案所示，监察机关在《中华人民共和国公职人员政务处分法》生效后作出处分的，无论被处分人的违法行为发生在此之前还是之后，都不应再作出“政纪处分”，而统一称为“政务处分”。

① 参见佚名：《中央纪委国家监委公开通报六起违反中央八项规定精神典型问题》，载中央纪委国家监委网 2020 年 12 月 29 日，https：//www. ccdi. gov. cn/special/jdbg3/zyjw_ bgt/fjbxgdwt_ jdbg3/202103/t20210301_ 236737. html。

4. 法规索引速查

《中华人民共和国公职人员政务处分法》（主席令第46号公布，2020年7月1日起施行）

第二条 本法适用于监察机关对违法的公职人员给予政务处分的活动。

本法第二章、第三章适用于公职人员任免机关、单位对违法的公职人员给予处分。处分的程序、申诉等适用其他法律、行政法规、国务院部门规章和国家有关规定。

本法所称公职人员，是指《中华人民共和国监察法》第十五条规定的人员。

第七条 政务处分的种类为：

（一）警告；

（二）记过；

（三）记大过；

（四）降级；

（五）撤职；

（六）开除。

第八条 政务处分的期间为：

（一）警告，六个月；

（二）记过，十二个月；

（三）记大过，十八个月；

（四）降级、撤职，二十四个月。

政务处分决定自作出之日起生效，政务处分期自政务处分决定生效之日起计算。

第十九条 公务员以及参照《中华人民共和国公务员法》管理的人员在政务处分期内，不得晋升职务、职级、衔级和级别；其中，被记过、记大过、降级、撤职的，不得晋升工资档次。被撤职的，按照规定降低职务、职级、衔级和级别，同时降低工资和待遇。

第二十条 法律、法规授权或者受国家机关依法委托管理公共事务的组织中从事公务的人员，以及公办的教育、科研、文化、医疗卫生、体育等单位中从事管理的人员，在政务处分期内，不得晋升职务、岗位和职员等级、职称；其中，被记过、记大过、降级、撤职的，不得晋升薪酬待遇等级。被撤职的，降低职务、岗位或者职员等级，同时降低薪酬待遇。

第二十一条　国有企业管理人员在政务处分期内，不得晋升职务、岗位等级和职称；其中，被记过、记大过、降级、撤职的，不得晋升薪酬待遇等级。被撤职的，降低职务或者岗位等级，同时降低薪酬待遇。

第二十二条　基层群众性自治组织中从事管理的人员有违法行为的，监察机关可以予以警告、记过、记大过。

基层群众性自治组织中从事管理的人员受到政务处分的，应当由县级或者乡镇人民政府根据具体情况减发或者扣发补贴、奖金。

第二十三条　《中华人民共和国监察法》第十五条第六项规定的人员有违法行为的，监察机关可以予以警告、记过、记大过。情节严重的，由所在单位直接给予或者监察机关建议有关机关、单位给予降低薪酬待遇、调离岗位、解除人事关系或者劳动关系等处理。

《中华人民共和国监察法》第十五条第二项规定的人员，未担任公务员、参照《中华人民共和国公务员法》管理的人员、事业单位工作人员或者国有企业人员职务的，对其违法行为依照前款规定处理。

第二十四条　公职人员被开除，或者依照本法第二十三条规定，受到解除人事关系或者劳动关系处理的，不得录用为公务员以及参照《中华人民共和国公务员法》管理的人员。

第二十六条　公职人员被开除的，自政务处分决定生效之日起，应当解除其与所在机关、单位的人事关系或者劳动关系。

公职人员受到开除以外的政务处分，在政务处分期内有悔改表现，并且没有再发生应当给予政务处分的违法行为的，政务处分期满后自动解除，晋升职务、职级、衔级、级别、岗位和职员等级、职称、薪酬待遇不再受原政务处分影响。但是，解除降级、撤职的，不恢复原职务、职级、衔级、级别、岗位和职员等级、职称、薪酬待遇。

第二十七条　已经退休的公职人员退休前或者退休后有违法行为

的，不再给予政务处分，但是可以对其立案调查；依法应当予以降级、撤职、开除的，应当按照规定相应调整其享受的待遇，对其违法取得的财物和用于违法行为的本人财物依照本法第二十五条的规定处理。

已经离职或者死亡的公职人员在履职期间有违法行为的，依照前款规定处理。

《中华人民共和国监察法》（主席令第 3 号公布，2018 年 3 月 20 日起施行，2024 年 12 月 25 日修正公布）

第五十二条第一款第二项　监察机关根据监督、调查结果，依法作出如下处置：

（二）对违法的公职人员依照法定程序作出警告、记过、记大过、降级、撤职、开除等政务处分决定；

《事业单位工作人员处分规定》（人社部发〔2023〕58 号，2023 年 11 月 6 日起施行）

第四条　事业单位工作人员处分的种类为：

（一）警告；

（二）记过；

（三）降低岗位等级；

（四）开除。

第五条　事业单位工作人员受处分的期间为：

（一）警告，六个月；

（二）记过，十二个月；

（三）降低岗位等级，二十四个月。

处分决定自作出之日起生效，处分期自处分决定生效之日起计算。

《国有企业管理人员处分条例》（国务院令第 781 号公布，2024 年 9 月 1 日起施行）

第七条　处分的种类为：

（一）警告；

（二）记过；

（三）记大过；

（四）降级；

（五）撤职；

（六）开除。

第八条　处分的期间为：

（一）警告，6个月；

（二）记过，12个月；

（三）记大过，18个月；

（四）降级、撤职，24个月。

处分决定自作出之日起生效，处分期自处分决定生效之日起计算。

第十四条　国有企业管理人员在处分期内，不得晋升职务、岗位等级和职称；其中，被记过、记大过、降级、撤职的，不得晋升薪酬待遇等级。被撤职的，降低职务或者岗位等级，同时降低薪酬待遇。被开除的，用人单位依法解除劳动合同。

三、党纪政务处分的匹配适用

1. 图解

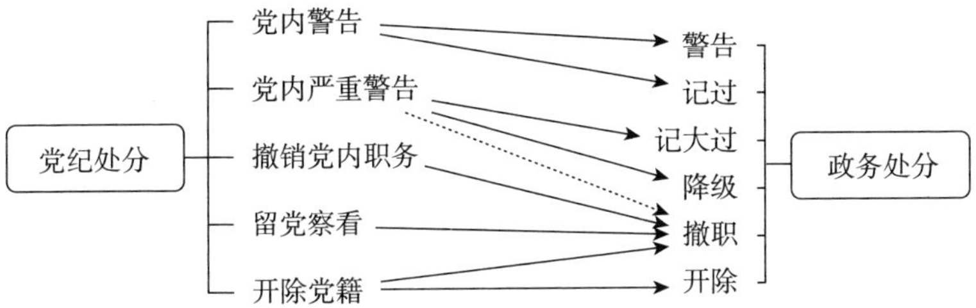

图5－5　党纪政务处分的匹配适用

2. 实务指引

纪检监察机关合署办公，在对同时具有党员和公职人员双重身份的被审查调查人作出处分时做到党纪和政务处分相匹配，是纪法双施双守、执纪执法贯通的内在要求。在执纪执法实践中，对既是党员又是监察对象或者公职人员的，作出党纪政务处分时应当遵循以下原则。

第一，拟给予重处分的，应同时作出党纪和政务双处分。根据《中国共产党纪律处分条例》第十一条、第十二条和《公职人员政务处分暂行规定》第八条的规定，受到撤销党内职务、留党察看处分的，如果被处分人担任公职的，应当依法给予其撤职等政务处分；严重违反党纪、严重触犯刑律的公职人员必须依法开除公职。虽然关于给予开除党籍处分时是否应同时给予、应给予何种政务处分没有明确规定，但根据举轻以明重和纪严于法的原则，开除党籍处分的，应同时作出政务撤职或开除公职处分。同理，开除公职的，应同时给予开除党籍处分。因被审查调查人系预备党员或者已退休、辞去公职等特殊情形导致不能同时作出双处分的，可以根据具体情况作出单处分。

第二，轻处分不要求必须作出双处分。党纪轻处分和政务轻处分既可以配套适用，也可以单独适用。何种情形下应配套适用，何种情况下应单独适用，单独适用时是给予党纪处分还是政务处分，应根据具体案情予以把握。鉴于轻处分均为申诫类处分，且党内警告的影响期与政务记过的处分期均为一年，党内严重警告的影响期和政务记大过的处分期均为一年半，因此针对同一行为作出党纪政务双处分的必要性不大。根据近年通报案例，中央纪委国家监委给予中管干部党纪轻处分时，一般不同时给予政务轻处分；对于发生在行政管理中的违法行为，一般单独给予政务轻处分。值得注意的是，案件进行了党纪、政务双立案，并不意味着必须作出党纪、政务双处分，在作出轻处分时，若被审查调查人的行为同时构成违纪违法，可以只作出党纪或者政务单处分，且无须撤案。此外，党纪或政务单立案后发现需要给予党纪政务双处分时，应当进行补充立案，而后才能给予党纪政务双处分。

第三，党纪和政务处分应遵循“轻重程度相一致”原则，即一般情况下，政务轻处分与党纪轻处分配套适用，政务重处分与党纪重处分配套适用；特殊情况下，对于本应给予撤销党内职务处分、因未担任党内职务而给予党内严重警告处分的，应配套给予政务撤职处分，影响期2年。关于重处分之间的配套适用，上文已介绍，此处不再赘述。关于党纪、政务轻处分之间如何配套，目前无明文规定，实践中一般按以下原则处理：给予党内警告处分的，可以同时适用政务警告或政务记过处分，给予党内严重警告处分的，一般匹配适用政务记大过处分，实践中也有匹配适用降级处分的。

第四，党纪政务处分一般应同步作出。就同一违纪违法行为需对被处分人作出党纪和政务双处分的，一般应同步提出处理建议、同步作出处分。如果党纪处分与政务处分作出的时间相差太远，会造成处分影响期实际的延长，影响案件处理的公正性。

第五，党纪和政务处分不配套的情况下按照“纪严于法”的原则办理。《中华人民共和国公职人员政务处分法》在体例结构和具体规则上与《中国共产党纪律处分条例》彼此呼应，为纪法贯通创造了条件，但二者在量纪情节上存在细微差异，如，根据《中国共产党纪律处分条例》的规定，存在强迫、唆使他人违纪等情形的，应当从重或者加重处分，但《中华人民共和国公职人员政务处分法》只规定了从重处罚情节，而未规定加重处罚情节；根据《中国共产党纪律处分条例》的规定，阻止他人检举、提供证据，串供或者伪造、隐匿、毁灭证据，包庇同案人员等三类行为系对抗组织审查的行为，但在《中华人民共和国公职人员政务处分法》中上述行为不构成具体的违纪行为，而是从重处分情节。因此，同一个人的同一种行为，分别放在党纪或政务处分的框架下给予处分，可能造成处分种类不配套、党纪处分比政务处分重的情形。实践中，执纪执法实践中主要有以下两种做法：一是在给予单处分的情况下，无须考虑另一种处分的定性、情节等规定，党纪或政务按照各自条款规定引用；二是在给予双处分的情况下，按照纪在法前、纪严于法的要求，先在党纪处分的框架内定性量纪，然后按要求匹配政务处分，并各自引用条款规定。

3. **案例**

2021 年 5 月 21 日至 6 月 19 日，G 市发生境外输入关联本土疫情。经 D 省委批准，D 省纪委监委和 G 市纪委监委成立疫情防控问责联合调查组，对在疫情发生和处置中履职不力、失职失责的 20 名领导干部进行问责。其中：黎某，G 市人民政府党组成员、副市长，给予党内警告、政务记过处分；黄某某，G 市卫生健康委员会党组书记、主任，给予党内严重警告、政务记大过处分，免职处理；胡某某，G 市卫生健康委员会党组成员、副主任，给予党内严重警告、政务记大过处分；

夏某某，G市卫生健康委员会医政医管处党支部书记、处长，给予撤销党内职务、政务撤职处分，降为四级调研员；李某某，G市急救医疗指挥中心党支部书记、主任，给予政务记过处分；余某某，G市某区委常委、区纪委书记、区监委主任，给予党内警告处分，调离纪检监察系统；邹某某，某中心医院党委书记，给予留党察看一年、政务撤职处分，专业技术岗位等级降低两级。①

解读

该案例系一起典型的问责案例，可以集中反映党纪、政务处分的配套适用要求。对于轻处分，考虑到具体案情和执纪效果，既可以同时作出党纪和政务处分，如给予黎某党内警告和政务记过处分，给予黄某某和胡某某党内严重警告和政务记大过处分；也可以单独作出党纪处分或政务处分，如给予李某某政务记过处分，给予余某某党内警告处分。而对于重处分，则必须同时作出党纪和政务双重处分，如分别给予邹某某和夏某某留党察看1年、政务撤职和撤销党内职务、政务撤职处分。另外，本案也是党纪政务处分与组织处理措施配套适用的典范，值得借鉴。

4. 法规索引速查

《中国共产党纪律处分条例》（中共中央印发，2003年12月31日起施行，2023年12月19日修订发布）

第十一条第一款、第二款 撤销党内职务处分，是指撤销受处分党员由党内选举或者组织任命的党内职务。对于在党内担任两个以上职务的，党组织在作处分决定时，应当明确是撤销其一切职务还是一个或者几个职务。如果决定撤销其一个职务，必须撤销其担任的最高职务。如果决定撤销其两个以上职务，则必须从其担任的最高职务开始依次撤销。对于在党外组织担任职务的，应当建议党外组织撤销其党外职务。

---

① 参见佚名：《G市新冠肺炎疫情防控问责情况通报》，载中央纪委国家监委网，https://www.ccdi.gov.cn/yaowen/202108/t20210812_248152.html。

对于在立案审查中因涉嫌违犯党纪被免职的党员，审查后依照本条例规定应当给予撤销党内职务处分的，应当按照其原任职务给予撤销党内职务处分。对于应当受到撤销党内职务处分，但是本人没有担任党内职务的，应当给予其严重警告处分。同时，在党外组织担任职务的，应当建议党外组织撤销其党外职务。

第十二条第三款　党员受到留党察看处分，其党内职务自然撤销。对于担任党外职务的，应当建议党外组织撤销其党外职务。受到留党察看处分的党员，恢复党员权利后二年内，不得在党内担任和向党外组织推荐担任与其原任职务相当或者高于其原任职务的职务。

第三十一条　党组织在纪律审查中发现党员严重违纪涉嫌违法犯罪的，原则上先作出党纪处分决定，并按照规定由监察机关给予政务处分或者由任免机关（单位）给予处分后，再移送有关国家机关依法处理。

《中国共产党纪律检查机关监督执纪工作规则》（中共中央办公厅印发，2019 年 1 月 1 日起施行）

第六条　党的纪律检查机关和国家监察机关是党和国家自我监督的专责机关，中央纪委和地方各级纪委贯彻党中央关于国家监察工作的决策部署，审议决定监委依法履职中的重要事项，把执纪和执法贯通起来，实现党内监督和国家监察的有机统一。

《公职人员政务处分暂行规定》（中共中央纪委、国家监察委员会印发，2018 年 4 月 16 日起施行）

第八条　监察机关对公职人员中的中共党员给予政务处分，一般应当与党纪处分的轻重程度相匹配。其中，受到撤销党内职务、留党察看处分的，如果担任公职，应当依法给予其撤职等政务处分。严重违犯党纪、严重触犯刑律的公职人员必须依法开除公职。

四、处分以外的处理方式

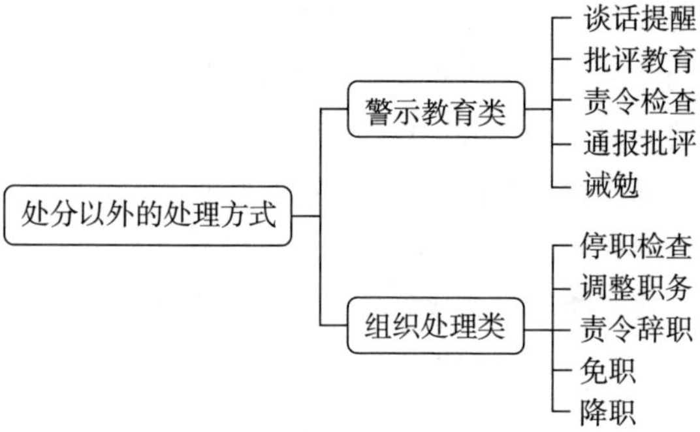

图 5－6 处分以外的处理方式

（一）警示教育类

1. 图解

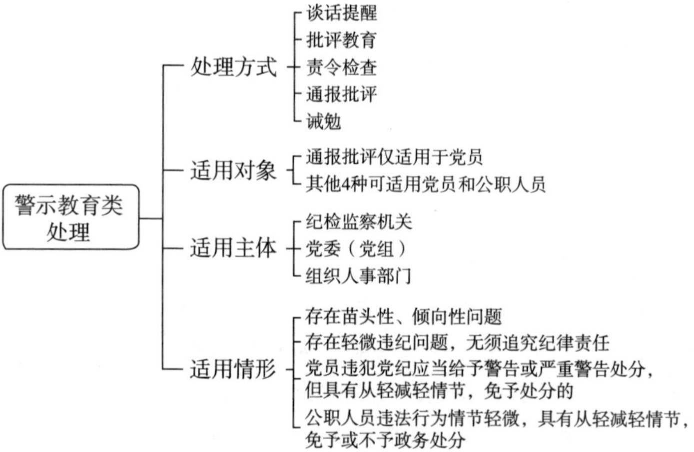

图 5－7 警示教育类的适用情形

2. 实务指引

为了维护纪律的严肃性，抓早抓小，防微杜渐，对于行为人问题轻微、无须作出党纪政务处分的情形，纪检监察机关可以使用其他方式表示否定评价和达到惩治教育的效果。其中，谈话提醒、批评教育、责令检查、通报批评、诫勉5种处理方式因不涉及行为人的职务调整，一般被称为警示教育类处理方式，属于监督执纪的第一种形态。

（1）处理方式的轻重区分。上述5种处理方式的严重程度暂无明文规定。一般认为，根据《中国共产党纪律检查机关监督执纪工作规则》《中华人民共和国监察法实施条例》等规定的表述顺序，谈话提醒、批评教育、责令检查、诫勉的严重程度是依次递增的。鉴于通报没有影响期，而受到诫勉的领导干部6个月内不得提拔或者重用，根据有关意见，诫勉的影响比通报要严重。综上，谈话提醒、批评教育、责令检查、通报批评、诫勉的严重程度依次递增。

（2）关于适用的对象与方式。根据《中国共产党纪律检查机关监督执纪工作规则》《中国共产党问责条例》等相关规定，对党员干部存在轻微违纪问题等情形的，可采取上述5种处理方式。根据《中华人民共和国监察法》《中华人民共和国公职人员政务处分法》的规定，监察机关对公职人员可采取谈话提醒、批评教育、责令检查、诫勉4种处理方式。

（3）关于适用情形。根据相关规定，谈话提醒、批评教育、责令检查、诫勉适用于以下3种情形：一是行为人存在苗头性、倾向性问题；二是行为人存在违纪违法行为，但问题轻微不需要追究纪律责任；三是行为人存在违纪违法行为且应受到党纪政务处分，但因情节较轻且具有从轻减轻情节可以不予或免予处分。实践中，考虑到上述3种情形的行为严重程度呈现出由轻到重的特点，采取的具体处理方式也应有所区别。一般而言，对党员干部和公职人员出现苗头性、倾向性问题的，可予以谈话提醒；出现轻微违纪问题的，可以视情况采取批评教育、责令检查、诫勉谈话等处理；而对于存在应受处分的违纪违法行为但可以不予或免予处分的，一般给予诫勉处理。

（4）关于适用主体与程序要求。纪检监察机关在日常监督和案件查处中均可适用上述5种处理方式。未立案时，案件查办部门经谈话函询或初步核实，符合相关情形的，即可按程序对行为人采取谈话提醒、批评教育、责令检查、通报批评、诫勉等处理；立案后，如行为人违纪违法行为问题轻微、无须作出处分的，或其违纪违法行为应当受到处分、但因情节较轻且具有从轻减轻情节可以不予或免予处分的，均应移送审理后由案件审理部门按照党内警告处分的程序和权限作出处理。另外，根据《中国共产党党内监督条例》《中国共产党组织处理规定（试行）》等相关规定，除纪检监察机关外，党委（党组）和组织人事部门也可以采用上述5种方式对干部进行监督管理。

（5）警示教育类处理与党纪政务处分、组织处理的关系。警示教育类处理与党纪政务处分、组织处理各司其职，都是对有问题的党员或公职人员进行教育、管理、惩戒的措施，理论上它们既可以单独作出，也可以依据需要同时作出。实践中，考虑到执纪执法效果和处理的必要性，在警示教育类处理方式中谈话提醒、批评教育、责令检查、诫勉一般择一适用，不同时适用；鉴于该四种处理均系第一种形态，适用于苗头性、倾向性或者轻微违纪违法问题，故不宜与党纪政务处分同时适用，与组织处理（至少是第二种形态）同时适用的情况也极为少见。通报批评则可以与其他警示教育类处理、组织处理和党纪政务处分同时适用。

3. **案例**

2021年8月4日，Z市纪委监委通过微信公众号发布通报，对该市有关党员干部新冠肺炎疫情防控不力问题追责问责。W区演艺场所疫情防控不力致8名有关人员被问责，除4人被处分外，还有4人受到其他处理，具体情况如下：

（1）延某某，W区文化旅游广电体育局局长，对演艺场所常态化疫情防控不力负有重要领导责任，被诫勉谈话。

（2）彭某，W区文化旅游广电体育局党组书记，对演艺场所常态化疫情防控不力负有重要领导责任，被诫勉谈话。

（3）秦某某，W区人大常委会主任候选人，此前任W区副区长，对演艺场所常态化疫情防控不力负有领导责任，被批评教育。

（4）谢某某，现任W区委副书记，对演艺场所常态化疫情防控不力负有领导责任，被约谈。①

解读

Z 市纪委监委在对相关人员进行问责时，除给予党纪政务处分以外，还视情况分别对有关人员作出了约谈、批评教育、诫勉谈话等处理，起到了很好的警示教育作用。

本案例中，延某某和彭某受到诫勉谈话。诫勉谈话，适用于有轻微违纪行为的党员和有轻微违法行为的公职人员，但对于已经退休或离职的公职人员，监察机关不再予以“诫勉”处理。

目前，关于纪检监察机关作出诫勉的影响期及影响事项并没有明确规定，但根据《关于组织人事部门对领导干部进行提醒、函询和诫勉的实施细则》第十九条的规定，领导干部受到组织部门诫勉处理的，应当取消当年年度考核、本任期考核评优和评选各类先进的资格，6 个月内不得提拔或者重用。《领导干部个人有关事项报告查核结果处理办法》第六条也规定“受到诫勉处理的，半年内不得提拔或者进一步使用”。另根据《党政领导干部选拔任用工作条例》第二十四条、《公务员职务与职级并行规定》第二十一条的规定，对受到诫勉、组织处理或者党纪政务处分等影响期未满或者期满影响使用的，不得列为考察对象或晋升职级。依据或参照上述规定，实践中纪检监察机关作出诫勉处理的，被诫勉人在半年内不得提拔或者进一步使用，并取消评先评优资格。

纪检监察机关在作出诫勉决定后，除将相关文书放入本人廉政档案外，还应当抄送被诫勉人员所在单位和有关组织部门，由有关单位执行落实在 6 个月的影响期内领导干部选拔任用或公务员职级晋升、评优评先等方面的要求。

---

① 参见谢航编：《关于对新冠肺炎疫情防控工作中履职不力公职人员追责问责情况的通报》，载张家界廉政网，http：//www. zjjlz. gov. cn/content/2021/08/04/9740294. html。

4. 法规索引速查

《中国共产党党内监督条例》（中国共产党中央委员会通过，2016年10月27日起施行）

第二十一条 坚持党内谈话制度，认真开展提醒谈话、诫勉谈话。发现领导干部有思想、作风、纪律等方面苗头性、倾向性问题的，有关党组织负责人应当及时对其提醒谈话；发现轻微违纪问题的，上级党组织负责人应当对其诫勉谈话，并由本人作出说明或者检讨，经所在党组织主要负责人签字后报上级纪委和组织部门。

第三十三条 对违反中央八项规定精神的，严重违纪被立案审查开除党籍的，严重失职失责被问责的，以及发生在群众身边、影响恶劣的不正之风和腐败问题，应当点名道姓通报曝光。

《中国共产党纪律处分条例》（中共中央印发，2003年12月31日起施行，2023年12月19日修订发布）

第十九条 对于党员违犯党纪应当给予警告或者严重警告处分，但是具有本条例第十七条规定的情形之一或者本条例分则中另有规定的，可以给予批评教育、责令检查、诫勉或者组织处理，免予党纪处分。对违纪党员免予处分，应当作出书面结论。

党员有作风纪律方面的苗头性、倾向性问题或者违犯党纪情节轻微的，可以给予谈话提醒、批评教育、责令检查等，或者予以诫勉，不予党纪处分。

党员行为虽然造成损失或者后果，但不是出于故意或者过失，而是由于不可抗力等原因所引起的，不追究党纪责任。

《中国共产党问责条例》（中共中央印发，2019年9月1日起施行）

第八条 对党的领导干部的问责，根据危害程度以及具体情况，可以采取以下方式：

（一）通报。进行严肃批评，责令作出书面检查、切实整改，并在一定范围内通报。

（二）诫勉。以谈话或者书面方式进行诫勉。

（三）组织调整或者组织处理。对失职失责、危害较重，不适宜担任现职的，应当根据情况采取停职检查、调整职务、责令辞职、免职、降职等措施。

（四）纪律处分。对失职失责、危害严重，应当给予纪律处分的，依照《中国共产党纪律处分条例》追究纪律责任。

上述问责方式，可以单独使用，也可以依据规定合并使用。问责方式有影响期的，按照有关规定执行。

《中国共产党纪律检查机关监督执纪工作规则》（中共中央办公厅印发，2019 年 1 月 1 日起施行）

第十五条　纪检监察机关应当结合被监督对象的职责，加强对行使权力情况的日常监督，通过多种方式了解被监督对象的思想、工作、作风、生活情况，发现苗头性、倾向性问题或者轻微违纪问题，应当及时约谈提醒、批评教育、责令检查、诫勉谈话，提高监督的针对性和实效性。

第三十条第一款第一项、第二项　承办部门应当在谈话结束或者收到函询回复后 1 个月内写出情况报告和处置意见，按程序报批。根据不同情形作出相应处理：

（一）反映不实，或者没有证据证明存在问题的，予以采信了结，并向被函询人发函反馈。

（二）问题轻微，不需要追究纪律责任的，采取谈话提醒、批评教育、责令检查、诫勉谈话等方式处理。

《中华人民共和国监察法》（主席令第 3 号公布，2018 年 3 月 20 日起施行，2024 年 12 月 25 日修正公布）

第五十二条第一款第一项　监察机关根据监督、调查结果，依法作出如下处置：

（一）对有职务违法行为但情节较轻的公职人员，按照管理权限，直接或者委托有关机关、人员，进行谈话提醒、批评教育、责令检查，或者予以诫勉；

《中华人民共和国公职人员政务处分法》（主席令第 46 号公布，2020 年 7 月 1 日起施行）

第十二条　公职人员违法行为情节轻微，且具有本法第十一条规定的情形之一的，可以对其进行谈话提醒、批评教育、责令检查或者予以诫勉，免予或者不予政务处分。

公职人员因不明真相被裹挟或者被胁迫参与违法活动，经批评教育后确有悔改表现的，可以减轻、免予或者不予政务处分。

（二）组织处理类

1. 图解

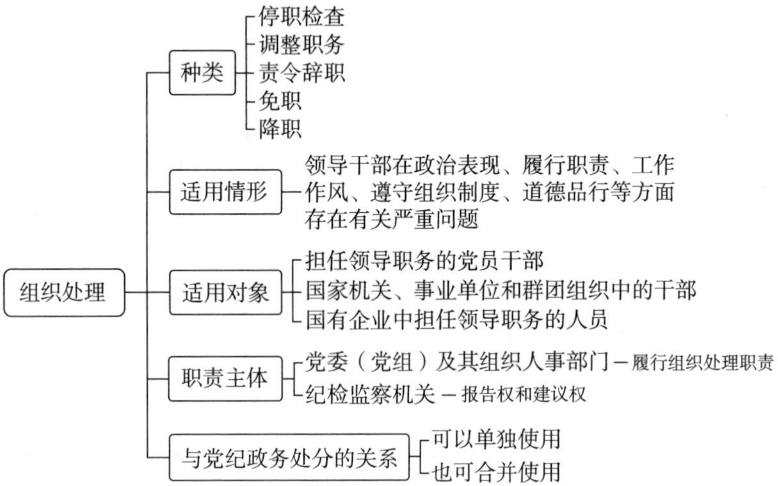

图 5－8　组织处理

2. 实务指引

组织处理，是指党组织按照干部管理权限，对违规违纪违法、失职失责失范的领导干部采取的岗位、职务、职级调整措施。组织处理有时也被称为组织调整，是教育干部、管理干部的必备手段，也是全面从严治党的重要措施。

（1）组织处理的依据和种类。自 20 世纪 90 年代开始，《中国共产党巡视工作条例》《党政领导干部选拔任用工作条例》《党政领导干部选拔任用工作责任追究办法（试行）》《关于实行党风廉政建设责任制的规定》《关于在查处违犯党纪案件中规范和加强组织处理工作的意见（试行）》等党内法规都对组织处理措施作了相应规定。根据上述规定，组织处理包括调离岗位、引咎辞职、责令辞职、免职、降职、停职等。上述法规的制定主体、效力位阶、性质范围并不相同，关于组织处理的规定也各有侧重、较为零散，某些规定还彼此冲突，如《中国共产党巡视工作条例（试行）》规定组织处理的方式包括责令书面检查、通报批评，但其他法规文件并未如此规定。2021 年 3 月 19 日，中共中央办公厅发布《中国共产党组织处理规定（试行）》，首次专门对组织处理作出了全面系统性的规定。《中国共产党组织处理规定（试行）》以完全列举的方式，将组织处理方式统一为停职检查、调整职务、责令辞职、免职、降职 5 类，责令书面检查、通报批评不再作为组织处理措施，引咎辞职由于有主动担责之义亦未被列入其中。

（2）组织处理的主体和程序。根据规定，党委（党组）及其组织（人事）部门按照干部管理权限履行组织处理职责。值得注意的是，纪检监察机关没有职务的任免权，在查处案件或追责问责时如认为有必要对相关人员采取组织处理的，应当向党委（党组）报告或向组织（人事）部门提出免职等组织处理建议，而不能直接"决定"免去某人的职务。在相关文书或对外发布的通报中，可以表述为"××受到免职处理"或"经党委批准，决定给予××免职处理"，而不能表述为"纪检监察机关给予××免职处理"。

（3）组织处理的时间节点。纪检监察机关可以在案件查办中报请作出组织处理，也可以在案件审理阶段作出处分时一并提出相关建议。一般来说，对于舆情关注度较高、需要快速处理的，或有证据证明违纪违法问题明显、短时间内难以完全查清、其现任职务可能影响案件查办的，可根据情况在问责或审查调查过程中先行采取组织处理措施：不宜在现岗位继续工作的，可予以调整；不宜继续担任领导职务的，可予以免职。待审查调查终结后，根据具体情况，可以建议给予被审查调查人调整职务、责令辞职、免职、降职等组织处理。

（4）组织处理的适用对象。组织处理既适用于担任领导职务的党员干部，也适用于各级党的机关、人大机关、行政机关、政协机关、监察机关、审判机关、检察机关以及事业单位、群团组织中的非中共党员领导干部和不担任领导职务的干部。对国有企业中担任领导职务的人员，可以参照《中国共产党组织处理规定（试行）》的规定作出组织处理。

（5）组织处理与纪律处分的关系。组织处理和纪律处分的适用情形和针对性存在不同，纪律处分必须严格依据纪律处分条例作出，更侧重政治上的惩戒；组织处理适用情形较为灵活，主要对岗位职务、经济待遇等直接利益产生影响，有时更有针对性。二者可以单独适用，也可同时作出。同时，应注意区分免职、降职与降级、撤职之间的区别，不能以组织处理代替纪律处分，对于应当给予降级、撤职等处分的，不因其已被免职或停职检查而不再作出相关处分。

（6）组织处理的影响。《中国共产党组织处理规定（试行）》第十一条对组织处理的影响期和影响事项作了明确规定。其中，停职检查期限一般不超过6个月；受到调整职务处理的，1年内不得提拔职务、晋升职级或者进一步使用；受到责令辞职、免职处理的，1年内不得安排领导职务，2年内不得担任高于原职务层次的领导职务或者晋升职级；受到降职处理的，2年内不得提拔职务、晋升职级或者进一步使用。领导干部受到组织处理的，当年不得评选各类先进，当年年度考核按照以下规定执行：受到调整职务处理的，不得确定为优秀等次；受到责令辞职、免职、降职处理的，只写评语不确定等次。同时受到党纪政务处分和组织处理的，按照对其年度考核结果影响较重的处理处分确定年度考核等次。对受到责令辞职、免职处理的领导干部，可以根据工作需要以及本人特长，安排适当工作任务。

3. 案例

2021年5月21日至6月19日，G市发生境外输入关联本土疫情，波及F等市。经D省委批准，D省纪委监委和G市纪委监委成立疫情防控问责联合调查组，对在疫情发生和处置中履职不力、失职失责的20名领导干部进行问责。其中：

黄某某，G市卫生健康委员会党组书记、主任，受到党内严重警告、政务记大过处分，免职处理；陈某某，G市L区委书记，受到党内严重警告、政务记大过处分，免职处理；余某某，G市L区委常委、区纪委书记、区监委主任，受到党内警告处分，调离纪检监察系统。①

解读

有关党委在对黄某某、陈某某和余某某追责问责时，除由纪检监察机关作出党纪政务处分外，还合并适用了免职、调整岗位等组织处理方式，起到了很好的效果。一般认为，停职检查、调整职务、责令辞职、免职、降职5类组织处理方式的严重程度依次递增。对于应当引咎辞职但拒不辞职的，可以责令辞职；仍拒不辞职的，可予以免职。实践中，为了净化纪检监察系统，对于纪检监察机关工作人员受到党纪政务处分的，一般应调离纪检监察系统。

免职、降职与撤职的区别。从表象上看，免职、降职和撤职都使被处理人失去了原职务，但三者具有本质的区别，具体如下：

免职，即免去现任职务，但其职务层次、职级和工资待遇均不受影响。在人事处理工作中，免职是一个中性词，根据《党政领导干部选拔任用工作条例》第五十四条的规定，多种原因可导致免职：一是因职务调动、退休、任期届满、身体健康等非过错原因而被免职；二是因工作能力等原因不适宜担任现职而被免职；三是因问责而被免职。本案中的黄某某和陈某某系因问责而被免职，此时的免职系一种组织处理方式，根据规定其1年内不安排领导职务，2年内不得担任高于原任职务层次的领导职务，其间可根据安排从事临时性、专项性工作。过了规定时间后，依然可以安排担任其他领导职务。

降职，即降低职务或职级。根据《党政领导干部选拔任用工作条例》第五十七条的规定，党政领导干部在年度考核中被确定为不称职的、因工作能力较弱、受到组织处理或者其他原因不适宜担任现任职务层次的，应当降职使用。作为组织处理方式使用时，降职

① 参见佚名：《G市新冠肺炎疫情防控问责情况通报》，载中央纪委国家监委网站，https://www.ccdi.gov.cn/yaowen/202108/t20210812_248152.html。

属于第三种形态，一般采取逐级降职的原则，如从厅局级正职降为厅局级副职，从三级调研员降为四级调研员，降职后如其级别超过新任职务对应的最高级别的，应当同时降至新任职务对应的最高级别，并同时降低工资待遇。降职后，被处理人2年内不得提拔职务、晋升职级或者进一步使用。

撤职，即撤销其现任职务及职务层次，系政务处分的一种。与降职的逐级降职要求不同，撤职应当降低一个（含一个）以上职务层次，实践中断崖式降级的也不少见。在降低职务的同时，相应地降低职级和工资待遇。被处分人受到撤职处分的，在24个月的处分期内不得晋升职务和级别，也不得晋升工资档次；处分期满，处分自动解除，但不视为恢复其原职务职级，其撤职前的任职时间不得作为起算新职务的任职年限。

从程序上看，免职、降职一般先由办理案件的纪检监察机关向同级党委组织人事部门通报情况，提出建议。组织人事部门提出免职、降职建议后按照干部管理权限报请党组织批准，相关党组织经过集体研究决定后，作出免职或降职的决定。而撤职则严格履行政务处分程序。

4. 法规索引速查

《中国共产党章程》（中国共产党第二十次全国代表大会部分修改，2022年10月22日通过）

第四十条第二款 坚持惩前毖后、治病救人，执纪必严、违纪必究，抓早抓小、防微杜渐，按照错误性质和情节轻重，给以批评教育、责令检查、诫勉直至纪律处分。运用监督执纪“四种形态”，让“红红脸、出出汗”成为常态，党纪处分、组织调整成为管党治党的重要手段，严重违纪、严重触犯刑律的党员必须开除党籍。

《中国共产党组织处理规定（试行）》（中共中央办公厅印发，2021年3月19日起施行）

第三条 本规定所称组织处理，是指党组织对违规违纪违法、失职失责失范的领导干部采取的岗位、职务、职级调整措施，包括停职检查、调整职务、责令辞职、免职、降职。

第五条　本规定适用于各级党的机关、人大机关、行政机关、政协机关、监察机关、审判机关、检察机关以及事业单位、群团组织中担任领导职务的党员干部。

对以上机关、单位中非中共党员领导干部、不担任领导职务的干部，以及国有企业中担任领导职务的人员进行组织处理，参照本规定执行。

第六条　党委（党组）及其组织（人事）部门按照干部管理权限履行组织处理职责。

有关机关、单位在执纪执法、日常管理监督等工作中发现领导干部存在需要进行组织处理的情形，应当向党委（党组）报告，或者向组织（人事）部门提出建议。

第七条　领导干部在政治表现、履行职责、工作作风、遵守组织制度、道德品行等方面，有苗头性、倾向性或者轻微问题，以批评教育、责令检查、诫勉为主，存在以下情形之一且问题严重的，应当受到组织处理：

（一）在重大原则问题上不同党中央保持一致，有违背“四个意识”、“四个自信”、“两个维护”错误言行的；

（二）理想信念动摇，马克思主义信仰缺失，搞封建迷信活动造成不良影响，或者违规参加宗教活动、信奉邪教的；

（三）贯彻落实党的基本理论、基本路线、基本方略和党中央决策部署不力，做选择、打折扣、搞变通，造成不良影响或者严重后果的；

（四）面对大是大非问题、重大矛盾冲突、危机困难，不敢斗争、不愿担当，造成不良影响或者严重后果的；

（五）工作不负责任、不正确履职或者疏于管理，出现重大失误错误或者发生重大生产安全事故、群体性事件、公共安全事件等严重事故、事件的；

（六）工作不作为，敷衍塞责、庸懒散拖，长期完不成任务或者严重贻误工作的；

（七）背弃党的初心使命，群众意识淡薄，对群众反映强烈的问题推诿扯皮，在涉及群众生产、生活等切身利益问题上办事不公、作风不正，甚至损害、侵占群众利益，造成不良影响或者严重后果的；

（八）形式主义、官僚主义问题突出，脱离实际搞劳民伤财的“形象工程”、“政绩工程”，盲目举债，弄虚作假，造成不良影响或者重大损失的；

（九）违反民主集中制原则，个人或者少数人决定重大问题，不执行或者擅自改变集体决定，不顾大局闹无原则纠纷、破坏团结，造成不良影响或者严重后果的；

（十）在选人用人工作中跑风漏气、说情干预、任人唯亲、突击提拔、跑官要官、拉票贿选、违规用人、用人失察失误，造成不良影响或者严重后果的；

（十一）搞团团伙伙、拉帮结派、培植个人势力等非组织活动，破坏所在地方或者单位政治生态的；

（十二）无正当理由拒不服从党组织根据工作需要作出的分配、调动、交流等决定的；

（十三）不执行重大事项请示报告制度产生不良后果，严重违反个人有关事项报告、干部人事档案管理、领导干部出国（境）等管理制度，本人、配偶、子女及其配偶违规经商办企业的；

（十四）诬告陷害、打击报复他人，制造或者散布谣言，阻挠、压制检举控告，造成不良影响或者严重后果的；

（十五）违反中央八项规定精神、廉洁从政有关规定的；

（十六）违背社会公序良俗，造成不良影响或者严重后果的；

（十七）其他应当受到组织处理的情形。

第八条 组织处理可以单独使用，也可以和党纪政务处分合并使用。

第九条 领导干部在推进改革中因缺乏经验、先行先试出现失误，尚无明确限制的探索性试验中出现失误，为推动发展出现无意过失，后果影响不是特别严重的，以及已经履职尽责，但因不可抗力、难以预见等因素造成损失的，可以不予或者免予组织处理。

第十一条 停职检查期限一般不超过 6 个月。受到调整职务处理的，1 年内不得提拔职务、晋升职级或者进一步使用。受到责令辞职、免职处理的，1 年内不得安排领导职务，2 年内不得担任高于原职务层次的领导职务或者晋升职级。受到降职处理的，2 年内不得提拔职务、晋升职级或者进一步使用。同时受到党纪政务处分和组织处理的，按照影响期长的规定执行。

领导干部受到组织处理的，当年不得评选各类先进。当年年度考核按照以下规定执行：受到调整职务处理的，不得确定为优秀等次；受到责令辞职、免职、降职处理的，只写评语不确定等次。同时受到党纪政务处分和组织处理的，按照对其年度考核结果影响较重的处理处分确定年度考核等次。

对受到责令辞职、免职处理的领导干部，可以根据工作需要以及本人特长，安排适当工作任务。

第十二条　领导干部对组织处理决定不服的，可以在收到组织处理决定后，向作出组织处理决定的党委（党组）提出书面申诉。党委（党组）应当在收到申诉的 1 个月内作出申诉处理决定，以书面形式告知干部本人以及所在单位。领导干部对申诉处理决定不服的，可以向上级组织（人事）部门提出书面申诉。上级组织（人事）部门应当在 2 个月内予以办理并作出答复，情况复杂的不超过 3 个月。

申诉期间，不停止组织处理决定的执行。

五、精准运用监督执纪“四种形态”

1. 图解

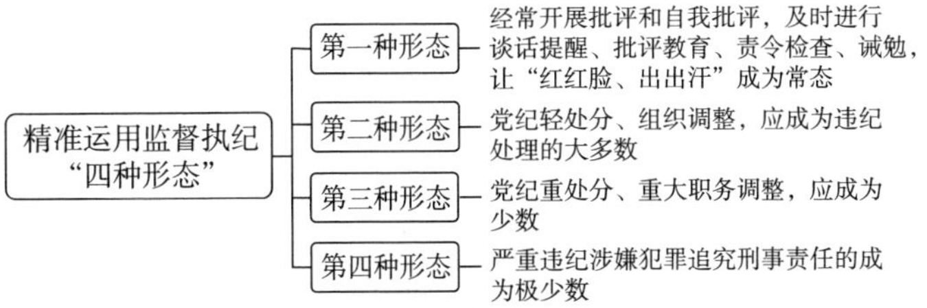

图 5－9　精准运用监督执纪“四种形态”

2. 实务指引

图5－9介绍了监督执纪“四种形态”的基本内涵，根据《中国共产党纪律处分条例》《中国共产党组织处理规定（试行）》《中华人民共和国公职人员政务处分法》等法律法规，第一种形态处理方式，主要包括给予谈话提醒、批评教育、责令检查、诫勉等批评教育类措施。第二种形态处理方式，包括党纪政务轻处分和一般的组织调整措施，前者包括党内警告、党内严重警告2项党纪轻处分和政务警告、政务记过、政务记大过、政务降级4项政务轻处分，后者包括调整职务、免职、责令辞职等各类措施。第三种形态处理方式，指党纪政务重处分和重大职务调整，重处分包括撤销党内职务、留党察看、开除党籍3项党纪重处分和政务撤职、开除公职2项政务重处分，重大职务调整包括降职、解除人事或劳动关系等重大职务调整措施。第四种形态处理方式，指严重违纪违法涉嫌职务犯罪的，包括纪检监察机关立案审查调查后移送司法机关追究刑事责任和司法机关追究刑事责任后移送纪检监察机关作出开除党籍和开除公职处分2种情形。

党内立法沿革。党的十八大以来，纪检监察机关在落实全面从严治党的实践中逐渐总结形成了精准适用监督执纪“四种形态”的政策和要求。2016年10月，十八届六中全会通过的《中国共产党党内监督条例》首次将监督执纪“四种形态”写进了党内法规。2017年10月，党的十九大将监督执纪“四种形态”写进了大会报告和《中国共产党章程》。随后，2018年修订的《中国共产党纪律处分条例》第五条和2019年1月施行的《中国共产党纪律检查机关监督执纪工作规则》第四条都新增规定了监督执纪“四种形态”，成为指导纪检监察机关工作的重要原则。2023年修订的《中国共产党纪律处分条例》第五条进一步完善了“四种形态”适用的情形和处理方式。李希同志在二十届中央纪委三次全会上的工作报告中明确指出，“研究起草《纪检监察机关准确运用“四种形态”实施办法（试行）》，发布典型案例加强指导”。四种形态运用更加精准、规范。

为什么要提出和运用监督执纪“四种形态”？领导干部往往是从破坏规矩、违反纪律开始，进而走上违法、犯罪的道路。党的十八大以来，以习近平同志为核心的党中央将全面从严治党纳入“四个全面”战略布局。全面从严治党并不简单等同于党风廉政建设和反腐败，而是一个系统工程，基础在“全面”，不但要对少数党员干部的贪腐犯罪行为进行严惩，更要管住管好9900多万名全体党员；既要打击严惩极少数，又要教育挽救大多数。在全面从严治党的过程中，纪检监察机关必须要精准运用监督执纪“四种形态”，准确区分常态、大多数、少数和极少数，落实“惩前毖后、治病救人”方针，真正做到将纪律和规矩挺在前面，防止不出事都是“好同志”，一出事就成“阶下囚”，努力实现政治效果、纪法效果和社会效果相统一。

怎样实现精准运用监督执纪“四种形态”？首先，要实事求是，以事实为依据，以纪法为准绳，做到一是一、二是二，是什么问题就是什么问题。实现四种形态的“常态”“大多数”“少数”“极少数”的目标要建立在事实和证据的基础上，不能为追求指标在证据把关、程序手续上“放水”，从而确保每一起案件都经得起实践、人民、历史的检验。其次，要精准把握政策和策略。在案件处理上，事实证据是基础，主观态度是变量，坚持“三个区分开来”，做到早发现早提醒、真容错敢纠错、讲政策给出路。在个案处置上，综合考虑行为性质和情节、危害后果、社会影响、时间节点、认错悔错态度，对于主观恶性不强、一贯表现良好、认错悔错态度好、主动投案、主动交代违纪违法事实、主动退交涉案款物的，可以从轻或减轻处理。最后，要在分类处置上下功夫。纪检监察机关要强化分析研究，提高精准把握标准和运用政策的能力，防止出现适用不当、尺度不准、畸轻畸重现象。要在加强日常管理和监督上下功夫，用好第一种形态，关口前移。要精准运用第三种形态，对于存在严重违纪违法行为，但有从轻或减轻处分情节的被审查调查人，可以按照“惩前毖后、治病救人”的原则，根据《中国共产党纪律检查机关监督执纪工作规则》第四条第五项的规定，给予第三种形态处理。

3. 案例

案例一：2021年7月16日，中央纪委国家监委公布数据显示，2021年上半年全国纪检监察机关运用“四种形态”批评教育帮助和处理共95.9万人。其中，运用第一种形态批评教育帮助68.9万人，占总人次的71.9%；运用第二种形态处理20.6万人次，占总人次的21.5%；运用第三种形态处理3万人次，占总人次的3.1%；运用第四种形态处理3.4万人次，占总人次的3.5%。①

案例二：中央纪委国家监委网于2019年11月27日发布了J市人大常委会原党组书记、主任李某某严重违纪违法问题的案例通报。经查，李某某违反中央八项规定精神、组织纪律、工作纪律，以权谋私，收受他人财物。鉴于李某某能够自动投案，并深刻认识到自身存在的问题及其严重性，主动如实交代全部违纪违法问题，主动上交违纪违法所得，真诚悔错认错，按照“惩前毖后、治病救人”的原则，对其可予从轻处理。依据有关规定，经J省纪委常委会会议研究并报J省委批准，决定给予李某某开除党籍处分；由省监委给予其政务撤职处分，降为一级主任科员；收缴其违纪违法所得。②

解读

案例一中，2021年上半年全国纪检监察机关运用第一、二、三、四种形态占比分别为71.9%、21.5%、3.1%、3.5%，用好用准了监督执纪“四种形态”，把握住了“树木”与“森林”的关系。

案例二中，李某某严重违纪违法，但鉴于其自动投案，主动如实交代全部违纪违法问题，主动上交违纪违法所得，真诚悔错认错，J省纪委监委按照“惩前毖后、治病救人”的原则对其从轻处理，精准运用第三种形态对其作出开除党籍、政务撤职处分，并断崖式降级为一级主任科员，起到了很好的惩戒、震慑和教育作用。

① 参见佚名：《深观察丨透视监督检查审查调查半年报》，载微信公众号“中央纪委国家监委网站”2021年7月16日，https：//mp.weixin.qq.com/s/SxdiVyScb4JzLmjIsTL5pw。

② 参见佚名：《吉林市人大常委会原党组书记、主任李某某被开除党籍、政务撤职》，载中央纪委国家监委网，https：//www.ccdi.gov.cn/yaowen/201911/t20191127_205088.html。

4. 法规索引速查

《中国共产党章程》（中国共产党第二十次全国代表大会部分修改，2022年10月22日通过）

第四十条第二款　坚持惩前毖后、治病救人，执纪必严、违纪必究，抓早抓小、防微杜渐，按照错误性质和情节轻重，给以批评教育、责令检查、诫勉直至纪律处分。运用监督执纪“四种形态”，让“红红脸、出出汗”成为常态，党纪处分、组织调整成为管党治党的重要手段，严重违纪、严重触犯刑律的党员必须开除党籍。

《中国共产党党内监督条例》（中国共产党中央委员会通过，2016年10月27日起施行）

第七条　党内监督必须把纪律挺在前面，运用监督执纪“四种形态”，经常开展批评和自我批评、约谈函询，让“红红脸、出出汗”成为常态；党纪轻处分、组织调整成为违纪处理的大多数；党纪重处分、重大职务调整的成为少数；严重违纪涉嫌违法立案审查的成为极少数。

《中国共产党纪律处分条例》（中共中央印发，2003年12月31日起施行，2023年12月19日修订发布）

第五条　深化运用监督执纪“四种形态”，经常开展批评和自我批评，及时进行谈话提醒、批评教育、责令检查、诫勉，让“红红脸、出出汗”成为常态；党纪轻处分、组织调整成为违纪处理的大多数；党纪重处分、重大职务调整的成为少数；严重违纪涉嫌犯罪追究刑事责任的成为极少数。

第八条　对党员的纪律处分种类：

（一）警告；

（二）严重警告；

（三）撤销党内职务；

（四）留党察看；

（五）开除党籍。

第九条　对于违犯党纪的党组织，上级党组织应当责令其作出书面检查或者给予通报批评。对于严重违犯党纪、本身又不能纠正的党组织，上一级党的委员会在查明核实后，根据情节严重的程度，可以予以：

（一）改组；

（二）解散。

《中国共产党纪律检查机关监督执纪工作规则》（中共中央办公厅印发，2019 年 1 月 1 日起施行）

第四条 坚持惩前毖后、治病救人，把纪律挺在前面，精准有效运用监督执纪“四种形态”，把思想政治工作贯穿监督执纪全过程，严管和厚爱结合，激励和约束并重，注重教育转化，促使党员自觉防止和纠正违纪行为，惩治极少数，教育大多数，实现政治效果、纪法效果和社会效果相统一。

《中华人民共和国公职人员政务处分法》（主席令第 46 号公布，2020 年 7 月 1 日起施行）

第七条 政务处分的种类为：

（一）警告；

（二）记过；

（三）记大过；

（四）降级；

（五）撤职；

（六）开除。

《中国共产党组织处理规定（试行）》（中共中央办公厅印发，2021 年 3 月 19 日起施行）

第三条 本规定所称组织处理，是指党组织对违规违纪违法、失职失责失范的领导干部采取的岗位、职务、职级调整措施，包括停职检查、调整职务、责令辞职、免职、降职。

第二节　处分程序和批准权限

一、普通程序：党支部大会讨论

1. 图解

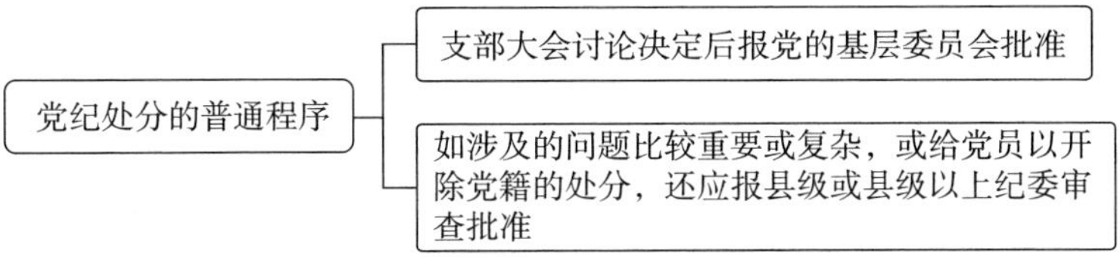

图 5－10　党纪处分的普通程序

2. 实务指引

《中国共产党章程》《中国共产党纪律检查委员会工作条例》《中华人民共和国公职人员政务处分法》分别对党员违纪、公职人员违法的处分权限和程序作了概括性规定，2022 年 9 月 22 日起施行的《中国共产党处分违纪党员批准权限和程序规定》则取代中央纪委 1983 年、1987 年先后印发的《关于处分违犯党纪的党员批准权限的具体规定》和《关于修改〈关于处分违犯党纪的党员批准权限的具体规定〉的通知》，对党纪处分批准权限和程序作了具体规定。根据上述规定，对党员作出党纪处分实行分级负责制，主要依据党员组织隶属关系和干部人事管理权限确定处分批准权限；对公职人员作出政务处分，则根据干部管理权限确定处分主体和批准权限；对于既是党员又是公职人员的党员干部，则优先依据干部人事管理权限确定处分批准权限。作出处分时，各级党组织和监察机关应贯彻民主集中制，由集体讨论决定。由于政务处分的批准权限和党纪处分的批准权限基本一致，下面笔者主要根据党内法规的规定，就处分违纪党员的批准程序进行梳理。

处分违纪党员的程序分为普通程序和特殊程序。所谓普通程序，是指对党员作出党纪处分，必须经过支部大会讨论决定，并报党的基层委员会批准；如涉及的问题比较重要或复杂，或给党员以开除党籍的处分，在履行了上述程序后还应报县级或县级以上纪委审查批准。实践中，对社区、企业和机关等党的基层组织中的普通党员给予党纪处分，一般履行普通程序。

关于召开支部大会的时间节点。召开支部大会应在案件进入案件审理阶段后进行。其中，对于各级纪委（纪工委）立案审查的案件，一般由负责审查的纪委（纪工委）部门在审理意见呈报相关负责人审批后、纪委常委会会议审议前，将相关意见材料通报被处分党员所在支部，由被处分党员所在支部召开党员大会进行讨论。

关于召开支部大会的流程和程序，可归纳为以下几步：

一是主持人介绍会议议程，报告参会情况。主持人一般由支部书记担任；如支部书记系违纪党员，则由支部副书记主持；无支部副书记的，由上级党组织派人主持会议。存在患有精神疾病或其他疾病导致不能表达本人意愿、长期生病生活不能自理、自费出国半年以上等特殊情况的党员，经报上级党组织同意，可以不计算在应到会人数之内。

二是介绍违纪党员的违纪违法事实和案情，提出处分建议。会前，纪委（纪工委）案件审理室、所在单位派驻纪检监察组或机关纪委等有关部门或单位应将审理认定的违纪违法事实及有关意见告知被处分党员所在支部。支部负责人要充分沟通，认真研究，在会上提出恰当的处理建议。

三是违纪党员进行检讨和申辩。根据《中国共产党章程》第四条等规定，在党组织讨论决定对党员的党纪处分时，党员本人有权参加和进行申辩。违纪党员本人拒绝参加的，不影响支部大会的召开。党支部书记在会前可以与违纪党员谈话，帮助其端正态度，提高认识。

四是与会人员开展讨论。与会人员围绕违纪党员的行为、定性和处理等充分发表意见。其他党员可以为违纪党员作证和辩护，主持人或参加会议指导的人员，可以作必要的说明。实践中，部分基层党员对定性处理等专业问题不甚了解，主持人或参加会议指导的人员应做好普法释纪的工作。对于疑难复杂案件，也可以在支部大会前召开党支部委员会议，统一思想认识。

五是进行表决。由有表决权的与会党员对处分处理意见进行表决。预备党员和留党察看期内的党员没有表决权，不计算在有表决权的党员人数之中。根据《中国共产党支部工作条例（试行）》等规定，实际到会有表决权的党员人数超过全部应到会有表决权党员的半数、赞成人数超过应到会有表决权党员的半数时，方可形成有效决议。应当注意，违纪党员如属有表决权的党员，也有权参加表决，可自由决定投赞成、反对或弃权票。表决可以采取举手、口头和投票等方式，如举手表决的，在表决时要做到“三举”，即同意的举手、不同意的举手和弃权的举手。

六是主持人宣布表决结果，做好警示教育。主持人宣布表决结果，既要宣布赞成人数，也要宣布反对和弃权的人数。同时，要对包括违纪党员在内的全体党员做好警示教育工作，筑牢党风廉政建设的基础。会后，应形成党支部党员大会决议，被审查人应当在决议上签写意见，拒不签写或客观原因不能签写的，应当在决议上注明。

笔者对召开支部大会在实践中碰到的常见问题，梳理处理意见如下。

（1）关于“开会难”问题的处理。因各地人口流动性较大，尤其是农村外出务工人员较多，农村等基层党支部“开会难”的问题比较突出。根据规定，在这种特殊情况下，可以由县级党委或纪委对违纪党员直接作出处分决定，但处分决定所依据的事实材料和处分决定必须同本人见面、听取本人说明情况和申辩。

（2）关于支部大会意见与上级纪委、党委意见不一致问题的处理。实践中存在支部大会决议意见与纪委初步审理意见和党委最终处分意见不一致的情况。有些地方认为，支部意见不能与上级纪委、党委意见相悖，出现这种情况应责成所在支部重新召开支部大会讨论。对此，有观点认为①，根据党章第十条“下级组织服从上级组织”的民主集中制基本原则和《中国共产党纪律处分条例》第四条“上级党组织对违犯党纪的党组织和党员作出的处理决定，下级党组织必须执行”的

---

① 参见董芳：《支部大会讨论决定党纪处分的误区》，载微信公众号“职务犯罪研究”2020 年 10 月 16 日，https：//mp. weixin. qq. com/s/cMqT9wT0b3qQCD9HHzvRKQ。

规定，上级党委可以作出不同于支部大会意见的决定，支部必须坚决服从并执行，即上级党委在充分尊重和考虑支部大会意见的基础上，根据案件实际情况，可以直接作出与支部意见不同的处分决定。支部如对上级党委的决定有异议，可以请求上级党委复议；上级党委坚持原决定的，支部必须执行，但有权向上一级组织报告。

（3）关于处分决定的作出单位。案件经支部大会讨论决定，并不意味着处分决定由支部作出。以农村党员为例，支部大会讨论后形成的处分意见，应由乡镇纪委呈报乡镇党委审批；经乡镇党委批准后，乡镇纪委以自己名义制作处分决定，无须由乡镇党委向受处分人所在支部下达批复。

3. 示例

杨某，男，中共党员，系A镇某村村民，因酒后驾车受到行政处罚。2021年7月，A镇纪委对杨某的上述违纪问题进行党纪立案，并于8月初将审理后的违纪事实移交该村党总支讨论。因该村外出务工党员较多，一直没有召开支部大会的条件。直到2021年中秋节，部分农民工返乡过节，该村党总支择机于2021年9月22日召开支部大会，讨论杨某违纪案的处分事宜。经统计，该村共有中共党员42名，其中预备党员2名，正式党员40名，当天到会有表决权的党员22名，到会党员均同意给予杨某党内严重警告处分。会后村党总支形成给予杨某党内严重警告处分的决议，并上报A镇纪委。经A镇纪委报A镇党委审批同意，决定对杨某作出党内严重警告处分。

解读

根据有关指导意见，因外出务工人员较多导致农村等基层党支部大会难以召开的，可以由县级党委或纪委对违纪党员直接作出处分决定。当然，根据当地传统和案件具体情况，如本示例等待特定时机召开支部大会也是一个值得尝试的办法。

本示例中，村党支部有表决权的党员共40人，赞成给予杨某党内严重警告处分的党员22人，赞成人数超过应到会有表决权党员的半数，符合规定。

4. 法规索引速查

《中国共产党章程》（中国共产党第二十次全国代表大会部分修改，2022 年 10 月 22 日通过）

第四条第一款第五项、第六项　党员享有下列权利：

（五）行使表决权、选举权，有被选举权。

（六）在党组织讨论决定对党员的党纪处分或作出鉴定时，本人有权参加和进行申辩，其他党员可以为他作证和辩护。

第四十二条第一款　对党员的纪律处分，必须经过支部大会讨论决定，报党的基层委员会批准；如果涉及的问题比较重要或复杂，或给党员以开除党籍的处分，应分别不同情况，报县级或县级以上党的纪律检查委员会审查批准。在特殊情况下，县级和县级以上各级党的委员会和纪律检查委员会有权直接决定给党员以纪律处分。

《中国共产党纪律处分条例》（中共中央印发，2003 年 12 月 31 日起施行，2023 年 12 月 19 日修订发布）

第四条第四项　党的纪律处分工作遵循下列原则：

（四）民主集中制。实施党纪处分，应当按照规定程序经党组织集体讨论决定，不允许任何个人或者少数人擅自决定和批准。上级党组织对违犯党纪的党组织和党员作出的处理决定，下级党组织必须执行。

《中国共产党支部工作条例（试行）》（中共中央印发，2018 年 10 月 28 日起施行）

第十一条　党支部党员大会是党支部的议事决策机构，由全体党员参加，一般每季度召开 1 次。

党支部党员大会的职权是：听取和审查党支部委员会的工作报告；按照规定开展党支部选举工作，推荐出席上级党代表大会的代表候选人，选举出席上级党代表大会的代表；讨论和表决接收预备党员和预备党员转正、延长预备期或者取消预备党员资格；讨论决定对党员的表彰表扬、组织处置和纪律处分；决定其他重要事项。

村、社区重要事项以及与群众利益密切相关的事项，必须经过党支部党员大会讨论。

党支部党员大会议题提交表决前，应当经过充分讨论。表决必须有半数以上有表决权的党员到会方可进行，赞成人数超过应到会有表决权的党员的半数为通过。

《中国共产党处分违纪党员批准权限和程序规定》（中共中央印发，2022年9月22日起施行）

第十三条 对于各级纪委立案审查的党员，需要给予党纪处分的，除特殊情况外，一般由负责审查的纪委经审理后形成关于违纪事实和处分意见的通报材料，经下一级党组织交由被审查人所在党支部党员大会讨论形成决议，并由该下一级党组织报负责审查的纪委履行处分审批程序。被审查人所在党支部系负责审查的纪委下一级党组织的，由负责审查的纪委将关于违纪事实和处分意见的通报材料交由该党支部党员大会讨论形成决议后履行处分审批程序。

对各级纪委监委派出的纪检监察工作委员会（含纪律检查工作委员会，下同）以及未设立纪委的党的基层委员会审查的党员给予党纪处分的，参照前款规定履行处分审批程序。

被审查人所在党支部党员大会讨论给予其党纪处分时，实际到会有表决权的党员人数必须超过全部应到会有表决权的党员的半数，且表决时必须经过全部应到会有表决权的党员过半数赞成，方可形成决议；被审查人有权参加和进行申辩。被审查人应当在党支部党员大会决议上签写意见；拒不签写意见或者因其他原因不能签写意见的，支部委员会（含未设支部委员会的支部书记）应当在决议上注明。

处分决定所依据的事实材料必须同被审查人本人见面，听取其陈述和申辩，并如实记录、及时核实，合理的予以采纳；不予采纳的，应当说明理由。该事实材料应当由被审查人签写意见，对签写不同意见或者拒不签写意见的，应当作出说明或者注明情况。

二、特殊程序：县级以上纪委直接作出处分

1. 图解

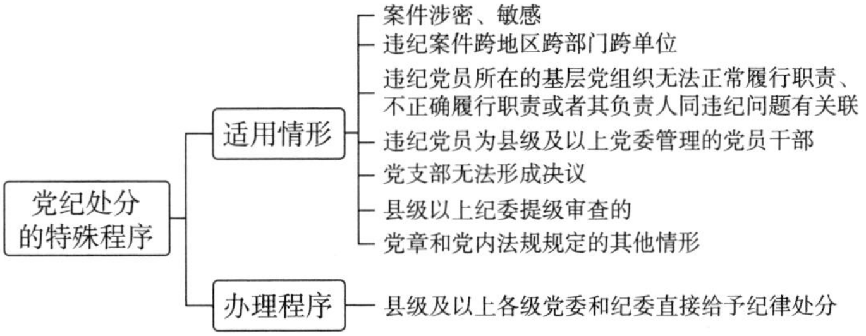

图 5－11　党纪处分的特殊程序

2. 实务指引

根据规定，在特殊情况下，县级和县级以上各级党委和纪委可以直接给予党员干部党纪处分，而无须经过支部大会讨论。

“特殊情况”的范围。根据《中国共产党章程》第四十二条第一款、《中国共产党纪律检查委员会工作条例》第三十七条和《中国共产党处分违纪党员批准权限和程序规定》第十四条的规定，县级以上党委和纪委可以直接作出党纪处分的“特殊情况”主要包括：案情涉密、敏感；违纪案件跨地区跨部门跨单位；违纪党员系县级以上各级党委管理的党员干部；违纪党员所在的基层党组织无法正常履行职责、不正确履行职责或者其负责人同违纪问题有关联；违纪党员所在党支部党员大会经讨论无法及时形成决议，或者因可到会有表决权的党员人数未超过全部应到会有表决权的党员半数，不能及时召开党支部党员大会讨论表决的；县级以上纪委提级审查下级党委（党组）管理的党员；党章和有关党内法规规定的其他情况。

关于县级纪委作出党纪处分是否应经支部大会讨论的问题。关于这个问题，党内立法有一个动态调整的过程。在 2021 年 12 月 24 日《中国共产党纪律检查委员会工作条例》印发前，根据上级文件规定“特殊情况”的案件范围有限，县级纪委查处的案件一般不符合“特

殊情况”，需先提交违纪党员所在支部大会讨论后，再由县级纪委作出党纪处分决定。《中国共产党纪律检查委员会工作条例》《中国共产党处分违纪党员批准权限和程序规定》等规定先后施行后，由于明确规定对县级以上各级党委管理的党员干部作出党纪处分、县级以上纪委提级审查下级党委（党组）管理的党员，均可由县级以上党委或纪委直接作出处分，故县级纪委无论是查处县管干部，还是提级办理下级党员干部，均无须支部大会讨论。

关于“征求所在党委（党组）意见”与“支部大会讨论”的关系。笔者认为，征求所在党组织意见这一程序只适用于县级以上党委和纪委直接作出处分决定的特殊程序，支部大会讨论案件不适用该程序。

3. 案例

赵某某，男，中共党员，系H市X区委原常委、宣传部部长。经批准，H市纪委监委对赵某某进行了纪律审查和监察调查。经查，赵某某严重违纪，并涉嫌职务犯罪。依据有关规定，经H市纪委常委会会议研究并报市委批准，决定给予赵某某开除党籍处分；由市监委给予其开除公职处分。①

解读

本案是未经支部大会讨论，直接由H市纪委作出党纪处分的案件。赵某某作为H市X区委原常委、宣传部部长，系H市委管理干部，其严重违纪违法问题牵涉面较广，工作的秘密程度较高，根据案发时相关规定，属于《中国共产党章程》第四十二条第一款规定的“特殊情况”，可由H市纪委报请H市委同意后直接作出党纪处分决定。

---

① 参见佚名：《杭州市萧山区委原常委、宣传部部长赵某某严重违纪违法被开除党籍和公职》，载杭州廉政网，https：//www. hzlz. gov. cn/detail/2021/06/01/48866. html。

4. 法规索引速查

《中国共产党章程》（中国共产党第二十次全国代表大会部分修改，2022 年 10 月 22 日通过）

第四十二条第一款　对党员的纪律处分，必须经过支部大会讨论决定，报党的基层委员会批准；如果涉及的问题比较重要或复杂，或给党员以开除党籍的处分，应分别不同情况，报县级或县级以上党的纪律检查委员会审查批准。在特殊情况下，县级和县级以上各级党的委员会和纪律检查委员会有权直接决定给党员以纪律处分。

《中国共产党纪律检查委员会工作条例》（中共中央发布，2021 年 12 月 24 日起施行）

第三十七条第一款、第二款　党的各级纪律检查委员会根据纪律审查结果，依据相关党内法规，对应当追究党纪责任的党组织和党员进行纪律处理、处分。

对于各级纪律检查委员会立案审查的党员，需要给予纪律处分的，一般由负责审查的纪委提出处分意见，经被审查人所在党支部的党员大会讨论形成决议，并按照规定报党的基层委员会批准或者有权处分的党组织审批。在特殊情况下，县级和县级以上各级纪委有权直接决定给予党员纪律处分，主要包括：案情涉密、敏感；违纪案件跨地区跨部门跨单位；违纪党员所在的基层党组织无法正常履行职责、不正确履行职责或者其负责人同违纪问题有关联；违纪党员为县级或者县级以上各级党委管理的党员干部；党章和其他党内法规明确规定的相关情况。

《中国共产党处分违纪党员批准权限和程序规定》（中共中央印发，2022 年 9 月 22 日起施行）

第十四条　有下列特殊情况之一，县级以上各级党委和纪委可以直接决定给予违纪党员党纪处分：

（一）案情涉密、敏感的；

（二）违纪案件跨地区跨部门跨单位的；

（三）违纪党员系县级以上各级党委管理的党员干部的；

（四）违纪党员所在的基层党组织无法正常履行职责、不正确履行行职责或者其负责人同违纪问题有关联的；

（五）违纪党员所在党支部党员大会经讨论无法及时形成决议，或者因可到会有表决权的党员人数未超过全部应到会有表决权的党员半数，不能及时召开党支部党员大会讨论表决的；

（六）县级以上纪委提级审查下级党委（党组）管理的党员的；

（七）党章和有关党内法规规定的其他情况。

三、党组作出党纪处分

1. 图解

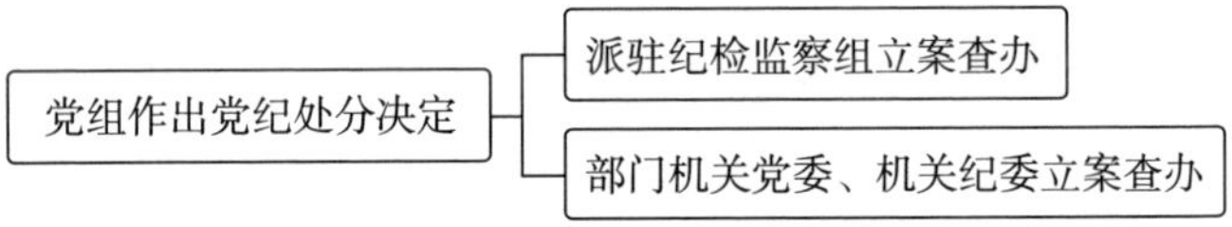

图 5－12　党组作出党纪处分决定

2. 实务指引

（1）立法沿革。单位党组（党委）管理的党员干部由哪一级党组织作出处分决定，党内立法有一个动态调整的过程。依据 2012 年《中国共产党章程》第四十二条的规定，单位对管理的党员干部作出党纪处分应经支部大会讨论、报单位机关党委批准并以机关党委的名义作出。2017 年 10 月修改后的《中国共产党章程》第四十八条赋予了单位党组“处分党员”的职责和权限，党组与所在单位党的基层组织从“指导”关系变更为“领导”关系；根据该规定，单位管理的党员干部的党纪处分应由单位党组批准和作出。2018 年中共中央办公厅印发的《党组讨论和决定党员处分事项工作程序规定（试行）》，再次明确了党组的党纪处分批准权，并对党组作出党纪处分的具体程序作了明确规定。此后，2019 年中共中央印发的《中国共产党党组工作条例》对上述党组处分党员的职责作了进一步明确。2025 年，中共中央对《党组讨论和决定党员处分事项工作程序规定（试行）》进行修订，并以中共中央办公厅名义印发《党组讨论和决定党员处分事项工作程序规定》，进一步厘清了党组、派驻纪检监察机构和纪检监察工委、机关党委、机关纪委之间的职责和权限。

（2）党组作出党纪处分的程序。主要步骤如下：①派驻纪检监察机构对驻在单位党组管理的党员立案审查后，向单位党组主要负责人通报。②对驻在单位党组管理的领导班子成员和其他重点监督对象，派驻纪检监察机构进行内部审理、提出党纪处分初步建议并通报党组后，移送相关纪检监察工委进行审理。③纪检监察工委对案件进行审理，形成审理报告并正式反馈给派驻纪检监察机构。④派驻纪检监察机构将党纪处分建议通报驻在单位党组。⑤党组集体讨论决定党员处分事项，并正式通报纪检监察机构。⑥单位基层纪委或机关党委负责处分决定的制作、宣布和送达，并将相关材料报纪检监察工委备案。

对比2018年的试行规定，2025年修订后的《党组讨论和决定党员处分事项工作程序规定》，新增或特意明确了以下工作要求：①明确基层纪委的立案和处分权。对党组管理但未经党组任免的人员，可以由单位的基层纪委或基层党委立案审查，并批准给予开除党籍以外的处分。如要给予党员开除党籍处分，还须报党组会议审议批准。②单位正职领导干部的审理意见需报告相关纪检监察机关。对于驻在单位党组管理的正职领导干部案件，驻单位派驻纪检监察机构在将案件移送纪检监察工委审理并收到反馈审理意见后，应向派出其的纪检监察机关相关联系部门沟通，报告情况并形成一致意见后，通报驻在单位党组。③敏感特殊案件，派驻机构经报派出纪检监察机关批准后，也可不移送纪检监察工委审理。④纪检监察工委与单位党组处分意见不一致时的解决途径和方式。2025年修订后的《党组讨论和决定党员处分事项工作程序规定》明确规定，党组意见与纪检监察工委审理后反馈的党纪处分建议不同且不能协商一致的，由派驻机构报派出纪检监察机关决定。⑤担任地方党委委员、候补委员或地方纪委委员的“双重管理干部”，明确由地方纪委给予党纪处分，并将处分决定抄告主管部门党组。

（3）关于党组（党委）作出处分决定是否应经支部大会讨论的问题。根据《中国共产党处分违纪党员批准权限和程序规定》第三十一条的规定，具备下列三种条件之一的，党组（党委）可以直接决定给予违纪党员党纪处分，无须经过支部大会讨论：①所在单位基层党委具有审批预备党员权限的；②所在党和国家机关机构规格为正县处级以上的；③本级党委系设区的市级以上党委的。

3. 案例

日前，中央纪委国家监委驻国家发展改革委纪检监察组、陕西省纪委监委对国家能源局华中监管局原党组书记、局长薛某涉嫌严重违纪违法问题进行了纪律审查和监察调查。经查，薛某严重违反党的纪律，构成职务违法并涉嫌职务犯罪，性质恶劣，情节严重，经国家能源局党组研究决定，给予薛某开除党籍处分；经中央纪委国家监委驻国家发展改革委纪检监察组研究决定，给予薛某开除公职处分；收缴其违纪违法所得；将其涉嫌犯罪问题移送检察机关依法审查起诉，所涉财物随案移送。①

解读

本案是一起派驻纪检监察机构和地方纪委监委联合办案后交所在单位党组作出党纪处分的典型案例。根据《中华人民共和国公职人员政务处分法》《党组讨论和决定党员处分事项工作程序规定》等相关规定，对单位党组（含党组性质的党委，下同）管理的党员干部给予党纪处分，应由单位党组讨论决定，对其政务违法行为，则可以由派驻纪检监察组给予政务处分，也可以由任免机关、单位给予处分。对党组管理的人员中的党员实施党纪处分，党组、纪委监委派出的纪检监察工委、派驻机构等应当按照规定权限和程序履行职责，对上述党员作出党纪处分应当由相应党组进行讨论和决定，给予开除党籍处分的，还须报党组会议审议批准。反映在本案中，虽然该案由中央纪委国家监委驻国家发展改革委纪检监察组

---

① 参见佚名：《国家能源局华中监管局原党组书记、局长薛某被开除党籍和公职》，载国家发改委网，https：//www. ndrc. gov. cn/fzggw/pzjg/zwjjjcz/sjdt/202011/t20201113_ 1250352. html? code = &state = 123。

联合地方纪委监委查办，但其只能对薛某作出开除公职处分，党纪处分必须由薛某所在单位国家能源局的党组作出。

4. 法规索引速查

《中国共产党章程》（中国共产党第二十次全国代表大会部分修改，2022 年 10 月 22 日通过）

第四十八条 在中央和地方国家机关、人民团体、经济组织、文化组织和其他非党组织的领导机关中，可以成立党组。党组发挥领导作用。党组的任务，主要是负责贯彻执行党的路线、方针、政策；加强对本单位党的建设的领导，履行全面从严治党责任；讨论和决定本单位的重大问题；做好干部管理工作；讨论和决定基层党组织设置调整和发展党员、处分党员等重要事项；团结党外干部和群众，完成党和国家交给的任务；领导机关和直属单位党组织的工作。

《中国共产党党组工作条例》（中共中央印发，2019 年 4 月 6 日起施行）

第十八条第一款第五项 党组必须坚持党建工作与业务工作同谋划、同部署、同推进、同考核，加强对本单位党的建设的领导，落实新时代党的建设总要求，履行全面从严治党责任，提高党的建设质量。具体包括：

（五）加强党的基层组织建设和党员队伍建设，讨论和决定基层党组织设置调整和发展党员、处分党员等重要事项；

《中国共产党党和国家机关基层组织工作条例》（中共中央印发，2010 年 6 月 4 日起施行，2019 年 12 月 27 日修订发布）

第三十七条第三款 党组（党委）按照干部管理权限，讨论决定处分党员有关事项，在作出党纪处分决定前应当与派驻纪检监察组交换意见。处分决定生效后，有关处分决定和材料应当按照要求报机关纪检监察工作委员会备案。

《党组讨论和决定党员处分事项工作程序规定》（中共中央办公厅印发，2019 年 1 月 1 日起施行，2025 年 5 月 26 日修订发布）

第二条 坚持用改革精神和严的标准管党治党，落实党组（含党组性质党委，下同）全面从严治党主体责任，强化纪检监察机关派驻机构（以下简称派驻机构）监督职责，始终以严的基调、严的措施、严的氛围纵深推进正风肃纪反腐。

第三条 对党组管理的人员中的党员实施党纪处分，党组、纪委监委派出的纪检监察工委（以下简称派出机构）、派驻机构等应当按照规定权限和程序履行职责，加强协调沟通，有序顺畅衔接，形成工作合力，实现政治效果、纪法效果和社会效果有机统一。

第四条 党组讨论和决定本单位党员党纪处分事项。

对未经党组会议讨论决定任免，但属于党组管理的人员中的党员给予党纪处分的，也可以由所在单位党的基层纪律检查委员会（以下简称基层纪委）按照规定审查批准或者报党的基层委员会（以下简称基层党委）审议批准；给予开除党籍处分的，还须相应报党组会议审议批准。

第五条 派驻机构按照规定对党组管理的人员中的党员立案审查调查后，应当向被审查调查人所在单位党组主要负责人通报。党组应当支持派驻机构履行监督责任、查办违纪违法案件，并自觉接受监督。

第六条 派驻机构对驻在单位（含综合监督单位，下同）党组管理的领导班子成员、其他列入重点监督对象的党员涉嫌违纪违法问题立案审查调查结束，经内部审理、集体研究，提出党纪处分建议，并通报党组后，按照驻在单位党的工作领导关系移送相应的派出机构进行审理。

涉及敏感特殊案件，派驻机构报派出机关批准后，可以不移送派出机构审理。

对于重大、疑难、复杂案件，可以商请派出机构提前介入审理。

第七条 派出机构对案件应当认真审核把关、监督纠错，把握量纪平衡，形成审理报告并正式反馈。

派出机构应当定期分析党员干部违纪违法特点规律，向派出机关报告案件审理工作情况，重要情况及时报告。

第八条 经派出机构审理后，派驻机构将党纪处分建议通报驻在单位党组，由党组讨论决定。党纪处分建议与党组的意见不同又不能协商一致的，由派驻机构报派出机关研究决定。

对驻在单位党组管理的领导班子成员中的正职领导干部案件，派驻机构应当在派出机构反馈审理意见后，与派出机关有关部门沟通形成一致意见并通报驻在单位党组。

第九条 党组集体讨论决定党员处分事项，不允许任何个人或者少数人擅自决定和批准。

党纪处分决定以党组名义作出并自党组讨论决定之日起生效。

第十二条 对于党的组织关系在地方、干部管理权限在主管部门党组的党员干部违纪案件，由派驻机构立案审查的，由主管部门党组讨论决定党员处分事项，并向地方党组织通报处理结果；由地方纪委立案审查的，由地方纪委按照程序作出党纪处分决定，并向主管部门党组通报处理结果。

前款所涉党员干部同时担任地方党委委员、候补委员或者地方纪委委员职务的，由地方纪委按照有关规定履行处分审批程序，并将党纪处分决定抄告主管部门党组。其中，地方纪委立案审查的，应当通过有监督执纪权限的相应派驻机构或者主管部门机关纪委征求主管部门党组意见后履行处分审批程序。

第十五条 党的工作机关、党委直属事业单位领导机构讨论和决定党员处分事项，参照本规定执行。

第十六条 中央纪委国家监委驻国务院国资委纪检监察组协助中央纪委国家监委加强对中央纪委国家监委驻中管企业纪检监察组工作的指导，会同中央纪委国家监委驻中管企业纪检监察组协作开展有关案件审理工作，参照本规定执行。

地方纪委监委未派出纪检监察工委的，可以直接组织审理有关案件，或者结合实际情况授权其他纪检监察机构审理有关案件。

《中国共产党处分违纪党员批准权限和程序规定》（中共中央印发，2022年9月22日起施行）

第三十一条 党组（党委）、党的工作机关、中央和地方党委直属事业单位、由党的工作机关管理的机关以及本规定第三十条第四款所涉中央和地方党委派出的代表机关，具备下列条件之一，可以依照本规定第十四条规定直接决定给予违纪党员党纪处分，并可以批准给予违纪党员开除党籍处分：

（一）所在单位基层党委具有审批预备党员权限的；

（二）所在党和国家机关机构规格为正县处级以上的；

（三）本级党委系设区的市级以上党委的。

四、地方各级党委委员、候补委员的处分批准程序

1. 图解

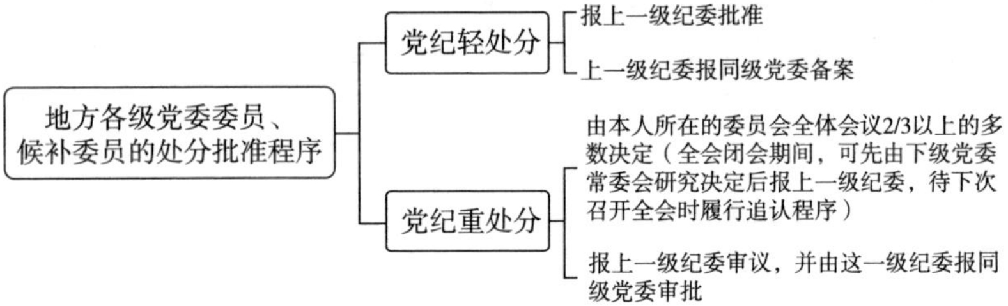

图 5－13　地方各级党委委员、候补委员的处分批准程序

2. 实务指引

（1）关于处分权限的规定。《中国共产党章程》第四十二条和《中国共产党处分违纪党员批准权限和程序规定》等规定对地方各级党委委员、候补委员①的党纪处分批准权限作出了明确规定。给予处分的种类不同，处分批准权限也有所不同，具体情况如下：

①给予警告、严重警告处分的，在报同级党委常委会审批后，还应报上一级纪委批准并报它的同级党委备案。

②给予撤销党内职务、留党察看或开除党籍处分的，必须由本人所在的委员会全体会议三分之二以上的多数决定（在全体会议闭会期间，可先由地方各级党委常委会作出处理决定，待召开党委全体会议时予以追认），并经过上级纪委常委会审议，由这一级纪委报同级党委常委会批准。

③严重触犯刑律被法院判处刑罚的，由同级党委常委会决定开除

① 不包括中央委员会委员、候补委员。——编者注

党籍。此时，无须再报请上一级党委批准或事后提请同级党委全体会议追认。

（2）关于地方党委委员、候补委员因涉嫌违纪正在被纪律审查的，能否辞去或者按程序免去其党委委员、候补委员职务的问题。

实践中有同志认为，根据2015年12月25日修订的《中国共产党地方委员会工作条例》第七条第三款“因调离本地区、辞去公职、退休等原因不适宜继续担任党委委员、候补委员的，应当辞去或者由所在的党的地方委员会按程序免去其党委委员、候补委员职务”的规定，地方党委委员、候补委员因涉嫌违纪正在被纪律审查的，可以辞去或者由本人所在党的地方委员会按程序免去其党委委员、候补委员职务。笔者认为，这种理解不准确。《中国共产党处分违纪党员批准权限和程序规定》第七条第二款明确规定，“地方党委委员、候补委员或者地方纪委委员在接受审查期间，其所在的地方党委不得免去其上述职务，也不得接受其辞去上述职务的请求”。作出上述规定的原因是，如果允许被审查的党员干部辞去或免去其党委委员、候补委员职务，容易导致实践中出现通过辞去或免去职务的方式规避党委委员、候补委员党纪处分批准权限规定的情形。

（3）关于党代会换届期间给予地方各级委员会原委员党纪处分是否仍需履行报批程序的问题。

根据中央纪委案件审理室的指导性意见①，对于这个问题，应分情况对待：对于换届时本级党委尚未审议本级党委原委员违纪问题，而换届后未再当选的，鉴于其已不再担任本级党委委员职务，给予其党纪处分无须呈报上级党委或纪委批准；对于本级党委已先行审议本级党委原委员违纪问题，并决定将给予其相应党纪处分呈报上级党委或纪委批准，不论其换届后是否仍担任本级党委委员职务，根据《中国共产党章程》第四十二条第三款等相关规定，给予其党纪处分仍需呈报上级党委或纪委审批。

---

① 参见钟纪晟：《关于党代会换届期间给予地方各级委员会原委员党纪处分是否仍需履行报批程序》，载《中国纪检监察报》2017年4月12日，第8版。

（4）关于地方党委委员、候补委员“被追究刑事责任、被停止党籍、受到留党察看以上党纪处分的，职务自动终止”的理解。《中国共产党地方委员会工作条例》第七条第三款中规定，“死亡、丧失国籍、被追究刑事责任、被停止党籍、受到留党察看以上党纪处分的，委员、候补委员职务自动终止”。职务自动终止，意味着没有党委委员、候补委员的特殊身份，也无须履行给予党纪处分的特殊批准程序。但在如何理解上述职务自动终止的情形时，存在困惑。

①关于“受到留党察看以上党纪处分”的理解。中央纪委案件审理室的指导性意见[①]明确指出，上述规定中的“受到留党察看以上党纪处分”，是指给予地方党委委员、候补委员留党察看以上党纪处分，且已经履行了《中国共产党章程》第四十二条第三款规定的党纪处分报批程序，处分决定已生效的情形，此时其所担任的地方党委委员、候补委员职务可自动终止；对于拟作出留党察看以上处分的，依然需要按照规定由同级党委全会或常委会审议通过、并由上级纪委呈报上级党委批准。

②关于“被追究刑事责任”的理解。此处的“被追究刑事责任”是指已受到刑事处罚或者被免予刑事处罚的情形。对于被逮捕或者被提起公诉等情形，因其结果不一定就会被追究刑事责任，在司法机关作出生效判决、裁定、决定前，不宜启动自动终止委员、候补委员职务的程序。但依据《中国共产党纪律处分条例》第三十二条的规定，地方党委委员、候补委员被依法逮捕的，应当及时中止其表决权、选举权和被选举权等党员权利。

3. 示例

日前，经批准，B市纪委监委对市委委员、市国资委党委书记、主任彭某进行了审查调查。经查，彭某严重违反党的纪律，构成严重职务违法并涉嫌受贿犯罪。依据有关规定，B市委报A省纪委常委会会议研究并经省委批准，决定给予彭某开除党籍处分；由市监委

---

① 参见钟纪晟：《新修订〈中国共产党地方委员会工作条例〉涉及执纪审理有关问题的理解与适用》，载《中国纪检监察报》2016年5月18日，第8版。

给予其开除公职处分；免去其B市委委员职务；收缴其违纪违法所得；将其涉嫌犯罪问题移送检察机关依法审查起诉，所涉财物一并移送。

解读

本示例中，彭某系B市委委员，对其涉嫌职务犯罪的严重违纪违法问题给予开除党籍、开除公职处分的，根据《中国共产党章程》第四十二条等规定，应由市委全体会议应到会委员三分之二以上多数决定，并按程序报A省纪委常委会审议同意后，由A省纪委报省委常委会审议批准。因对彭某作出处分处理是在市委全体会议闭会期间，故对其作出处分，也可如案例所示，经B市委常委会讨论同意后，由B市纪委报A省纪委常委会审议同意，并由A省纪委报省委批准。具体的报批程序和要求，可参考本书第四章第二节“报批案件的审理”的有关内容。

4. 法规索引速查

《中国共产党章程》（中国共产党第二十次全国代表大会部分修改，2022年10月22日通过）

第四十二条 对党员的纪律处分，必须经过支部大会讨论决定，报党的基层委员会批准；如果涉及的问题比较重要或复杂，或给党员以开除党籍的处分，应分别不同情况，报县级或县级以上党的纪律检查委员会审查批准。在特殊情况下，县级和县级以上各级党的委员会和纪律检查委员会有权直接决定给党员以纪律处分。

对党的中央委员会委员、候补委员，给以警告、严重警告处分，由中央纪律检查委员会常务委员会审议后，报党中央批准。对地方各级党的委员会委员、候补委员，给以警告、严重警告处分，应由上一级纪律检查委员会批准，并报它的同级党的委员会备案。

对党的中央委员会和地方各级委员会的委员、候补委员，给以撤销党内职务、留党察看或开除党籍的处分，必须由本人所在的委员会全体会议三分之二以上的多数决定。在全体会议闭会期间，可以先由中央政治局和地方各级委员会常务委员会作出处理决定，待召开委员会全体会议时予以追认。对地方各级委员会委员和候补委员的上述处分，必须经过上级纪律检查委员会常务委员会审议，由这一级纪律检查委员会报同级党的委员会批准。

严重触犯刑律的中央委员会委员、候补委员，由中央政治局决定开除其党籍；严重触犯刑律的地方各级委员会委员、候补委员，由同级委员会常务委员会决定开除其党籍。

《中国共产党地方委员会工作条例》（中共中央印发，2015 年 12 月 25 日起施行）

第七条第三款 因调离本地区、辞去公职、退休等原因不适宜继续担任党委委员、候补委员的，应当辞去或者由所在的党的地方委员会按程序免去其党委委员、候补委员职务。死亡、丧失国籍、被追究刑事责任、被停止党籍、受到留党察看以上党纪处分的，委员、候补委员职务自动终止。辞去、免去或者自动终止委员、候补委员职务的，应当报上一级党委备案。确有必要时，上一级党委可以任免下级党委委员、候补委员职务。

《中国共产党处分违纪党员批准权限和程序规定》（中共中央印发，2022 年 9 月 22 日起施行）

第十七条第三款 给予地方党委委员、候补委员和地方纪委委员、监委委员党纪处分，依照本规定须呈报上级党组织审批的，在报请同级党委审议前，有监督执纪权限的纪委常委会审议通过后，应当于 3 日内形成书面情况报告与上级纪委沟通；上级纪委应当基于该书面情况报告载明的违纪事实和处分意见进行审核，并及时反馈处理意见。上级纪委受理该案件后，应当认真审核，不受此前已反馈处理意见的限制。

第二十六条 在地方党委全体会议期间，给予本级地方党委委员、候补委员撤销党内职务、留党察看或者开除党籍处分的，经地方党委全体会议应到会委员三分之二以上的多数决定，并按照程序呈报上一级纪委常委会审议同意后，由这一级纪委报同级党委常委会审议批准。

在地方党委全体会议闭会期间，地方党委常委会可以先行作出给予本级党委委员、候补委员撤销党内职务、留党察看或者开除党籍处分的处理决定，并依照前款规定履行处分审批程序。

第二十七条第一款第一项、第二项　地方党委常委会批准下列处分事项：

（一）给予本级党委讨论决定任免的党员干部撤销党内职务、留党察看或者开除党籍处分；

（二）给予严重触犯刑律的本级党委委员、候补委员开除党籍处分；

五、终止党代表资格的程序

1. 图解

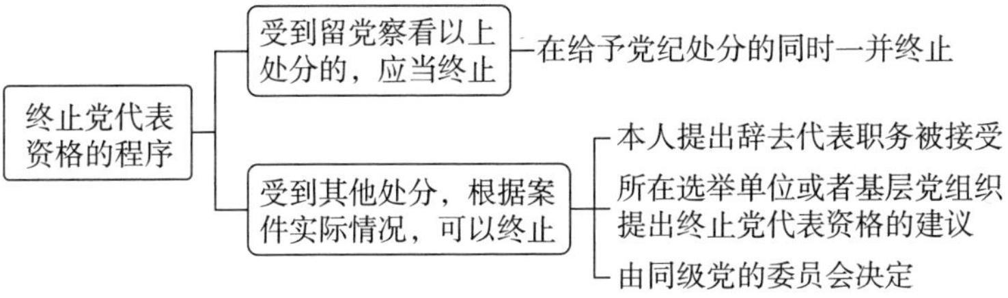

图5－14　终止党代表资格的程序

2. 实务指引

党代表是“党的代表大会代表”的简称，属于重要的党内职务，系党内选举产生，实行任期制。监察机关查办党代表案件，除相应作出党纪政务处分外，特定情形下还应对其党代表资格作出处理。

（1）根据党内法规关于党代表任期制的相关规定，党代表资格有“终止代表资格”和“停止执行代表职务”两种处理方式。

一是受到留党察看及以上处分的，终止党代表资格。终止党代表资格是一项极其严肃和慎重的事情。《中国共产党纪律处分条例》第十四条第二款规定：“党的各级代表大会的代表受到留党察看以上处分的，党组织应当终止其代表资格。”根据上述规定可知，受到党纪政务处分不必然影响被处分人的党代表资格，只有受到留党察看及以上处分的，其党代表资格才终止。

二是受到留党察看以下处分、确有必要终止党代表资格的，可以通过其他方式终止其党代表资格。根据规定，当党代表出现死亡、被除名、丧失国籍、调离同级党代会范围、辞去代表职务被接受等情形时，党代表资格终止。纪检监察机关在查办案件过程中，如果认为应终止被审查调查人党代表资格的，一般可以通过被审查调查人申请辞去党代表职务的方式，由有关机关根据规定办理。

三是党代表被采取留置措施时，停止执行代表职务。根据规定，党代表被采取留置措施时，应停止执行职务。应当注意的是，停止执行党代表职务是一种临时性的处理方式，如调查终结未认定被审查调查人涉嫌犯罪或无须给予留党察看以上处分，可以恢复其代表职务的，应当及时予以恢复。

（2）终止党代表资格和停止执行党代表职务的程序。因案件查办终止、停止党代表职务的，应根据不同情况分别办理。

对于受到留党察看及以上处分的，应将“终止党代表资格”作为拟处分意见的一项内容，按照干部管理权限等规定随案呈报同级党委或上级纪委、党委批准，自有关党委或纪委批准处分之日起被处分人的党代表资格一并终止。事后案件审理室将载明“终止某某××党代表资格”的处分决定送达党委组织部门及被处分人所在党委（党组）即可，由组织部门按程序办理后续手续。

党代表资格不能随意终止，应由所在选举单位或者基层党组织提出，由同级党代会选举产生的党委会决定，并报上级党委备案。因此，对于受到其他处分、需终止党代表资格的，可以由被处分人提出辞去党代表职务的申请，处分人所在选举单位或者基层党组织提出终止其党代表资格的建议，报同级党的委员会决定。

对于被采取留置措施、停止执行职务的，由纪检监察机关案件查办部门将留置通知书送达给所在单位，由所在单位党组织按照程序报选举单位，再由选举单位报同级党的委员会决定，并报上一级党的委员会备案。

3. 案例

经北京市委批准，北京市纪委监委对北京市密云区政协原党组书记、主席王某某严重违纪违法问题进行立案审查调查。经查，王某某严重违反党的纪律，构成严重职务违法并涉嫌贪污、受贿犯罪。依据有关规定，经市纪委常委会会议研究并报市委批准，决定给予王某某开除党籍处分；由市监委给予其开除公职处分；终止其密云区第二次党代会党代表资格。①

解读

本案例中，王某某作为密云区第二次党代会的党代表，受到开除党籍、开除公职处分，根据2018年《中国共产党纪律处分条例》第十四条“党的各级代表大会的代表受到留党察看以上（含留党察看）处分的，党组织应当终止其代表资格”的规定，其党代表资格应予终止。具体办理程序是：由北京市纪委监委在报请北京市委批准处分意见时应一并写明“终止其党代表资格”的意见，王某某的党代表资格在受到党纪政务处分的同时一并终止，事后再由组织部门按程序报上一级党的委员会备案。

4. 法规索引速查

《中国共产党纪律处分条例》（中共中央印发，2003年12月31日起施行，2023年12月19日修订发布）

第十四条 党员干部受到党纪处分，需要同时进行组织处理的，党组织应当按照规定给予组织处理。

党的各级代表大会的代表受到留党察看以上处分的，党组织应当终止其代表资格。

① 参见佚名：《北京市密云区政协原党组书记、主席王某某被开除党籍和公职》，载中央纪委国家监委网，https：//www. ccdi. gov. cn/yaowen/202102/t20210207_235543. html。

六、查处人大代表、政协委员的程序

1. 图解

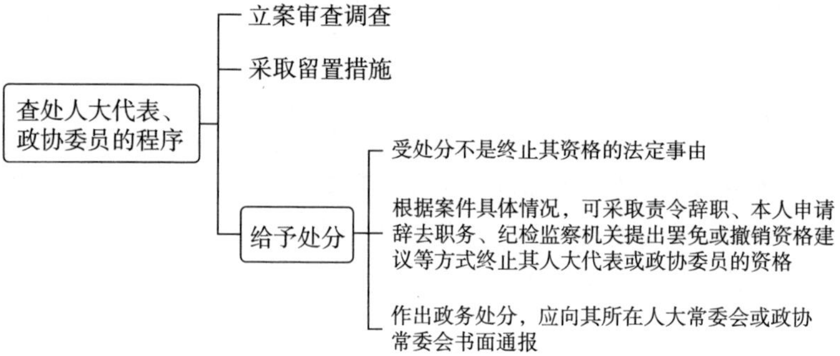

图 5－15　查处人大代表、政协委员的程序

2. 实务指引

纪检监察机关在查处各级人民代表大会代表、中国人民政治协商会议各级委员会委员（以下分别简称人大代表、政协委员）的违纪违法案件时，因被审查调查人的特殊身份，在立案审查调查、采取留置措施、作出党纪政务处分时需要履行特定的程序。根据相关规定和各地办案实践，笔者总结要点如下。①

第一，对人大代表、政协委员立案审查调查的，根据有关要求，一般应在立案后及时向被审查调查人所属的人大常委会、政协党组通报，并同时通报同级党委组织部门，涉及党外人士的，还应向同级党委统战部门通报。特殊情况下，也可以在审查调查工作结束后及时通报。

第二，关于对人大代表采取留置措施是否应当事先经过人大许可的问题，目前尚无明确规定，实践中一般采取事后报告制。根据《中华人民共和国全国人民代表大会和地方各级人民代表大会代表法》

---

① 参见李伟：《“两代表一委员”的违纪违法问题应当怎么处理》，载微信公众号“安多县纪委”2021 年 10 月 19 日，https：//mp. weixin. qq. com/s/Ht1eKji7sSFcbNmcNQDs6A。

（以下简称《代表法》）第三十九条的规定，县级以上人大代表非经本级人大主席团许可，在人大闭会期间非经本级人大常委会许可，不受逮捕或刑事审判；被采取法律规定的其他限制人身自由措施，也应当经该级人大主席团或者人大常委会许可。《中华人民共和国监察法》未对采取留置措施设置人大事先许可的条件。监察机关采取的留置措施是否可解释为《代表法》第三十九条所规定的逮捕和其他限制人身自由的措施，理论上尚有争议。实践中，各地纪检监察机关一般在对人大代表采取留置措施后，及时书面通报其同级人大。

办理程序一般为：纪检监察机关对人大代表执行留置措施后，应及时向其所在人大或人大主席团（县级以上人大闭会期间向其所在人大常委会）通报案情，由后者按程序暂停执行其代表职务。对于已立案审查调查并采取留置措施的，可以与立案情况一并同时报告。

第三，受到党纪政务处分不是终止或撤销人大代表、政协委员资格的法定事由，实践中可通过本人辞职、纪检监察机关提出罢免或撤销建议等方式终止被审查调查人的人大代表、政协委员资格。

根据《代表法》第六十二条的规定，地方各级人民代表大会代表因迁出或者调离本行政区域、辞职或者责令辞职被接受、未经批准两次不出席本级人大会议、被罢免、丧失中国国籍、被剥夺政治权利和丧失行为能力的，其人大代表资格终止。由此可知，受到党纪政务处分不是人大代表资格终止的法定事由。根据《中国人民政治协商会议章程》第二十九条第一款、第三十八条等规定，政协委员资格可以被撤销，也可以由本人辞去或责令其辞职，同样地，受到党纪政务处分也不是撤销政协委员资格的法定事由。实践中，如认为被处分人不宜继续担任人大代表、政协委员的，可通过以下两种方式终止被审查调查人的人大代表、政协委员资格。

（1）本人辞职。即本人辞去人大代表或政协委员资格，有本人提出辞职和责令辞职两种方式，即经纪检监察机关思想教育，本人主动提出辞去人大代表、政协委员资格；如经思想教育，仍没有认识到本人因违纪违法行为不适宜继续担任人大代表、政协委员，且不愿主动辞去人大代表或政协委员资格的，纪检监察机关也可以责令辞去人大代表、政协委员资格，在向被审查调查人送达责令辞职文书的同时报告有关人大、政协机关，由相应的人大、政协机关予以接受。

（2）纪检监察机关提出罢免或撤销建议。即纪检监察机关按程序提出罢免人大代表职务、撤销政协委员资格的书面建议，按照程序报批后请人大或政协按法定程序办理。此处的“罢免”“撤销”是专业用语，有特定含义，罢免是指由选民或选举单位依法罢免自己选出的人大代表，撤销是指政协常委会按程序撤销本级政协委员的资格。因人大代表和政协委员是依照法律或章程规定、按特定程序选举或协商产生的，纪检监察机关无权终止人大代表、政协委员资格，只能提出相关罢免或撤销的建议。

实践中，提出罢免或撤销建议的一般程序是：纪检监察机关审查调查部门或案件审理部门提出相关罢免人大代表职务、撤销政协委员资格的建议并按程序报请领导审批同意后，与该代表、委员所属人大、政协同级的党委组织部门书面沟通，由同级组织部门按程序报请同级党委审批后向人大、政协机关提出处理意见，再由人大、政协按程序处理。纪检监察机关在相关文书中可使用“建议依法罢免其人大代表职务”“建议按程序终止（撤销）政协委员资格”的表述。实践中，考虑到终止人大代表、政协委员资格的程序较为复杂，纪检监察机关一般应在审查调查阶段及时提出建议。对于人大代表、政协委员严重违纪违法需移送司法机关的案件，各相关机关应当在移送审查起诉前完成终止人大代表或政协委员资格的程序。

应终止人大代表、政协委员资格的情形。哪些案件应当终止被审查调查人的人大代表、政协委员资格，目前没有明确的规定。鉴于终止人大代表、政协委员资格是一项极为严肃审慎的事情，只有达到行为人严重违纪违法、丧失人大代表或政协委员的基本条件的程度，纪检监察机关才启动终止其相应资格的程序。经查阅近年来纪检监察机关通报的案例，除移送司法机关案件应当相应终止人大代表、政协委员资格外，被审查调查人受到撤销党内职务、政务撤职以上处分而被终止人大代表、政协委员资格的情形也较为常见。

需要注意的是，人大代表、政协委员与人大、政协选举或决定任命的人员是两个不同的概念。给予未担任有关职务的人大代表或政协委员党纪政务处分无须履行适用于后者的特别程序（详见本节“七、给予人大、政协选举或决定任命人员重处分的程序”的相关内容）。

第四，纪检监察机关对人大代表采取留置措施后，需要暂时停止其执行代表职务的，应当按程序提出建议。根据《代表法》第六十一条第一款第一项的规定，因刑事案件被羁押正在受侦查、起诉、审判的，应当暂时停止执行代表职务。目前尚无人大代表被采取留置措施应当暂时停止执行代表职务的明确规定，实践中，纪检监察机关采取留置措施后认为应当暂时停止被审查调查人执行人大代表职务的，应当参照终止人大代表资格的程序，提出相关建议并与党委组织部门沟通，由其报党委审批同意后提出处理意见。需要强调的是，暂时停止执行代表职务是一种临时性措施，如经查发现被审查调查人不存在违纪违法行为，或其行为性质尚未严重到需终止代表资格程度的，在代表任期内解除留置措施后，恢复其执行代表职务。

第五，对人大代表、政协委员给予政务处分的，应当向其所在的人大常委会或者政协常委会书面通报。依据《中华人民共和国公职人员政务处分法》第五十条第三款的规定，监察机关对各级人大代表、政协委员给予政务处分的，应当向有关的人大常委会，乡、民族乡、镇的人大主席团或者政协常委会通报。实践中，一般可采取以下几种方式通报：

（1）若作出政务处分时，被审查调查人已被终止人大代表资格或者撤销政协委员资格，一般不再通报。

（2）若被审查调查人同时系其本级人大常委会或者政协常委会组成人员，且人事关系在该人大机关或者政协机关，政务处分决定在主送该人大机关或者政协机关的同时即完成了处分的通报。

（3）若作出政务处分后，需要终止其人大代表资格或者撤销其政协委员资格，鉴于党委将按程序通知其本级人大常委会党组或者政协党组履行上述处分事项，监察机关一般亦无须重复通报。

（4）除上述3种情形外，一般可以通过函告方式通报。

3. 案例

案例一：2017年9月1日，十二届全国人大常委会第二十九次会议表决通过第十二届全国人大常委会代表资格审查委员会关于个别代表的代表资格的报告，终止许某某、李某、王某某等人的十二届全国人大代表资格。

由江苏省选出的第十二届全国人大代表、江苏省高级人民法院原院长许某某，因严重违纪，本人提出辞去第十二届全国人大代表职务。2017年7月21日，江苏省第十二届人大常委会第三十一次会议决定接受其辞职。由广东省选出的第十二届全国人大代表、国务院侨务办公室原副主任李某，因涉嫌严重违纪，被责令辞去第十二届全国人大代表职务。2017年8月23日，广东省第十二届人大常委会第三十五次会议决定接受其辞职。由甘肃省选出的第十二届全国人大代表、全国人大教育科学文化卫生委员会副主任委员王某某，因涉嫌严重违纪，被责令辞去第十二届全国人大代表职务。2017年7月28日，甘肃省第十二届人大常委会第三十四次会议决定接受其辞职。①

案例二：2021年9月9日，平凉市纪委监委网站发布消息，平凉市某区政协一级调研员蔡某某涉嫌严重违纪违法，正接受纪律审查和监察调查。2021年9月24日，政协平凉市第四届委员会常务委员会第二十四次会议通过《关于撤销蔡某某四届市政协委员资格的决定》，决定主要内容如下：根据中共平凉市纪委办公室《关于建议终止被审查调查人蔡某某政协委员资格的函》和中共平凉市委组织部《关于建议撤销蔡某某市政协委员资格的函》，四届市政协委员蔡某某涉嫌严重违纪违法，按照相关规定，决定撤销其委员资格。②

---

① 参见陈菲、杨维汉：《许某某李某王某某等的全国人大代表资格终止》，载《中国纪检监察报》2017年9月2日，第1版。

② 参见佚名：《甘肃一干部被撤销政协委员资格，接受审查调查》，载微信公众号“西雁传媒”2021年9月27日，https://mp.weixin.qq.com/s/Ai2EqIexSg9ipo2c6LFvBg。

解读

纪检监察机关在查办人大代表、政协委员的案件过程中，如认为被审查调查人严重违纪违法、丧失人大代表或政协委员基本条件的，可以通过本人辞去职务或纪检监察机关提出罢免人大代表职务、撤销政协委员资格建议的方式，终止其代表、委员资格。

根据相关报道，案例一中的许某某和李某均系全国人大代表，因严重违纪违法，被中央纪委国家监委给予开除党籍、开除公职处分，其涉嫌犯罪问题被移送司法机关处理，根据规定应当终止两人的人大代表资格。许某某和李某均采取了辞去人大代表职务的方式，其中许某某是本人主动辞去，李某系责令辞去。一般来说，经思想教育本人愿意配合的，由本人主动辞去人大代表职务；本人不愿意主动辞去的，纪检监察机关可以责令辞去。辞去职务，应当向选举其产生的人大常委会或主席团提出。

在案例二中，蔡某某的政协委员资格是平凉市纪委监委和组织部门提出书面撤销建议后，平凉市政协常委会决议撤销的。值得注意的是，本案中，平凉市纪委监委办公厅和平凉市委组织部门分别向政协发出了相关建议。实践中，根据组织架构，党委组织部门系党委领导下联系人大代表、政协委员的专责部门，纪检监察机关一般不宜直接向有关政协机关提出建议，而应以函请的方式商党委组织部门，再由组织部门按程序报请党委审批后，向有关政协常委会提出建议。

4. 法规索引速查

《代表法》（主席令第56号公布，1992年4月3日起施行，2025年3月11日修正公布）

第三十九条　县级以上的各级人民代表大会代表，非经本级人民代表大会主席团许可，在本级人民代表大会闭会期间，非经本级人民代表大会常务委员会许可，不受逮捕或者刑事审判。如果因为是现行犯被拘留，执行拘留的机关应当立即向该级人民代表大会主席团或者人民代表大会常务委员会报告。

对县级以上的各级人民代表大会代表，如果采取法律规定的其他限制人身自由的措施，应当经该级人民代表大会主席团或者人民代表大会常务委员会许可。

人民代表大会主席团或者常务委员会受理有关机关依照本条规定提请许可的申请，应当审查是否存在对代表在人民代表大会各种会议上的发言和表决进行法律追究，或者对代表提出建议、批评和意见等其他执行职务行为打击报复的情形，并据此作出决定。

乡、民族乡、镇的人民代表大会代表，如果被逮捕、受刑事审判、或者被采取法律规定的其他限制人身自由的措施，执行机关应当立即报告乡、民族乡、镇的人民代表大会。

第六十条 选民或者选举单位有权依法罢免自己选出的代表。被提出罢免的代表有权出席罢免该代表的会议提出申辩意见，或者书面提出申辩意见。

第六十一条 代表有下列情形之一的，暂时停止执行代表职务，由代表资格审查委员会向本级人民代表大会常务委员会或者乡、民族乡、镇的人民代表大会报告：

（一）因刑事案件被羁押正在受侦查、起诉、审判的；

（二）被依法判处管制、拘役或者有期徒刑而没有附加剥夺政治权利，正在服刑的。

前款所列情形在代表任期内消失后，恢复其执行代表职务，但代表资格终止者除外。

第六十二条 代表有下列情形之一的，其代表资格终止：

（一）地方各级人民代表大会代表迁出或者调离本行政区域的；

（二）辞职或者责令辞职被接受的；

（三）未经批准两次不出席本级人民代表大会会议的；

（四）被罢免的；

（五）丧失中华人民共和国国籍的；

（六）依照法律被剥夺政治权利的；

（七）丧失行为能力的。

代表去世的，其代表资格自然终止。

第六十三条　县级以上的各级人民代表大会代表资格的终止，由代表资格审查委员会报本级人民代表大会常务委员会，由本级人民代表大会常务委员会予以公告。

乡、民族乡、镇的人民代表大会代表资格的终止，由代表资格审查委员会报本级人民代表大会，由本级人民代表大会予以公告。

《中华人民共和国公职人员政务处分法》（主席令第 46 号公布，2020 年 7 月 1 日起施行）

第五十条第三款　监察机关对各级人民代表大会代表、中国人民政治协商会议各级委员会委员给予政务处分的，应当向有关的人民代表大会常务委员会，乡、民族乡、镇的人民代表大会主席团或者中国人民政治协商会议委员会常务委员会通报。

《中国人民政治协商会议章程》（1982 年 12 月 11 日中国人民政治协商会议第五届全国委员会第五次会议通过，2023 年 3 月 11 日修订通过）

第二十九条第一款　参加中国人民政治协商会议全国委员会和地方委员会的单位和个人，如果严重违反中国人民政治协商会议章程或全体会议和常务委员会的决议，由全国委员会常务委员会或地方委员会常务委员会分别依据情节给予警告处分，或撤销其参加中国人民政治协商会议全国委员会或地方委员会的资格。

第三十八条　因工作变动或其他原因不宜继续担任委员的，本人应当辞去委员。对违反社会道德或存在与委员身份不符行为的，应当及时约谈或函询，经提醒仍不改正的，应当责令其辞去委员。

第三十九条　对违纪违法的委员，中国人民政治协商会议全国委员会常务委员会或地方委员会常务委员会应当依照法律和有关规定作出相应处理。常务委员会组成人员违纪违法的，可由常务委员会依照法律和有关规定作出处理决定，针对不同情形，相关处理决定待召开全体会议予以追认。

七、给予人大、政协选举或决定任命人员重处分的程序

1. 图解

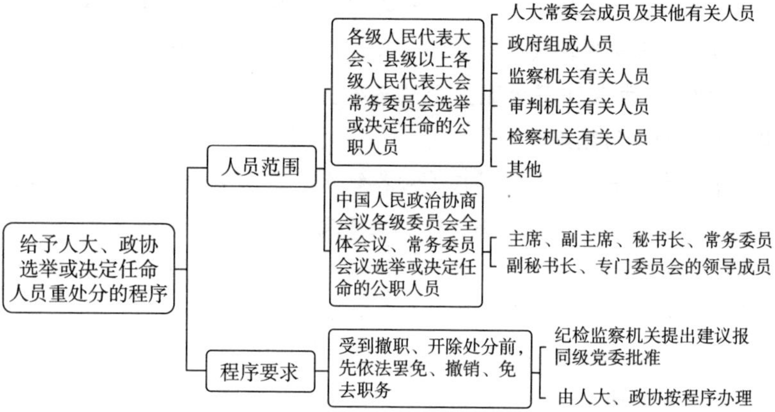

图 5－16　给予人大、政协选举或决定任命人员重处分的程序

2. 实务指引

《中华人民共和国公职人员政务处分法》第五十条第一款、第二款规定：“监察机关对经各级人民代表大会、县级以上各级人民代表大会常务委员会选举或者决定任命的公职人员予以撤职、开除的，应当先依法罢免、撤销或者免去其职务，再依法作出政务处分决定。监察机关对经中国人民政治协商会议各级委员会全体会议或者其常务委员会选举或者决定任命的公职人员予以撤职、开除的，应当先依章程免去其职务，再依法作出政务处分决定。”

各级人民代表大会、县级以上各级人民代表大会常务委员会选举或者决定任命的公职人员（以下简称人大选任人员）和中国人民政治协商会议各级委员会全体会议或者其常务委员会选举或者决定任命的公职人员（以下简称政协选任人员），其产生程序不同于党委或有关部门的任命程序，给予上述人员撤职、开除公职处分的，涉及职务的剥夺，在处分决定作出前由人大、政协机关按自身程序免除被处分人的有关职务，符合程序规定，也体现了对人民代表大会制度和政治协

商制度的遵循。实践中，要准确理解和落实上述规定，需要注意以下几个问题[①]。

（1）人大、政协选任人员范围。

①人大选任人员。

各级人大是国家的权力机关，县级以上人大设立人大常委会作为其常设机关，行政机关、监察机关、审判机关和检察机关的相关人员由人大及其常委会选举、任命。根据相关规定，人大选任人员主要分为以下几类：

第一类是人大常委会组成人员和乡镇人大主席、副主席，前者包括全国人大常委会委员长、副委员长、秘书长、委员，地方人大常委会主任、副主任、秘书长、委员，此类人员由各级人大选举产生。

第二类是人大或人大常委会设立机构中的有关人员，包括：各专门委员会主任委员、副主任委员和委员，代表资格审查委员会的成员，人大常委会各工作委员会的主任、副主任和委员。

第一、二类人员中，除人大常委会设立的工作委员会成员外，其他人员都必须从本级人大代表中产生。

第三类是国家主席、副主席，由全国人大选举产生。

第四类是政府组成人员。包括：国务院组成人员，如总理、副总理、国务委员、各部部长、各委员会主任、审计长、秘书长；地方政府组成人员，又分为省（市、州、县、区、镇、乡）长、副省（市、州、县、区、镇、乡）长，自治区主席、副主席等各级政府领导人员和秘书长、厅长、局长、委员会主任、科长等各级人民政府其他组成人员。其中，国务院组成人员由全国人大决定，地方各级政府正、副职领导人员由各级人大选举产生，其他地方政府组成人员由各级人大常委会决定任命。

第五类是监察、审判、检察人员。包括：各级监察委员会主任、副主任、委员，各级人民法院、检察院的院（检察）长、副院（检

---

① 参见周岩：《如何确定被给予政务重处分的人大或其常委会选任人员职务免除方式》，载《中国纪检监察》2021 年第 6 期。

察）长、审判（检察）委员会委员、审判（检察）员、庭长和副庭长。此类人员中除监察委员会主任、法院院长、检察院检察长由各级人大选举产生外，其他人员由各级人大常委会决定任命。

应当注意的是，单纯的人大代表不属于各级人大、人大常委会选举或决定任命的人员，对单纯的人大代表作出撤职、开除公职处分的，无须履行《中华人民共和国公职人员政务处分法》第五十条规定的先行罢免职务程序，但涉嫌职务犯罪的应在移送起诉前依法终止其人大代表资格。

②政协选任人员。

根据《中国人民政治协商会议章程》的规定，政协选任人员按照产生方式可分为两种：一是经政协全体会议选举产生，如主席、副主席、秘书长、常务委员；二是经政协常务委员会任命产生，如副秘书长、专门委员会的领导成员。没有职务的政协成员，不属于上述政协选任人员，无须履行政务重处分前先行处理的程序。

（2）罢免、撤销、免去有关职务的适用条件。

虽然“罢免”“撤销”“免去”都会产生免除公职人员有关职务的法律效果，但它们在适用主体、对象和情形上存在着严格的区分。关于作出主体，一般遵循产生权和免除权归属同一主体的原则，即由哪个主体选举或决定任命的，就由哪个主体罢免、撤销或免去其职务。关于适用对象，政协选任人员只能适用“免去”这一程序，人大选任人员则可根据其职务和产生程序的不同选择适用罢免、撤销或免去等程序。免去政协人员职务的规定相对简单，下面针对罢免、撤销、免去人大选任人员职务的规定，总结要点如下。

①罢免。“罢免”的适用主体是各级人大，罢免的对象是各级人大选举产生的有关人员，包括：本级政府和本级人大常委会的组成人员，以及本级监察委员会主任、人民法院院长和人民检察院检察长，罢免地方各级人民检察院检察长，还须报经上一级人民检察院检察长提请该级人大常委会批准。全国人大还有权罢免国家主席、副主席，乡镇人大有权罢免人大主席、副主席。

②撤销。“撤销”的适用主体是各级人大常委会。全国人大常委

会在全国人民代表大会闭会期间，可以决定撤销除总理外其他国务院个别组成人员的职务。县级以上地方各级人大常委会在本级人民代表大会闭会期间，有权决定撤销个别副省长、自治区副主席、副市长、副州长、副县长、副区长的职务；决定撤销由其任命的本级政府其他组成人员和监察委员会副主任、委员，人民法院副院长、庭长、副庭长、审判委员会委员、审判员、中级人民法院院长，人民检察院副检察长、检察委员会委员、检察员、人民检察院分院检察长。

③免去。“免去”的适用主体是各级人大常委会，免去的对象包括以下几类：其一，上述能够适用撤销程序的人员；其二，全国人大常委会可以免去其任命的国家监察委员会、最高人民法院、最高人民检察院的有关工作人员职务；其三，各级人大常委会可以免去其任命的本级人大常委会副秘书长，代表资格审查委员会成员，各专门委员会的副主任委员、委员，人大常委会工作委员会的主任、副主任、委员的职务。

其他方式。根据相关规定，以下两种方式也可以达到免除职务的效果。一是辞职。人大、政协选任人员本人可向其选举或任命单位提出辞职，在人民代表大会闭会期间，县级以上人大选举产生的人员还可以向本级人大常委会提出辞职，其中地方人民检察院检察长辞职的，须报上一级人民检察院检察长提请该级人大常委会批准。二是终止代表资格后有关职务相应撤销或终止。人大常委会组成人员、乡镇人大主席及副主席、人大专门委员会成员的职务建立在其具有本级人大代表资格的基础之上，故对于上述人员，如其人大代表资格因罢免、辞职等原因被终止的，其职务也相应撤销或者终止，此时就无须另行罢免、撤销或免去其相应职务。

实践中，办案人员应综合考虑案件主客观情况，采取恰当的职务免除方式。对于县级以上人大常委会组成人员、地方各级政府的正职领导、各级监察委员会主任等必须由人大罢免、不能由人大常委会撤销或免去职务的人员，由于罢免需由各级人大召开会议形成决议，考虑到各级人大召开会议的频率惯例，从便利工作提高效率的角度处发，在人民代表大会闭会期间，可变通采取本人主动辞职、依法罢免其人大代表资格的方式达到免除其职务的目的，具体可参考下文案例一的做法。但对于可由人大常委会免去或者撤销职务的人员，为体现出职务免除的惩戒性，一般不宜采取辞职方式。对于地方政府的副职领导人等可以采取罢免和撤销程序的人员，罢免比撤销的程度更严重；对于可以采取撤销和免去程序的人员，撤销比免去的程度更严重。办案人员可以根据具体案情、被处分人的主观态度和是否处于人大会议闭会期间等因素综合考虑采用哪种方式免除被处分人的有关职务。

（3）办理程序。

根据有关规定并结合工作实际，笔者就地方纪检监察机关如何办理人大、政协选任人员的免职事项，总结要点如下。

①基本程序。纪检监察机关在案件查办过程中，拟对被审查调查人作出撤职、开除公职处分的，可以由案件承办部门提出建议人大、政协机关免除其职务的建议，并按程序报请同级党委主要负责人审批同意后，函请同级党委组织部门，由同级党委组织部门按程序向人大、政协等机关办理具体罢免、撤销、免去职务的事宜。若该公职人员属于下级党委管理的干部，拟由人民代表大会及其常务委员会依法罢免、撤销或者免去其职务的，可在有关领导审批同意后，以本机关名义向下级党委提出建议，由下级党委按程序办理。

②办理时机和方式。罢免、撤销、免去相关人员职务的建议既可以在审理阶段提出，也可以在审查调查阶段提出，至迟应在审理报告报请同级党委审议前提出有关建议。

3. 案例

案例一：2021年1月22日，中央纪委国家监委网发布消息，中国政法大学原副校长于某某涉嫌严重违纪违法，接受纪律审查和监察调查。同日，全国人民代表大会常务委员会发布公告，由北京市选出的第十三届全国人民代表大会代表，全国人民代表大会常务委员会委员、全国人大宪法和法律委员会委员于某某，因涉嫌严重违纪违法，2021年1月18日，北京市第十五届人民代表大会常务委员会第二十八次会议决定罢免其第十三届全国人民代表大会代表职务。依照有关规定，于某某的代表资格终止，于某某的第十三届全国人民代表大会常务委员会委员、全国人民代表大会宪法和法律委员会委员职务相应撤销。2021年6月28日,中央纪委国家监委再次发布消息：于某某严重违纪违法被开除党籍和公职。①

案例二：吉林省纪委监委网于2020年4月23日发布消息称，吉林省高级人民法院党组成员、副院长吕某某涉嫌严重违纪违法，目前正接受纪律审查和监察调查。2020年9月，《吉林日报》发布消息，2020年9月29日吉林省第十三届人民代表大会常务委员会第二十四次会议免去吕某某的吉林省高级人民法院副院长、审判委员会委员、审判员职务。2020年11月11日，吉林省纪委监委网发布消息称：经吉林省纪委常委会会议研究并报吉林省委批准，吉林省高级人民法院原党组成员、副院长吕某某被开除党籍和公职。②

案例三：2021年4月9日，中央纪委国家监委网发布消息，山西省副省长、省公安厅厅长刘某某涉嫌严重违纪违法，正接受纪律审查和监察调查。2021年8月16日，该网再次发布消息，刘某某严重违纪违法被开除党籍和公职。此前，据《山西日报》消息：2021年4月23日举行山西省第十三届人民代表大会常务委员会第二十六次会议，决定免去刘某某的山西省人民政府副省长、省公安厅厅长职务。同日，山西省人民代表大会常务委员会发布公告，阳泉市人大常委会决定罢免刘某某的省十三届人民代表大会代表职务。依照有关规定，刘某某的代表资格终止。③

案例四：2020年8月25日，中央纪委国家监委网发布消息，北京市政协副主席李某涉嫌严重违纪违法，正接受中央纪委国家监委纪律审查和监察调查。10月15日，该网转载消息：10月15日上午，北京

① 参见佚名：《中国政法大学原副校长于某某接受纪律审查和监察调查》，载中央纪委国家监委网，https：//www. ccdi. gov. cn/yaowen/202101/t20210122_ 234494. html。

② 参见佚名：《吉林省高级人民法院党组成员、副院长吕某某接受纪律审查和监察调查》，载吉林省纪委监委网，http：//ccdijl. gov. cn/scdc/scdc/202004/t20200423 _ 7324079. html。

③ 参见佚名：《山西省副省长、省公安厅厅长刘某某接受中央纪委国家监委审查调查》，载中央纪委国家监委网，https：//www. ccdi. gov. cn/toutiao/202104/t20210409_ 239382. html。

市政协常委会会议审议通过《政协北京市第十三届委员会常务委员会关于免去李某副主席职务、撤销其委员资格的决定》，免去李某政协北京市第十三届委员会副主席职务，撤销其政协北京市第十三届委员会委员资格。2021 年 1 月 11 日，该网再次发布消息：李某严重违纪违法被开除党籍和公职。①

解读

本节的四个案例有一个共同特点，即在纪检监察机关立案审查调查后、作出开除公职处分决定前，被处分人已按照《中华人民共和国公职人员政务处分法》由人大常委会或政协常委会先行罢免、撤销或免去了有关职务。

案例一中，于某某系第十三届全国人大代表，全国人大常委会委员和全国人大宪法和法律委员会委员。由于于某某的全国人大代表是由北京市人大选举产生的，故应由选举单位北京市人大常委会依法罢免其全国人大代表职务。又因为于某某具有全国人大代表资格是其担任全国人大常委会委员、宪法和法律委员会委员的基础和先行条件，故其全国人大代表资格被终止后，其上述人大选任的职务也相应被撤销，无须另行履行相关撤销或免去的程序。

案例二中，吕某某担任的吉林省高级人民法院副院长、审判委员会委员、审判员的职务系由吉林省人大常委会任命，给予其开除公职处分前，吉林省人大常委会免去其上述职务，符合法律规定。

案例三中，刘某某的行政职务是山西省人民政府副省长、省公安厅厅长，同时系山西省十三届人大代表。乍看之下，本案例与案例一类似，刘某某既是人大代表，又同时担任了同级人大的相关职务，但与案例一于某某不同的是，刘某某的副省长、省公安厅厅长的行政职务与其人大代表职务之间没有因果关系，其人大代表职务

① 参见佚名：《北京市政协副主席李某接受中央纪委国家监委纪律审查和监察调查》，载中央纪委国家监委网，https：//www. ccdi. gov. cn/toutiao/202008/t20200825_2243 55. html。

资格终止并不导致其行政职务被撤销。故在本案中，刘某某的山西省十三届人大代表资格在人大闭会期间由阳泉市人大常委会依法罢免的同时，对其副省长、公安厅厅长的职务还要按程序免除。刘某某担任的副省长、公安厅厅长的职务系山西省人大选举产生，根据规定，该职务可以由山西省人大罢免，在人大闭会期间也可以由山西省人大常委会撤销或免去。本案中，山西省人大常委会采取了免去其职务的做法，符合规定。

案例四中，李某系政协北京市第十三届政协委员，政协副主席。给予其开除公职处分前，由北京市政协常委会免去其政协副主席职务，撤销其市政协委员资格，符合政协章程规定。

4. 法规索引速查

《中华人民共和国宪法》（1982 年 12 月 4 日全国人民代表大会公告公布，1982 年 12 月 4 日起施行，2018 年 3 月 11 日修正公布）

第六十三条　全国人民代表大会有权罢免下列人员：

（一）中华人民共和国主席、副主席；

（二）国务院总理、副总理、国务委员、各部部长、各委员会主任、审计长、秘书长；

（三）中央军事委员会主席和中央军事委员会其他组成人员；

（四）国家监察委员会主任；

（五）最高人民法院院长；

（六）最高人民检察院检察长。

第六十五条第一款、第二款、第三款　全国人民代表大会常务委员会由下列人员组成：

委员长，

副委员长若干人，

秘书长，

委员若干人。

全国人民代表大会常务委员会组成人员中，应当有适当名额的少数民族代表。

全国人民代表大会选举并有权罢免全国人民代表大会常务委员会的组成人员。

第一百零一条 地方各级人民代表大会分别选举并且有权罢免本级人民政府的省长和副省长、市长和副市长、县长和副县长、区长和副区长、乡长和副乡长、镇长和副镇长。

县级以上的地方各级人民代表大会选举并且有权罢免本级监察委员会主任、本级人民法院院长和本级人民检察院检察长。选出或者罢免人民检察院检察长，须报上级人民检察院检察长提请该级人民代表大会常务委员会批准。

《中华人民共和国全国人民代表大会组织法》（1982年12月10日全国人民代表大会公告公布，1982年12月10日起施行，2021年3月11日修正公布）

第二十条 全国人民代表大会主席团、三个以上的代表团或者十分之一以上的代表，可以提出对全国人民代表大会常务委员会的组成人员，中华人民共和国主席、副主席，国务院和中央军事委员会的组成人员，国家监察委员会主任，最高人民法院院长和最高人民检察院检察长的罢免案，由主席团提请大会审议。

第二十三条 全国人民代表大会常务委员会由下列人员组成：

委员长，

副委员长若干人，

秘书长，

委员若干人。

常务委员会的组成人员由全国人民代表大会从代表中选出。

第二十六条 常务委员会设立代表资格审查委员会。

代表资格审查委员会的主任委员、副主任委员和委员的人选，由委员长会议在常务委员会组成人员中提名，常务委员会任免。

第二十七条 常务委员会设立办公厅，在秘书长领导下工作。

常务委员会设副秘书长若干人，由委员长提请常务委员会任免。

第二十八条 常务委员会设立法制工作委员会、预算工作委员会和其他需要设立的工作委员会。

工作委员会的主任、副主任和委员由委员长提请常务委员会任免。

第三十一条　常务委员会在全国人民代表大会闭会期间，根据国务院总理的提名，可以决定国务院其他组成人员的任免；根据中央军事委员会主席的提名，可以决定中央军事委员会其他组成人员的任免。

第三十二条　常务委员会在全国人民代表大会闭会期间，根据委员长会议、国务院总理的提请，可以决定撤销国务院其他个别组成人员的职务；根据中央军事委员会主席的提请，可以决定撤销中央军事委员会其他个别组成人员的职务。

第三十四条　全国人民代表大会设立民族委员会、宪法和法律委员会、监察和司法委员会、财政经济委员会、教育科学文化卫生委员会、外事委员会、华侨委员会、环境与资源保护委员会、农业与农村委员会、社会建设委员会和全国人民代表大会认为需要设立的其他专门委员会。各专门委员会受全国人民代表大会领导；在全国人民代表大会闭会期间，受全国人民代表大会常务委员会领导。

各专门委员会由主任委员、副主任委员若干人和委员若干人组成。

各专门委员会的主任委员、副主任委员和委员的人选由主席团在代表中提名，全国人民代表大会会议表决通过。在大会闭会期间，全国人民代表大会常务委员会可以任免专门委员会的副主任委员和委员，由委员长会议提名，常务委员会会议表决通过。

第三十六条　各专门委员会主任委员主持委员会会议和委员会的工作。副主任委员协助主任委员工作。

各专门委员会可以根据工作需要，任命专家若干人为顾问；顾问可以列席专门委员会会议，发表意见。

顾问由全国人民代表大会常务委员会任免。

《中华人民共和国地方各级人民代表大会和地方各级人民政府组织法》（全国人民代表大会常务委员会委员长令第 1 号公布，1980 年 1 月 1 日起施行，2022 年 3 月 11 日修正公布）

第十一条第四项、第五项、第六项　县级以上的地方各级人民代表大会行使下列职权：

（四）选举本级人民代表大会常务委员会的组成人员；

（五）选举省长、副省长，自治区主席、副主席，市长、副市长，州长、副州长，县长、副县长，区长、副区长；

（六）选举本级监察委员会主任、人民法院院长和人民检察院检察长；选出的人民检察院检察长，须报经上一级人民检察院检察长提请该级人民代表大会常务委员会批准；

第十二条第一款第六项、第七项 乡、民族乡、镇的人民代表大会行使下列职权：

（六）选举本级人民代表大会主席、副主席；

（七）选举乡长、副乡长，镇长、副镇长；

第十三条 地方各级人民代表大会有权罢免本级人民政府的组成人员。县级以上的地方各级人民代表大会有权罢免本级人民代表大会常务委员会的组成人员和由它选出的监察委员会主任、人民法院院长、人民检察院检察长。罢免人民检察院检察长，须报经上一级人民检察院检察长提请该级人民代表大会常务委员会批准。

第三十一条 县级以上的地方各级人民代表大会举行会议的时候，主席团、常务委员会或者十分之一以上代表联名，可以提出对本级人民代表大会常务委员会组成人员、人民政府组成人员、监察委员会主任、人民法院院长、人民检察院检察长的罢免案，由主席团提请大会审议。

乡、民族乡、镇的人民代表大会举行会议的时候，主席团或者五分之一以上代表联名，可以提出对人民代表大会主席、副主席，乡长、副乡长，镇长、副镇长的罢免案，由主席团提请大会审议。

罢免案应当写明罢免理由。

第三十二条 县级以上的地方各级人民代表大会常务委员会组成人员、专门委员会组成人员和人民政府领导人员，监察委员会主任，人民法院院长，人民检察院检察长，可以向本级人民代表大会提出辞职，由大会决定是否接受辞职；大会闭会期间，可以向本级人民代表大会常务委员会提出辞职，由常务委员会决定是否接受辞职。常务委员会决定接受辞职后，报本级人民代表大会备案。人民检察院检察长的辞职，须报经上一级人民检察院检察长提请该级人民代表大会常务委员会批准。

乡、民族乡、镇的人民代表大会主席、副主席，乡长、副乡长，镇长、副镇长，可以向本级人民代表大会提出辞职，由大会决定是否接受辞职。

第三十四条第一款　各专门委员会的主任委员、副主任委员和委员的人选，由主席团在代表中提名，大会通过。在大会闭会期间，常务委员会可以任免专门委员会的个别副主任委员和部分委员，由主任会议提名，常务委员会会议通过。

第四十七条第一款、第二款　省、自治区、直辖市、自治州、设区的市的人民代表大会常务委员会由本级人民代表大会在代表中选举主任、副主任若干人、秘书长、委员若干人组成。

县、自治县、不设区的市、市辖区的人民代表大会常务委员会由本级人民代表大会在代表中选举主任、副主任若干人和委员若干人组成。

第五十条第一款第十三项、第十四项、第十五项、第十六项、第十七项、第十八项　县级以上的地方各级人民代表大会常务委员会行使下列职权：

（十三）在本级人民代表大会闭会期间，决定副省长、自治区副主席、副市长、副州长、副县长、副区长的个别任免；在省长、自治区主席、市长、州长、县长、区长和监察委员会主任、人民法院院长、人民检察院检察长因故不能担任职务的时候，根据主任会议的提名，从本级人民政府、监察委员会、人民法院、人民检察院副职领导人员中决定代理的人选；决定代理检察长，须报上一级人民检察院和人民代表大会常务委员会备案；

（十四）根据省长、自治区主席、市长、州长、县长、区长的提名，决定本级人民政府秘书长、厅长、局长、委员会主任、科长的任免，报上一级人民政府备案；

（十五）根据监察委员会主任的提名，任免监察委员会副主任、委员；

（十六）按照人民法院组织法和人民检察院组织法的规定，任免人民法院副院长、庭长、副庭长、审判委员会委员、审判员，任免人民检察院副检察长、检察委员会委员、检察员，批准任免下一级人民检察院检察长；省、自治区、直辖市的人民代表大会常务委员会根据主任会议的提名，决定在省、自治区内按地区设立的和在直辖市内设立的中级人民法院院长的任免，根据省、自治区、直辖市的人民检察院检察长的提名，决定人民检察院分院检察长的任免；

（十七）在本级人民代表大会闭会期间，决定撤销个别副省长、自治区副主席、副市长、副州长、副县长、副区长的职务；决定撤销由它任命的本级人民政府其他组成人员和监察委员会副主任、委员，人民法院副院长、庭长、副庭长、审判委员会委员、审判员，人民检察院副检察长、检察委员会委员、检察员，中级人民法院院长，人民检察院分院检察长的职务；

（十八）在本级人民代表大会闭会期间，补选上一级人民代表大会出缺的代表和罢免个别代表。

第五十六条 县级以上的地方各级人民代表大会常务委员会设立代表资格审查委员会。

代表资格审查委员会的主任委员、副主任委员和委员的人选，由常务委员会主任会议在常务委员会组成人员中提名，常务委员会任免。

第七十条 省、自治区、直辖市、自治州、设区的市的人民政府分别由省长、副省长，自治区主席、副主席，市长、副市长，州长、副州长和秘书长、厅长、局长、委员会主任等组成。

县、自治县、不设区的市、市辖区的人民政府分别由县长、副县长，市长、副市长，区长、副区长和局长、科长等组成。

乡、民族乡的人民政府设乡长、副乡长。民族乡的乡长由建立民族乡的少数民族公民担任。镇人民政府设镇长、副镇长。

第七十一条 新的一届人民政府领导人员依法选举产生后，应当在两个月内提请本级人民代表大会常务委员会任命人民政府秘书长、厅长、局长、委员会主任、科长。

《中华人民共和国监察官法》（主席令第92号公布，2022年1月1日起施行）

第十九条 国家监察委员会主任由全国人民代表大会选举和罢免，

副主任、委员由国家监察委员会主任提请全国人民代表大会常务委员会任免。

地方各级监察委员会主任由本级人民代表大会选举和罢免，副主任、委员由监察委员会主任提请本级人民代表大会常务委员会任免。

新疆生产建设兵团各级监察委员会主任、副主任、委员，由新疆维吾尔自治区监察委员会主任提请自治区人民代表大会常务委员会任免。

其他监察官的任免，按照管理权限和规定的程序办理。

《中华人民共和国公职人员政务处分法》（主席令第46号公布，2020年7月1日起施行）

第五十条　监察机关对经各级人民代表大会、县级以上各级人民代表大会常务委员会选举或者决定任命的公职人员予以撤职、开除的，应当先依法罢免、撤销或者免去其职务，再依法作出政务处分决定。

监察机关对经中国人民政治协商会议各级委员会全体会议或者其常务委员会选举或者决定任命的公职人员予以撤职、开除的，应当先依章程免去其职务，再依法作出政务处分决定。

监察机关对各级人民代表大会代表、中国人民政治协商会议各级委员会委员给予政务处分的，应当向有关的人民代表大会常务委员会，乡、民族乡、镇的人民代表大会主席团或者中国人民政治协商会议委员会常务委员会通报。

《中国人民政治协商会议章程》（1982年12月11日中国人民政治协商会议第五届全国委员会第五次会议通过，2023年3月11日修订通过）

第三十八条　因工作变动或其他原因不宜继续担任委员的，本人应当辞去委员。对违反社会道德或存在与委员身份不符行为的，应当及时约谈或函询，经提醒仍不改正的，应当责令其辞去委员。

第三十九条　对违纪违法的委员，中国人民政治协商会议全国委员会常务委员会或地方委员会常务委员会应当依照法律和有关规定作出相应处理。常务委员会组成人员违纪违法的，可由常务委员会依照法律和有关规定作出处理决定，针对不同情形，相关处理决定待召开全体会议予以追认。

第四十四条第二项 中国人民政治协商会议全国委员会全体会议行使下列职权：

（二）选举全国委员会的主席、副主席、秘书长和常务委员，决定常务委员会组成人员的增加或者变更；

第四十六条第六项、第七项、第八项 中国人民政治协商会议全国委员会常务委员会行使下列职权：

（六）协商决定全国委员会委员；

（七）根据秘书长的提议，任免中国人民政治协商会议全国委员会副秘书长；

（八）决定中国人民政治协商会议全国委员会工作机构的设置和变动，并任免其领导成员。

第五十五条第一项 中国人民政治协商会议各级地方委员会全体会议行使下列职权：

（一）选举地方委员会的主席、副主席、秘书长和常务委员，决定常务委员会组成人员的增加或者变更；

第五十七条第五项、第六项、第七项 中国人民政治协商会议地方委员会常务委员会行使下列职权：

（五）协商决定地方委员会委员；

（六）根据秘书长的提议，任免地方委员会的副秘书长；

（七）决定地方委员会工作机构的设置和变动，并任免其领导成员。

八、“双管”干部的处分权限

1. 图解

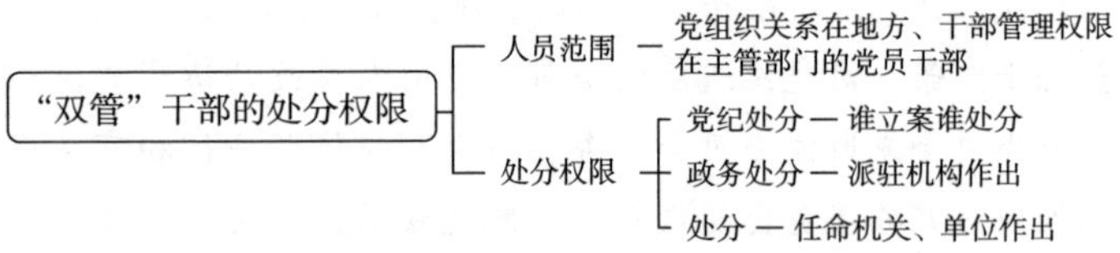

图5－17 “双管”干部的处分权限

2. 实务指引

所谓“双管”干部，是指党组织关系在地方、干部管理权限在主管部门的党员干部，主要涉及实行垂直管理或者双重领导的国有企业、高等院校以及铁路、外交、民航、海关、税务和部分中央新闻机构等部门和单位。由于组织关系与人事关系相分离，双管干部违纪违法后，“谁来处分”“如何处分”是一个需要解决的问题。

（1）处分原则。应遵循党纪处分“谁立案谁处分”、政务处分只能由主管部门派驻纪检监察机构或者任命机关、单位作出的原则。

①关于党纪处分。一般情况下，根据《党组讨论和决定党员处分事项工作程序规定》第十二条规定，应按照“谁立案谁处分”的原则确定处分机关。特殊情况下，如果违纪党员同时担任地方党委委员、候补委员或者地方纪委委员等职务的，对其作出党纪处分应由地方纪委按程序审批，并将党纪处分决定抄告主管单位党组（党委）。

②关于政务处分。根据《中华人民共和国公职人员政务处分法》第三条的规定，各级监察机关和任免机关、单位按照干部管理权限和属地管辖的原则对公职人员作出政务处分。由于地方纪检监察机关对双管干部没有人事任命权，故无论案件由谁查办，地方纪检监察机关均无权作出政务处分，只能由主管部门的派驻纪检监察组作出政务处分或由任命机关、单位作出处分。

（2）处分权限和程序。《中国共产党纪律检查机关监督执纪工作规则》第八条规定了“双管”干部的三种立案模式。根据各地实践经验，笔者就不同立案模式下“双管”干部的处分权限和程序规定，总结要点如下。

①由设在主管部门、有管辖权的纪检监察机关立案审查调查的案件。按照谁主管、谁负责的管辖原则，此乃双管干部立案管辖的一般情形，常见于不采取留置措施的案件。审查调查结束后，由主管部门党组讨论决定并作出党纪处分，由派驻纪检监察组作出政务处分或者由任免机关、单位作出处分。其中，主管部门党组（党委）管理的部门负责人或者相当于这一职级的公职人员，一般由派驻纪检监察组作

出政务处分；其他公职人员一般由任免机关、单位自己作出处分。处分作出后，主管部门党组应按照级别对等的原则将相关情况通报给地方党组织。

②地方纪检监察机关立案审查调查的案件。地方纪委常委会会议审议案件时应明确提出党纪和政务处分种类，在按程序作出党纪处分、将涉嫌犯罪部分移送司法机关等处理后，及时通过相应的派驻纪检监察机构或主管部门的内设纪检组织向被处分人主管部门党组（党委）通报处分意见，并附相关材料，由主管部门或有关派驻纪检监察机构作出相应处分。

根据规定，地方纪委作出党纪处分前，应当就处分意见与主管部门党组和派驻纪检监察组进行沟通协调，经沟通不能形成一致处分意见的，报共同的上级党委或者纪委研究决定。实践中，地方纪委一般在纪委常委会会议审议后、处分决定作出前，将拟处分意见连同相关材料书面函告主管部门党组和派驻纪检监察组，征求后者意见。双方处理意见不一致时，对于不影响案件最终定性处理的，主管部门党组可以作出处分决定，并将书面说明随处分决定一并函告地方纪委；如遇重大问题不能达成一致意见的，可报请共同的上级党组织研究决定。

③主管部门、派驻纪检监察组和地方纪检监察机关联合审查调查的案件。此种情形多见于职务犯罪案件，实践中既可以由地方纪检监察机关和主管部门纪检监察机构分别立案，也可以由主管部门、纪检监察组进行党纪政务双立案。如地方监委进行监察立案的，可根据是否以已为主查办案件等情况，决定是对全案进行审理并提出处理意见还是仅就职务违法、犯罪事实进行审理并提出处理意见。处理意见和认定事实在函告主管部门后，由主管部门党组、派驻纪检监察组等按程序作出党纪政务处分。如由主管部门、纪检监察组进行党纪政务双立案的，此时处分批准程序与上文第一种立案模式基本一致，此处不再赘述。

3. **案例**

赵某，男，汉族，2004年6月加入中国共产党，曾任吉林银保监局原党委委员、副局长。2023年6月27日，中央纪委国家监委网站发布消息称，中央纪委国家监委驻国家金融监督管理总局纪检监察组、吉林省监察委员会日前对赵某严重违纪违法问题进行了纪律审查和监察调查。经查，赵某严重违反党的纪律，构成严重职务违法并涉嫌受贿犯罪。依据有关规定，经国家金融监督管理总局党委会议研究，决定给予赵某开除党籍处分；经中央纪委国家监委驻国家金融监督管理总局纪检监察组研究，决定给予赵某开除公职处分；收缴其违纪违法所得。经吉林省监察委员会研究，决定将赵某涉嫌犯罪问题移送检察机关依法审查起诉，所涉财物随案移送。①

解读

本案属于典型的党组织关系在地方、干部管理权限在主管部门的双重管理干部受处分案件。对赵某的违纪违法问题，采取了上级主管部门的派驻纪检监察机构和单位所在地监察机关联合审查调查的模式，由前者进行党纪立案，后者进行监察立案。派驻纪检监察组和地方监委联合办案，可以充分发挥组、地优势，有效解决派驻纪检监察组没有留置场所和人员力量、调查措施有限的难题。审查调查结束后，由行业主管部门党委作出党纪处分，行业主管部门的派驻纪检监察机构作出政务处分，吉林省监委负责将赵某涉嫌犯罪问题移送检察机关审查起诉。

4. 法规索引速查

《中国共产党处分违纪党员批准权限和程序规定》（中共中央发布，2022年9月22日起施行）

第四十条　违纪党员系实行垂直管理或者实行双重领导并以上级单位领导为主的单位的干部，同时担任地方党委委员、候补委员或者地方纪委委员职务的，由地方纪委依照本规定履行处分审批程序，并将党纪处分决定抄告主管单位党组（党委）。其中，地方纪委立案审

---

① 参见佚名：《吉林银保监局原党委委员、副局长赵某被“双开”》，载中央纪委国家监委网站，https：//www. ccdi. gov. cn/scdcn/zyyj/djcf/202306/t20230627_ 272096. html。

查的，应当通过有监督执纪权限的相应派驻纪检监察组或者主管单位内设纪检组织征求主管单位党组（党委）意见后履行处分审批程序。

《中国共产党纪律检查机关监督执纪工作规则》（中共中央办公厅印发，2019年1月1日起施行）

第八条 对党的组织关系在地方、干部管理权限在主管部门的党员、干部以及监察对象涉嫌违纪违法问题，应当按照谁主管谁负责的原则进行监督执纪，由设在主管部门、有管辖权的纪检监察机关进行审查调查，主管部门认为有必要的，可以与地方纪检监察机关联合审查调查。地方纪检监察机关接到问题线索反映的，经与主管部门协调，可以对其进行审查调查，也可以与主管部门组成联合审查调查组，审查调查情况及时向对方通报。

《党组讨论和决定党员处分事项工作程序规定》（中共中央办公厅印发，2019年1月1日起施行，2025年5月26日修订发布）

第十二条 对于党的组织关系在地方、干部管理权限在主管部门党组的党员干部违纪案件，由派驻机构立案审查的，由主管部门党组讨论决定党员处分事项，并向地方党组织通报处理结果；由地方纪委立案审查的，由地方纪委按照程序作出党纪处分决定，并向主管部门党组通报处理结果。

前款所涉党员干部同时担任地方党委委员、候补委员或者地方纪委委员职务的，由地方纪委按照有关规定履行处分审批程序，并将党纪处分决定抄告主管部门党组。其中，地方纪委立案审查的，应当通过有监督执纪权限的相应派驻机构或者主管部门机关纪委征求主管部门党组意见后履行处分审批程序。

第三节　处分决定的执行

一、制作处分决定

（一）图解

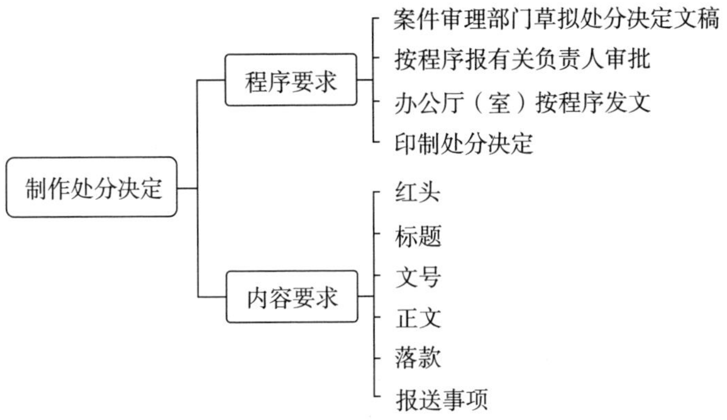

图5－18　制作处分决定

（二）实务指引

1. 作出处分决定的程序

党纪处分决定以纪委的名义作出，政务处分决定以监委的名义作出，制作处分决定的流程一般为：案件审理室草拟处分决定文稿，按照规定呈报相关负责人审批同意后，按发文程序将处分决定文稿报至办公厅（室）；办公厅（室）报批和印制后将处分决定交案件审理部门，由案件审理组负责存卷、执行。

2. 处分决定的制作要求

（1）总体要求。

处分决定书是一种范式文书，体例结构有固定的模板和要求，内容表述要求准确、简练、规范，行文风格平实。办案人员应严格对照模板要求，精益求精，杜绝出现错误。

（2）体例结构。

完整的处分决定书包括红头、标题、文号、正文、落款和报送事项六大部分。其中，红头用以表明发文机关，实践中应注意党纪和政务处分分开制作，红头纸不能混淆。文号由地方简称＋文书类别＋年份＋编号组成，具体可参考案例模板。标题应包含被处分人的名字和给予的处分种类，一般表述为“关于给予×××（同志）×××处分的决定”。正文系处分决定书的主体，包括被处分人的基本情况、违纪违法事实和证据、处分的依据和种类、处分决定生效时间和申诉事项等内容。落款为作出处分决定的机关和时间，这里的落款时间不是文书实际印发的时间，而是处分决定的生效时间，即有关纪委常委会或党委常委会会议审议通过的时间。报送事项，一般在处分决定末页的最下方注明该处分决定报、发、主送和抄送的单位和个人。

（3）重点注意事项。

关于是否要称呼同志的问题。根据有关规范，政务处分决定中，无论被处分人是否系中共党员，全文均不称呼同志；党纪处分决定中，除开除党籍处分外，给予其他处分的，处分决定标题、处分意见等处应规范冠以“同志”称呼。

关于如何表述违纪违法种类的问题。一是党纪处分决定按照违反政治纪律和政治规矩、违反组织纪律、违反廉洁纪律、违反群众纪律、违反工作纪律、违反生活纪律六大纪律的顺序进行排序，违反中央八项规定精神问题的内容，应予以单列，表述在“违反政治纪律和政治规矩行为”之后、“违反组织纪律行为”之前。二是政务处分决定中，无论被处分人是否系中共党员，按照纪法分开的原则，违法种类不能照搬党纪处分决定中的文字表述。根据最新要求，应按照违反政治要求、违反中央八项规定精神、违反组织要求、违反廉洁要求、损害群众利益、违反工作要求、违反公职人员道德要求、其他违法行为和涉嫌犯罪的规定来描述。

关于违纪违法事实如何表述的问题。处分决定应简明扼要地写明违纪违法行为发生的时间、地点、经过、数额、后果、主观心态等要素。实践中，有些地区的处分决定在描述违纪违法事实时过于简略，内容跟媒体发布的通稿几乎无异，这是不合适的。当然，与定性、处置无关的事项不宜写入处分决定中，涉及隐私等敏感信息应作技术性处理，违反生活纪律的问题一般概写而不表述具体情节和对象。在案证据进行概写，无须罗列证据名称，也无须对证据效力和证明事项进行分析阐述。

引用依据的问题。党纪和政务处分决定应当分别引用党内法规和法律法规，一般只引用实体性规定，无须引用《中国共产党纪律检查机关监督执纪工作规则》等程序性规定。党纪处分决定不再引用移送司法、终止党代表资格条款，只需引用作出党纪处分有关条款。政务处分决定不再引用移送司法、《中华人民共和国监察法》授权性条款，只需引用作出政务处分相关条款，《中华人民共和国公职人员政务处分法》生效后也不再引用《公职人员政务处分暂行规定》。

如何表述申诉事项的问题。处分决定应当载明受处分人享有的申诉权及受理申诉的组织等内容。党纪处分决定的申诉不受时间和次数的限制，可以按程序逐级申诉至中共中央，但政务处分应在1个月内提出申诉申请，且实行“二审终审制”。具体文字表述可参考本节案例相关内容。

关于如何确定主送、抄送单位的问题。处分决定应报同级党委，发被处分人本人，实践中较难区分的是如何确定主送单位和抄送单位。主送单位系承担处分决定执行主体责任的单位，根据规定，党纪处分的主送单位系被处分人所在党组（党委），政务处分的主送单位系其所在单位。如被处分人系下一级党委管理干部的，主送单位为下一级党委。抄送单位是负有监督、协助、参与、知晓处分决定执行事项的机关或单位，如党委组织部门、负有监督职责的纪委监委或派驻纪检监察组，被处分人系人大代表或政协委员的，还应抄送相关人大或政协机关、党委统战部门等。

（三）文书范本①

关于给予×××（姓名）××（党纪）处分的决定

（涉嫌职务犯罪模板）

×纪〔20××〕××号

×××，性别，×族，××××年××月生，××人，××文化程度，××××年××月参加工作，××××年××月加入中国共产党。××××年××月任××，××××年××月任××，××××年××月辞去（被罢免、免去、撤销）××职务（资格）。×××系××（任党委委员、党代表、人大代表、政协委员等党内外其他职务情况）。

经审查，×××存在以下违纪违法和涉嫌犯罪的问题。

一、违反政治纪律

主要事实。

二、违反中央八项规定精神

主要事实。

三、违反组织纪律

主要事实。

四、违反廉洁纪律

主要事实。

五、违反群众纪律

主要事实。

六、违反工作纪律

主要事实。

七、违反生活纪律

主要事实。

八、违反国家法律法规

主要事实。

---

① 参见本书编写组：《纪检监察文书格式》（下册），中国方正出版社2021年版。

九、涉嫌犯罪（如仅涉嫌单一罪名，则直接写明涉嫌××罪）

主要事实。

以上事实，有相关证人证言及物证、书证等证据证实。

×××身为党员领导干部，……（对其违纪违法行为的本质和特点进行概括描述和评价）。……（如提出从轻、减轻或者从重、加重处分的意见，对其本人认错悔过表现、主动投案、立功表现等理由进行概括）。依照《中国共产党纪律处分条例》第××条第××款第××项……之规定，经××纪委常委会会议研究并报××（同级党委）批准，决定给予×××（姓名）××（党纪）处分；收缴其违纪所得。

本处分决定自××××年××月××日起生效。如不服本决定，可按程序逐级向××纪委、××（同级党委）或者××（上级纪委）、××（上级党委）直至中共中央提出申诉。

××纪委

××××年××月××日

关于给予×××（姓名）××（政务）处分的决定

（非中共党员模板）

×监〔20××〕××号

×××，性别，×族，××××年××月生，××人，××文化程度，××××年××月参加工作。××××年××月任××，××××年××月任××，××××年××月辞去（被罢免、免去、撤销）××职务（资格）。×××系××（任人大代表、政协委员等党内外其他职务情况）。

经调查，×××存在以下违法和涉嫌犯罪的问题。

一、违反政治要求

主要事实。

二、违反组织要求

主要事实。

三、违反廉洁要求

主要事实。

四、损害群众利益

主要事实。

五、违反工作要求

主要事实。

六、违反公职人员道德要求

主要事实。

七、涉嫌犯罪（如仅涉嫌单一罪名，则直接写明涉嫌××罪）

主要事实。

以上事实，有相关证人证言及物证、书证等证据证实。

×××身为领导干部，……（对其违法行为的本质和特点进行概括描述和评价）。……（如提出从轻、减轻或者从重处分的意见，对其本人认错悔过表现、主动投案、立功表现等理由进行概括）。依照《中华人民共和国监察法》第××条第××款第××项和《中华人民共和国公职人员政务处分法》第××条第××款第××项之规定，经××纪委常委会会议研究并报××（同级党委）批准，决定给予×××（姓名）××（政务）处分；收缴其违法所得。

本处分决定自××××年××月××日起生效，处分期至××××年××月××日止（非开除公职处分）。如不服本决定，可自收到本决定之日起一个月内向本委申请复审，对复审决定仍不服的，可自收到复审决定之日起一个月内向××（上一级监察机关）申请复核。

××监察委员会

××××年××月××日

解读

处分决定书是案件审查调查和审理工作的最终体现和载体，是纪检监察机关对外作出的最重要文书之一，也直接决定着被处分人的权利义务。

本文案例节选了中国方正出版社出版的《纪检监察文书格式》一书中有关党纪处分、政务处分的部分模板，供读者参考借鉴。需要说明的是，随着实践的发展，纪检监察机关对审理文书有了更新、更全面的规定，办案人员应根据上级和本地纪检监察机关的最新要求，指导实践。

另外，处分决定虽然是纪检监察机关对外发布的文书，但有明确的送达对象和特定的知悉范围，一定级别对象的处分决定还可能属于涉密事项。办案人员在制作处分决定的过程中应做好保密工作。

（四）法规索引速查

《中国共产党章程》（中国共产党第二十次全国代表大会部分修改，2022 年 10 月 22 日通过）

第四条第一款第八项　党员享有下列权利：

（八）向党的上级组织直至中央提出请求、申诉和控告，并要求有关组织给以负责的答复。

《中国共产党党员权利保障条例》（2004 年 9 月 22 日中共中央发布，2020 年 12 月 25 日修订发布）

第十八条　党员有党内申诉权，对于党组织给予本人的处理、处分或者作出的鉴定、审查结论不服的，有权按照规定程序逐级向本人所在党组织、上级党组织直至中央提出申诉。

第三十五条第二款　处理、处分所依据的事实材料应当同本人见面。处理、处分的决定应当向本人宣布，并写明党员的申诉权以及受理申诉的组织等内容。事实材料和决定应当由本人签署意见，对签署不同意见或者拒不签署意见的，应当作出说明或者注明情况。

《中华人民共和国公职人员政务处分法》（主席令第 46 号公布，2020 年 7 月 1 日起施行）

第四十五条　决定给予政务处分的，应当制作政务处分决定书。

政务处分决定书应当载明下列事项：

（一）被处分人的姓名、工作单位和职务；

（二）违法事实和证据；

（三）政务处分的种类和依据；

（四）不服政务处分决定，申请复审、复核的途径和期限；

（五）作出政务处分决定的机关名称和日期。

政务处分决定书应当盖有作出决定的监察机关的印章。

二、处分决定的宣布和送达

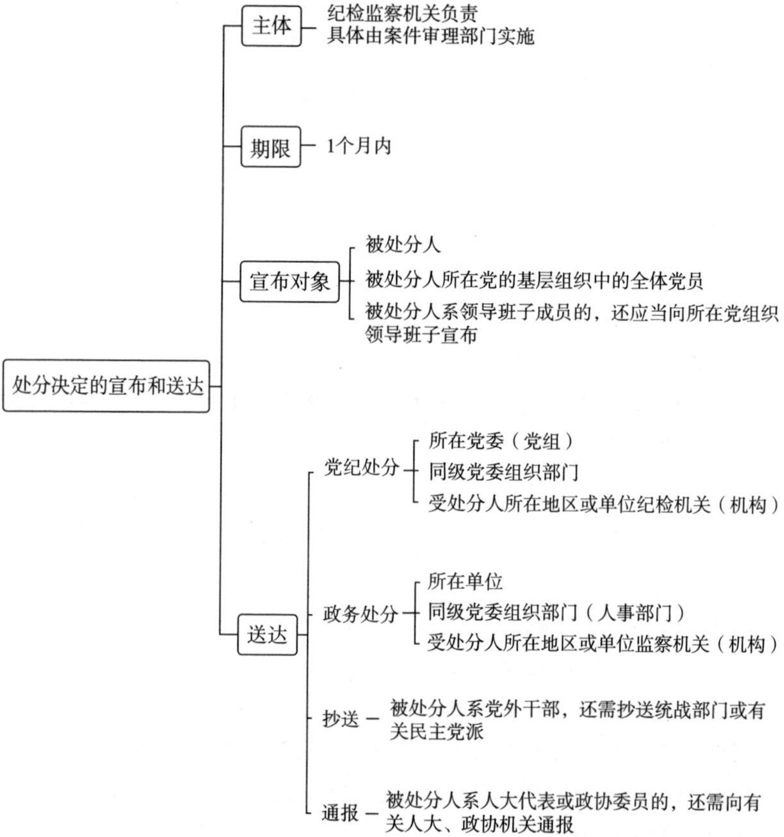

图5－19　处分决定的宣布和送达

（一）向本人宣布

1. 图解

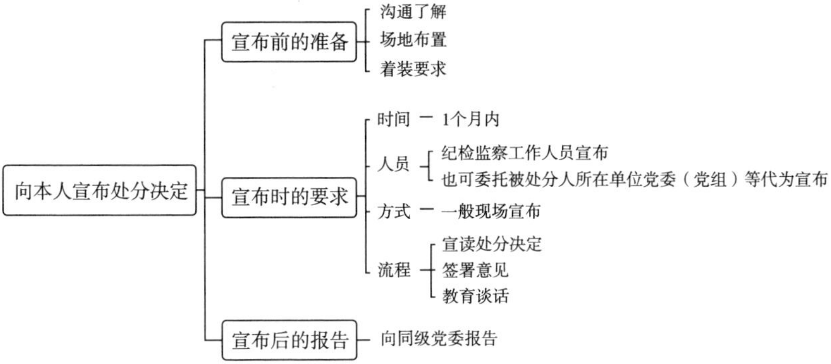

图 5-20　向本人宣布处分决定

2. 实务指引

（1）宣布主体。处分决定作出后，案件审理部门应当向被处分人宣布处分决定。有重大影响的案件，可由委领导进行宣布，并对被处分人进行教育谈话。根据工作需要，也可以委托被处分人所在党委（党组）、纪检监察机关代为宣布。

（2）宣布时间。根据规定，党纪处分决定应当在处分决定作出后1个月内宣布。政务处分决定无明确的期限要求，但应“及时”宣布，实践中，贯彻纪法双施双守的要求，党纪和政务处分决定一般都应在1个月内宣布，防止“拖而不宣”。

（3）宣布形式。宣布处分决定通常有三种形式：第一种是由案件审理部门派员直接向本人宣布处分决定；第二种是在支委会、党组（党委）会等会议上同时向本人和其他党员、班子成员宣布处分决定；第三种是确有困难无法通过前两种方式直接宣布的，经被处分人同意，可以采用视频连线的方式宣布处分决定，并将该过程录音、录像，采取邮寄的方式进行送达。

（4）宣布前的准备。在宣布处分决定之前，应视情况制订工作方案，确定宣布处分决定的时间、地点、参会人员、工作步骤和会议议程。工作人员应提前和案件承办部门、所在单位和派驻纪检监察组做好沟通，了解被处分人的身体和思想状态。做好会场布置，除在看守所、监狱等地宣布处分决定的以外，宣布现场应悬挂党旗和国旗，庄重整洁。宣布人员不得少于两人，应着装正式，佩戴党员徽章，表达规范准确，举止文明得体，保证现场严肃有序。

（5）宣布流程和要求。宣读处分决定时，宣布人员和被处分人应当起立。宣读完毕后，宣布人员请被处分人就座，向其送达处分决定，告知其享有的权利，由被处分人阅看处分决定后在送达回执上签字，并签署意见。签署的意见包括是否服从处分决定、是否提出申诉以及其他的态度和想法等。宣布人员应对签署的意见进行审核，防止细节纰漏，并根据案件情况对被处分人进行教育谈话和心理疏导。如被处分人当场提出申诉的，宣布人员应做好纪法的释明工作，如被处分人坚持申诉的，应如实签署意见。被处分人拒不接收文书或签署意见的，宣布人员应在相关文书上如实记载说明，有第三人在场的可请其他人员签名作证。宣布结束后，相应材料应整理入卷。

（6）向同级党委报告处分决定宣布情况。根据规定，纪检监察机关应落实向党委报告处分决定宣布情况的要求。根据有关指导意见要求，报告采用书面形式，采取定期报告和个案报告相结合的方式。

3. 示例

2020 年 3 月，某市纪委由案件审理室牵头，对该市十九大以来被处分人员的纪律处分执行情况进行了一次“拉网式”检查。检查发现，处分决定的送达、宣布整体情况较好，但也存在诸多不规范的地方。例如，部分农村党员档案材料缺失，或者送达回证未归档；刘某某案，案卷中未见到向同级党委组织部门送达处分决定的回执；王某案，以送达代替宣布，王某本人仅在送达回证上签字，但未签署对处分决定的意见；秦某某案，宣布时间滞后，2018 年 4 月 26 日给予其开除党籍处分，但直到 2019 年 6 月，处分决定才在支部党员大会上宣布；还有数人存在处分决定缩小宣布范围的情况。

解读

处分决定执行工作是集中体现纪律刚性要求和惩戒性质的关键环节，其中宣布处分决定又是处分决定执行工作中首要的环节。近年来，各级纪检监察机关日益重视案件查办的“后半篇文章”效果，通过案件质量评查、处分决定执行情况检查等多种方式，发现并严肃整改处分决定执行中打折扣、搞变通的问题。如本示例所示，在宣布处分决定执行这一环节，实践中不同程度地存在着秘而不宣、以送达代替宣布、宣布时间滞后、缩小宣布范围等不规范、不到位的现象，影响了纪律的严肃性和权威性。

实践中，尤其要注意两个问题。一是注重处分决定宣布工作的严肃性和规范性，严格遵守宣布人员、宣布场合、宣布范围、宣布方式的相关要求。二是不能以送达代替宣布。宣布处分决定时，被处分人除了签署送达回证外，还应在《受处分人对处分决定的意见》上签署意见并签名、捺印，有针对性地做好思想教育工作，将处分决定一纸书变成廉洁教育一堂课。

4. 法规索引速查

《中国共产党纪律处分条例》（中共中央印发，2003 年 12 月 31 日起施行，2023 年 12 月 19 日修订发布）

第四十四条 党纪处分决定作出后，应当在一个月内向受处分党员所在党的基层组织中的全体党员及其本人宣布，是领导班子成员的还应当向所在党组织领导班子宣布，并按照干部管理权限和组织关系将处分决定材料归入受处分者档案……

《中国共产党纪律检查机关监督执纪工作规则》（中共中央办公厅印发，2019 年 1 月 1 日起施行）

第五十六条第二款 处分决定作出后，纪检监察机关应当通知受处分党员所在党委（党组），抄送同级党委组织部门，并依照规定在 1 个月内向其所在党的基层组织中的全体党员以及本人宣布。处分决定执行情况应当及时报告。

《党的纪律检查机关案件审理工作条例》（中共中央纪律检查委员会印发，1987 年 7 月 14 日起施行）

第十八条 党组织作出的处分决定（或结论），需由本人签字，经上级批准后，连同批复给本人一份，并在适当范围内宣布。

第二十八条 已经批复或同意备案的案件，及时抄送同级党委组织部门和其他有关部门。给予党员的处分决定中，有向党外组织建议撤销党外职务和给予其他行政处分时，应将处分决定送党外有关组织。

《中共中央纪律检查委员会关于审理党员违纪案件工作程序的规定》（中共中央纪律检查委员会印发，1991 年 7 月 13 日起施行）

第二十条 凡给予党纪处分或免予党纪处分的案件，要按照干部管理权限，将处分决定或免予处分的结论、错误事实调查报告、上级批示、本人检讨及本人对处分决定或免予处分的结论的意见抄送组织部门；如建议给予行政处分的，抄送有关人事部门；如建议司法机关追究刑事责任的，抄送有关司法机关。

第二十二条 给予党员的纪律处分，从处分决定批准之日起生效。处分决定和批复给受处分的党员一份。

《中华人民共和国公职人员政务处分法》（主席令第 46 号公布，2020 年 7 月 1 日起施行）

第四十六条 政务处分决定书应当及时送达被处分人和被处分人所在机关、单位，并在一定范围内宣布。

作出政务处分决定后，监察机关应当根据被处分人的具体身份书面告知相关的机关、单位。

（二）向基层党组织的全体党员、班子成员宣布

1. 图解

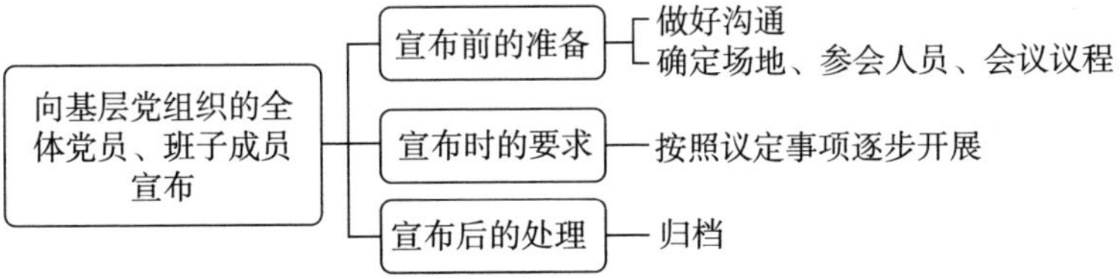

图5－21 向基层党组织的全体党员、班子成员宣布

2. 实务指引

（1）宣布范围与对象。

①党纪处分的宣布范围。党纪处分决定除向被处分人本人宣布外，还应向其所在党的基层组织中的全体党员宣布；如果被处分人是领导班子成员，还应当向所在党组织领导班子宣布。

②政务处分的宣布范围。《中华人民共和国公职人员政务处分法》规定，政务处分决定应“在一定范围”内宣布。实践中，对中共党员作出的政务处分，宣布范围一般与党纪处分保持一致；对非中共党员的政务处分，可以向其所在具体部门的全体成员及全体领导班子成员宣布。

（2）宣布形式。

①向党的基层组织中的全体党员宣布。党的基层组织又称为基层党组织，是指在企业、农村、机关、学校、科研院所、街道社区、社会组织、人民解放军连队和其他基层单位成立的党组织。根据党员人员的多少党的基层组织又可以分为基层党委、党总支、党支部等。实践中较为常见的是在被处分人所在党支部的党员大会上宣布。

②向所在党组织领导班子宣布。向所在党组织领导班子宣布，一般采取召开党组（党委）会议的方式进行。实践中，考虑到案件的特点和影响，即使被处分人不是领导班子成员，也可以通过召开党委（党组）会议、民主生活会等形式向领导班子成员宣布；也可以将宣

布处分决定作为警示教育大会的一项议程开展，除被处分人所在支部成员和单位领导班子外，参会人员还可延伸扩大至整个单位、系统的有关人员。

应当注意的是，党纪处分决定向所在基层党组织的全体党员宣布是必经程序，不能以党委（党组）会议代替基层党组织会议，防止“秘而不宣”或擅自缩小宣布范围。

（3）宣布流程。

①在宣布处分决定之前，案件审理部门应与相关派驻纪检监察组、被处分人所在单位做好沟通工作，确定宣布的场合、参会人员和会议议程。为充分做好案件后半篇文章，相关会议还可以邀请案件查办部门和相关监督检查部门的同志一同参加。

②会议议程一般包括主持人宣布会议主题和议程、重温入党誓词、宣布处分决定、被处分人自我检讨和发表意见、与会人员表态发言、有关人员进行警示教育和总结发言等步骤。

③宣布结束后，相关的支部党员大会、所在党组（党委）会等会议记录送交案件审理部门入卷归档。

3. 示例

2022 年，D 区纪委监委查处了该市二手房交易领域偷逃税款、违规办理购房资格系列腐败窝案。经查，D 区不动产登记中心工作人员刘某伙同区住建局、区税务局的有关人员，利用各自职务便利，违规为他人办理二手房交易，收取他人给予的好处费 220 余万元，造成国家税收损失。刘某被开除党籍和公职，所涉嫌犯罪问题被依法移送检察机关审查起诉。

处分决定作出后，为做实案件“后半篇文章”，D 区纪委监委督促发案单位党组召开专题民主生活会暨教育警示会。2022 年 3 月 17 日，D 区自然资源和规划局召开全体职工参加的教育警示大会，D 区纪委监委案件审理室和相关监督检查室的负责人出席会议。会上，案件审理室负责人宣布了处分决定，监督检查室负责人就该案暴露出的监管漏洞和制度问题提出了监察建议。

解读

严肃、规范的处分决定宣布过程，既是一次纪律权威性的集中体现，也是一次生动的纪法教育实践。如上述示例所示，D区纪委监委将向被处分人及其所在党的基层组织宣布处分决定与警示教育结合在一起，既履行了宣布处分决定的“常规动作”，又达到了以案促改的实际效果，起到了很好的作用。

4. 法规索引速查

《中国共产党纪律处分条例》（中共中央印发，2003年12月31日起施行，2023年12月19日修订发布）

第四十四条　党纪处分决定作出后，应当在一个月内向受处分党员所在党的基层组织中的全体党员及其本人宣布，是领导班子成员的还应当向所在党组织领导班子宣布，并按照干部管理权限和组织关系将处分决定材料归入受处分者档案……

《中国共产党纪律检查机关监督执纪工作规则》（中共中央办公厅印发，2019年1月1日起施行）

第五十六条第二款　处分决定作出后，纪检监察机关应当通知受处分党员所在党委（党组），抄送同级党委组织部门，并依照规定在1个月内向其所在党的基层组织中的全体党员以及本人宣布。处分决定执行情况应当及时报告。

《党的纪律检查机关案件审理工作条例》（中共中央纪律检查委员会印发，1987年7月14日起施行）

第十八条　党组织作出的处分决定（或结论），需由本人签字，经上级批准后，连同批复给本人一份，并在适当范围内宣布。

《中共中央纪律检查委员会关于审理党员违纪案件工作程序的规定》（中共中央纪律检查委员会印发，1991年7月13日起施行）

第二十二条　给予党员的纪律处分，从处分决定批准之日起生效。处分决定和批复给受处分的党员一份。

《中华人民共和国公职人员政务处分法》（主席令第46号公布，2020年7月1日起施行）

第四十六条 政务处分决定书应当及时送达被处分人和被处分人所在机关、单位，并在一定范围内宣布。

作出政务处分决定后，监察机关应当根据被处分人的具体身份书面告知相关的机关、单位。

（三）处分决定的送达

1. 图解

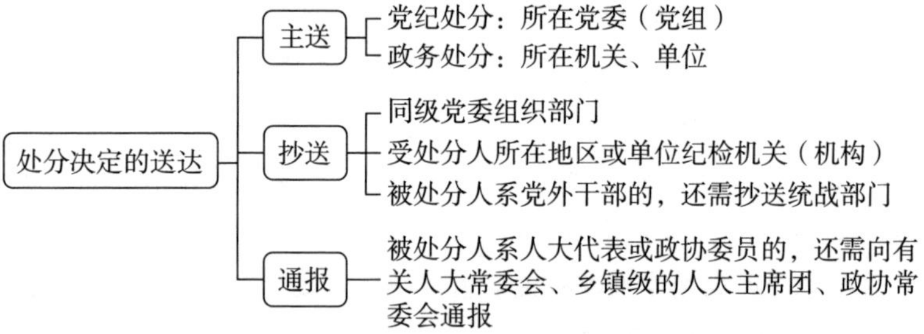

图5－22 处分决定的送达

2. 实务指引

根据规定，处分决定作出后，除向本人宣布和送达外，纪检监察机关还应当通知、送达、函告、通报给有关应该知悉、执行或配合执行处分决定的有关单位、组织。

一是确定主送单位。主送单位，是承担处分决定执行责任的主要单位、组织。根据规定，党纪处分决定应通知被处分人所在党委（党组），政务处分决定应及时送达给被处分人所在机关、单位。实践中，根据党管干部原则，党纪和政务处分决定一般都主送给被处分人所在党委（党组）。送达处分决定遵循级别对应原则。如被处分人系下一级党委管理的干部，如市纪委提级查办的市辖区某局党委书记的案件，处分决定应送达给下一级党委即区委，而不是由市纪委直接送达给该区某局党组。另外，被处分人“所在党委（党组）”不同于其所在单位的党委（党组），某些案件中因被处分人所在单位级别较低，虽系独立的单位法人，但未设立党委（党组），只设立了党支部或党总支，此时处分决定应送达其上一级主管单位的党委（党组）。

二是送达的文书及要求。纪检监察机关将处分决定送达给被处分人所在党委（党组）时，应填写送达回执并附处分决定执行通知和处分决定执行回单，书面告知执行处分决定的具体事项。关于执行通知的形式，各地可因地制宜，灵活采用书面通知、表单、另附执行事项清单等方式。被处分人所在党委（党组）应在规定期限内（1 个月，最长不超过 6 个月）将填写完整的送达回执、执行回单及相应的宣布会议记录和职务职级、工资待遇、年度考核等执行材料报送纪检监察机关案件审理部门，由工作人员入卷归档。

三是抄送。根据对被处分党员干部的管理和监督权限，党纪和政务处分决定应当送达给同级党委组织部门和受处分人所在地区或单位相关纪检监察机关（机构，含派驻纪检监察组）。上述部门、单位收到处分决定后，应在送达回执上盖章签收并注明收到日期，回执材料报送纪检监察机关的案件审理部门入卷归档。

四是函告、通知、通报。根据有关规定，作出政务处分决定后，监察机关应当根据被处分人的具体身份书面告知相关的机关、单位；给予人大代表、政协委员政务处分的，纪检监察机关还应向有关的人大常委会，乡、镇级的人大主席团或者政协常委会通报。实践中，如被处分人系民主党派或无党派人士的，还应将处分决定函告同级党委统战部门。

关于是否应将处分决定送达给人事部门的问题。过去，为便于人力资源和社会保障部门掌握处分情况，及时调整被处分人的职级工资待遇等事项，处分决定一般还应抄送给人力资源和社会保障部门。2018 年新一轮党政机构改革和事业单位分类改革后，人社部门原来承担的公务员管理职能划入同级党委组织部门，保留了事业单位和国有企业人员的管理职能。根据最新的文书模板，中央纪委国家监委作出的党纪政务处分均未抄送人事部门，各地根据当地实际情况可灵活把握。笔者认为，对于被处分人系事业单位管理人员或国有企业人员的，纪检监察机关应当将处分决定送达相关人事部门。

五是内部送达和告知。为便于纪检监察机关的内设机构开展后续的案件处理、回访教育、监督管理等工作，案件审理部门还应将处分决定、审理报告、起诉意见书等文书送达给案件承办部门、案件监督管理部门和相关的监督检查部门。

六是保密要求。根据有关规定，特定领域、对象的审理和处分处理情况可能涉密，实践中也出现过处分决定被拍照上传社交媒体、引发舆情的负面事件。办案人员在工作中应提高保密意识，严格按程序、按范围进行送达和宣布，应该送达的及时送达，不该提供的不能提供。在送达方式上，不能通过拍照、复印、微信等方式进行送达和扩散，同时应将相关注意事项告知接收、接触处分决定的有关单位和个人，避免涉密事件发生。

3. 示例

2021 年，H 市监委对 H 市 M 县人大常委会副县级干部、某民主党 H 市委副主委 A 涉嫌违法问题立案调查。经查，A 于 2015 年至 2019 年期间违规兼职取酬 15 万元。根据相关规定，H 市监委给予 A 政务警告处分，收缴其违法所得。处分决定作出后，H 市监委案件审理室除将处分决定主送给 M 县人大常委会外，还抄送给以下单位：H 市委组织，H 市委统战部，N 县纪委监委。

解读

本示例中，因 A 系民主党派，送达处分决定的单位较多，下面逐一分析。

根据规定，政务处分决定应及时送达给其所在机关、单位。本示例中，A 系 M 县人大常委会的副县级干部，H 市监委将处分决定主送给 M 县人大常委会，符合法律规定。实践中，也有地区根据党管干部原则，将政务处分决定主送给被处分人所在党委（党组），按照该原则处理，本示例的处分决定也可以主送给 M 县人大常委会党组。

关于其他应送达单位，《中华人民共和国公职人员政务处分法》第四十六条第二款规定：“作出政务处分决定后，监察机关应当根据被处分人的具体身份书面告知相关的机关、单位。”虽然该法未明确规定应告知机关、单位的范围，但鉴于组织部门和纪检监察部门负有管理和监督干部的职责，H市监委将处分决定抄送给H市委组织和N县纪委监委，符合规定和工作要求。本示例中，A系某民主党党员，并任该党H市委副主委，H市监委将处分决定送达给H市委统战部门，以便后者掌握民主党派成员的受处分情况，并由党委统战部门向有关民主党派通报情况。实务中，如被处分人系事业单位或国企工作人员的，处分决定一般还应抄送人力资源和社会保障部门，便于后者掌握处分情况、办理工资晋升等事项。

4. 法规索引速查

《中国共产党纪律处分条例》（中共中央印发，2003年12月31日起施行，2023年12月19日修订发布）

第四十四条 党纪处分决定作出后，应当在一个月内向受处分党员所在党的基层组织中的全体党员及其本人宣布，是领导班子成员的还应当向所在党组织领导班子宣布，并按照干部管理权限和组织关系将处分决定材料归入受处分者档案；对于受到撤销党内职务以上处分的，还应当在一个月内办理职务、工资、工作及其他有关待遇等相应变更手续；涉及撤销或者调整其党外职务的，应当建议党外组织及时撤销或者调整其党外职务。特殊情况下，经作出或者批准作出处分决定的组织批准，可以适当延长办理期限。办理期限最长不得超过六个月。

《中国共产党纪律检查机关监督执纪工作规则》（中共中央办公厅印发，2019年1月1日起施行）

第五十六条第二款 处分决定作出后，纪检监察机关应当通知受处分党员所在党委（党组），抄送同级党委组织部门，并依照规定在1个月内向其所在党的基层组织中的全体党员以及本人宣布。处分决定执行情况应当及时报告。

《党的纪律检查机关案件审理工作条例》（中共中央纪律检查委员会印发，1987年7月14日起施行）

第二十八条 已经批复或同意备案的案件，及时抄送同级党委组织部门和其他有关部门。给予党员的处分决定中，有向党外组织建议撤销党外职务和给予其他行政处分时，应将处分决定送党外有关组织。

《中共中央纪律检查委员会关于审理党员违纪案件工作程序的规定》（中共中央纪律检查委员会印发，1991年7月13日起施行）

第二十条 凡给予党纪处分或免予党纪处分的案件，要按照干部管理权限，将处分决定或免予处分的结论、错误事实调查报告、上级批示、本人检讨及本人对处分决定或免予处分的结论的意见抄送组织部门；如建议给予行政处分的，抄送有关人事部门；如建议司法机关追究刑事责任的，抄送有关司法机关。

《中华人民共和国公职人员政务处分法》（主席令第46号公布，2020年7月1日起施行）

第四十六条 政务处分决定书应当及时送达被处分人和被处分人所在机关、单位，并在一定范围内宣布。

作出政务处分决定后，监察机关应当根据被处分人的具体身份书面告知相关的机关、单位。

第五十条第三款 监察机关对各级人民代表大会代表、中国人民政治协商会议各级委员会委员给予政务处分的，应当向有关的人民代表大会常务委员会，乡、民族乡、镇的人民代表大会主席团或者中国人民政治协商会议委员会常务委员会通报。

三、处分决定的执行事项

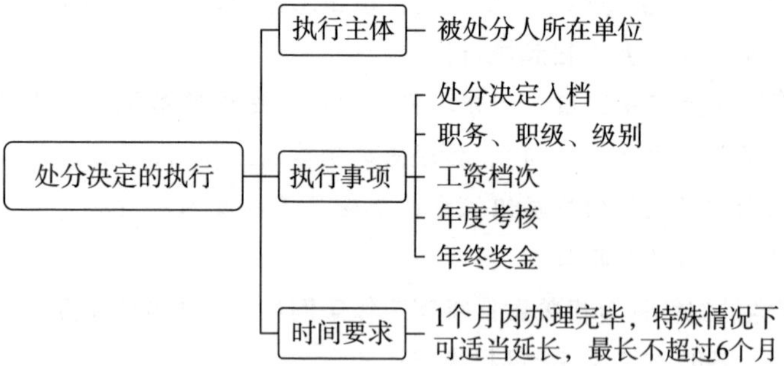

图5－23 处分决定的执行

表 5－1 公务员处分决定执行事项一览表

<table>
<tr><th colspan="2" rowspan="2">处分种类</th><th rowspan="2">处分期</th><th rowspan="2">处分期内能否晋升职务、职级、级别</th><th rowspan="2">处分期内能否晋升工资档次</th><th colspan="3">年度考核</th><th rowspan="2">年终奖金</th></tr>
<tr><th>处分当年</th><th>处分第二年</th><th>处分第三年</th></tr>
<tr><td rowspan="6">政务处分</td><td>警告</td><td>6 个月</td><td>否</td><td>能</td><td>不能确定为优秀</td><td>/</td><td>/</td><td rowspan="11">称职及以上等次享受年终奖金

基本称职、不称职、不确定等次不享受年终奖金</td></tr>
<tr><td>记过</td><td>12 个月</td><td>否</td><td>否</td><td rowspan="4">参加考核只写评语不确定等次</td><td>/</td><td>/</td></tr>
<tr><td>记大过</td><td>18 个月</td><td>否</td><td>否</td><td rowspan="3">参加考核只写评语不确定等次</td><td>/</td></tr>
<tr><td>降级</td><td>24 个月</td><td>否</td><td>否</td><td>/</td></tr>
<tr><td>撤职</td><td>24 个月</td><td>否</td><td>否</td><td>/</td></tr>
<tr><td>开除公职</td><td colspan="6">自政务处分决定生效之日起，应当解除其与所在机关、单位的人事关系或者劳动关系，次月起取消工资待遇</td></tr>
<tr><td rowspan="5">党纪处分</td><td>警告</td><td>1 年</td><td>否</td><td>能</td><td>不能确定为优秀</td><td>/</td><td>/</td></tr>
<tr><td>严重警告</td><td>1 年半</td><td>否</td><td>否</td><td>考核只写评语不确定等次</td><td>/</td><td>/</td></tr>
<tr><td>撤销党内职务</td><td>2 年</td><td>否</td><td>否</td><td>不称职</td><td>按新任职务参加年度考核，按规定条件确定等次</td><td>/</td></tr>
<tr><td>留党察看</td><td>恢复党员权利后 2 年</td><td>否</td><td>否</td><td>不称职</td><td rowspan="2">参加年度考核只写评语不确定等次</td><td>留党察看 2 年的，考核只写评语不确定等次</td></tr>
<tr><td>开除党籍</td><td>5 年</td><td>否</td><td>否</td><td>不称职</td><td>年度考核只写评语，不确定等次</td></tr>
</table>

续表

<table>
<tr><th colspan="2" rowspan="2">处分种类</th><th rowspan="2">处分期</th><th rowspan="2">处分期内能否晋升职务、职级、级别</th><th rowspan="2">处分期内能否晋升工资档次</th><th colspan="3">年度考核</th><th rowspan="2">年终奖金</th></tr>
<tr><th>处分当年</th><th>处分第二年</th><th>处分第三年</th></tr>
<tr><td rowspan="4">补充说明</td><td colspan="8">公务员涉嫌违纪违法被立案审查调查尚未结案的,参加年度考核,不写评语、不确定等次。结案后,不给予处分或者给予党纪、政务警告处分的,按照规定补定等次</td></tr>
<tr><td colspan="8">基层群众性自治组织中从事管理的人员受到政务处分的,应当由县级或者乡镇人民政府根据具体情况减发或者扣发补贴、奖金</td></tr>
<tr><td colspan="8">同时受党纪处分、政务处分或者所在机关给予处分、组织处理的,按照对其考核结果影响较重的处分确定受处分影响期间考核结果</td></tr>
<tr><td colspan="8">受到党纪处分的,其工资待遇如何调整没有明确的规定。对于同时受到党纪政务处分的,可按政务处分的相关规定执行</td></tr>
</table>

（一）党内警告

1. 图解

表 5－2　党内警告处分的执行事项（公务员与参公人员）

执行事项		相关规定
影响期		1 年
任用晋升		1 年内不得在党内党外提拔职务或进一步使用 1 年内不得晋升职级
职务职级级别		无影响
年度考核及影响	考核等次	处分当年：不评优秀
	奖金发放	被评为称职等次的，可以发放
	晋升要求的任职或考核年限	被评为称职等次的，当年度可计算为晋升职务、职级、级别和级别工资档次的任职或考核年限

2. 实务指引

党内警告处分是严重程度最轻的党纪处分，对被处分人的影响较小。实践中要把握好以下三点：

一是影响期及对任用晋升的影响。根据《中国共产党纪律处分条例》的规定，党员受到警告处分 1 年内不得在党内提拔职务或者进一步使用，也不得向党外组织推荐担任高于其原任职务的党外职务或者进一步使用。关于对职级晋升的影响，2019 年 6 月 1 日起施行的《公务员职务与职级并行规定》第二十一条规定，“受到诫勉、组织处理或者处分等影响期未满或者期满影响使用的”，不得晋升职级。这里的处分与诫勉、组织处理并列，应当理解为包含党纪处分、政务处分和单位作出的处分，故受到党内警告处分的，影响期内不能晋升职级。

二是原任职务职级和级别。受到党内警告处分，其原任职务职级和级别不受影响。年度考核评定为“称职”的，可以正常晋升级别和级别工资档次。

三是年度考核。根据有关规定，受党内警告处分的当年，参加年度考核，不得确定为优秀等次；如被评为称职等次的，可以享受年终考核奖金，该考核年度计算为晋升职务职级的任职年限，也可以计算为按照考核年度晋升级别和级别工资档次的考核年限。当地组织部门或所在单位可以综合考虑其德、能、勤、绩、廉的实际情况评定等次；如被评为基本称职或不称职的，按照《公务员考核规定》等规定依法确定年终考核奖金等事宜。

3. 示例

2020年，L市纪委监委对党的十九大以来本县的党纪政务处分执行情况开展了专项检查。经检查发现，该市质量技术监督局某科科长刘某某于2018年3月受到党内警告处分，2018年年底被评为本单位的业务能手。检查人员就该问题提出疑问，单位工作人员解释称，考虑到刘某某业务水平较高，且当年承担了多项重大紧急的任务，故评其为业务能手。

解读

本示例中，刘某某在处分影响期内获评单位业务能手，属于执行不规范的现象。根据相关规定，党员受到党内警告处分当年，参加年度考核时不能确定为优秀等次。虽然党内法规未对受处分党员干部参加其他性质的评先评优活动作出明确禁止性规定，但纪律处分具有惩戒和教育的性质，将受到纪律处分的人员推荐为优秀、先进或骨干，与评先评优的性质和目的背道而驰。实践中，无论是党建还是业务方面的评先评优，在设置参评条件时一般均有“受到处分处理的，不能推荐或参选”的条件规定。

4. 法规索引速查

《中国共产党纪律处分条例》（中共中央印发，2003年12月31日起施行，2023年12月19日修订发布）

第十条 党员受到警告处分一年内、受到严重警告处分一年半内，不得在党内提拔职务或者进一步使用，也不得向党外组织推荐担任高于其原任职务的党外职务或者进一步使用。

《关于受党纪处分的党政机关工作人员年度考核有关问题的意见》（中共中央纪律检查委员会、中共中央组织部、人事部1998年4月8日印发）

一、受党内警告处分的当年，参加年度考核，不得确定为优秀等次。

《公务员考核规定》（2006年12月26日中共中央组织部部务会会议审议批准，2020年12月28日修订发布）

第二十条　公务员年度考核确定为称职以上等次的，按照下列规定办理：

（一）累计两年确定为称职以上等次的，在所定级别对应工资标准内晋升一个工资档次。

（二）累计五年确定为称职以上等次的，在所任职务职级对应级别范围内晋升一个级别。

（三）本考核年度计算为晋升职务职级的任职年限，同时符合规定的其他任职资格条件的，具有晋升职务职级的资格。

（四）享受年度考核奖金。

《公务员职务与职级并行规定》（中共中央办公厅印发，2019年6月1日起施行）

第十九条　公务员晋升职级所要求任职年限的年度考核结果均应为称职以上等次，其间每有1个年度考核结果为优秀等次的，任职年限缩短半年；每有1个年度考核结果为基本称职等次或者不定等次的，该年度不计算为晋升职级的任职年限。

第二十一条　公务员具有下列情形之一的，不得晋升职级：

（一）不符合第十七条、第十八条规定的；

（二）受到诫勉、组织处理或者处分等影响期未满或者期满影响使用的；

（三）涉嫌违纪违法正在接受审查调查尚未作出结论的；

（四）影响晋升职级的其他情形。

（二）党内严重警告

1. 图解

表 5－3　党内严重警告处分的执行事项（公务员与参公人员）

<table>
<tr><td colspan="2">执行事项</td><td>相关规定</td></tr>
<tr><td colspan="2">影响期</td><td>2016 年 1 月 1 日前：1 年
2016 年 1 月 1 日后：1 年半</td></tr>
<tr><td colspan="2">任用晋升</td><td>影响期内不得在党内党外提拔职务或者进一步使用
影响期内不得晋升职级</td></tr>
<tr><td colspan="2">职务职级级别</td><td>无影响</td></tr>
<tr><td rowspan="3">年度考核及影响</td><td>考核等次</td><td>处分当年：只写评语不定等次</td></tr>
<tr><td>奖金发放</td><td>处分当年：不发放</td></tr>
<tr><td>晋升要求的任职或考核年限</td><td>参加年度考核不定等次的，当年度不计算为晋升职务、职级、级别和级别工资档次的任职或考核年限</td></tr>
<tr><td colspan="3">备注：本应给予撤销党内职务处分但因无党内职务而给予党内严重警告处分的，2 年内不得在党内党外担任高于或相当于原任职务的职务</td></tr>
</table>

2. 实务指引

党内严重警告处分属于第二种执纪形态，在执行时应重点把握以下几个方面：

一是影响期及对任用晋升的影响。2003 年《中国共产党纪律处分条例》规定，党内严重警告处分的影响期为 1 年；2015 年、2018 年和 2023 年的《中国共产党纪律处分条例》将影响期修改为 1 年半，规定：党员受到党内严重警告处分的，1 年半内不得在党内提拔职务或者进一步使用，也不得向党外组织推荐担任高于其原任职务的党外职务或者进一步使用。根据上述规定，2016 年 1 月 1 日之前作出的党内严重警告处分，影响期按照 1 年计算；2016 年 1 月 1 日以后作出的党内严重警告处分，影响期均按 1 年半计算。

根据2019年6月1日起施行的《公务员职务与职级并行规定》第二十一条的规定，受到党内严重警告处分的，影响期内不能晋升职级。

二是原任职务职级和级别。受到党内严重警告处分，其原任职务职级和级别不受影响。

三是影响期内的工资档次晋升。目前党内法规没有关于党纪处分影响期内不能晋升工资档次的明确规定，但根据国务院2006年印发的《关于改革公务员工资制度的通知》及各省有关公务员工资制度的规定，公务员只有年度考核累计两年称职及以上的，才能自次年1月1日起晋升工资档次。故党员干部受到党内严重警告处分的，因处分当年参加年度考核、不评等次，故该年无法晋升档次。笔者发现，因《中华人民共和国公职人员政务处分法》明确规定公务员受到政务记过及以上政务处分的，处分期内不能晋升工资档次，而党内法规对此无相应规定，由此导致实践中党纪和政务处分执行力度不匹配的问题：假设李某、张某于2022年6月分别受到党内严重警告处分和政务记大过处分，那么根据上述规定，虽然两人的处分影响期均为1年半至2023年12月止，但李某2022年不得晋升工资档次，2023年可按正常程序晋升工资档次，而张某在2022年和2023年均不得晋升工资档次。实践中，针对党纪和政务处分执行规定不完全一致的现象，有的地方纪检监察机关经商组织人事等有关部门，出台了处分执行的相关细则，予以规范和统一。

四是年度考核。关于考核评定等次，不同时期的党内法规规定不一致。根据中共中央纪律检查委员会、中共中央组织部、人事部1998年印发的《关于受党纪处分的党政机关工作人员年度考核有关问题的意见》的规定，受党内严重警告处分的当年，参加年度考核，因与职务行为有关的错误而受严重警告处分的，确定为不称职；因其他错误而受严重警告处分的，只写评语不确定等次。2016年12月1日印发的《关于受党纪处分公务员年度考核有关问题的答复意见》对此进行了修改，明确规定公务员受到党内严重警告处分的，无论因何种错误受到处分，处分当年参加年度考核，只写评语不确定等次。根据上述规定，2016年12月1日以后受到党内严重警告处分的，参加年度考核，只写评语，不确定等次。

考核结果的影响。根据有关规定，参加年度考核不定等次的，不能享受年终考核奖金，该考核年度不能计算为晋升职务职级的任职年限或按照考核年度晋升级别和级别工资档次的考核年限。

五是党内严重警告（影响期 2 年）处分的执行规定。根据相关规定，本应给予撤销党内职务处分、因没有党内职务而给予党内严重警告处分的，其影响期及任用晋升的限制按照撤销党内职务确定，即受到处分后 2 年内不得在党内担任和向党外组织推荐担任与其原任职务相当或者高于其原任职务的职务。但评定年终考核等次时，是按一般的党内严重警告处分评为不确定等次，还是按照撤销党内职务处分的要求执行，目前对这个问题没有明确规定；有的地方出台规范性文件，明确规定按照撤销党内职务的规定执行年终考核事项。在当地纪检监察机关等有关部门未作出明确要求时，笔者认为，按照有利于被处分人的原则，按处分当年评为不确定等次为宜。

3. 示例

2020 年，J 省纪委监委在全省处分执行情况专项检查中发现，该省党内严重警告处分的执行情况较为复杂，各地操作不一。例如，B 市某单位干部王某 2019 年受到党内严重警告处分，当年年度考核被确定为称职等次，且发放了当年第十三个月奖励工资 3604 元；H 市某单位干部李某 2017 年受到党内严重警告处分，当年参加年度考核评定为不称职等次，第十三个月工资和绩效奖金均未发放；W 市某干部周某某未参加年度考核，未发放第十三个月工资，绩效奖发放 70%。

解读

如本示例所示，实践中各地在执行党内严重警告处分时，标准尺度不一，不规范的现象较明显，集中体现在年终考核奖金的发放。根据《公务员考核规定》，年度考核不定等次的，不发放年度考核奖金。一般认为，此处的年度考核奖金，是指第十三个月工资；但由于各地公务员奖金的构成和计算、发放方式较为复杂，在 13 个月工资之外，其他奖金是否应当受到影响以及受到多大程度的影响，不同级别、不同地区、甚至同一地区的不同时期，执行标准都不一致。实践中，一般由所在地财政部门牵头，会同同级组织、人事等部门，制定当年度的奖金发放标准，其中对受处分人员分类施策，根据不同的处分种类制定不同的发放标准。由于此类文件并未对外公布，且一省之内通常省、市、县三级的标准不尽相同，且每年的标准并不一致，导致实践中存在纪检监察机关难以判断和监督处分决定落实到位的难题。

4. 法规索引速查

《中国共产党纪律处分条例》（中共中央印发，2003 年 12 月 31 日起施行，2023 年 12 月 19 日修订发布）

第十条　党员受到警告处分一年内、受到严重警告处分一年半内，不得在党内提拔职务或者进一步使用，也不得向党外组织推荐担任高于其原任职务的党外职务或者进一步使用。

《中国共产党纪律处分条例》（中共中央印发，2003 年 12 月 31 日起施行，2015 年 10 月 18 日修订发布）

第九条　党员受到警告处分一年内、受到严重警告处分一年半内，不得在党内提升职务和向党外组织推荐担任高于其原任职务的党外职务。

《中国共产党纪律处分条例》（中共中央印发，2003 年 12 月 31 日起施行）

第十二条　党员受到警告或者严重警告处分，一年内不得在党内提升职务和向党外组织推荐担任高于其原任职务的党外职务。

《关于受党纪处分的党政机关工作人员年度考核有关问题的意见》（中共中央纪律检查委员会、中共中央组织部、人事部 1998 年 4 月 8 日印发）

二、受党内严重警告处分的当年，参加年度考核，因与职务行为有关的错误而受严重警告处分的，确定为不称职；因其他错误而受严重警告处分的，只写评语不确定等次①。

《关于受党纪处分公务员年度考核有关问题的答复意见》（中共中央纪律检查委员会、中共中央组织部、人力资源和社会保障部、国家公务员局印发，2016年12月1日起施行）

一、公务员受严重警告处分当年，参加年度考核，只写评语不确定等次。

除上述规定之外，受党纪处分的公务员年度考核仍按照《关于受党纪处分的党政机关工作人员年度考核有关问题的意见》（组通字〔1998〕19号）办理。

《公务员职务与职级并行规定》（中共中央办公厅印发，2019年6月1日起施行）

第十九条　公务员晋升职级所要求任职年限的年度考核结果均应为称职以上等次，其间每有1个年度考核结果为优秀等次的，任职年限缩短半年；每有1个年度考核结果为基本称职等次或者不定等次的，该年度不计算为晋升职级的任职年限。

第二十一条　公务员具有下列情形之一的，不得晋升职级：

（一）不符合第十七条、第十八条规定的；

（二）受到诫勉、组织处理或者处分等影响期未满或者期满影响使用的；

（三）涉嫌违纪违法正在接受审查调查尚未作出结论的；

（四）影响晋升职级的其他情形。

《公务员考核规定》（2006年12月26日中共中央组织部部务会会议审议批准，2020年12月28日修订发布）

第二十三条　参加年度考核不确定等次的，按照下列规定办理：

（一）本考核年度不计算为按年度考核结果晋升级别和级别工资档次的考核年限。

（二）不享受年度考核奖金。

---

① 该条内容已被《关于受党纪处分公务员年度考核有关问题的答复意见》的有关规定所修订。

（三）本考核年度不计算为晋升职务职级的任职年限；连续两年不确定等次的，视情况调整工作岗位。

（三）撤销党内职务

1. 图解

表 5-4　撤销党内职务处分的执行事项（公务员与参公人员）

<table>
<tr><th colspan="2">执行事项</th><th>相关规定</th></tr>
<tr><td colspan="2">影响期</td><td>2 年</td></tr>
<tr><td colspan="2">任用晋升</td><td>2 年内不得在党内党外担任高于或相当于原任职务的职务
2 年内不得晋升职级</td></tr>
<tr><td rowspan="2">职务职级级别</td><td>党内职务</td><td>撤销由党内选举或组织任命的党内职务
如撤销多个职务的，应从最高职务开始依次撤销</td></tr>
<tr><td>党外职务</td><td>应同时作出政务撤职处分，根据政务撤职处分确定其职务职级和级别、工资待遇</td></tr>
<tr><td rowspan="4">年度考核及影响</td><td>考核等次</td><td>处分当年：不称职
第二年：按新任职务参加年度考核，按规定确定等次</td></tr>
<tr><td>考核奖金</td><td>处分当年：不发放
第二年：根据所定等次决定是否发放</td></tr>
<tr><td>晋升要求的任职或考核年限</td><td>被评为不称职的，当年度不计算为晋升职务、职级、级别和级别工资档次的任职或考核年限</td></tr>
<tr><td>其他</td><td>因已被撤降职务，被评为不称职的不再降低一个职务层次任职</td></tr>
</table>

2. 实务指引

撤销党内职务处分属于第三种执纪形态，在执行时应重点把握以下几个方面：

一是影响期及对任用晋升的影响。根据规定，党员受到撤销党内职务处分的，以及应当受到撤销党内职务处分、但因本人没有担任党内职务而给予党内严重警告处分的，2 年内不得在党内担任和向党外组织推荐担任与其原任职务相当或者高于其原任职务的职务，2 年内不能晋升职级。

二是原任职务、职级和级别。关于党内职务，党员受到撤销党内职务处分的，应当撤销其由党内选举或者组织任命的党内职务。对于在党内担任两个以上职务的，党组织在作处分决定时，应当明确是撤销其一切职务还是撤销一个或者几个职务；如果决定撤销其中部分职务的，必须从其担任的最高职务依次撤销。实践中，若被处分人担任的各党内职务存在紧密关联的，或者某一职务系担任其他职务的前提条件，一般应撤销一切职务，如某市委常委、政法委书记受到撤销党内职务处分的，应同时撤销担任的政法委委员的职务。

在处分决定正文的表述上，对于撤销一切职务的，一般无须特别注明；撤销一个或几个职务的，则应写明须撤销的具体职务，如“决定给予××撤销党内职务处分，撤销其所任市教育局党委副书记、委员职务”。在标题的表述上，无论是撤销一个还是多个职务，均表述为《关于给予××同志撤销党内职务处分的决定》。

关于党外职务，受到撤销党内职务处分，党员在党外组织担任职务的，应当建议党外组织撤销其党外职务。系公务员的，应当配套给予政务撤职处分，根据政务撤职处分的相关执行要求，应撤销受处分人现任所有职务，按降低 1 个以上（含 1 个）职务层次另行确定职务，一般不得确定为领导职务，并在撤销职务的同时降低职级、级别和工资。

三是年度考核。根据《关于受党纪处分的党政机关工作人员年度考核有关问题的意见》《公务员考核规定》等规定，受撤销党内职务处分的当年，参加年度考核，确定为不称职，不发放年终考核奖金，该考核年度不计算为晋升职务职级的任职年限或按照考核年度晋升级别和级别工资档次的考核年限；第二年按其新任职务参加年度考核，按规定条件确定等次，根据考核等次决定是否发放年终考核奖金及其他事宜。

四是关于本应给予撤销党内职务处分，因没有党内职务而给予党内严重警告处分的执行事项。给予党内严重警告处分的情形，如果违纪党员被查处前本没有党内职务，根据规定应给予党内严重警告处分。如违纪党员原本担任党内职务但在查处前后被免职的，应给予何种处分呢？根据中央纪委《关于“对违纪党员领导干部被免职后可否给予其撤销党内职务处分的请示”的答复》意见，这种情况应区分对待：如果该党员领导干部系在审查期间因查处问题被免去职务的，仍然应当按其原任职务给予撤销党内职务处分，而不应给予严重警告处分。如果该党员干部在党组织查处其问题前，因其他原因被免去党内职务的，可给予其党内严重警告处分，有行政职务的，同时建议撤销其行政职务。

3. 示例

全某，男，中共党员，系某县某镇国土所党支部书记、所长。2020 年 7 月，全某因失职渎职受到撤销党内职务、政务撤职处分。在处分执行过程中，镇国土所关于如何评定全某 2021 年度的考核等次产生疑问，向镇纪委来电咨询能否依据全某撤职后的现有职务评定为称职等次。

解读

> 示例中，根据规定，受到撤销党内职务处分的，处分当年确定为不称职等次，第二年按新任职务确定等次；受到政务撤职处分的，处分当年及第二年不确定等次。全某于 2020 年同时受到撤销党内职务和政务撤职处分，2021 年年度考核应如何确定等次呢？根据规定，应按照对其年度考核影响较重的来处理，即应参加年度考核，只写评语不确定等次。

4. 法规索引速查

《中国共产党纪律处分条例》（中共中央印发，2003 年 12 月 31 日起施行，2023 年 12 月 19 日修订发布）

第十一条　撤销党内职务处分，是指撤销受处分党员由党内选举或者组织任命的党内职务。对于在党内担任两个以上职务的，党组织在作处分决定时，应当明确是撤销其一切职务还是一个或者几个职务。如果决定撤销其一个职务，必须撤销其担任的最高职务。如果决定撤销其两个以上职务，则必须从其担任的最高职务开始依次撤销。对于在党外组织担任职务的，应当建议党外组织撤销其党外职务。

对于在立案审查中因涉嫌违犯党纪被免职的党员，审查后依照本条例规定应当给予撤销党内职务处分的，应当按照其原任职务给予撤销党内职务处分。对于应当受到撤销党内职务处分，但是本人没有担任党内职务的，应当给予其严重警告处分。同时，在党外组织担任职务的，应当建议党外组织撤销其党外职务。

党员受到撤销党内职务处分，或者依照前款规定受到严重警告处分的，二年内不得在党内担任和向党外组织推荐担任与其原任职务相当或者高于其原任职务的职务。

《公务员职务与职级并行规定》（中共中央办公厅印发，2019 年 6 月 1 日起施行）

第十九条 公务员晋升职级所要求任职年限的年度考核结果均应为称职以上等次，其间每有 1 个年度考核结果为优秀等次的，任职年限缩短半年；每有 1 个年度考核结果为基本称职等次或者不定等次的，该年度不计算为晋升职级的任职年限。

第二十一条 公务员具有下列情形之一的，不得晋升职级：

（一）不符合第十七条、第十八条规定的；

（二）受到诫勉、组织处理或者处分等影响期未满或者期满影响使用的；

（三）涉嫌违纪违法正在接受审查调查尚未作出结论的；

（四）影响晋升职级的其他情形。

《公务员考核规定》（2006 年 12 月 26 日中共中央组织部部务会会议审议批准，2020 年 12 月 28 日修订发布）

第二十二条 公务员年度考核确定为不称职等次的，按照下列规定办理：

（一）本考核年度不计算为晋升职务职级的任职年限；降低一个

职务或者职级层次任职。

（二）本考核年度不计算为按年度考核结果晋升级别和级别工资档次的考核年限。

（三）不享受年度考核奖金。

（四）连续两年确定为不称职等次的，予以辞退。

《关于受党纪处分的党政机关工作人员年度考核有关问题的意见》（中共中央纪律检查委员会、中共中央组织部、人事部1998年4月8日印发）

三、受撤销党内职务处分的当年，参加年度考核，确定为不称职；第二年按其新任职务参加年度考核，按规定条件确定等次。

《关于受党纪处分公务员年度考核有关问题的答复意见》（中共中央纪律检查委员会、中共中央组织部、人力资源和社会保障部、国家公务员局印发，2016年12月1日起施行）

二、公务员受撤销党内职务、留党察看、开除党籍处分时，组织上已撤降其职务，为避免重复处罚，受处分当年年度考核被确定为不称职的，不再降低一个职务层次任职。

除上述规定之外，受党纪处分的公务员年度考核仍按照《关于受党纪处分的党政机关工作人员年度考核有关问题的意见》（组通字〔1998〕19号）办理。

（四）留党察看

1. 图解

表5－5　留党察看处分的执行事项（公务员与参公人员）

执行事项	相关规定
留党察看期	分为留党察看一年和留党察看二年 留党察看一年的，期满后仍不符合恢复党员权利条件的，应当延长一年留党察看期限，留党察看期最长不超过二年

续表

执行事项		相关规定
党员权利		留党察看期间，没有表决权、选举权和被选举权
影响期		恢复党员权利后二年
任用晋升		恢复党员权利后二年内，不得在党内党外担任相当于或高于其原任职务的职务 恢复党员权利后二年内，不得晋升职级
		村党组织领导班子成员和村民委员会成员中的党员，恢复党员权利后二年内不得担任村党组织领导班子成员
职务职级级别	党内职务	党内职务自然撤销 党代表资格终止
	党外职务	应同时作出政务撤职处分，根据政务撤职处分确定其职务职级和级别、工资待遇
年度考核及影响	考核等次	处分当年：不称职 第二年：不确定等次 第三年：不确定等次（仅适用于留党察看二年处分）
	考核奖金	处分当年：不发放 第二年：不发放 第三年：不发放（仅适用于留党察看二年处分）
	晋升要求的任职或考核年限	被评为不称职或不确定等次的，考核当年度不计算为晋升职务、职级、级别和级别工资档次的任职或考核年限
	其他	因受处分时已被撤降职务，被评为不称职的，不再降低一个职务层次任职；连续两年不确定等次的，无须调整工作岗位

2. 实务指引

留党察看属于重处分，系第三种执纪形态，在执行时应重点把握以下几个方面：

一是留党察看期限与党员权利。留党察看处分分为留党察看一年和留党察看二年。对于受到留党察看一年处分的党员，一年期满后仍不符合恢复党员权利条件的，应当延长一年留党察看期限，留党察看期限最长不得超过二年。在留党察看处分期间，被处分党员没有表决权、选举权和被选举权。

二是影响期及对任用晋升的影响。根据规定，党员受到留党察看处分的，恢复党员权利后二年内，不得在党内担任和向党外组织推荐担任与其原任职务相当或者高于其原任职务的职务。

三是原任职务、职级和级别。关于党内职务，党员受到留党察看处分，其党内职务自然撤销。这里的职务，是指所有党内选举或组织任命的职务。

关于党外职务，对于担任党外职务的，应当建议党外组织撤销其党外职务。根据党纪政务处分的配套适用原则，有行政职务职级的，应当配套作出政务撤职处分，撤销受处分人现任所有职务，按降低一个及以上职务层次（实践中一般应降低 2 个以上职务层次）另行确定职务，一般不得确定为领导职务，并在撤销职务的同时降低职级、级别和工资。

四是年度考核。受留党察看处分的当年，参加年度考核，确定为不称职；受留党察看一年处分的第二年，参加年度考核，只写评语不确定等次；受留党察看二年处分的，第二年和第三年参加年度考核，只写评语不确定等次。上述考核年度均不发放年终考核奖金，不计算为晋升职务职级的任职年限或按照考核年度晋升级别和级别工资档次的考核年限。

需要强调的是，根据相关规定，公务员受到留党察看处分导致处分当年年度考核确定为不称职等次的，无须按照《公务员考核规定》第二十二条的要求，降低一个职务层次任职。另外，《公务员考核规定》第二十三条规定，公务员连续两年不确定等次的，视情况调整工作岗位。对于因受到留党察看二年处分而导致连续两年考核不确定等次的公务员，是否要调整工作岗位目前没有明确规定。笔者认为，参照上述“处分当年确定为不称职等次的，不再降低一个职务层次任职”的意见，为避免重复处罚，此时无须调整工作岗位。

3. 示例

2018 年 5 月 11 日，某县规划建设局局长王某某因违反廉洁纪律、工作纪律、生活纪律，受到留党察看一年、政务撤职处分。2021 年，该县纪委对处分决定执行情况进行自查发现，县纪委案件审理部门于 2018 年 6 月 5 日将处分决定送达给该县规划建设局；2018 年年底王某某参加单位年度考核，被评为不称职等次，未发放年终考核奖金；卷内未见 2019 年的考核材料，经核实，王某某 2019 年被评为称职，发放了年终考核奖金；2019 年 7 月，王某某工资档次由二十三级 4 档晋升为二十三级 5 档；卷内未见其留党察看期间的表现材料，亦未见察看期满恢复其党员权利的决定。另发现，在 2019 年 3 月王某某所在支部召开的支委改选会议上，王某某参与了投票。

解读

本示例中，王某某处分决定执行方面存在以下不规范的地方：

一是王某某 2019 年度公务员考核结果的评定不符合规定。根据规定，给予留党察看一年处分的，处分第二年参加年度考核，只写评语不确定等次，而不应评为称职等次。实践中，如本示例所示，由于年度考核一般安排在次年上半年，由于时间久远，该事项的执行往往未及时跟踪。尤其对于留党察看等重处分，处分决定对考核结果的影响要持续 2～3 年，所在单位常常未将考核评定等执行材料及时报送纪检监察机关，导致执行事项处于未及时监督状态。

二是工资晋档不符合要求。关于党纪处分影响期内被处分人能否晋升工资档次的问题，目前尚无明确规定。但根据规定，受到记过以上政务处分的，处分期内不得晋升工资档次。本示例中，王某某在 2019 年 7 月晋升工资档次时，正处于政务撤职处分的 2 年影响期内，不符合规定。

三是王某某在支部委员会改选中投票违反了规定。根据规定，王某某在留党察看期间（2018 年 5 月 11 日至 2019 年 5 月 11 日），其党员权利受到限制，没有表决权、选举权和被选举权。王某某在所在支部委员会改选中投票的行为发生在2019年3月，尚在留党察看期间，其行为违反规定。

四是留党察看期满的处理不符合要求。根据规定，留党察看1年期满，如被处分人已经改正错误、确有悔改表现的，应当恢复其党员权利；如坚持不改的，应延长留党察看期间，最长不超过2年。2019年5月11日王某某的留党察看期间届满，相关党组织或作出处分决定的纪检监察机关，应根据实际情况决定恢复其党员权利或延长留党察看期间。本示例中，直至2020年王某某的该事项尚未作出处理，不符合规定。关于恢复党员权利的条件和办理程序，可见本书疑难问题的相关内容。

4. 法规索引速查

《中国共产党纪律处分条例》（中共中央发布，2003年12月31日起施行，2023年12月19日修订发布）

第十二条　留党察看处分，分为留党察看一年、留党察看二年。对于受到留党察看处分一年的党员，期满后仍不符合恢复党员权利条件的，应当延长一年留党察看期限。留党察看期限最长不得超过二年。

党员受留党察看处分期间，没有表决权、选举权和被选举权。留党察看期间，确有悔改表现的，期满后恢复其党员权利；坚持不改或者又发现其他应当受到党纪处分的违纪行为的，应当开除党籍。

党员受到留党察看处分，其党内职务自然撤销。对于担任党外职务的，应当建议党外组织撤销其党外职务。受到留党察看处分的党员，恢复党员权利后二年内，不得在党内担任和向党外组织推荐担任与其原任职务相当或者高于其原任职务的职务。

第十四条　党员干部受到党纪处分，需要同时进行组织处理的，党组织应当按照规定给予组织处理。

党的各级代表大会的代表受到留党察看以上处分的，党组织应当终止其代表资格。

《公务员职务与职级并行规定》（中共中央办公厅印发，2019 年 6 月 1 日起施行）

第十九条 公务员晋升职级所要求任职年限的年度考核结果均应为称职以上等次，其间每有 1 个年度考核结果为优秀等次的，任职年限缩短半年；每有 1 个年度考核结果为基本称职等次或者不定等次的，该年度不计算为晋升职级的任职年限。

第二十一条 公务员具有下列情形之一的，不得晋升职级：

（一）不符合第十七条、第十八条规定的；

（二）受到诫勉、组织处理或者处分等影响期未满或者期满影响使用的；

（三）涉嫌违纪违法正在接受审查调查尚未作出结论的；

（四）影响晋升职级的其他情形。

《公务员考核规定》（2006 年 12 月 26 日中共中央组织部部务会会议审议批准，2020 年 12 月 28 日修订发布）

第二十二条 公务员年度考核确定为不称职等次的，按照下列规定办理：

（一）本考核年度不计算为晋升职务职级的任职年限；降低一个职务或者职级层次任职。

（二）本考核年度不计算为按年度考核结果晋升级别和级别工资档次的考核年限。

（三）不享受年度考核奖金。

（四）连续两年确定为不称职等次的，予以辞退。

第二十三条 参加年度考核不确定等次的，按照下列规定办理：

（一）本考核年度不计算为按年度考核结果晋升级别和级别工资档次的考核年限。

（二）不享受年度考核奖金。

（三）本考核年度不计算为晋升职务职级的任职年限；连续两年不确定等次的，视情况调整工作岗位。

《关于受党纪处分的党政机关工作人员年度考核有关问题的意见》（中共中央纪律检查委员会、中共中央组织部、人事部1998年4月8日印发）

四、受留党察看处分的当年，参加年度考核，确定为不称职；受留党察看一年处分的第二年，参加年度考核，只写评语不确定等次；受留党察看二年处分的，第二年和第三年参加年度考核，只写评语不确定等次。

（五）开除党籍

1. 图解

表5－6　开除党籍处分的执行事项（公务员与参公人员）

<table>
<tr><th colspan="2">执行事项</th><th>相关规定</th></tr>
<tr><td colspan="2">影响期</td><td>5年</td></tr>
<tr><td colspan="2">党代表资格、党籍</td><td>终止党代表资格
开除党籍后5年内不得重新入党，另有规定不准重新入党的，依照规定</td></tr>
<tr><td colspan="2">任用晋升</td><td>开除党籍后5年内，不得推荐担任相当于或高于原任职务的职务
影响期内不得晋升职级</td></tr>
<tr><td colspan="2">职务职级级别</td><td>应同时作出撤职或开除公职处分，根据政务处分种类决定开除公职或相应降低职务、职级、级别</td></tr>
<tr><td rowspan="4">年度考核及影响</td><td>考核等次</td><td>处分当年：不称职
处分第二、三年：不确定等次</td></tr>
<tr><td>考核奖金</td><td>处分当年和第二、三年：不发放</td></tr>
<tr><td>晋升要求的任职或考核年限</td><td>被评为不称职或不确定等次的，考核当年度不计算为晋升职务、职级、级别和级别工资档次的任职或考核年限</td></tr>
<tr><td>其他</td><td>因受处分时已被撤降职务，被评为不称职的，不再降低一个职务层次任职；连续两年不确定等次的，无须调整工作岗位</td></tr>
</table>

2. 实务指引

开除党籍是对违纪党员最严厉的处罚，在执行时应重点把握以下几个方面：

一是党籍，即党员资格。党员受到开除党籍处分的，党籍自动消灭，组织部门收到处分决定后，应及时在党员管理信息系统中登记并更新信息。

根据规定，党员受到开除党籍处分的，5 年内不得重新入党，另有规定不准重新入党的，依照规定。没有不准重新入党规定的，处分 5 年后本人申请重新入党，党组织应采取十分慎重的态度，进行严格审查，确实符合党员条件的才可以吸收重新入党。历史上曾有过开除党籍后又重新入党的情况。根据规定，重新入党的，党龄重新计算。

二是影响期及对任用晋升的影响。党员受到开除党籍处分，5 年内不得推荐担任与其原任职务相当或者高于其原任职务的党外职务。

三是原任职务、职级和级别。受到开除党籍处分的，党内职务和党代表资格自然终止。对于担任党外职务的，应当建议党外组织撤销其党外职务。系公职人员的，根据党纪政务处分相配套的原则，一般应配套给予开除公职处分；如根据案件情况可以保留公职的，应同时给予政务撤职处分，按照政务撤职处分的具体情况降低其职务职级和级别；因退休或死亡等原因不能作出政务处分的除外。

四是年度考核。给予开除党籍、开除公职处分的，无须进行年度考核。给予开除党籍处分但保留公职的，根据规定，处分当年参加年度考核，确定为不称职；第二年和第三年参加年度考核，只写评语不确定等次。上述考核年度均不发放年终考核奖金，不计算为晋升职务职级的任职年限或按照考核年度晋升级别和级别工资档次的考核年限。

与留党察看处分类似，公务员因受到开除党籍处分在年度考核中被确定为不称职等次、不定等次的，无须按照《公务员考核规定》第二十二条、第二十三条的要求，再降低一个职务层次任职或另行调整工作岗位。

3. 示例

示例一：2016 年，某县城管大队事业编干部万某因吸毒且容留他人吸毒，于2017年受到开除党籍、降低岗位等级处分。城管大队办公室主任袁某某在办理2017年干部年度考核时，明知万某受到处分，按规定受处分当年年度考核应评定为不合格，但碍于情面，仍违规将其年度考核结果填报为合格，并上报至县人社局。县人社局工资股副股长廖某某明知万某受到处分，在2018年不得晋升工资档次，仍违规为其晋升了工资档次。2018年12月，袁某某和廖某某均受到政务记过处分，县城管大队和人社局其他负有领导责任的同志均受到其他处理。

示例二：徐某，男，中共党员，A省委政法委副巡视员，因严重违纪违法于2020年受到开除党籍、政务撤职处分，降为四级主任科员。李某，女，中共党员，A省林业厅某处处长，因严重违纪违法并涉嫌职务犯罪于2015年被开除党籍、开除公职。该省纪委在开展处分决定执行检查中发现，徐某于2020年、2021年连续两年参加年度考核，被确定为不称职等次；李某的干部人事档案不知所踪。

解读

按照纪严于法的原则，给予公职人员开除党籍处分的，一般应同时给予开除公职处分，根据案件情况可以保留公职的，应同时给予政务撤职处分。示例二中，徐某和李某在受到开除党籍处分时，分别受到政务撤职和开除公职处分，于法有据。

根据规定，给予开除党籍、政务撤职处分后，处分当年参加考核应确定为不称职等次；第二、三年应参加年度考核，只写评语不确定等次。示例二中，徐某2021年被确定为不称职等次是否符合规定？如果所在单位是根据其当年德、能、勤、绩、廉等综合表现而将其评定为不称职，没有问题；如果仅仅依据徐某曾于2020年受到处分而在第二年继续评为不称职，则缺乏依据。

如示例二所示，实践中因过去对处分决定执行工作重视不够、各部门的沟通衔接不畅、档案移交手续不规范等原因，导致开除党籍、开除公职人员的人事档案管理不够规范。根据要求，纪检监察机关作出开除党籍、开除公职处分后，党委组织部门或所在单位人事管理部门应当按程序将被处分人的人事档案移交给当地的人才市场等档案管理单位，做好移交工作。

4. 法规索引速查

《中国共产党纪律处分条例》（中共中央发布，2003 年 12 月 31 日起施行，2023 年 12 月 19 日修订发布）

第十三条 党员受到开除党籍处分，五年内不得重新入党，也不得推荐担任与其原任职务相当或者高于其原任职务的党外职务。另有规定不准重新入党的，依照规定。

第十四条 党员干部受到党纪处分，需要同时进行组织处理的，党组织应当按照规定给予组织处理。

党的各级代表大会的代表受到留党察看以上处分的，党组织应当终止其代表资格。

《中华人民共和国公务员法》（主席令第 35 号公布，2006 年 1 月 1 日起施行，2018 年 12 月 29 日修订公布）

第二十六条 下列人员不得录用为公务员：

（一）因犯罪受过刑事处罚的；

（二）被开除中国共产党党籍的；

（三）被开除公职的；

（四）被依法列为失信联合惩戒对象的；

（五）有法律规定不得录用为公务员的其他情形的。

《公务员职务与职级并行规定》（中共中央办公厅印发，2019 年 6 月 1 日起施行）

第十九条 公务员晋升职级所要求任职年限的年度考核结果均应为称职以上等次，其间每有 1 个年度考核结果为优秀等次的，任职年限缩短半年；每有 1 个年度考核结果为基本称职等次或者不定等次的，该年度不计算为晋升职级的任职年限。

第二十一条 公务员具有下列情形之一的，不得晋升职级：

（一）不符合第十七条、第十八条规定的；

（二）受到诫勉、组织处理或者处分等影响期未满或者期满影响使用的；

（三）涉嫌违纪违法正在接受审查调查尚未作出结论的；

（四）影响晋升职级的其他情形。

《公务员考核规定》（2006 年 12 月 26 日中共中央组织部部务会会议审议批准，2020 年 12 月 28 日修订发布）

第二十二条 公务员年度考核确定为不称职等次的，按照下列规定办理：

（一）本考核年度不计算为晋升职务职级的任职年限；降低一个职务或者职级层次任职。

（二）本考核年度不计算为按年度考核结果晋升级别和级别工资档次的考核年限。

（三）不享受年度考核奖金。

（四）连续两年确定为不称职等次的，予以辞退。

第二十三条 参加年度考核不确定等次的，按照下列规定办理：

（一）本考核年度不计算为按年度考核结果晋升级别和级别工资档次的考核年限。

（二）不享受年度考核奖金。

（三）本考核年度不计算为晋升职务职级的任职年限；连续两年不确定等次的，视情况调整工作岗位。

《关于受党纪处分的党政机关工作人员年度考核有关问题的意见》（中共中央纪律检查委员会、中共中央组织部、人事部 1998 年 4 月 8 日印发）

五、受开除党籍处分的当年，参加年度考核，确定为不称职；第二年和第三年参加年度考核，只写评语不确定等次。

《关于受党纪处分公务员年度考核有关问题的答复意见》（中共中央纪律检查委员会、中共中央组织部、人力资源和社会保障部、国家公务员局印发，2016 年 12 月 1 日起施行）

二、公务员受撤销党内职务、留党察看、开除党籍处分时，组织上已撤降其职务，为避免重复处罚，受处分当年年度考核被确定为不称职的，不再降低一个职务层次任职。

（六）政务警告

1. 图解

表 5－7　政务警告处分的执行事项（公务员与参公人员）

<table>
<tr><th colspan="2">执行事项</th><th>相关规定</th></tr>
<tr><td colspan="2">处分期</td><td>6 个月</td></tr>
<tr><td colspan="2" rowspan="2">职务职级</td><td>不降低原任职务职级</td></tr>
<tr><td>处分期内不得晋升职务、衔级、职级</td></tr>
<tr><td colspan="2" rowspan="2">级别</td><td>不降低原级别</td></tr>
<tr><td>处分期内不得晋升级别，处分期间符合正常晋升级别条件的，如次年 1 月 1 日仍在处分期，从处分期满解除处分的次月起晋升级别</td></tr>
<tr><td colspan="2" rowspan="2">工资待遇</td><td>不降低原职务工资、级别工资和津贴补贴</td></tr>
<tr><td>处分期间符合正常晋升级别工资档次条件的，从次年 1 月 1 日起晋升级别工资档次</td></tr>
<tr><td rowspan="3">年度考核及影响</td><td>考核等次</td><td>处分当年：不评优秀</td></tr>
<tr><td>奖金发放</td><td>被评为称职等次的，可以发放</td></tr>
<tr><td>晋升要求的任职或考核年限</td><td>被评为称职等次的，当年度可计算为晋升职务、职级、级别和级别工资档次的任职或考核年限</td></tr>
</table>

2. 实务指引

政务警告系最轻的政务处分，对原任职务、职级、级别和工资待遇（包括职务工资、级别工资和津贴补贴）均无影响。实践中，在处分决定执行中需要注意以下两点：

一是处分期及对任用晋升的影响。根据规定，政务警告处分期为 6 个月。公务员和参公人员受到政务警告处分的，6 个月内不得晋升职务、职级、衔级和级别，但可以晋升工资档次。受处分期间符合正常晋升级别条件的，如次年 1 月 1 日仍在处分期，从处分期满解除处分的次月起晋升级别。受处分期间符合正常晋升级别工资档次条件的，从次年 1 月 1 日起晋升级别工资档次。

二是年度考核。根据有关规定，受政务警告处分的当年，参加年度考核，不得确定为优秀等次；如被评为称职等次的，可以享受年终考核奖金，该考核年度计算为晋升职务职级的任职年限，也可以计算为按照考核年度晋升级别和级别工资档次的考核年限。

3. 示例

瞿某，某市水利局干部，2019 年 11 月受到政务警告处分。2019 年年底，市水利局党组经研究决定，确定瞿某该年度考核等次为称职，按照 90% 的比例发放绩效奖金。2020 年 1 月，市水利局人事处对该局干部职工工资调档，未对瞿某晋升工资档次。瞿某对此提出异议，要求市水利局发放剩余绩效奖金，并按照“二年一调档”的规定调整其工资档次。

解读

根据规定，瞿某受到政务警告处分，处分当年年度考核不能评为优秀等次。市水利局将瞿某确定为称职等次，符合规定；根据《公务员考核规定》，可以发放年终考核奖金。瞿某要求补发剩余绩效奖金，于法有据。

公务员受到政务警告处分的，不影响工资的正常调档，受处分期间符合正常晋升级别工资档次条件的，从次年 1 月 1 日起晋升级别工资档次。本示例中，如瞿某符合正常晋升级别工资档次条件的，市水利局应按程序晋升其工资档次。

4. 法规索引速查

《中华人民共和国公职人员政务处分法》（主席令第 46 号公布，2020 年 7 月 1 日起施行）

第八条　政务处分的期间为：

（一）警告，六个月；

（二）记过，十二个月；

（三）记大过，十八个月；

（四）降级、撤职，二十四个月。

政务处分决定自作出之日起生效，政务处分期自政务处分决定生效之日起计算。

第十五条 公职人员有两个以上违法行为的，应当分别确定政务处分。应当给予两种以上政务处分的，执行其中最重的政务处分；应当给予撤职以下多个相同政务处分的，可以在一个政务处分期以上、多个政务处分期之和以下确定政务处分期，但是最长不得超过四十八个月。

第十九条 公务员以及参照《中华人民共和国公务员法》管理的人员在政务处分期内，不得晋升职务、职级、衔级和级别；其中，被记过、记大过、降级、撤职的，不得晋升工资档次。被撤职的，按照规定降低职务、职级、衔级和级别，同时降低工资和待遇。

《公务员考核规定》（2006 年 12 月 26 日中共中央组织部部务会会议审议批准，2020 年 12 月 28 日修订发布）

第二十九条 受处分公务员的年度考核，按照下列规定办理：

（一）受警告处分的当年，参加年度考核，不得确定为优秀等次；

（二）受记过处分的当年，受记大过、降级、撤职处分的当年及第二年，参加年度考核，只写评语，不确定等次。

《关于公务员受处分工资待遇处理有关问题的通知》（中共中央组织部、人力资源和社会保障部、监察部、国家公务员局 2010 年 12 月 21 日印发）

一、公务员受处分的工资待遇处理

（一）公务员受警告处分的，不降低职务工资、级别工资和津贴补贴。受处分期间符合正常晋升级别条件的，如次年 1 月 1 日仍在处分期，从处分期满解除处分的次月起晋升级别。受处分期间符合正常晋升级别工资档次条件的，从次年 1 月 1 日起晋升级别工资档次。

（七）政务记过

1. 图解

表 5－8　政务记过处分的执行事项（公务员与参公人员）

执行事项		相关规定
处分期		12 个月
职务职级		不降低原任职务职级
		处分期内不得晋升职务、衔级、职级
级别与工资档次		不降低原级别和职务工资、级别工资、津贴补贴
		处分期内不得晋升级别和工资档次
		处分期满解除处分的当年，符合正常晋升级别和级别工资档次条件的，从次年 1 月 1 日起晋升级别和级别工资档次
年度考核及影响	考核等次	处分当年：不定等次
	奖金发放	处分当年：不发放
	晋升要求的任职或考核年限	参加年度考核不定等次的，当年度不计算为晋升职务、职级、级别和级别工资档次的任职或考核年限

2. 实务指引

政务记过处分系轻处分，对原任职务、职级、级别和工资待遇（包括职务工资、级别工资和津贴补贴）没有影响。执行处分决定的主要事项有以下两类：

一是处分期内的职务和工资的晋升。政务记过的处分期为 12 个月。公务员和参公人员受到政务记过处分的，12 个月内不得晋升职务、职级、衔级、级别和工资档次。处分期满解除处分的当年，符合正常晋升级别和级别工资档次条件的，从次年 1 月 1 日起晋升级别和级别工资档次。

二是年度考核。根据有关规定，政务记过处分只影响处分当年的考核结果，即参加年度考核，只写评语不定等次，不发放年终考核奖金。处分当年不得计算为晋升职务职级的任职年限，也不得计算为按照考核年度晋升级别和级别工资档次的考核年限。

3. 示例

2017 年，某县原体育局袁某某受到行政记过处分，年终考核确定为不定等次，按照规定不能发放年终绩效。袁某某找到时任县体育局局长唐某某，要求发放年终绩效。为提高袁某某的工作积极性，2017 年 12 月，唐某某安排人员虚开发票到县体育局报账，套取资金后以补贴名义发给袁某某年终绩效 9716 元。2021 年，该县纪委对处分决定执行情况开展检查，因唐某某对处分决定执行工作不重视、搞变通，2021 年 9 月对唐某某诫勉谈话，违规发放的年终绩效奖被追回。

解读

在政务记过处分的执行过程中，年度考核环节容易出现不规范的问题。如本示例所示，袁某某受到行政记过（《中华人民共和国公职人员政务处分法》施行后称为政务记过）处分后，处分当年参加年度考核，应不定等次，不发放年终奖。该县体育局党组虽然将袁某某评为不定等次，但以补贴名义对其发放考核奖金，违反了有关规定。

根据 2018 年《中国共产党纪律处分条例》第一百二十三条①的规定，党纪处分决定或者申诉复查决定作出后，党组织不按照规定落实决定中关于被处分人党籍、职务、职级、待遇等事项的，达到情节较重以上程度的，对直接责任者和领导责任者应给予纪律处分。本示例中，唐某某对违规发放受处分人员年终考核奖金一事负有领导责任，因年终考核奖金被追回，也未造成其他后果，情节较轻，可以给予其诫勉谈话处理。

① 对应 2023 年《中国共产党纪律处分条例》第一百三十六条。

4. 法规索引速查

《中华人民共和国公职人员政务处分法》（主席令第 46 号公布，2020 年 7 月 1 日起施行）

第八条　政务处分的期间为：

（一）警告，六个月；

（二）记过，十二个月；

（三）记大过，十八个月；

（四）降级、撤职，二十四个月。

政务处分决定自作出之日起生效，政务处分期自政务处分决定生效之日起计算。

第十五条　公职人员有两个以上违法行为的，应当分别确定政务处分。应当给予两种以上政务处分的，执行其中最重的政务处分；应当给予撤职以下多个相同政务处分的，可以在一个政务处分期以上、多个政务处分期之和以下确定政务处分期，但是最长不得超过四十八个月。

第十九条　公务员以及参照《中华人民共和国公务员法》管理的人员在政务处分期内，不得晋升职务、职级、衔级和级别；其中，被记过、记大过、降级、撤职的，不得晋升工资档次。被撤职的，按照规定降低职务、职级、衔级和级别，同时降低工资和待遇。

《公务员考核规定》（2006 年 12 月 26 日中共中央组织部部务会会议审议批准，2020 年 12 月 28 日修订发布）

第二十九条　受处分公务员的年度考核，按照下列规定办理：

（一）受警告处分的当年，参加年度考核，不得确定为优秀等次；

（二）受记过处分的当年，受记大过、降级、撤职处分的当年及第二年，参加年度考核，只写评语，不确定等次。

《关于公务员受处分工资待遇处理有关问题的通知》（中共中央组织部、人力资源和社会保障部、监察部、国家公务员局 2010 年 12 月 21 日印发）

一、公务员受处分的工资待遇处理

（二）公务员受记过、记大过处分的，不降低职务工资、级别工资和津贴补贴。受处分期间，不得晋升级别和级别工资档次。处分期满解除处分的当年，符合正常晋升级别和级别工资档次条件的，从次年1月1日起晋升级别和级别工资档次。

（八）政务记大过

1. 图解

表5－9 政务记大过处分的执行事项（公务员与参公人员）

<table>
<tr><th colspan="2">执行事项</th><th>相关规定</th></tr>
<tr><td colspan="2">处分期</td><td>18个月</td></tr>
<tr><td colspan="2" rowspan="2">职务职级</td><td>不降低原任职务职级</td></tr>
<tr><td>处分期内不得晋升职务、衔级、职级</td></tr>
<tr><td colspan="2" rowspan="3">级别与工资档次</td><td>不降低原级别和职务工资、级别工资、津贴补贴</td></tr>
<tr><td>处分期内不得晋升级别和工资档次</td></tr>
<tr><td>处分期满解除处分的当年，符合正常晋升级别和级别工资档次条件的，从次年1月1日起晋升级别和级别工资档次</td></tr>
<tr><td rowspan="3">年度考核及影响</td><td>考核等次</td><td>处分当年及第二年：不定等次</td></tr>
<tr><td>奖金发放</td><td>处分当年及第二年：不发放</td></tr>
<tr><td>晋升要求的任职或考核年限</td><td>参加年度考核不定等次的，当年度不计算为晋升职务、职级、级别和级别工资档次的任职或考核年限</td></tr>
</table>

2. 实务指引

政务记大过处分系轻处分，与政务警告、政务记过处分一样，对被处分人原任职务、职级、级别和工资待遇（包括职务工资、级别工资和津贴补贴）均无影响。实践中，处分决定的主要执行事项有：

一是处分期内职务和工资的晋升。政务记大过的处分期为18个月。公务员和参公人员受到政务记大过处分的，自处分生效之日起18个月内不得晋升职务、职级、衔级、级别和工资档次。处分期满解除处分的当年，符合正常晋升级别和级别工资档次条件的，从次年1月1日起晋升级别和级别工资档次。

二是年度考核。根据有关规定，政务记大过处分影响处分当年及第二年的考核结果，即处分当年及第二年参加年度考核，只写评语不定等次，不发放年终考核奖金。考核当年不得计算为晋升职务职级的任职年限，也不得计算为按照考核年度晋升级别和级别工资档次的考核年限。

3. 示例

2021年，某县纪委监委在处分决定执行检查中发现，某县国土资源局存在处分决定执行不到位的现象，情况如下：2016年5月，县国土资源局孙某受到政务记大过处分，2017年年底，县国土资源局经党组会议研究，违规决定对上一年度受处分人员统一确定为基本称职等次，按照基础绩效奖的70%发放年终绩效奖。李某某作为时任县国土资源局党组书记，对此负有重要领导责任，受到批评教育；龚某某作为时任县国土资源局分管财务工作的党组成员、副局长，刘某某作为时任党组成员、纪检组长，对此负有主要领导责任，被责令作出书面检查。

解读

根据规定，受到政务记大过处分的，被处分人处分当年和第二年的年终考核均评定为不定等次，不发放年终考核奖金。本示例中，县国土资源局决定对孙某确定为基本称职等次，并发放了部分年终绩效奖金，违反了处分决定执行的有关规定。李某某、龚某某、刘某某对此负有领导责任，因尚未达到情节较重的程度，受到第一种形态处理。

4. 法规索引速查

《中华人民共和国公职人员政务处分法》（主席令第46号公布，2020年7月1日起施行）

第八条　政务处分的期间为：

（一）警告，六个月；

（二）记过，十二个月；

（三）记大过，十八个月；

（四）降级、撤职，二十四个月。

政务处分决定自作出之日起生效，政务处分期自政务处分决定生效之日起计算。

第十五条 公职人员有两个以上违法行为的，应当分别确定政务处分。应当给予两种以上政务处分的，执行其中最重的政务处分；应当给予撤职以下多个相同政务处分的，可以在一个政务处分期以上、多个政务处分期之和以下确定政务处分期，但是最长不得超过四十八个月。

第十九条 公务员以及参照《中华人民共和国公务员法》管理的人员在政务处分期内，不得晋升职务、职级、衔级和级别；其中，被记过、记大过、降级、撤职的，不得晋升工资档次。被撤职的，按照规定降低职务、职级、衔级和级别，同时降低工资和待遇。

第二十六条第二款 公职人员受到开除以外的政务处分，在政务处分期内有悔改表现，并且没有再发生应当给予政务处分的违法行为的，政务处分期满后自动解除，晋升职务、职级、衔级、级别、岗位和职员等级、职称、薪酬待遇不再受原政务处分影响。但是，解除降级、撤职的，不恢复原职务、职级、衔级、级别、岗位和职员等级、职称、薪酬待遇。

《公务员考核规定》（2006 年 12 月 26 日中共中央组织部部务会会议审议批准，2020 年 12 月 28 日修订发布）

第二十三条 参加年度考核不确定等次的，按照下列规定办理：

（一）本考核年度不计算为按年度考核结果晋升级别和级别工资档次的考核年限。

（二）不享受年度考核奖金。

（三）本考核年度不计算为晋升职务职级的任职年限；连续两年不确定等次的，视情况调整工作岗位。

第二十九条 受处分公务员的年度考核，按照下列规定办理：

（一）受警告处分的当年，参加年度考核，不得确定为优秀等次；

（二）受记过处分的当年，受记大过、降级、撤职处分的当年及第二年，参加年度考核，只写评语，不确定等次。

《关于公务员受处分工资待遇处理有关问题的通知》（中共中央组织部、人力资源和社会保障部、监察部、国家公务员局 2010 年 12 月 21 日印发）

一、公务员受处分的工资待遇处理

（二）公务员受记过、记大过处分的，不降低职务工资、级别工资和津贴补贴。受处分期间，不得晋升级别和级别工资档次。处分期满解除处分的当年，符合正常晋升级别和级别工资档次条件的，从次年 1 月 1 日起晋升级别和级别工资档次。

（九）政务降级

1. 图解

表 5－10　政务降级处分的执行事项（公务员与参公人员）

执行事项	相关规定
处分期	24 个月
任用晋升的限制	处分期内不得晋升职务、衔级、职级、级别和工资档次
	处分期满解除处分的当年，符合正常晋升级别和级别工资档次条件的，从次年 1 月 1 日起晋升级别和级别工资档次
原职务职级	不降低
原级别及工资待遇	从受处分的次月起，降低一个级别 级别工资就近就低套入降低后级别相应的工资档次，相应降低按级别确定标准的津贴补贴
	受处分前的级别为本职务对应最低级别的，降低一个级别工资；级别工资为本级别最低档的，按本级别的一个工资档差降低级别工资；级别工资为二十七级一档的，可给予记大过处分

续表

执行事项		相关规定
年度考核及影响	考核等次	处分当年及第二年：不定等次
	奖金发放	处分当年及第二年：不发放
	晋升要求的任职或考核年限	考核当年不计算为晋升职务、职级、级别和级别工资档次的任职或考核年限
处分解除		处分期满后自动解除
		晋升职务、职级、衔级、级别、薪酬待遇等不再受原政务处分影响
		解除处分，不视为恢复处分前的级别和工资待遇

2. 实务指引

政务降级处分系轻处分，不影响被处分人的职务、职级。实践中，处分决定的主要执行事项有：

一是处分期内的任用晋升。政务降级的处分期为 24 个月。公务员和参公人员受到政务降级处分的，自处分决定生效之日起 24 个月内不得晋升职务、职级、衔级、级别和工资档次。处分期满解除处分的当年，符合正常晋升级别和级别工资档次条件的，从次年 1 月 1 日起晋升级别和级别工资档次。

二是原任职务职级不受影响。降级与撤职不同，降低的是被处分人的工资级别，对被处分人的职务、职级没有影响。例如，王某某，某市直单位副局长，县处级副职，四级调研员，级别为十六级，工资档次为十六级四档。受到降级处分的，其市直单位副局长的职务和四级调研员的职级不受影响。关于政务降级处分与政务撤职处分的区别，详见本章第四节“重点疑难问题”之“一、在处分决定执行中如何准确区分降级和撤职处分？”的相关内容。

三是原级别及工资档次相应降低。如何降低被处分人的级别及工资？根据中共中央组织部、人力资源和社会保障部、监察部、国家公务员局 2010 年 12 月印发的《关于公务员受处分工资待遇处理有关问题的通知》的规定，给予政务降级处分的，降低被处分人一个级别，级别工资就近就低套入降低后级别相应的工资档次，并相应降低按级别确定标准的津贴补贴。如果受被处分人此前的级别为本职务对应最低级别的，因此时降低一个级别就会导致职务也相应降低一个档次，故根据有关规定，此种情况下只降低一个级别工资档次；如被处分人的级别工资为本级别最低档的，按本级别的一个工资档差降低级别工资。被处分人的级别工资为二十七级一档的，因此时级别工资已经为最低档，无法再降，此时不再给予降级处分，应给予记大过处分。

被处分人受到降级处分的，应从受处分的次月起降低级别及相应的级别工资和津贴补贴。所在单位应报请人事部门在作出政务处分决定后1个月内办理级别、工资及其他有关待遇等的变更手续；特殊情况下，无法在1个月内办理完毕的，经报作出处分决定的纪检监察机关批准，可以适当延长办理期限，但是最长不得超过6个月。

四是年度考核。根据有关规定，政务降级处分影响处分当年及第二年的考核结果，即被处分人在处分当年及第二年参加年度考核，只写评语不定等次，不发放年终考核奖金。考核当年不得计算为被处分人晋升职务职级的任职年限，也不得计算为按照考核年度晋升其级别和级别工资档次的考核年限。

五是处分的解除。处分期满，降级处分自动解除，此后晋升职务、职级、衔级、级别和工资档次不受原处分的影响。但解除处分，并不意味着恢复原任级别和工资档次。

3. 示例

某县公安局交通警察大队民警马某某，2016年2月受到行政降级处分。县人力资源和社会保障局收到处分决定后，将马某某的级别从二十六级（科员）降为二十七级（办事员）。2016年马某某未参与当年的年度考核，某县公安局也未对其发放年终考核奖金。

解读

根据中共中央组织部、人力资源和社会保障部、监察部、国家公务员局2010年12月印发的《关于公务员受处分工资待遇处理有关问题的通知》规定，被处分人受到降级处分的，应降低一个级别；如果被处分人的级别为本职务对应最低级别的，只降低一个级别工资档次。如上文所述，如此规定的原因是，此时降低一个级别就会导致相应降低一个职务层次，实质上达到了撤职的效果，与降级处分“只降低级别工资档次”的实质后果不相符合。本示例中，人事部门将马某某的级别从二十六级降为二十七级，导致其职务从科员降为办事员，与上述规定不符。根据规定，人事部门应降低马某某的级别工资档次，如从二十六级四档降为二十六级三档。

此外，马某某2016年未参加当年的年度考核，也不符合规定。被处分人受到降级处分的，处分当年及第二年均应参年度考核，评为不定等次，不发放年终考核奖金。

4. 法规索引速查

《中华人民共和国公职人员政务处分法》（主席令第46号公布，2020年7月1日起施行）

第八条 政务处分的期间为：

（一）警告，六个月；

（二）记过，十二个月；

（三）记大过，十八个月；

（四）降级、撤职，二十四个月。

政务处分决定自作出之日起生效，政务处分期自政务处分决定生效之日起计算。

第十五条 公职人员有两个以上违法行为的，应当分别确定政务处分。应当给予两种以上政务处分的，执行其中最重的政务处分；应当给予撤职以下多个相同政务处分的，可以在一个政务处分期以上、多个政务处分期之和以下确定政务处分期，但是最长不得超过四十八个月。

第十九条 公务员以及参照《中华人民共和国公务员法》管理的人员在政务处分期内，不得晋升职务、职级、衔级和级别；其中，被记过、记大过、降级、撤职的，不得晋升工资档次。被撤职的，按照规定降低职务、职级、衔级和级别，同时降低工资和待遇。

第二十六条第二款　公职人员受到开除以外的政务处分，在政务处分期内有悔改表现，并且没有再发生应当给予政务处分的违法行为的，政务处分期满后自动解除，晋升职务、职级、衔级、级别、岗位和职员等级、职称、薪酬待遇不再受原政务处分影响。但是，解除降级、撤职的，不恢复原职务、职级、衔级、级别、岗位和职员等级、职称、薪酬待遇。

第五十四条　公职人员受到政务处分的，应当将政务处分决定书存入其本人档案。对于受到降级以上政务处分的，应当由人事部门按照管理权限在作出政务处分决定后一个月内办理职务、工资及其他有关待遇等的变更手续；特殊情况下，经批准可以适当延长办理期限，但是最长不得超过六个月。

《公务员考核规定》（2006 年 12 月 26 日中共中央组织部部务会会议审议批准，2020 年 12 月 28 日修订发布）

第二十三条　参加年度考核不确定等次的，按照下列规定办理：

（一）本考核年度不计算为按年度考核结果晋升级别和级别工资档次的考核年限。

（二）不享受年度考核奖金。

（三）本考核年度不计算为晋升职务职级的任职年限；连续两年不确定等次的，视情况调整工作岗位。

第二十九条　受处分公务员的年度考核，按照下列规定办理：

（一）受警告处分的当年，参加年度考核，不得确定为优秀等次；

（二）受记过处分的当年，受记大过、降级、撤职处分的当年及第二年，参加年度考核，只写评语，不确定等次。

《关于公务员受处分工资待遇处理有关问题的通知》（中共中央组织部、人力资源和社会保障部、监察部、国家公务员局 2010 年 12 月 21 日印发）

一、公务员受处分的工资待遇处理

（三）公务员受降级处分的，从受处分的次月起，降低一个级别，级别工资就近就低套入降低后级别相应的工资档次，相应降低按级别确定标准的津贴补贴。受处分前的级别为本职务对应最低级别的，降低一个级别工资档次。级别工资为本级别最低档的，按本级别的一个工资档差降低级别工资。级别工资为二十七级1档的，可给予记大过处分。受处分期间，不得晋升级别和级别工资档次。处分期满解除处分的当年，符合正常晋升级别和级别工资档次条件的，从次年1月1日起晋升级别和级别工资档次。解除降级处分，不视为恢复处分前的级别和工资待遇。

（十）政务撤职

1. 图解

表5-11 政务撤职处分的执行事项（公务员与参公人员）

执行事项	相关规定
处分期	24个月
任用晋升	处分期内不得晋升职务、衔级、职级、级别和工资档次
	处分期满解除处分的当年，符合正常晋升级别和级别工资档次条件的，从次年1月1日起晋升级别和级别工资档次
职务	撤销所有职务
	按降低1个以上（含1个）职务层次另行确定职务，一般不得确定为领导职务
	如本人没有职务只有职级，可给予撤职处分，降低职级
	如本人职务为二级科员，可给予降级处分
职级	相应降低，处分决定应明确降低后的职级
级别	根据新任职务确定级别，按照“每降低一个职务层次，相应降低两个级别”确定新的级别，最低降为二十七级

续表

<table>
<tr><th colspan="2">执行事项</th><th>相关规定</th></tr>
<tr><td colspan="2">工资档次</td><td>从受处分的次月起，职务工资按新任职务确定，级别工资逐级就近就低套入降低后级别相应的工资档次，津贴补贴按新任职务和级别确定</td></tr>
<tr><td rowspan="3">年度考核及影响</td><td>考核等次</td><td>处分当年及第二年：不定等次</td></tr>
<tr><td>奖金发放</td><td>处分当年及第二年：不发放</td></tr>
<tr><td>晋升要求的任职或考核年限</td><td>考核当年不计算为晋升职务、职级、级别和级别工资档次的任职或考核年限</td></tr>
<tr><td colspan="2" rowspan="2">处分解除</td><td>处分期满后自动解除，职务、级别、工资等晋升不再受原处分影响</td></tr>
<tr><td>解除处分，不视为恢复处分前的职务、级别、工资待遇等</td></tr>
</table>

2. 实务指引

政务撤职处分系重处分，对具有中共党员身份的公职人员，可与撤销党内职务、留党察看、开除党籍处分配套作出。实践中，在执行处分决定的过程中应注意的事项较多，主要有以下几种。

一是处分期内的任用晋升。政务撤职的处分期为 24 个月。公务员和参公人员受到政务撤职处分的，自处分决定生效之日起 24 个月内不得晋升职务、职级、衔级、级别和工资档次。处分期满解除处分的当年，符合正常晋升级别和级别工资档次条件的，从次年 1 月 1 日起晋升级别和级别工资档次。

二是职务职级的调整。被处分人有领导职务，受到政务撤职处分的，其担任的所有职务均被撤销，按降低 1 个以上（含 1 个）职务层次另行确定职务，一般不得确定为领导职务，职级相应降低。举例说明：王某某，某市直单位副局长，县处级副职，四级调研员，级别为十六级，工资档次为十六级四档。如王某某受到撤职处分，其市直单位副局长的职务被撤销，如按降低一个职务层次降职，则职务由县处级副职降为乡科级正职，职级相应地由四级调研员（县处级副职中的第二级）降为一级或二级主任科员（乡科级正职）。至于实践中降低几个职务层次，根据中央纪委的指导性意见，一般应与党纪处分的严重程度相匹配，具体详见本书第五章“党纪政务处分的匹配适用”相关内容。

被处分人无领导职务，职务职级并行后，公务员和参公人员除了职务、级别外，还有对应的职级。根据中央纪委的指导性意见，对于没有领导职务的职级公务员，依然可以给予政务撤职处分，被处分人的职级被撤销，按降低1个以上（含1个）职级另行确定。

被处分人系二级主任科员，根据相关规定，应给予政务撤职处分的，如果本人职务为办事员（职务职级并行后，对应为二级科员），可给予降级处分。原因在于此时其职务、职级均为最低档，无职可撤，只能予以降级处分。

被处分人受到撤职处分的，其新任职务的任职时间从该职务任命之日起开始计算，此前相同或以上职务层次的任职时间不得累计为今后晋升职务所需的任职年限。

三是级别的调整。被处分人职务撤销后，应根据新任职务确定相应的级别，具体来说，应按照“每降低一个职务层次，相应降低两个级别”确定新的级别，最低降为二十七级。以前述的王某某为例说明：如给予王某某政务撤职处分，按降低一个职务层次调整职务，则其级别从处分前的十六级降低两个级别，调整为十八级。

四是工资待遇的调整。公务员受撤职处分的，从受处分的次月起，职务工资按新任职务确定，级别工资逐级就近就低套入降低后级别相应的工资档次，津贴补贴按新任职务和级别确定。未明确新任职务的，暂按本人原基本工资和津贴补贴之和的70%计发临时工资。明确新任职务后，被多减发或少减发的工资予以补发或扣发。

五是办理时限。被处分人受到撤职处分的，应从受处分的次月起降低相应的工资待遇。所在单位应报请人事部门在作出政务处分决定后1个月内办理职务、职级、级别、工资及其他有关待遇等的变更手续；特殊情况下，无法在1个月内办理完毕的，经报作出处分决定的纪检监察机关批准，可以适当延长办理期限，但是最长不得超过6

个月。

六是年度考核。根据有关规定，政务撤职处分影响处分当年及第二年的考核结果，即被处分人在处分当年及第二年参加年度考核，只写评语不定等次，不发放年终考核奖金。考核当年不得计算为被处分人晋升职务职级的任职年限，也不得计算为按照考核年度晋升其级别和级别工资档次的考核年限。

七是处分的解除。处分期满，撤职处分自动解除，此后晋升职务、职级、衔级、级别和工资档次不受原处分的影响。但解除处分，并不意味着恢复原任职务、职级、级别和工资待遇。

3. 示例

2018 年 5 月 11 日，某县商务局副局长王某某因严重违纪违法，受到撤销党内职务、政务撤职处分。2019 年，该县纪委对处分决定执行情况进行自查发现：2018 年 6 月 5 日，县纪委案件审理室将处分决定送达该县商务局；2018 年 11 月，县商务局向县人社局递交申请后，县人社局于 2018 年 12 月将其降低为一级科员，并从 2019 年 1 月起按照一级科员发放工资；2018 年年底，王某某参加单位年度考核，被评定为不称职等次，未发放年终考核奖金；2019 年年底，王某某按照一级科员在单位进行考核，评定为称职等次，并发放了年终考核奖金。

解读

本示例中，王某某的处分决定存在以下执行不到位的问题：

一是 2019 年的年度考核等次评定和年终奖的发放存在问题。受到撤销党内职务处分的，处分当年确定为不称职等次，第二年按新任职务确定等次；受到政务撤职处分的，处分当年及第二年不定等次。王某某于 2018 年同时受到党纪和政务处分，根据规定，应按照对其年度考核影响较重的处分来评定其考核等次。故王某某 2019 年应按照政务撤职处分的执行要求，参加年度考核，只写评语不定等次，不发放年终考核奖金。对预发给王某某的年度考核奖金，应予以收回。

二是调整职务级别和工资档次的时间不符合规定。根据规定，政务处分决定应在 1 个月内送达有关单位；有关单位应当在处分决定作出后 1 个月内办理调整职务、职级、工资待遇等相关事项。本示例中县商务局2018 年6 月5 日收到处分决定，应在7 月5 日前协调有关部门将王某某的职务级别、工资待遇调整到位。县商务局未在规定时间内办理该事项，不符合规定。根据政务撤职处分执行事项的要求，县人事部门收到申请后，应从王某某受处分的次月即 2018 年 6 月起按照新任职务一级科员调整工资。县人事部门 2018 年 12 月才将王某某降低为一级科员并从 2019 年 1 月起按照一级科员发放王某某工资，不符合规定。对于此前已经多发放的工资部分，应通过扣发后续工资等方式予以追回。实践中，对于需要调整职务职级、工资待遇的，案件审理部门应尽快将处分决定送达有关单位，方便后续执行事项的办理。

4. 法规索引速查

《中华人民共和国公职人员政务处分法》（主席令第 46 号公布，2020 年 7 月 1 日起施行）

第八条 政务处分的期间为：

（一）警告，六个月；

（二）记过，十二个月；

（三）记大过，十八个月；

（四）降级、撤职，二十四个月。

政务处分决定自作出之日起生效，政务处分期自政务处分决定生效之日起计算。

第十五条 公职人员有两个以上违法行为的，应当分别确定政务处分。应当给予两种以上政务处分的，执行其中最重的政务处分；应当给予撤职以下多个相同政务处分的，可以在一个政务处分期以上、多个政务处分期之和以下确定政务处分期，但是最长不得超过四十八个月。

第十九条 公务员以及参照《中华人民共和国公务员法》管理的人员在政务处分期内，不得晋升职务、职级、衔级和级别；其中，被记过、记大过、降级、撤职的，不得晋升工资档次。被撤职的，按照规定降低职务、职级、衔级和级别，同时降低工资和待遇。

第二十六条第二款　公职人员受到开除以外的政务处分，在政务处分期内有悔改表现，并且没有再发生应当给予政务处分的违法行为的，政务处分期满后自动解除，晋升职务、职级、衔级、级别、岗位和职员等级、职称、薪酬待遇不再受原政务处分影响。但是，解除降级、撤职的，不恢复原职务、职级、衔级、级别、岗位和职员等级、职称、薪酬待遇。

第五十四条　公职人员受到政务处分的，应当将政务处分决定书存入其本人档案。对于受到降级以上政务处分的，应当由人事部门按照管理权限在作出政务处分决定后一个月内办理职务、工资及其他有关待遇等的变更手续；特殊情况下，经批准可以适当延长办理期限，但是最长不得超过六个月。

《公务员考核规定》（2006 年 12 月 26 日中共中央组织部部务会会议审议批准，2020 年 12 月 28 日修订发布）

第二十三条　参加年度考核不确定等次的，按照下列规定办理：

（一）本考核年度不计算为按年度考核结果晋升级别和级别工资档次的考核年限。

（二）不享受年度考核奖金。

（三）本考核年度不计算为晋升职务职级的任职年限；连续两年不确定等次的，视情况调整工作岗位。

第二十九条　受处分公务员的年度考核，按照下列规定办理：

（一）受警告处分的当年，参加年度考核，不得确定为优秀等次；

（二）受记过处分的当年，受记大过、降级、撤职处分的当年及第二年，参加年度考核，只写评语，不确定等次。

《关于公务员受处分工资待遇处理有关问题的通知》（中共中央组织部、人力资源和社会保障部、监察部、国家公务员局 2010 年 12 月 21 日印发）

一、公务员受处分的工资待遇处理

（四）公务员受撤职处分的，从受处分的次月起，职务工资按新任职务确定，级别按每降低一个职务层次相应降低两个级别确定，最低降为二十七级，级别工资逐级就低套入降低后级别相应的工资档次，津贴补贴按新任职务和级别确定。未明确新任职务的，暂按本人原基本工资和津贴补贴之和的70%计发临时工资。明确新任职务后，被多减发或少减发的工资予以补发或扣发。受处分期间，不得晋升级别和级别工资档次。处分期满解除处分的当年，符合正常晋升级别和级别工资档次条件的，从次年1月1日起晋升级别和级别工资档次。解除撤职处分，不视为恢复处分前的职务、级别和工资待遇。

（十一）开除公职

1. 图解

表5－12　开除公职处分的执行事项（公务员与参公人员）

执行事项	相关规定
人事关系	自处分决定生效之日起，解除与所在机关、单位的人事或劳动关系
工资待遇	处分次月起取消原工资待遇
档案管理	原管理单位的干部人事档案工作机构将档案转递至相应的干部人事档案工作机构、公共就业和人才服务机构或者本人户籍所在地的社会保障服务机构
担任公职人员的限制	以后不得录用为公务员或参公管理人员

2. 实务指引

开除公职处分是对违纪违法公职人员最严厉的处分，在执行时应重点把握以下方面：

一是人事关系。公职人员被开除的，自处分决定生效之日起解除被处分人与所在机关、单位的人事关系或者劳动关系。

二是工资待遇。被开除公职的，从处分次月起取消被处分人的原工资待遇。

三是档案管理。根据《干部人事档案工作条例》的规定，在党委（党组）或者组织人事等有关部门对当事人作出结论意见或者处理处分，经保密审查后，原管理单位的干部人事档案工作机构应当将档案转递至相应的干部人事档案工作机构、公共就业和人才服务机构或者本人户籍所在地的社会保障服务机构。

四是从业限制。根据《中华人民共和国公职人员政务处分法》的规定，公职人员被开除的，不得录用为公务员以及参照《中华人民共和国公务员法》管理的人员。关于被开除公职人员此后能否录用为事业单位、国有企业中的工作人员，目前法律上没有明确的禁止性规定。实践中，一般事业单位、国有企业等单位在招聘中会明确设置“因犯罪受过刑事处罚的人员和曾被开除公职的人员不得报考”的限制条件。

3. 示例

2018 年 1 月，某镇政府干部（公务员编）的工作人员黄某因涉嫌非法制造、买卖、运输爆炸物罪被该县公安局刑事拘留，2 月被逮捕，9 月被判处有期徒刑 3 年 6 个月，2019 年该县纪委监委给予其开除公职处分。公安机关在办理该案过程中，办案民警程某某未按规定将黄某采取强制措施的情况告知镇政府，镇党委书记江某某通过其他途径得知黄某被采取强制措施后，未按规定停发其工资、改按基本工资的75% 计发生活费，在收到法院移交的黄某刑事判决书后仍未及时停发其工资，造成黄某多领取工资 18566 元。2020 年 12 月，江某某受到党内警告处分，2020 年 8 月程某某受到诫勉谈话处理。

解读

对于涉嫌职务犯罪的案件，纪检监察机关按程序作出开除公职处分后，应将涉嫌职务犯罪问题移送司法机关，并将处分决定送达被处分人所在单位，由被处分人所在单位或有关人事部门从作出处分的次月起取消被处分人的工资待遇。

对于本示例这种涉嫌其他犯罪的案件，则属于司法机关先行处置、再移交纪检监察机关处理的情况。对于此类案件，司法机关、纪检监察机关和所在单位如何沟通对接？被处分人的公职和工资待遇等应如何进行调整？根据人社部等多部门 2010 年联合印发的《关于公务员被采取强制措施和受行政刑事处罚工资待遇处理有关问题的通知》，公务员被取保候审、监视居住、刑事拘留、逮捕期间，停发工资待遇，按本人原基本工资的75%计发生活费，不计算工作年限；公务员受到刑事处罚，处分决定机关尚未作出开除处分决定的，从人民法院判决生效之日起，取消原工资待遇。实践中，为了执行上述规定，作出刑事强制措施和生效刑事判决的有关公安机关、审判机关，应及时将相关文书送达犯罪（嫌疑）人所在单位，由所在单位按程序停发或取消其工资待遇。

本示例中，公安机关民警程某某未将对黄某采取强制措施的情况告知黄某工作单位，镇党委书记江某某知晓相关情况后未按规定停发、取消黄某的工资待遇，均违反了相关规定，受到了处分处理。

4. 法规索引速查

《中华人民共和国公职人员政务处分法》（主席令第46号公布，2020年7月1日起施行）

第二十四条 公职人员被开除，或者依照本法第二十三条规定，受到解除人事关系或者劳动关系处理的，不得录用为公务员以及参照《中华人民共和国公务员法》管理的人员。

第二十六条第一款 公职人员被开除的，自政务处分决定生效之日起，应当解除其与所在机关、单位的人事关系或者劳动关系。

第二十七条 已经退休的公职人员退休前或者退休后有违法行为的，不再给予政务处分，但是可以对其立案调查；依法应当予以降级、撤职、开除的，应当按照规定相应调整其享受的待遇，对其违法取得的财物和用于违法行为的本人财物依照本法第二十五条的规定处理。

已经离职或者死亡的公职人员在履职期间有违法行为的，依照前款规定处理。

第五十四条 公职人员受到政务处分的，应当将政务处分决定书存入其本人档案。对于受到降级以上政务处分的，应当由人事部门按照管理权限在作出政务处分决定后一个月内办理职务、工资及其他有关待遇等的变更手续；特殊情况下，经批准可以适当延长办理期限，但是最长不得超过六个月。

《干部人事档案工作条例》（中共中央办公厅发布，2018年11月20日起施行）

第二十五条第二款　干部出现辞职、出国不归或者被辞退、解除（终止）劳动（聘用）合同、开除公职等情况，在党委（党组）或者组织人事等有关部门对当事人作出结论意见或者处理处分，经保密审查后，原管理单位的干部人事档案工作机构应当将档案转递至相应的干部人事档案工作机构、公共就业和人才服务机构或者本人户籍所在地的社会保障服务机构。接收单位不得无故拒绝接收人事档案。

《关于公务员受处分工资待遇处理有关问题的通知》（中共中央组织部、人力资源和社会保障部、监察部、国家公务员局2010年12月21日印发）

一、公务员受处分的工资待遇处理

（五）公务员受开除处分的，从受处分的次月起，取消原工资待遇。

第四节　重点疑难问题

一、在处分决定执行中如何准确区分降级和撤职处分？

降级和撤职作为两种不同的政务处分，其内涵和影响是不同的。实践中不少同志存在认识误区，容易适用不当。

（一）厘清职务、职级、级别和工资档次等概念

根据《中华人民共和国公务员法》《公务员职务与职级并行规定》等相关规定，目前我国公务员（含参公人员）实行职务与职级并行制度，即根据职位类别和职责设置公务员领导职务、职级序列，职务、职级与级别是确定公务员工资以及其他待遇的依据。领导职务层次分为国家级、省部级、厅局级、县处级、乡科级的正职和副职共10个层次。职级是与职务并行的公务员等级序列，仅在厅局级以下设置，综

合管理类公务员职级包括一级巡视员（如有领导职务的，对应厅局级正职，下同）、二级巡视员（对应厅局级副职）、一级和二级调研员（对应县处级正职）、三级和四级调研员（对应县处级副职）、一级和二级主任科员（对应乡科级正职）、三级和四级主任科员（对应乡科级副职）、一级科员和二级科员共 12 个层次。公务员的级别由高至低依次为一级至二十七级，以上每个领导职务和职级都对应 27 个级别中的若干个级别，每个级别又分别设定了若干档工资档次。

（二）降级处分和撤职处分的区别

降级，即降低上述二十七级中的级别，与职务或职级无关，其实质是降低公职人员的级别工资档次，系轻处分。根据相关规定，如果受处分人级别为本职务、职级对应的最低级别的，则不再降低级别（此时如降低级别，其实质相当于降低了一个职务或职级，等同于撤职处分），应根据有关规定降低级别工资档次；如受处分人级别工资为二十七级一档，可给予记大过处分。举例说明，某市局局长李某，职务为县处级正职，职级为一级调研员，级别为十五级，如受到降级处分，则其市局局长、一级调研员的身份并不受到影响，只是级别由十五级降低为十六级，并相应地降低级别工资档次，但职务工资不受影响，一般津补贴也不受影响。而如果该局长的级别为十八级，由于十八级为县处级正职对应的最低级别，此时不应再降低级别，只能降低这个级别内对应的工资档次，比如由十八级二档降为十八级一档。

撤职是撤销公职人员的现任所有职务，并在撤销职务的同时降低级别和工资，系重处分。执行时按照至少降低一个职务层次另行确定职务，一般降为非领导职务，如果降低多个职务层次，即所谓的“断崖式降级”。每降低一个职务层次，相应降低两个级别。上文中的某市局局长李某如果受到政务撤职处分，则应撤销其局长职务，县处级正职最起码要降至县处级副职，同时级别相应由十五级降为十七级。

二、应给予撤职处分但本人没有领导职务的，应给予何种处分？如何降低职级、级别？

公职人员未担任领导职务的，能否给予其撤职处分？实践中有部分同志认为，根据相关规定，同时参照《中国共产党纪律处分条例》第十一条中“对于应当受到撤销党内职务处分，但是本人没有担任党内职务的，应当给予其严重警告处分”的规定，对于没有领导职务的，可以降低一档给予降级处分，处分期24个月。

笔者认为，这种观点是片面的、不准确的。2019年6月《中华人民共和国公务员法》修订后，我国实行公务员职务与职级并行制度，职级序列有一套完整的等级、升降和管理体系，对于非领导职务的公务员而言，职级与职务性质相似、功能相当，直接决定着公务员的工资、奖金等待遇。对于只有职级、没有领导职务的公务员而言，受到撤职处分，降低职级实质上就能达到撤职的惩戒效果。《中华人民共和国公务员法》第六十五条第二款规定：“解除处分后，晋升工资档次、级别和职务、职级不再受原处分的影响。但是，解除降级、撤职处分的，不视为恢复原级别、原职务、原职级”，从文义解释和体系解释的角度看，撤职处分包括了撤销职级。且根据上述相关规定，只有受处分人系最低职级的办事员[①]，无职务、职级可降时，才可以降低一档给予降级处分；反之，则不能给予降级处分。

结合上述分析可知，对于撤职处分，应当根据被处分人的公务员级别的不同，具体处理：对于有领导职务的公务员，作出撤职处分的本质是“撤销职务”，职务、职级、级别均相应降低；对于没有领导职务的职级公务员而言，如果不是最低职级的二级科员，均可以作出撤职处分，撤职的本质是“撤销职级”，职级、级别相应降低；对于二级科员而言，由于其无职务、职级可撤，应当给予撤职处分的可以给予降级处分，相应降低工资档次。

在处分决定执行过程中，关于不同身份的公务员如何降低职务、

---

① 职务职级并行后，对应为二级科员。——编者注

职级和级别，笔者总结如下。

（1）职务公务员。根据相关规定，撤职时按降低一个以上（含一个）职务层次另行确定职务，一般不得确定为领导职务。每降低一个职务层次，相应降低两个级别。例如，市局局长A，职务是县处级副职，配套的职级是三级调研员，级别为十七级，受到撤职处分后，其局长一职被撤销，按降低一个职务层次计算，应降至乡科级层次的非领导职务，对应的职级为一级主任科员或二级主任科员，级别相应降低为十九级。上述规定实施时尚未施行职务职级并行制度，对于同时具有领导职务和职级的公务员作出撤职处分时如何配套降低职级，没有规定。由于乡科级、县处级正副职每一个职务层次对应两个职级，实践中有同志提出，对担任领导职务中较高职级的公务员作出撤职处分，可以降低一个职级处理，如将A由三级调研员降为四级调研员。笔者认为，这种理解是不符合上述规定精神的。对于有领导职务的公务员来说，受到撤职处分，必须降低一个职务层次，县处级副职的下一个职务层次是乡科级正职，其撤职后的职级也应与乡科级正职相匹配，即只能降为一级主任科员或二级主任科员，且一般应降为二级主任科员。如A仅降为四级调研员，其效力相当于免去领导职务而已，与免职这一组织处理措施的实际效果一致，不符合撤职处分的本意。

（2）职级公务员。根据有关部门的正式答复，撤职时应至少降低一个以上职级，一般不得确定为领导职务，每降低一个职级，一般相应降低一个级别。同样是撤职处分，职级公务员降低级别的要求与领导职务的公务员不一样，原因在于，根据《公务员职务、职级与级别管理办法》和《公务员职务与职级并行规定》，职务公务员每个职务层次之间至少相差两个级别，而职级公务员每个职级之间大部分只相差一个级别，如县处级正职对应的级别为十八级至十二级，县处级副职对应的级别为二十级至十四级，二级调研员对应的级别为十八级至十二级，三级调研员对应的级别为十九级至十三级。

（3）办事员。关于降级和撤职的具体做法，见表5－13。

表 5－13　降级和撤职的具体做法

处分种类	身份		影响事项			处分决定中的表述	以 A 举例	处分后的职务、职级和级别
			职务	职级	级别			
降级	均可		/	/	降低一个级别	给予××降级处分	正处职，一级调研员，十六级	级别降为十七级
撤职	领导职务	担任该职务下的较高职级	降低一个及以上职务	每降低一个职务，降低两个及以上职级	每降低一个职务，降低两个级别	给予××撤职处分，降为××(职级)	正处职，一级调研员，十六级	撤销正处职职务，降为三级或四级调研员，级别降为十八级
		担任该职务下的较低职级		每降低一个职务，降低一至两个职级			正处职，二级调研员，十七级	撤销正处职职务，降为三级或四级调研员，级别降为十九级
	无领导职务		/	降低一个及以上职级	每降低一个职级，一般降低一个级别	给予××撤职处分，降为××(职级)	一级调研员，十六级	降为二级调研员，级别降为十七级

说明：表格中撤职所举示例，是按照降低一个职务层次计算。

三、《中华人民共和国公职人员政务处分法》出台后，还能否对事业单位工作人员作出降低岗位等级处分？处分期和年度考核等事项如何确定？

案例：2020 年 6 月，A 市人民医院护士长魏某，因在微信上参与赌博受到公安机关行政处罚。2020 年 8 月，A 市卫生健康委接到该问题线索后对案件进行了审查调查，拟给予魏某留党察看一年、降低岗位等级处分。在审理过程中，对于应该给予魏某降低岗位等级处分还是撤职处分，存在争议。

分析：《中华人民共和国公职人员政务处分法》于 2020 年 7 月 1 日正式实施，此后对公职人员的处分（包括监察机关作出的政务处分和任免机关、单位作出的处分）种类统一为警告、记过、记大过、降级、撤职和开除 6 种。但同时，人力资源和社会保障部、监察部 2012 年 8 月 22 日印发的《事业单位工作人员处分暂行规定》依然有效，依据该规定，给予事业单位工作人员的处分种类为警告、记过、降低岗位等级或撤职、开除。[①] 本案中魏某系公办医院的护士长，其违纪违法行为发生在《中华人民共和国公职人员政务处分法》施行之前，对其应依据《中华人民共和国公职人员政务处分法》还是《事业单位工作人员处分暂行规定》作出处分，如何执行处分决定，笔者分析如下，供同仁参考。

（一）根据是否系公职人员确定处分种类名称

确定处分种类及对应的处分期间时，不适用“从旧兼从轻”原则，无论违法行为发生在《中华人民共和国公职人员政务处分法》实

---

① 2023 年 11 月 6 日，人力资源和社会保障部令第 51 号公布《人力资源社会保障部关于废止〈事业单位工作人员处分暂行规定〉的决定》。2023 年 11 月 6 日，中共中央组织部、人力资源社会保障部印发的《事业单位工作人员处分规定》施行，《事业单位工作人员处分规定》规定的事业单位工作人员处分的种类包括警告、记过、降低岗位等级、开除。本案例描述的情形发生在《事业单位工作人员处分规定》生效之前，故相关内容仍援引《事业单位工作人员处分暂行规定》。本案例仍具有一定的参考意义。

施之前还是之后，2020 年 7 月 1 日以后对公职人员作出处分都应当按照《中华人民共和国公职人员政务处分法》第七条确定处分种类，并根据第八条确定相应的处分期。对于公立医院等事业单位中的非公职人员，因其不属于监察对象，故不适用《中华人民共和国公职人员政务处分法》，而依然应按照《事业单位工作人员处分暂行规定》确定处分种类。魏某作为公办医院的护士长，属于《中华人民共和国监察法》第十五条第四项“公办的教育、科研、文化、医疗卫生、体育等单位中从事管理的人员”，系公职人员，故应依据《中华人民共和国公职人员政务处分法》确定处分种类的名称，而不能依据《事业单位工作人员处分暂行规定》作出降低岗位等级处分。

（二）按照“从旧兼从轻”原则决定具体处分档次

魏某参与赌博的行为发生在《中华人民共和国公职人员政务处分法》施行之前，根据该法第六十七条的规定，这种情况应按照“从旧兼从轻”的原则处理，即一般情况下适用违法行为发生时的规定进行处分，只有《中华人民共和国公职人员政务处分法》不认为是违法或处理较轻时，才适用该法的规定。2020 年 6 月魏某参与赌博时，《事业单位工作人员处分暂行规定》有效，根据该规定第二十一条的规定，参与赌博活动的，应当给予降低岗位等级或撤职以上处分①。根据《中华人民共和国公职人员政务处分法》第四十条第一款第三项的规定，参与赌博的，“予以警告、记过或者记大过；情节较重的，予以降级或者撤职；情节严重的，予以开除”。《事业单位工作人员处分暂行规定》未区分参与赌博情节的轻重，规定一律给予降低岗位等级或撤职以上处分；而《中华人民共和国公职人员政务处分法》对参与赌博的行为区分了一般情节、较重情节和严重情节三个档次，既有撤职以上处分，也有轻处分。本案中，应对魏某参与赌博行为的严重程度进行认定，如其行为尚未达到情节较重或严重程度的，应依据《中华人民共和国公职人员政务处分法》的规定视情况给予其警告、记过或记

---

① 撤职处分适用于行政机关任命的事业单位工作人员。——编者注

大过处分；如情节较重或严重的，可以给予撤职或开除公职处分。

（三）确定年度考核等执行事项

本案中，如魏某参与赌博的行为情节较轻，有关单位决定给予其记大过处分，应依据什么确定其处分期内的职务晋升和年度考核等事项呢？笔者认为，处分执行事项系落实处分决定必然附带的工作要求，实践中应区分两种情况：

（1）现行法律有明确规定的，依照规定处理。根据《中华人民共和国公职人员政务处分法》第二十条“法律、法规授权或者受国家机关依法委托管理公共事务的组织中从事公务的人员，以及公办的教育、科研、文化、医疗卫生、体育等单位中从事管理的人员，在政务处分期内，不得晋升职务、岗位和职员等级、职称；其中，被记过、记大过、降级、撤职的，不得晋升薪酬待遇等级。被撤职的，降低职务、岗位或者职员等级，同时降低薪酬待遇”的规定，魏某在处分期间不得晋升职务、岗位等级和薪酬待遇。

（2）现行法律无明确依据的，可以根据具体情况比照处理。《中华人民共和国公职人员政务处分法》未对公职人员受处分后的年度考核事项进行规定；《事业单位工作人员处分暂行规定》虽然对事业单位工作人员受处分后的影响事项作了规定，但没有记大过这一处分种类；魏某作为事业单位工作人员，也不能适用《公务员考核规定》等规定，因此，目前对于事业单位工作人员中的公职人员受到政务处分或处分后如何进行年度考核，尚无明确依据，有待有关主管部门根据《中华人民共和国公职人员政务处分法》第六十五条的授权制定具体规定或解释。笔者认为，在有关规定尚未出台的情况下，对于同时给予了党纪处分的，可以依据党纪处分的规定执行年度考核要求；而对于仅作出政务处分或处分的，办案单位可以比照《事业单位工作人员处分暂行规定》《公务员考核规定》等酌情处理。根据《事业单位工作人员处分暂行规定》的规定，处分期间，记过处分的年度考核不得确定为合格及以上等次，降低岗位等级的年度考核不得确定为基本合格等次；根据《公务员考核规定》的规定，受记大过处分的当年及第二年，参加年度考核只写评语不确定等次。考虑到事业单位工作人员的年度考核结果为优秀、合格、基本合格、不合格 4 档，可以将魏某评为基本合格。

四、同时给予政务撤职和党纪重处分的，应降低几个职务层次？

根据规定，公务员受到撤职处分时，应降低 1 个以上（含 1 个）职务层次另行确定职务，每降低 1 个职务层次相应降低两个级别，在撤销职务的同时相应地降低级别和工资。对具有中共党员身份的公职人员作出政务撤职处分时，可以根据案件情况配套给予撤销党内职务、留党察看和开除党籍 3 种党纪处分。为体现处分轻重和惩戒力度的不同，作出上述不同种类的党纪处分时，政务撤职处分的“撤职”力度应当有所区别。目前，关于不同情形下如何撤职没有明确规定，各地在遵循“党纪处分越重，撤职力度越大”总原则下，可根据当地情况出台具体的指导性意见。根据各地实践和通报案例来看，不同党纪处分匹配政务撤职处分时，一般按照以下原则操作：

撤销党内职务配套政务撤职的，降低 1 个职务层次（无领导职务的，相应降低 1 个职级）；留党察看一年配套政务撤职处分的，一般降低 2 个职务层次；留党察看二年配套政务撤职的，一般降低 3 个职务层次；开除党籍但保留公职的，一般降低 3 ~ 4 个职务层次，如果不够降低 3 个职务层次的，可以降低到最低级别。

根据相关政策和党纪法规，案件存在从严或从宽处分情形的，降低职务职级时可在上述规定的调整幅度内上下浮动 1 ~ 2 个职级。当然，实践中案件情况较为复杂，具体如何匹配，需要综合考虑案情、主观态度、影响、后果、政治生态等多种因素，做到精准运用。

五、处分期（影响期）内再次受到处分的，如何重新计算处分期（影响期）？

一是多个违法行为的处分期计算。《中华人民共和国公职人员政务处分法》规定，公职人员有两个以上违法行为的，应当分别确定政务处分。应当给予两种以上政务处分的，执行其中最重的政务处分；应当给予撤职以下多个相同政务处分的，可以在一个政务处分期以上、多个政务处分期之和以下确定政务处分期，但是最长不得超过 48 个月。

二是公职人员在政务处分期内再次受到政务处分的。根据《中华人民共和国公职人员政务处分法》对此未作规定，但可以参照《事业单位工作人员处分规定》第八条第二款的规定进行处理，即公职人员在政务处分期内再次受到政务处分的，其政务处分期为原政务处分期尚未执行的期限与新的政务处分期限之和，最长不得超过 48 个月，从新处分生效之日起计算。

三是党员在党纪处分影响期内再次受到党纪处分的。依据 2023 年《中国共产党纪律处分条例》第二十一条之规定，“党员在党纪处分影响期内又受到党纪处分的，其影响期为原处分尚未执行的影响期与新处分影响期之和”。该条并没有对影响期的长短作出规定，撤销党内职务以下处分的影响期，实际执行中可能会超过 2 年。

值得注意的是，留党察看期间再次发现应受到处分的违纪违法行为的，依据《中国共产党纪律处分条例》第十二条第二款的规定，应当按程序开除党籍，不再涉及处分影响期合并计算的问题。

六、退休公职人员的处分执行需要注意哪些问题？

一是共产党员因违纪违法应给予其党纪处分的，无论其是否退休，违纪违法行为发生在退休前还是退休后，均应按规定和程序作出相应处分。

二是公务员、参公人员、事业单位工作人员和机关工勤人员等人员退休后，因退休前或退休后的违法行为应给予其政务处分的，根据《中华人民共和国公职人员政务处分法》第二十七条和《事业单位工作人员处分规定》第十四条的规定，应分情况予以处理：

（1）如果违法行为性质较轻，应给予警告、记过、记大过处分的，不再给予处分，也不影响其退休待遇。

已经退休的事业单位工作人员退休前或者退休后有违规违纪违法

行为应当受到处分的，不再作出处分决定，但是可以对其立案调查；依规依纪依法应当给予降低岗位等级以上处分的，应当按照规定相应调整其享受的待遇。

（2）如果违法行为性质较严重，应给予降级、撤职（降低岗位等级）、开除处分的，鉴于行为人已不再担任相关职务和公职，此时不再作出处分决定，但应作出相应的处理决定或调查结论，处理决定中除陈述其违法事实外，还应写明应给予的处分种类、相应调整退休待遇的情况和涉案财物的处理情况。关于退休待遇的调整，具体如下：

①依法应给予降级处分的，从应受处分的次月起，按2%降低基本退休费。今后国家调整退休费时，不受应给予处分的影响。

②依法应给予撤职（降低岗位等级）处分的，从应受处分的次月起调整退休费待遇。未重新明确执行退休费待遇职务层次的，按12%降低基本退休费，补贴按降低一个职务层次确定，今后国家调整退休费时，按原执行退休费待遇职务低一个职务层次（技术等级）的标准执行。重新明确执行退休费待遇职务层次的，按降低后的职务层次（技术等级）确定基本退休费和补贴，今后国家调整退休费时，按降低后职务层次（技术等级）的标准执行。

③依法应给予开除处分但未被判处刑罚的，从应受处分的次月起，按25%降低基本退休费，补贴按办事员确定。今后国家调整退休费时，按办事员的标准执行。

（3）如果被审查调查人涉嫌职务犯罪的，还应将其移送检察机关审查起诉。

七、国企管理人员的处分执行需要注意哪些问题？

（一）根据国企人员的身份给予不同处分

（1）系中共党员的，有关党组织或纪检监察机关可依据《中国共产党纪律处分条例》给予其党内警告、党内严重警告、撤销党内职务、留党察看、开除党籍处分。

（2）系国有企业管理人员的，根据《中华人民共和国监察法》第十五条的规定，国有企业管理人员属于公职人员，对其违法行为监察机关可依据《中华人民共和国公职人员政务处分法》的规定给予警告、记过、记大过、降级、撤职和开除6种政务处分。另外，国有企业管理人员任免机关、单位依据《国有企业管理人员处分条例》对违法的国有企业管理人员也可以给予上述6种处分。

（3）系一般员工的，如果其存在职务违法行为，应依据企业自身制定的规章制度进行处理。

（二）准确界定“国有企业管理人员”

从法律性质上看，“国有企业”是指国家出资企业，既包括国有独资企业，也包括国有控股和国有参股企业；“管理人员”系指上述企业中对国有资产负有经营、管理、监督职责的人员。因此，国有企业管理人员，并不仅指有关机关任命的国有企业领导班子成员或具有明确职务的人员，实践中主要包括以下四类：

第一类是国有独资企业、国有控股企业（含国有独资金融企业和国有控股金融企业）及其分支机构的领导班子成员，包括设董事会的企业中由国有股权代表出任的董事长、副董事长、董事，总经理、副总经理，党委书记、副书记、纪委书记，工会主席、总会计师、总经济师、总工程师等；未设董事会的企业的总经理（总裁）、副总经理（副总裁），党委书记、副书记、纪委书记，工会主席等；

第二类是对国有资产负有经营管理责任的国有企业中层和基层管理人员，包括部门经理、部门副经理、总监、副总监、车间负责人等；

第三类是在管理、监督国有财产等重要岗位上工作的人员，包括会计、出纳、采购人员等；

第四类是国有企业所属事业单位领导人员，国有参股企业和金融机构中对国有资产负有经营管理责任的人员。

（三）国有企业管理人员党纪政务处分的执行

1. 影响期（处分期）内的职务晋升

《中国共产党纪律处分条例》《中华人民共和国公职人员政务处分

法》《国有企业管理人员处分条例》规定了被处分人影响期（处分期）内职务晋升的问题，具体规定如下：

党纪处分方面。有关规定详见本章表5－1相关内容，此处不再赘述。

政务处分方面。国有企业管理人员在政务处分期内，不得晋升职务、岗位等级和职称；其中，被记过、记大过、降级、撤职的，不得晋升薪酬待遇等级。被撤职的，降低职务或者岗位等级，同时降低薪酬待遇。被开除的，用人单位依法解除劳动合同。

根据上述规定，国有企业管理人员在政务处分期内，除了不得晋升职务、岗位等级外，也不得晋升职称。笔者认为，国有企业工作人员受到党纪处分的，有关影响期内限制担任党外职务中的“职务”也应扩大解释为与职务性质相当的岗位等级、技术职称等级等。需要强调的是，上文中的“职务”“岗位等级”的核心是职务层次。实践中，因企业管理体系不同，对“职务、岗位等级”有着不同的称谓和设置，在处分决定执行过程中，各企业不得以本单位无“职务、岗位等级”为由，变相不执行处分决定。

2. 其他事项的执行

目前，国有企业工作人员受到党纪或政务处分后，关于如何评定年终考核等次、绩效奖金如何扣发、降级及撤职处分如何降低薪酬等，均没有统一的规定。实践中，国有企业领导班子和人员的年度考核，一般由地方各级党委组织部门制定专门的考核评价方法；其他国有企业工作人员的年度考核，由所在企业或主管部门进行。国有企业或其上级主管部门可以制定本单位或本地区国有企业被处分人员年度考核评定、扣发绩效奖金、降低薪酬待遇的具体规定。

需要强调的是，由于国家对部分国有企业高管人员实行限薪，实践中存在低职级的中层管理人员或者分公司管理层薪酬待遇高于总公司高管人员薪酬等情况。这种情况下，国有企业高管人员受到撤职处分、改任中层管理人员后，应避免出现薪酬待遇不降反升的问题，而应按照《中华人民共和国公职人员政务处分法》第二十一条“被撤职的，降低职务或者岗位等级，同时降低薪酬待遇”的规定执行，以切实保证处分的惩处效果。

八、基层群众性自治组织中从事管理人员的处分执行需要注意哪些问题?

（一）人员范围

基层群众性自治组织，是指村民委员会和居民委员会中从事管理工作的主任、副主任、委员，以及其他受委托从事管理的人员。村民委员会和居民委员会虽然不是一级政权组织，但在县级人民政府或乡镇人民政府的指导下开展工作，其成员在协助政府承担行政管理职能时，属于公职人员。所谓从事管理，主要是指：（1）救灾、抢险、防汛、优抚、扶贫、移民、救济款物的管理；（2）社会捐助公益事业款物的管理；（3）国有土地的经营和管理；（4）土地征用补偿费用的管理；（5）代征、代缴税款；（6）有关计划生育、户籍、征兵工作；（7）协助人民政府等国家机关在基层群众性自治组织中从事的其他管理工作。

实践中，有同志提出，业主委员会是否属于基层群众性自治组织？笔者认为，业主委员会系小区业主自发成立的组织，具有一定的自治性质，但不是法律明确授权协助承担一定政府管理职能的组织，不同的业主委员会的功能、组织结构、管理方式也不尽相同，不属于法律意义上的基层群众性自治组织。

（二）党纪处分的执行

村民委员会、居民委员会中的党员违纪违法的，可以依据《中国共产党纪律处分条例》给予党纪政务处分，并按相关规定执行，此处不再赘述。值得注意的是，根据《农村基层干部廉洁履行职责规定》第二十四条第三款的规定，村党组织领导班子成员因违反本规定被责令辞职、免职的，1 年内不得担任村党组织领导班子成员。

（三）政务处分的执行

《中华人民共和国监察法》实施前，由于法律未明确村民委员会、居民委员会中从事管理人员的身份性质，其既不属于公务员或参公人员，也不属于事业单位工作人员或机关工作人员，对其违纪违法行为，监察机关不能给予行政处分，一般由监察机关向乡镇党委政府、村社党组织（村民委员会、居民委员会）等单位提出监察建议，建议其根据《农村基层干部廉洁履行职责若干规定（试行）》给予相关人员警示谈话、责令公开检讨、通报批评、取消当选资格、责令辞职、依法罢免等处理。[①] 2018 年 3 月 20 日《中华人民共和国监察法》实施后，法律首次明确基层群众性自治组织中从事管理的人员系公职人员，属于监察对象，对其违法行为，监察机关可以给予政务处分，具体情况如下：

（1）如果存在一般的违法行为，可给予警告、记过、记大过处分，同时由县级或者乡镇人民政府根据处分具体情况减发或者扣发补贴、奖金。

（2）如果存在严重违法行为，本应受到降级、撤职、开除处分的，由于村民委员会、居民委员会的主任、副主任、委员由村民或居民选举产生，也没有相应的行政职务、职级、级别，此时监察机关不再作出政务处分，而应依据《中华人民共和国监察法》《农村基层干部廉洁履行职责若干规定（试行）》《农村基层干部廉洁履行职责规定》等规定，依法向县级或者乡镇人民政府提出监察建议，由有关机关、部门依照职责权限取消其当选资格或者责令其辞职；拒不辞职的，可以依据《中华人民共和国村民委员会组织法》的规定予以罢免。同时，由县级或者乡镇人民政府根据具体情况减发或者扣发绩效补贴、奖金，有违法所得的还应当依法作出收缴违法所得的处理决定。

（3）如果涉嫌职务犯罪的，监察机关调查完毕，应依法移送检察机关审查起诉。

对已经离任的基层组织管理人员履职期间的违法行为，鉴于其在查处时已经不再具有公职人员身份，此时监察机关不再给予政务处分，

---

① 违法行为发生在《农村基层干部廉洁履行职责规定》生效之前，可以依据当时有效的规定作出处理。

有违法所得的，可作出没收、追缴或者责令退赔等决定；涉嫌职务犯罪的，依法移送检察机关审查起诉。

（四）关于减发绩效补贴奖金的问题

目前，关于基层群众自治性组织中从事管理的人员因违纪违法被处分处理后，如何减发或扣发绩效补贴（工资）、奖金，尚没有全国性的统一规定。鉴于各地实际情况不一，各地纪检监察机关可根据当地经济发展水平、管理人员薪酬，商组织、财政等有关部门自行制定操作细则。未出台统一操作办法的，一般由县级或者乡镇党委和政府根据过罚相当精神，根据处分档次轻重确定减发、扣发数额或比例。根据有关规定，公务员受到警告处分的，薪酬待遇不受实质性影响。参考该规定，笔者认为给予基层组织管理人员警告处分的，可不减发补贴、奖金。

九、留党察看影响期满，如何恢复党员权利？

根据《中国共产党章程》和《中国共产党纪律处分条例》的规定，受留党察看处分的党员，在留党察看期间确有悔改表现的，期满后恢复其党员权利；坚持不改或者又发现其他应当受到党纪处分的违纪行为的，应当开除党籍。值得注意的是，期满后党员权利并不自动恢复，而应履行一定的程序。中共中央纪律检查委员会 1983 年印发的《关于处分违犯党纪的党员批准权限的具体规定》对如何恢复党员权利作了进一步细化规定，即由支部大会作出恢复他的党员权利的决定，报党的基层委员会或上一级党的纪律检查委员会批准；本人坚持错误不改，应当开除党籍时，根据他的现任职务履行批准手续。虽然《关于处分违犯党纪的党员批准权限的具体规定》在 2022 年《中国共产党处分违纪党员批准权限和程序规定》发布后已失效，但实践中上述恢复党员权利的程序并未调整。

（一）恢复党员权利的条件

受到留党察看处分后恢复党员权利，必须满足两个条件：一是留党察看期间届满；二是留党察看期间确有悔改表现，没有发现其他违纪违法行为，符合党员标准。留党察看期不得提前终止，即使党员在留党察看期间有突出贡献或立功表现的，一般也不得提前恢复其党员权利。

（二）恢复党员权利的程序和步骤

实践中，办理恢复被处分党员权利事项一般包括支部提示、本人申请、考察公示、支部讨论、党委或上级纪委批准、备案6个环节，具体流程如下：

（1）提示告知。留党察看期满前，受处分党员所在党支部应告知被处分人有权申请恢复党员权利，防止被处分人因不了解办理程序而影响其党员权利的行使。

（2）本人申请。被处分人本人应向所在党组织提出恢复党员权利的书面申请，报告自己对所犯错误的认识和改正错误等情况。

（3）考察公示。党支部对其留党察看期间的态度、认识和表现进行考察，重点要核实被处分人在处分期间是否存在违纪违法行为，可通过向有关部门核实被处分人是否有信访举报线索、了解本人的思想认识、调取留党察看期间有关档案资料、听取同事评价等方式综合判断。如判断被处分人确有悔改表现的，应将拟恢复其党员权利的情况在所在单位、党支部等一定范围内进行公示。

（4）支部讨论。公示期满后，所在支部召开支部大会表决通过恢复被处分人党员权利的决议。

（5）审批决定。所在支部提请党的基层委员会或上一级纪委批准，报批时应当附上个人申请、考察公示材料、支部党员大会决议及会议记录。党的基层委员会或上一级纪委经会议讨论后，作出恢复党员权利的书面决定。

（6）备案存档。作出恢复党员权利的党组织，应根据实际情况将相关情况报原处分机关或有关部门备案。

（三）未及时恢复党员权利的处理

支部大会长期未作出恢复其党员权利的决定的，党员可根据《中国共产党章程》和《中国共产党党员权利保障条例》的规定，向党的基层委员会或上一级党的纪律检查委员会提出控告。有关党组织应当按照规定及时处理，经审查认为该党员符合恢复党员权利条件的，可责成该党员所在支部尽快按程序作出恢复其党员权利的决定。特殊情况下，受处分人所在的党支部因其他原因不能召开党员大会，或无法形成恢复其党员权利的决议时，对确实符合恢复党员权利条件的党员，经县级及以上党委或纪委批准，可直接恢复其党员权利。

十、干部在任职试用期内受到处分的，是否影响提拔?

根据《党政领导干部选拔任用工作条例》第四十三条的规定，实行党政领导干部任职试用期制度，对提拔担任非选举产生的厅局级以下领导职务的，试用期 1 年。试用期满后，经考核胜任现职的，正式任职；不胜任的，免去试任职务。实践中，党政领导干部在提拔担任新职后的 1 年试用期内受到党纪政务处分的，是否应免去其所任职务，争议颇多。根据各地办案实践，一般分情况作如下处理：

一是对于受到撤销党内职务、撤职以上重处分的，撤降其所任职务是处分决定的应有之义，被处分人在试用期担任的职务应按规定被撤销。

二是受到党内严重警告或者降级以下轻处分的，是否影响其所任职务，应根据个案实际情况综合研究确定。一般来说，应考虑受处分人所犯错误的性质、情节、后果、主观态度、违纪违法行为与履行现任职务的关联性及对履职造成的影响等因素，对已不适宜担任现任职务的，按照有关规定提前结束试用期；对不影响任职的，继续试用。继续试用的，如试用期满前处分影响期已届满的，可以在试用期满后按程序进行考核；对试用期满但处分影响期尚未届满的，可以在处分影响期届满后进行考核。

十一、处分执行中应注意的几个问题

一是同时受到党纪和政务处分的，如何确定年度考核等次？

关于被处分人同时受到党纪和政务（政纪）处分应如何确定考核等次的问题，党内立法有一个动态变化的过程。

根据中共中央纪律检查委员会、中共中央组织部、人事部1998年印发的《关于受党纪处分的党政机关工作人员年度考核有关问题的意见》的规定，应按党纪处分确定考核等次。

中共中央纪律检查委员会、中共中央组织部、人力资源和社会保障部、国家公务员局2016年印发的《关于受党纪处分公务员年度考核有关问题的答复意见》，改变了上述处理方式，按对被处分人年度考核结果影响较重的处分确定年度考核等次。中组部2020年修订的《公务员考核规定》第三十条第三款也规定，同时受党纪处分、政务处分或者所在机关给予处分、组织处理的，按照对其考核结果影响较重的处分确定受处分影响期间考核结果。

根据上述规定，被处分人如果在2016年12月1日以后受到双处分的，应按照对考核结果影响较重的原则确定年度考核等次。

二是立案与处分跨年度的，如何确定考核等次？

中共中央纪律检查委员会、中共中央组织部、人事部1998年印发的《关于受党纪处分的党政机关工作人员年度考核有关问题的意见》规定，涉嫌违犯党纪被立案检查的，可以参加年度考核，但在其受检查期间不确定等次。结案后，不给予党纪处分的，按规定补定等次；给予党纪处分的，视其所受处分种类，分别按规定办理。《公务员考核规定》第二十八条规定："公务员涉嫌违纪违法被立案审查调查尚未结案的，参加年度考核，不写评语、不确定等次。结案后，不给予处分或者给予警告处分的，按照规定补定等次。"

根据上述规定，立案与处分跨年度的，立案当年被处分人应参加年度考核，不写评语，不确定等次；结案后不给予处分或者给予党内警告、政务警告处分的，按规定补定立案当年的等次，并发放年终考核奖金；给予其他处分的，应根据所受处分种类按规定办理。

实践中有同志提出困惑，如果被处分人受到警告处分外的其他处分的，在立案和处分跨年度的情况下，其年度考核是否受到重复影响？例如，A于2019年被立案审查，2020年受到撤销党内职务、政务撤职处分，根据上述规定，2019年年底对A进行年度考核时，不写评语、不定等次，暂不发放年终考核奖金，待2020年处分决定作出后，补定为不称职等次。2020年和2021年年度考核时，是否还应按照“受到撤销党内职务处分、政务撤职处分的，处分当年参加年度考核应确定为不称职等次，第二年参加年度考核，只写评语不定等次”执行呢？目前，关于这个问题中央纪委没有明确的规定。据笔者了解，实践中一些地方按照“同种处分影响相同和不实质加重对被处分人的影响”的原则进行处理，即如果立案当年其年度考核已经受到处分影响的，则处分当年就不重复受到影响，以前述的A为例，如果其2019年年度考核确定为称职，则从2020年处分当年开始执行相关年度考核规定；如果其2019年年度考核确定为不称职，则2020年年度考核不再评为不称职，而是按照处分第二年的要求不定等次，2021年年度考核不再受处分的影响。当然，如各地组织部门、纪检监察机关对此有明确规定的，遵从规定。

三是因受处分导致连续两年年度考核不定等次的，是否还要按规定调整工作岗位？

公务员受到政务记大过、降级、撤职处分的，处分当年及第二年参加年度考核，只写评语不定等次；党员受到留党察看2年、开除党籍处分的，处分当年参加年度考核，确定为不称职等次，第二年和第三年不定等次。根据《公务员考核规定》第二十三条的规定，连续两年不确定等次的，视情况调整工作岗位。对于上述受到处分而连续两年不确定等次的，是否需要调整工作岗位呢？目前，党内法规对此无明确规定。笔者认为，参照中共中央纪律检查委员会、中共中央组织部、人力资源和社会保障部、国家公务员局2016年印发的《关于受党纪处分公务员年度考核有关问题的答复意见》中关于“公务员受撤销党内职务、留党察看、开除党籍处分时，组织上已撤降其职务，为避免重复处罚，受处分当年年度考核被确定为不称职的，不再降低一个职务层次任职”的规定，此种情况下无须再调整工作岗位。

四是被处分人受到党纪政务处分后，能否评先评优?

根据规定，被处分人受到党纪或政务处分的，处分当年参加年度考核不能评为优秀等次，某些处分种类对处分第二年、第三年的年度考核结果还会产生影响。至于被处分人被处分后能否参加其他性质的评先评优活动，目前党内法规没有明确规定。2021 年 3 月 19 日中共中央办公厅发布的《中国共产党组织处理规定（试行)》第十一条规定，领导干部受到组织处理的，当年不得评选各类先进。从性质上来说，纪律处分比组织处理更为严厉，根据“举轻以明重”的原则，被处分人受到处分的，处分当年也不能参加各类评先评优。实践中，一般都按照被处分人在处分期（影响期）内不得参加评先评优来执行。

第六章　后半篇文章

第一节　警 示 教 育

一、图解

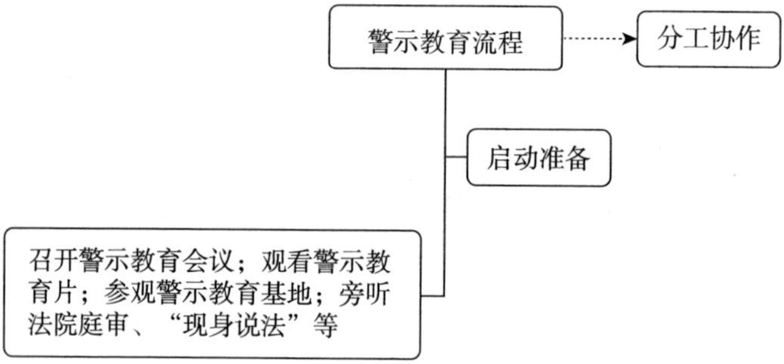

图 6－1　警示教育流程

二、实务指引

（一）警示教育流程

警示教育是指通过以案明纪、以案说法，警示、教育党员干部、公职人员及有关人员，以此强化不敢腐的氛围，增强不想腐的自觉性，着力铲除腐败滋生的土壤和条件。

实践中，开展警示教育的方式多种多样，比较常见的有：一是将处分决定宣布纳入警示教育内容①，以召开会议的形式高质量地上好

① 处分决定宣布与执行事宜详见本书第五章。

警示教育这门课。二是在执纪执法过程中收集大量素材，选取典型个案、领域类案、综合性案件，针对不同领域、不同群体拍摄成警示片或编辑成书，通过组织观看、学习及纪法宣讲，起到警示教育作用。三是组织被审查调查人所在地区或单位党员、干部旁听法院庭审或让已被判刑的被审查调查人“现身说法”，用身边事警示教育身边人。四是组织党员、干部等人员参观警示教育基地、书写心得体会，等等。

全国各地纪委监委结合实际，不断探索创新方式方法，多角度、全方位开展警示教育工作，上述列举的只是比较常见的警示教育方式，没有统一规程。下述流程仅供参考，实践中根据实际情况调整运用。

一是启动工作。首先，案件审理部门制订工作方案，并按规定程序报批；其次，通知受处分人所在单位做好相关准备工作，通知派驻纪检监察组和所在地纪检监察机关做好配合合作，通知监督检查部门、审查调查部门做好参会准备；最后，被审查调查人已移送司法机关的，还要协调宣传部门提供受处分人忏悔视频。

二是会议议程。首先，由案件审理室宣布处分决定；其次，受处分人表态或播放受处分人忏悔视频；再次，办案部门通报案件情况，联系监督检查室就日常监督等工作提出意见建议；复次，由纪委监委参会领导进行警示教育讲话；最后，受处分人所在单位负责人进行表态发言。

三是宣传报道。宣传部门要在会议召开过程中收集视频、图片等素材，在警示教育会议结束后，及时制作宣传报道稿件，经分管领导审批后通过微信公众号、地方新闻频道等媒介进行报道。

（二）他山之石

处分决定的作出标志着案件查办的“前半篇文章”已进入“尾声”，同时也揭开了“后半篇文章”的“序言”，两者之间起承前启后作用的便是一案一总结、一案一剖析、一案一警示、一案一整改，重点是处分决定宣布和警示教育结合形式的有效创新。

比如，2019 年，泉山区纪委监委积极创新实践，向全区纪检监察组织制定下发《关于宣布处分决定和警示教育同步进行实施办法（试行)》，推动处分决定由“一张纸”深化为正风肃纪、警钟长鸣“一堂课”，让“写在纸上的教训”真正变为“立在墙上的镜子”，一体推进不敢腐不能腐不想腐机制建设。①

贵州省毕节市通过召开警示教育会、民主生活会、党支部会，通报处分决定书和忏悔书，播放忏悔视频，公开问题整改情况，教育党员领导干部远离赌博、洁身自好，做到以案释德、以案释纪、以案释法。②

浙江省台州市某区纪委监委通过警示教育分级化、选取案件典型化、效果延伸系统化提高以案示警针对性，建立宣布处分决定和警示教育同步机制，做到查处一案、警醒一片、治理一域，实现处分决定由“一张纸”到“一堂课”的转变。③

（三）重点提醒

1. 如何高质量上好警示教育这门课？

警示教育是党员干部、公职人员的必修课，也是关乎一体推进不敢腐、不能腐、不想腐战略目标能否有效实现的重要环节，纪检监察机关要学会“跳出纪检看纪检”，自觉将警示教育融入全面从严治党大局，长敲警钟、严立规矩，创新用好个案警示效果的纵深推进，教育引导党员干部、公职人员树立正确的权力观、地位观、利益观。

一是常抓不懈。警示教育不能搞“一阵风”，要把重心放在常抓常管上，探索建立长效机制，把警示教育与领导班子会、民主生活会等融合贯通，纪委监委要在日常监督中高效发挥谈话提醒、批评教育

---

① 参见佚名：《宣布处分决定和警示教育同步进行，泉山区纪委监委做实做细监督执纪“后半篇文章”》，载微信公众号“彭城清风”2020 年 3 月 11 日，https：//mp. weixin. qq. com/s/LYk2Tdb_ XKOzerIiANadqA。

② 参见段相宇：《以案说纪筑牢思想防线》，载《中国纪检监察报》2020 年 10 月 9 日，第 1 版。

③ 参见俞信波：《做深做实查办案件后半篇文章》，载《中国纪检监察报》2020 年 12 月 16 日，第 6 版。

等作用，将警示教育融入日常、做在经常。

二是创新形式。警示教育除了专题召开会议外，还可以通过组织参观法纪教育基地、上门入户宣讲、庭审旁听、典型案例通报等形式开展。

三是协同发力。警示教育不是哪一个单位或部门的事，需要相关单位和部门充分发挥能动作用，“上下左右”有机贯通起来，让警示教育更有震慑力、影响力、持久力。

2. 如何提升处分决定宣布暨警示教育会议的实效性？

处分决定宣布暨警示教育会议召开前，要有目的性、有针对性地精心准备，避免走过场、搞形式，针对受处分人的岗位、文化程度、职责职权、违纪违法事实等特点，综合分析研判，确定会议召开的范围、层级等；开展警示教育要突出教育重点紧盯“关键少数”，发挥好领导干部特别是“一把手”和班子成员的示范引领作用。要深入分析案发原因，特别是针对窝案、串案等典型案件要通过制发纪律检查建议书或监察建议书重点提出堵漏补缺的有效方法，加强督促整改。

处分决定宣布暨警示教育会议召开时，要通过严肃化、规范化确保教育提质增效。与会人员要着装正式、佩戴党员徽章，处分决定书宣读人员要语气坚定有力、声音洪亮清晰，受处分干部“现身说法”要反省深刻，知错认错悔错改错态度真诚；纪委监委办案部门意见建议要有针对性、可操作性；受处分干部所在单位提出的整改方案和措施以及相关党风廉政建设工作部署要有计划、有目标。与此同时，与会党员还可以对照违纪违法案件谈感受，开展批评和自我批评。

处分决定宣布暨警示教育会议召开后，要加大对后续整改的督促落实。如，联系的监督检查室对处分决定执行情况要做好跟踪管理，受处分人所在单位党组织要在规定的时限内将处分决定执行情况报送案件审理室，同时抄送联系的监督检查室。监督检查室要加强监督、研判，为实时开展以案促改等工作谋篇布局。会后，还要加强调查研究和分析研判，建立完善一案一警示等相关制度。

3. 警示教育的对象是哪些群体？

警示教育的对象主要有以下几类：一是被审查调查人所在地区或单位的党员、干部、公职人员，这类群体是警示教育活动最主要的对象；二是纪检监察工作人员，特别是参与案件办理的人员，主要通过撰写办案心得、剖析案件事实、召开座谈会等进行总结教育；三是党员、干部、公职人员的近亲属，这类群体是开展警示教育活动的关键对象，可以适时组织旁听庭审、参观警示教育基地等。

三、示例

2020 年 7 月的一天，某市公安局原副局长张某的处分决定宣布暨警示教育大会召开，市政府副市长、市公安局局长主持会议，市纪委监委案件审理室主任宣读了对张某作出开除党籍、开除公职处分的决定，市纪委监委张某案件承办部门通报了案件办理情况，市公安局党委班子成员和中层干部代表依次进行了剖析发言。会议期间，还播放了张某的忏悔视频，让在场的人员深受感触。市公安局局长表态坚决拥护市委和市纪委监委的决定，以案为鉴、吸取教训、举一反三，警钟长鸣，坚决抓好问题整改和教育整顿工作。

解读

本示例中，市纪委监委在处分决定宣布会暨警示教育现场会上，通过播放张某忏悔视频、公开宣读处分决定等方式让广大党员深刻感知一失足的得不偿失，实现“处理处分一个人，红脸出汗一群人”的效果，使警示教育更具有针对性和震慑力，用身边事教育身边人。处分决定宣布与警示教育相结合，就是通过面对面宣布通报、面对面剖析总结、面对面忏悔反思、面对面督促整改，给案发单位党员干部上好廉政教育课，切实发挥案件查办的警示教育作用。

第二节　以案促改

一、图解

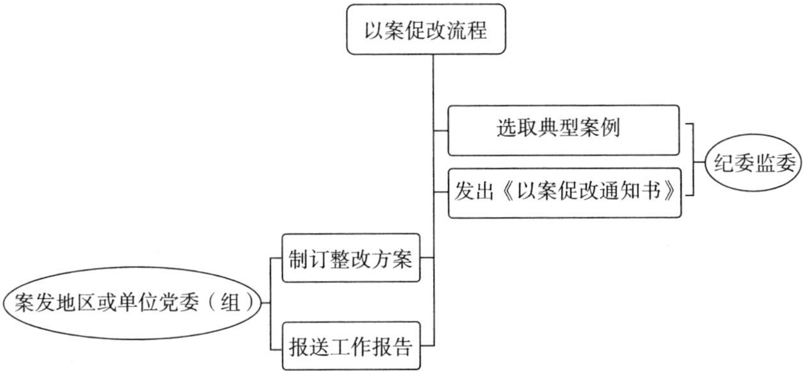

图6－2　以案促改流程

二、实务指引

（一）以案促改流程

以案促改，是指在案件查办后，通过深入剖析发案原因，研究案发规律，找准和堵塞制度漏洞，建立长效机制，做好审查调查“后半篇文章”，以案促改、以案促建、以案促治，达到查处一案、警示一片、治理一方的良好效果。①

1. 选取案件

案件的选取是启动以案促改工作的源头，决定着促改、促治、促建所取得的效果，应当具有典型性。纪检监察机关选取典型案件，一般从以下三个方面综合考量：一是要考虑被处分人的身份，一般选取被处分人所处岗位是该地区、系统、行业、领域的重要岗位；二是案

① 参见佚名：《2020年度十大反腐热词，新鲜出炉！》，载中国青年网2020年12月28日，https：//baijiahao. baidu. com/s？id＝1687283324612042449&wfr＝spider&for＝pc。

件性质危害面比较广，即违纪违法事实系行业性、系统性、区域性问题；三是纪检监察机关认为有必要开展以案促改工作。

2. 组织实施

纪检监察机关按照管理权限提出以案促改工作建议，报经同级党委主要负责人同意后向案发地区、单位党委（组）发出《以案促改通知书》，案发地区、单位党委（组）收到通知书后，制订专项工作方案，报纪检监察机关同意后组织实施，并及时报送专项工作报告。相关派驻机构应当协助推动案发单位以案促改工作。

3. 监督问责

案发地区、单位党委（组）以案促改工作落实不到位的，纪检监察机关应当要求补充整改或者重新整改，对同类问题重复发生或者造成恶劣影响的，严肃追责问责。

（二）他山之石

纪委监委要通过剖析典型案例，及时提出切实可行的促改建议，教育引导案发单位深入查找制度机制等方面存在的问题，明确责任、全程监督，以此健全完善制度，建立长效机制，确保以案促改取得实效。

比如，辽宁省纪委监委出台《辽宁省纪检监察系统持续深化以案促改工作的实施细则》。针对个别地方“不会改”的问题，该实施细则坚持“全过程”教育引导，通过明确案发单位制订以案促改工作方案、开展系列教育活动、召开专题组织生活会等全流程工作要求，推动案发单位以案促改责任落实；明确党风政风、监督检查、审查调查、案件审理等部门责任分工，层层分解任务，将以案促改各环节任务落实到岗、落实到人。[1]

天津市纪委监委在成立专项整治领导小组的基础上，牵头市委组织部、市国资委、市规划和自然资源局、市金融局等9个成员单位，

---

① 参见吕佳蓉：《辽宁持续深化以案促改》，载《中国纪检监察报》2022年6月4日，第1版。

全面开展专项整治。专项整治领导小组每月召开例会，专题研究、协调解决重要事项，各责任单位结合实际制订实施方案，形成责任一贯到底、任务一抓到底的工作格局。[①]

（三）重点提醒

1. 谁来组织开展以案促改？

实践中，启动以案促改的主体因案而异，一般情况下，涉及地方党委、人大常委会、政府、政协领导班子成员的案件，可以由地方党委组织开展；属于行业性、系统性腐败案件，行业系统主管部门党组（党委）可以牵头组织开展。案发地区、单位党委（组）主要负责人为第一责任人，应当亲自抓、负总责，其他领导班子成员要严格落实“一岗双责”，带头推进整改。

2.《以案促改通知书》包含哪些内容？

以案促改工作启动后，要及时向案发地区、单位党委（党组）发出《以案促改通知书》。《以案促改通知书》一般包括基本案情、问题清单、整改及报送要求等；属于行业性、系统性腐败案件的，还包括相关治理要求，针对案发地区、单位存在的问题和监管漏洞，下发的纪检监察建议文书有关内容，或者处分决定宣布暨警示教育等工作要求纳入《以案促改通知书》。

3.《纪检监察建议书》[②] 与《以案促改通知书》的区别？

《纪检监察建议书》与《以案促改通知书》都是深化以案促改、以案促治，一体推进不敢腐、不能腐、不想腐的有效途径和重要载体。但两者适用上主要有以下区别：一是制发时间不同。根据《中国共产党纪律检查机关监督执纪工作规则》《中华人民共和国监察法》等规定，《纪检监察建议书》既可以在监督过程中制发，也可以在对问题线索了解核实、审查调查、处置等环节中制发，《以案促改通知书》只

---

① 参见田腾飞：《以案促改净化政治生态》，载《中国纪检监察报》2022 年 8 月 10 日，第 3 版。

② 此处未再区分《纪律检查意见书》和《监察建议书》。

能是在案件查办结束后制发。二是适用情形不同。《纪检监察建议书》的适用情形包括两个方面：一方面是提出纪律检查建议的情形，另一方面是提出监察建议的情形。[①]《以案促改通知书》主要针对的是案发地区、单位制度机制等方面存在的问题。三是结构内容不同。《纪检监察建议书》是执纪执法过程中的常用文书，中央纪委国家监委及各省纪委监委都出台了相应的文书模板，其内容主要包括发往单位、提出建议的缘由、建议依据的事实、要求整改的事项等。《以案促改通知书》因权威机构暂未出台文书模板作参考，实践中对此书的结构和内容的制作差异较大，主要包含的内容可参考前文。

4. 以案促改取得实效的方法建议是什么？

以案促改事关党风廉政建设和反腐败斗争成效，是一项严肃的政治工作，各级纪检监察机关要立足"案"、着重"改"、巩固"治"，有力促进政治效果、纪法效果和社会效果有机统一。

立足"案"，深入剖析择优选案。以案促改，基础是案，而案件选取决定着"改"和"治"的效果，因此要做到结合岗位、职务、行为等特点找准典型个案，不仅深挖窝串案，更要紧盯"关键少数"。比如医疗设备腐败案件，要找出岗位特殊、风险点突出、体制机制不完善等典型案例，为以点带面发挥促改促治成效打下坚实基础。

着重"改"，找准问题结症精准发力。首先，要增强以案促改的政治自觉，始终把政治建设摆在首要位置，重点查找和整改违反政治纪律和政治规矩的问题。其次，要全面落实管党治党主体责任，围绕"一岗双责"，在履行好自身工作职责的同时，抓好分管领域的党风廉政建设和反腐败工作。

巩固"治"，贯通把握执纪执法与以案促改。要树立案件查办与以案促改一体推进的理念，注重深入分析研判案发单位或地区党风廉政建设和反腐败斗争形势，准确把握"树木"与"森林"的关系。注重边办案、边整改、边治理，着力形成案件查处、问题发现、原因剖

---

① 参见王聪、郑俊、汪忠军、戴奎：《纪检监察干部必备核心技能》，中国法制出版社2021年版，第463－464页。

析、建议提出、督促整改的贯通协同工作机制。

总之，以案促改的运用既要做到充分预判、超前谋划，又要做到精准施力、有的放矢，环环相扣、层层深入，实现良好综合效应。

三、示例

2020年10月，某市纪委监委综合分析该市中级人民法院审判人员职务犯罪案件特点，并结合案发单位政治生态情况，提出以案促改工作建议，并要求派驻纪检监察组协助推动案发单位开展相关工作，经市委书记同意后，市纪委监委在1个月内向中级人民法院发出《以案促改通知书》，要求法院在15个工作日内根据问题清单制订专项整改方案，报市纪委监委同意后组织实施。市中级人民法院党组成员和其他关联人员结合案件暴露的问题，撰写了剖析材料，并在专题民主生活会上严肃认真对照检查，做表态发言。在之后的整改过程中，法院结合《以案促改通知书》列出的问题和剖析发现的问题，及时研究制订整改方案，建立整改台账，整改完成后，还向市纪委监委报送以案促改专项工作报告。

解读

以案促改要以典型案例为切入点，由点及面有效推动系统治理，示例中，市中级人民法院党组经研究后决定由党委书记亲自抓，其他领导班子主动认领任务，带头推进。在收到《以案促改通知书》后，市中级人民法院根据问题清单制订专项整改方案，不仅深入查摆存在的问题、提出切实可行的方案，还向市纪委监委报送以案促改专项工作报告，推动问题对照整改及时到位。

第三节 回访教育

一、图解

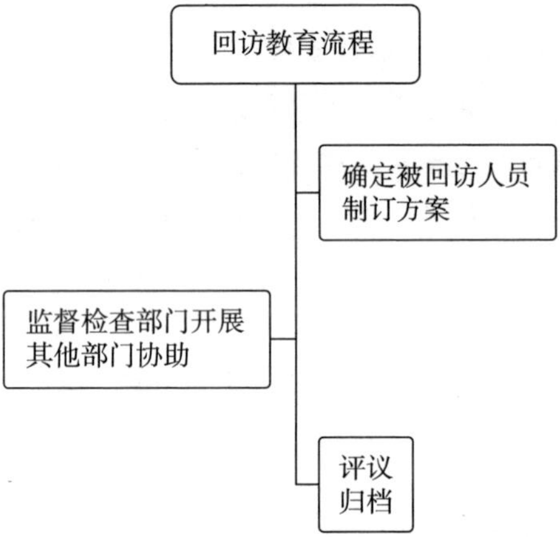

图6－3 回访教育流程

二、实务指引

（一）回访教育流程

回访教育，是指纪检监察机关对受到党纪、政务处分的党员、干部、监察对象适时通过回访了解思想、工作、生活等现状，教育引导被回访人纠偏正向、改过自新。

一是启动。案件审理室制定回访教育计划按期启动，或者领导临时提出启动，并牵头负责选定人员、拟订方案、履行手续；浙江省、四川省等地出台的回访教育办法中，回访教育对象一般在影响期内，除开除党籍、开除公职以外的受到党纪、政务处分的人员中选定。名单和方案确定后，交由监督检查室开展回访教育，信访、案件监督管理、审查调查部门和派驻纪检监察组根据工作需要予以协助。

二是实施。回访前要综合评估受处分人员的违纪情节与错误性质、党纪政务处分类型等案情；要通过侧面了解、电话问询等方式，掌握受处分人员思想认识、工作表现等情况。回访中要与回访对象面对面交谈，阐明执纪问责的依据和必要性，了解其生活状态、思想动态，分析犯错根源，明确改进方向；要向受处分人所在单位了解党纪政务处分决定执行情况、向单位领导及身边同事了解回访教育对象思想工作表现、权利保障等相关情况；要收集对回访教育对象的书面评议意见，并形成综合评判。

三是评议。回访教育结束后，案件审理室对回访教育工作进行汇总分析，对回访教育对象提出书面评议意见，相关情况要反馈党委组织部和监督检查部门。要协助监督检查部门将工作方案、谈话笔录，以及《对受党纪政务处分人员回访教育登记表》《对回访教育对象书面评议意见》等材料存入个人廉政档案。

（二）他山之石

回访教育工作开展以来，各地纪检监察机关结合实际，因地制宜形成了一系列有效工作模式，制定了一揽子规章制度。实践中，常常把受到党纪政务处分且在影响期内的被处分人作为回访教育对象，也有探索回访行贿人的做法，取得了很好的效果。

比如，云南省纪委监委对近年来查办案件中涉及的重点行贿人员开展回访教育，通过面对面谈话等方式，开展法治教育和思想教育，帮助其放下思想包袱，打消行贿念头。同时，回访谈话氛围相对宽松，被回访对象心理负担小，能够敞开心扉谈行业“潜规则”，有利于纪检监察机关有针对性地制定措施，填补漏洞、建章立制。①

（三）重点提醒

1. 哪些人员不被纳入回访教育范围？

实践中，对被开除党籍和开除公职的、受处分后辞去公职的、被依法解除劳动人事关系的、受处分人员在影响期内已办理退休手续的、

---

① 参见李许坚：《回访教育行贿人很有必要》，载《中国纪检监察报》2021年1月28日，第2版。

受处分人员有正当理由不便接受回访的人员，一般情况下不再进行回访教育。

2. 回访教育启动和实施需要注意什么？

回访教育是组织关心关爱干部的重要体现，其形式不拘一格，既可以单独开展，也可以结合以案促改等后半篇内容一起开展。需要注意的是，由于每个案件、每个受处分人都有其独特的情况，因此可以“因人施策、一人一策”，拟订个性化回访方案，并且在回访过程中，还要全面听取各方面的意见建议，了解掌握受处分干部的思想、工作和生活真实情况，予以客观评价，为及时改正错误、勇于担当作为、工作实绩突出的受处分党员干部在提拔任用上创造条件和机会。

3. 开展好回访教育有哪些意见建议？

回访教育工作的有效开展，是全面贯彻“惩前毖后、治病救人”方针的一项重要举措，体现了惩处与教育并重原则，回访教育工作作为监督执纪执法“后半篇文章”的重要组成部分，也是实现政治效果、纪法效果和社会效果有机统一的有效途径。

（1）主体和对象的确定。回访教育的主体按照“谁处分、谁回访”的原则确定，即由作出处分决定的机关负责对受处分人员开展回访教育。为了压紧压实主体责任，也可以要求案发单位加强对受处分人员的教育和监督。回访教育对象主要是指受到党内警告、严重警告、撤销党内职务、留党察看处分的党员以及受到警告、记过、记大过、降级、撤职处分的监察对象，实践中对因轻微违纪违法问题受到诫勉、组织处理的党员或监察对象也可以开展。

（2）方法步骤。①准备阶段。首先，应当结合任务要求和目的精准确定回访对象，了解掌握案情以及回访对象的知错认错悔错改错的态度，熟悉掌握相关政策法规，了解回访对象目前的工作、生活等情况。其次，要制订详细的回访方案，内容包括回访人员、时间、地点、方式和主要内容等，并报相关负责领导审批。另外，回访时间、地点、方式等应当告知被回访教育人及其所在单位，并听取意见。②实施阶段。回访教育主要通过谈话了解情况。一方面，开展对受处分人员的谈话，了解其对所犯错误性质的认识以及思想、作风转变情况，听取其工作、生活中急需解决的困难情况；另一方面，开展与受处分人员所在单位党委（党组）主要负责同志、分管领导等人员的谈话，了解其对受处分人员的思想转变、工作表现等方面的评价和反映。

（3）结果运用。回访教育了解、收集的情况要在支部大会、职工大会等会议上进行反馈，听取参会人员的意见建议。如实做好工作记录，填写《受处分人员回访教育工作情况登记表》。回访教育的最终结果要区分情况反馈组织人事部门及所在单位。对政治素质好、受处分后积极主动改正错误、表现优秀、成绩突出、群众认可的回访教育对象，可向所在单位党委（党组）或上级组织人事部门提出推荐使用建议；对于回访教育过程中发现的涉及留党察看处分期满符合恢复党员权利的回访教育对象，应提醒其所在单位党委（党组）加强考察评估，依规依纪办理恢复党员权利事项。对拒不悔改或又发现其他应受党纪政务处分的违纪违法行为的，应当依规依纪依法严肃处理。

三、示例

2021 年 5 月，某市纪委监委主要负责人提出要将 2020 年以来因形式主义、官僚主义问题受到党纪政务处分的人员确定为上半年的回访教育对象，案件审理室经过梳理后确定了 8 名人员，并牵头拟订了个性化回访方案。方案经过审批，回访组通过与回访对象个别谈话，与所在党组织负责人、单位分管领导、部门负责人开展了谈话，面对面听取了各方面的意见建议，全面了解掌握了受处分干部的思想、工作和生活情况。回访结束后，回访组将登记表及评议意见等材料及时归入个人廉政档案，案件审理室出具了书面评定意见。

解读

为提升回访教育的针对性，回访对象要结合工作情况“精挑细选”，回访教育方案制订要精准可行，坚持“对症下药”，将思想政治教育贯穿回访教育的始终。回访教育结束后，还要将受处分人员对所犯错误的认识、改错情况、工作表现、意见建议形成回访报告并归入档案。纪委监委通过回访教育掌握的相关信息要向所在单位或组织部门通报，作为处分期满后选拔任用的参考依据。

本示例中，纪委监委主要负责人临时提出启动回访教育工作，并限定了时间和范围，即2020年以来因形式主义、官僚主义问题受到党纪政务处分的人员，并且因人施策拟订方案。回访结束后，回访组还将相关材料归入个人廉政档案，由案件审理室出具书面评定意见。

第四节 重点疑难问题

一、处分决定宣布与警示教育如何同向发力？

处分决定宣布与警示教育的同步开展，其目的是通过典型个案向身边人传达“纪法底线不可碰”的要求，以此规范公权力的行使，将教育的力度最大化。要实现两项工作“1+1>2”的效果，可以从以下几个方面着手。

一是要做好思想教育工作。实践中，有的受处分人在处分决定书上签写意见时，常常只写“无意见”“属实”等字样，口服心不服。有的受处分人不表态、不签字，口不服心不服，等等。因此，为开展好案件查处“后半篇文章”，特别是处分决定宣布工作，要做深做实以案释法、以案明纪，督促其反思悔错，真正做到口服心服。二是要做好沟通协调工作。处分决定宣布暨警示教育的开展不仅需要纪检机关各相关部门的共同参与，也需要案发单位或纪检组的全力配合，所以做好沟通协调才可以保障处分决定宣布暨警示教育取得实效。三是要做好督促整改工作。做好处分决定宣布暨警示教育工作，不仅要做到开好一场会，还要做到督促整改落实。特别是监督检查部门、审查调查部门等应当结合掌握的实际情况，分析研判好受处分人所在单位的政治生态，督促指导案发单位开展问题梳理、整改等工作。

二、写好案件剖析报告的关键是什么？

案件办理的效果评价包含案件查处“前半篇文章”以及以案促

改、促治等“后半篇文章”的综合考量，而案件剖析报告作为连接“前、后文章”的“中间桥梁”，其制作质量的好坏不仅决定着案件查处的效果，也决定着“后半程”工作起点的高低。写好案件剖析报告的关键就是要做到以下三点：

一是要立足案件事实。违纪违法事实清楚且全面是精准提出整改意见的必要条件，如果违纪违法事实查得不够深入，那么获得的真实情况就有限。比如，审查发现某领导干部酒后驾车被处以行政处罚，如果不延伸取证，就可能遗漏违规公款吃喝或超标准接待等问题，正因如此，就不可能发现被审查人所在单位党委（组）管人用人是否不到位、账目管理是否混乱、内控机制是否健全等问题。

二是要做好沟通衔接。一方面，做好与被审查人所在单位的沟通，掌握“活”情况。比如，通过了解被审查人平时的思想、工作状况，从而为认定其是工作失误还是不作为、乱作为提供参考。另一方面，要加强与案件审理部门的沟通，将疑难问题提前“消化”。比如，在认定推进重点工作中党员领导干部不担当、不作为，可能存在性质认定上的争议，此时就需要提前与案件审理部门沟通，精准定性，为提出到底是政治站位不高还是工作失职渎职等问题提供准确依据。

三是要善于归纳问题。违纪违法事实的发生可能基于政治站位、工作能力、纪法意识、体制机制等各种各样的原因，在剖析问题时，一定要通过现象看到本质。比如，在分析某单位会计套取公款设立“小金库”的问题时，不能只盯住这名会计套取的行为，还要考虑“谁安排套取、怎么套取、为什么套取”，从而准确归纳问题。

三、如何让“后半篇文章”提质增效？

纪检监察机关案件查办高质量发展离不开“后半篇文章”的完美收官，这也是深入一体推进不敢腐、不能腐、不想腐的必然要求，实现政治、纪法、社会“三效合一”的重要抓手。

一是全方位多角度发力。改变观念是关键，“后半篇文章”不是只有等案件查办结束后才能开展，其警示教育、整改整治之目的应当贯穿案件查办的始终，包括常抓日常监督、巡察巡视监督等。要有前瞻性思维，提前部署、靠前谋划，以问题为导向，既要解决面上的问题，也要解决根源问题。贯通发力是重点，警示教育、以案促改、回访教育等工作并不是“相离”关系，在“教”和“改”的出发点上，各自都可发挥着不同作用，可以贯通开展，推动教育一片、治理一域的更大成效。

二是统筹发挥职能作用。从案件查办角度出发，审查调查部门、案件审理部门、干部监督部门等都有着共同的目的，即实现“三个效果”的有机统一。“后半篇文章”不是独立于案件查办而存在，必须各部门从“查”到“处”再到“治”共同协作发力。从推动全面从严治党向纵深发展角度出发，回访教育、以案促改、警示教育等“后半篇文章”更多地需要压实主体责任，发挥党管干部的重要作用，“单打独斗”始终不如“群策群力”。

三是强化责任追究。有权必有责，有责要担当，失责必追究。对推进“后半篇文章”软弱疲乏，问题突出的单位、部门、个人，或者在以案促改、以案促治方面敷衍整改、虚假整改、整改不力的单位、部门、个人，要严肃追责问责。纪检监察机关还要履行好监督专责职能，督促有关党组织立好制度的刚性，防止“复发”“屡犯”问题的发生。